학생부 끝판왕

자연·공학·의생명·경상 교육편

학생부
끝판왕

저자 정동완 박상철 백광일 강우혁 최경희

머리말

고등학생에게

"3년간의 학교생활이 주는 의미는 무엇인가?",
"미래를 위해 지난 학교생활을 되돌아보고 반성하며 구체적인 계획을 세우는 것이 필요한가?"

라고 질문한다면, 스스로 생각하며 당당하게 말할 수 있는 학생은 얼마나 될까요?
그리 많지는 않을 것입니다. 이유는 간단합니다. 의무교육과정이라는 틀 안에 놓여 굳이 상위 학교에 올라가려는 노력이 필요한 경우가 적었을 것이고, 주어진 현재에 최선을 다하면 좋은 결과가 얻어질 거라는 막연한 주변 기대가 작용했을 것이기 때문입니다. 하지만 지금의 고등학생들에게 매우 어려운 답인 상황입니다.

4차 산업혁명을 필두로 사회가 급격히 변하면서 교육 환경은 더욱 빠른 속도로 대비할 필요가 생겼습니다. '대입'으로 불리는 괴물이 큰 입을 벌리고서 학생들을 노려보는 상황에 슬기롭게 대처하지 못하면 학생들은 장밋빛 청춘이 아닌 쓰디쓴 세계에 발을 디디게 될지도 모릅니다. 이는 학생들에게 "너의 고등학교 생활을 스스로 계획하고 실천하며, 그 결과를 겸허히 받아들여야 한다."라는 무언의 압박이 될 수 있습니다.

이런 막막한 상황에 놓인 학생을 위해 공교육 교사들이 조금씩 힘을 모았습니다. 다년간의 대입 지도 경험을 바탕으로 개인이 처한 상황에서 단계별로 진행되는 활동의 누적 데이터를 토대로 최적의 방향성을 제시하는 기회를 주기 위함입니다.
이 책에서 우리는 어떤 이야기를 하고 싶은 것일까요? 우선은 학생이 짊어져야 하는 무게를 적게나마 덜어주고 싶은 마음이 제일 큽니다. 교사로서 학생을 바라보고 대학 관계자의 마음을 이해하기는 쉽지만, 학생에겐 결코 쉬운 것이 아니기 때문입니다.

우리 학생들은 어떤 부분에서 도움을 받고 싶고, 우리 선생님들은 어떠한 도움을 제공할 수 있을까요?

여기 한 학생이 있습니다. 자유학기제를 거쳐 학교라는 공간에서 즐거운 시간만 보냈는데, 고등학교에 입학하니 알 수 없는 외계어가 난무하며 대학이라는 하나의 목표를 향해 준비하고 나가는 현실에 직면합니다. 주변에 도움을 주는 사람은 딱히 없으며, 구체적으로 뭔가 알고 있는 것도 없는 '입시 바보' 상태입니다. 이때 학생 곁에 쓰윽 다가오는 도움, 바로 이 책이면 좋지 않을까요?

자신의 진로를 묻고, 좋아하는 일을 직업으로 가질 수 있도록 대학교와 학과(학부)를 정하며, 이를 실현하기 위한 고등학교 3년간의 계획이 완성된다면 '얼마나 고등학교 생활이 재미있을까?'라는 기대가 이어집니다. 졸업생 중에 고등학교 시절 누군가가 진로, 진학에 대한 방향을 잡아준 이가 있다면 정말 후회 없이 노력했을 거라는 이야기가 쉽게 흘려 들려지지 않은 교사들이 모였습니다.

"내가 너의 손을 잡아줄게."
고입 첫머리부터 입시를 고민하고 이에 불안한 학생, 부모님을 위한 솔루션을 제공하려 노력했습니다. 찬찬히 들여다보면 머릿속이 조금씩 정리되는 느낌이 들 겁니다. 하나하나 학생의 학교생활이라는 퍼즐이 하나씩 맞춰지면 어느 순간 내 옆에서 나를 돕는 따스한 손길이 팔을 잡고 있음을 느끼게 될 겁니다.

누구나 살기 좋은 세상을 꿈꾸고, 번듯한 직장을 갖길 원하는데 그게 어디 쉬운 일인가요? 중고등학교에서 뚜렷한 진로 목표를 정하고, 대입 플랜을 세운 학생이 단계적인 발전을 거듭해 띄우고 나간다면 자신의 진로 계열에 맞춘 대학(학과)에 진학할 수 있을 것입니다. 학생은 자연스레 본인이 좋아하고 재밌는 공부를 하게 되고, 진정 희망하는 직업을 갖는 것은 지극히 당연할 겁니다.
그래서 고등학생들에게 이 「학생부 끝판왕」 무조건 필요합니다. 단순히 희망 대학을 가기 위한 비법만을 제시하는 것이 아닌, 미래지향적 관점에서 3년간의 학교생활 커리큘럼을 거미줄처럼 얽어 하나의 단단한 무기를 만드는 방법을 안내하고자 합니다.

그 해법의 첫 번째가 〈계열별 합격 사례〉 분석입니다. 중국 고대의 사상가〔공자(公子)〕가 말하길 "溫故而知新, 可以爲師矣.(온고이지신, 가이위사의)"라고 했습니다. 이는 "옛날에 배운 것을 복습하고 거기다 새로운 것도 알면 남의 스승이 될 수 있다."라는 말인데, 현재 고등학생들이 처해있는 현실에 접목하면 이보다 좋은 말씀은 없는 것 같습니다. 지난 선배들의 우수한 사례에서 좋은 점은 본받고, 이를 자신이 처한 현실과 역량에 비추어 재해석함으로써 점진적 발전을 도모할 수 있습니다.

특히 대입을 위한 가이드 라인을 제공 받는다는 점은 입시에 자신감을 주며, 나만의 진학 로드맵을 작성하는데 구체적인 나침반 역할을 합니다. 처음 떠나는 해외 여행지에 대한 사전 정보를 얻기 위해 여행가이드 북을 사서 읽어보는 것과 같은 맥락입니다.

사례별 상황과 개별 역량에 차이가 있을 수 있으나, 다수의 사례 속에서 공통분모를 찾고, 이를 디딤돌로 삼아 본인의 상황과 맞춰본다면 성공적인 대입을 위한 출발에서 이미 한 걸음 앞서있다고 생각해도 좋습니다. 이미 대학에 합격한 것과 마찬가지라는 설레발일 수도 있으나, 이 책을 집필한 필자들의 자신감만큼은 그러합니다.

두 번째 해법은 〈계열별 세부능력 및 특기사항 사례〉 분석입니다. 최근 입학관계자에게 가장 많이 듣는 것은 학생부에서 수업이 가장 잘 드러나는 항목인 '세특(세부능력 및 특기사항)'의 중요성입니다. 단순히 수업 내용만이 아닌 참여 동기, 과정, 협력을 통한 배움과 성장 등 학생의 학업역량, 자기주도성 및 인성이 고스란히 기록되어 드러나는 유의미한 자료로 활용된다는 점입니다.
세 번째 해법은 〈나만의 합격 전략〉을 세우는 것입니다. 앞의 사례는 이전 선배들의 참고 자료일 뿐, 가장 중요한 것은 현재의 자신입니다. 정보를 얻고, 실력을 다지며 굳은 결심을 하는 것도 중요하지만 원하는 대학 및 학과에 진학하는 것이 최종 목표인 것은 부정할 수 없는 사실입니다. 이를 위해 나에게 최적화된 프로세스를 작성하여 실천으로 옮기는 과정이 최종적인 작업이라 할 수 있습니다.

현재까지 내신(교과) 성적과 비교과 상황 및 모의고사 등급을 분석하고, 자신에게 유리한 전형을 찾아 이를 대비한 주요 전략을 구성해보는 것입니다. 나에게 어울리는 옷이 있듯 나의 학생부와 학교에서의 활동에 어울리는 전형과 전략이 있을 거라는 거, 충분히 예상 가능합니다. 이 책의 마지막 장을 덮는 순간, 남은 기간 나아갈 길이 눈앞에 선명해지면서 창대한 미래의 내 모습이 어렴풋이 비치기 시작할 것입니다.

마지막으로 〈이 책의 활용법과 유의사항〉을 전하고자 합니다. 전문가라 하더라도 실수는 있기 마련입니다. 늘 가던 길도 시시각각의 환경에 따라 예상 불가능한 일이 펼쳐지는 것처럼 가능한 사례는 모두 적었으나 불가피하게 일어나는 일까지 적을 수는 없었습니다.

제시되는 모든 데이터는 개별 학생의 관점에서 체계적인 전략에 따른 맞춤형 과정으로 진행되었기에 순수한 참고 자료로써 접근하며, 이 책의 독자에게 반드시 합격을 보장하는 안내서는 아니라는 점을 강조하고 싶습니다. 우수한 사례에서 긍정적인 방향성을 얻는 것은 좋으나 '나도 똑같이 준비하면 ○○대학교에 합격할 수 있다.'라고 생각하는 것은 매우 위험합니다.

저자들이 제시한 안내를 바탕으로 고등학교 생활의 로드맵을 작성하여 실천으로 옮기는 것은 합격을 위한 완벽 솔루션은 아닐지나, 대입을 향해 가는 여정의 나침반(compass)이자 지도(map)라고 생각하면 될 것입니다. 그렇다면 이 책과 함께한 시간이 절대 아깝지 않을 것입니다.

'학생부 끝판왕'을 위해,
이 책을 기획하고 출판하는 일, 검토를 도와주신 모든 분께 이 자리를 빌려 감사의 말씀을 전합니다.

저자일동

추천하는 글

누구에게나 가보지 않은 길, 미지의 길을 향해 나아가는 여정은 두렵고 어렵습니다. 어디로, 어떻게 가야 목적지에 도착할 수 있을지 알 수 없는 막막함은, 때론 커다란 공포가 되어 자신을 압도합니다.

이 책은, 두렵고 어렵고 막막할 대한민국의 수험생들을 향해 "괜찮다고, 할 수 있다고, 너의 길이 있다고" 어깨를 다독여줍니다. 자신만의 길을 찾기 위해 용감히 첫걸음을 내딛은 모두에게 이대로 해나가면 너의 목적지에 도착할 수 있을 거라며, 따뜻한 희망의 빛을 비추어 줍니다.

책에 담긴 수많은 정보가 전달하는 메시지는 결국, 이 땅의 수많은 수험생이 자신만의 재능을 발견하고 활짝 꽃 피우길 바라는 저자(선생님들)의 사랑이자 격려란 생각이 듭니다. 저마다 추구하는 바가 다르기에 각자의 삶과 선택은 다를 테지만, 노력하면 분명 너도 너만의 길에 도착할 수 있을 거라는 믿음이 책 속에 듬뿍 실려 있기 때문입니다.

이 책을 펼쳐 들 분들이 책 속의 정보를 지혜롭게 잘 활용하여, 좀 더 쉽게, 빠르게, 안전하게 자신만의 길을 만들어 갈 수 있길 간절히 바랍니다!

💬 동성고등학교 최은정 선생님

막막한 학생부 어찌해야 할지 고민 한가득! 하지만 학생부도 자신의 진로에 대한 방향성과 맥락이 잡힌다면 어렵지 않아요. 이 책에 제시된 계열별 학과의 실질적인 데이터 분석을 통한 항목별 가이드를 따라 자신의 과정을 점검해보고 기록하며 방향성을 정해 보는 연습을 먼저 한 후, 학교라는 무대에서 주인공이 되어 학년별 정성을 다해 한 땀 한 땀 자신이 좋아하고 잘하는 분야를 매 순간 내실 있게 채워나가다 보면 나만의 진짜 학생부가 완성되는 놀라운 경험을 하리라 확신합니다.

💬 용인 성복고등학교 강민정 선생님

이 책은 학생들에게는 물론, 자신이 경험한 적이 없는 다양한 진로를 선택하는 학생들을 지도하고 그들의 진로에 맞는 생활기록부를 작성해야 하는 교사들에게 추천할 만한 책이다. 학생들은 워낙에 다양한 진로를 희망하고 있으며 교사들이 각각의 진로에 대한 모든 배경 지식을 갖추고 있기는 힘들다.

이런 상황에서 이 책은 학생들이 많이 선택하는 진로별로 생활기록부 전반의 구체적이고 실제적인 예시를 제시하여, 단순하게는 학생들에게 추천할 만한 도서 목록에서부터 교사들이 학생들의 진로 탐색에 도움이 될 만한 수업을 구상할 때에도 바로 옆에 두고 참고할 수 있는 훌륭한 참고서이다.

⬤⬤⬤ **진보고등학교 김효진 선생님**

'학생부 끝판왕'은 고등학교에 입학하여 나의 꿈, 나의 진로를 찾기 위해 무엇을 경험하고 어떤 것을 배워야 할지 고민하는 친구들에게 좋은 안내서입니다. 선배들의 다양한 학교 활동을 살펴보면서 나만의 개성 있는 활동으로 고등학교 생활을 채워나갈 수 있도록 도와줄 것입니다. 학교 활동을 통해 배움의 즐거움을 느끼고 성실하게 참여하여 그 노력의 결실로 훌륭한 학교생활기록부가 만들어질 것이며 여러분의 꿈에 한 걸음 더 가까워지는 발판이 될 것입니다.

⬤⬤⬤ **용인 성복고등학교 양희진 선생님**

<학생부 끝판왕>은 자칫 애매모호하게 다가올 수 있는 학생부 종합 전형을 준비하는 학생들에게 최적의 길잡이가 될 것이라 확신합니다. 특히 기존의 틀에서 벗어나 학생부 관련 기재 및 2015 개정 교육과정의 과목 선택까지 끝낼 수 있다는 점이 너무 매력적이었습니다.
다년간 교육청의 대입리더교사 및 여러 연수 경험을 통해 효과적인 학생부 기재에 관해 전파했던 선생님의 열정을 책 속에서 고스란히 느낄 수 있었습니다. 저는 가장 먼저 현재 고등학교에 재학 중인 본교의 자식 같은 학생들에게 이 책을 과감히 추천할 것입니다!

⬤⬤⬤ **現 EBS 대입상담교사 및 효성고등학교 임태관 선생님**

"학생부는 중요하다고 하고,,, 무엇을, 어떻게 해야 할지는 모르겠고..." 이렇게 고등학교 시절 내내 고민만 하다가 대입에 직면해서야 지난 1, 2학년 시절을 후회하는 학생들이 많습니다. 이 책은 어렵고도 막막한 학생부 종합 전형에 대비하는 방법을 친절히 설명해 주고 있습니다. 생활기록부에 들어가는 항목은 무엇인지, 각각의 항목에 준비하는 방법은 무엇인지, 그리고 그 실효성까지 알 수 있어 입시 대비는 물론, 고등학교 생활을 어떻게 꾸려나갈지에 대한 훌륭한 나침반이 될 수 있습니다. 이 책의 안내에 따라 표를 하나하나씩 채워나가며 고등학교 생활을 알차게 가꾼다면 인생에서 가장 값진 나만의 명함을 만들 수 있을 것입니다.

● 서울영일고등학교 함선주 선생님

70% 이상의 학생들이 학생부를 통해 대학에 진학하는 시대입니다. '학생부 끝판왕'에는 진로진학 분야의 베테랑 선생님들이 알고 계신 수많은 학생부와 그 학생부를 통해 어떤 의미를 드러낼 수 있는지에 관한 노하우가 녹아 있습니다.

계열별로 작성된 학생부 예시를 통해 학교생활에서 내가 어떤 부분을 더 적극적으로 해야 할지 파악할 수 있고, 나의 노력은 학생부에 어떻게 작성되며, 학생부를 읽는 타인에게 어떤 의미로 다가갈 수 있는지 이해할 수 있을 것입니다.

고등학교 입학부터 2학년까지는 '학생부 끝판왕'을 통해 고등학교 생활을 어떻게 해야 할지 계획하고, 3학년 때는 '자소서 끝판왕'과 '면접 끝판왕'으로 대학 입시를 준비한다면 막막하고 어렵게 느껴졌던 고등학교 생활 및 학생부, 대학 입학 전형이 조금은 분명하게 다가올 것입니다. 여러분들의 꿈에 한 발짝 가까워질 수 있도록 '끝판왕' 시리즈의 도움을 받으세요.

● 서울 태릉고등학교 조미선 선생님

학생부 종합전형에서 학생부와 학교 내 생활의 비중이 커진 지금, 자신의 인생을 멀리 보고 계획해 보지 않은 학생들에게 이 책은 좋은 지침서가 될 것입니다. 책 안에 나온 여러 예시를 액면 그대로 따라만 하는 것이 아니라 자신의 목표와 계획에 맞게 생각하고 적용한다면 입시에서도 좋은 결과가 있을 것으로 생각됩니다. 그리고 이 책을 통해 단순히 대학 입시에서 좋은 결과를 기대하는 것뿐만 아니라 학생이 자신의 학교생활을 계획하고 실천해 나가는 힘을 기름으로써 4차 산업혁명 시대에 필요한 능동적인 주체로의 성장에 도움이 되었으면 합니다.

● 용인 기흥고등학교 정현석 선생님

들어가며

이 책을 읽어 나가며 부록을 채우고, 제공된 데이터를 참고하여 자신의 학생부를 점검하면서 진로 준비를 위한 학교생활의 방향성을 설정한 분이 많을 겁니다. 하지만 '학생부에 답이 어디 있으며, 이를 처음부터 만든다는 것이 말이 되는 소리인가!' 하는 우려의 말씀을 하실 수도 있습니다.

이 책을 읽는 분은 다음의 내용을 이해해 주시면 좋겠습니다.

1) 학교생활기록부에 정해진 답은 없다.
2) 데이터는 참고용이지 반드시 활동으로 옮겨야 하는 것은 아니다.
3) 양이 많은 게 꼭 좋은 기록이라고 말할 수 없다.
4) 소논문은 어디든 표기하지 못하므로, 다른 이름의 학술대회로 변환해 시행 중이다.

이 책 [학생부끝판왕]에서 소개한 합격 데이터 및 세부능력 및 특기사항은 매우 유의미한 자료입니다. 그러나 이 데이터의 활동을 모두 해야 한다는 강박이나 반드시 이 활동으로 채워야 한다는 생각으로 따라가기만 한다면, 자신만의 색깔을 잃어버려 결국 학생부종합전형의 기본 취지와 어긋날 수 있습니다. 이 책은 어떤 활동을 하면 좋을지에 대한 방향을 제시하는 것이지 '이런 학교생활기록부가 옳다'라는 답은 아닙니다.

봉사활동 및 독서활동 사항에서 제공된 합격 데이터는 단지 평균값일 뿐입니다. 적어도 여기 나온 만큼 봉사시간을 채우거나 책을 읽어야 한다 생각해서는 안 됩니다. 물론 정량적인 면에서 학생의 꾸준함과 성실성을 나타낼 수 있습니다. 하지만 의미 없이 시간만 채운 봉사나 독서량 기록을 위한 단순 독서는 학교생활기록부에서 학생의 역량을 드러내기는 어려울 것입니다. 정량적인 부분은 할 수 있는 범위 내에서 최대한 노력하여 정성적인 면 즉, 의미 있는 학교생활기록부로 끌어올릴 방안을 찾아야 합니다.

이 책에서 읽은 내용과 자신의 학교생활기록부를 비교하여 진로의 길을 정하고, 제공된 데이터보다 본인에게 더 유의미한, 자신의 강점과 고유한 색깔이 잘 드러나는 학교생활을 만들어가기를 진심으로 바랍니다.

나만의 맞춤 가이드
**학생부
끝판왕
CONTENTS**

Ⅳ. 자연, 공학, 의료·보건, 교육, 경상계열 교과선택 　　**219**

✓ 2024 변화하는 학생부 기록의 핵심 내용

생활기록부 구분	2022, 2023 대입	2024 대입 이후
1. 교과활동	·과목당 500자 ·방과후 (수강) 내용 미기재	·과목당 500자 ·방과후 (수강) 내용 미기재 ·영재, 발명교육 실적 대입 미반영
2. 종합의견	연간 500자	연간 500자
3. 자율활동	연간 500자	연간 500자
4. 동아리 활동	연간 500자 ·자율동아리(30자) 기재 ·청소년단체활동 단체명만 기재 ·소논문 기재 금지	연간500자 ·자율동아리 대입 미반영 ·청소년단체활동 미기재 ·소논문 기재 금지
5. 봉사활동	·특기사항 미기재 ·교내외 봉사활동 실적 기재	·특기사항 미기재 ·개인봉사활동 실적 대입 미반영(단, 학교교육계획에 따라 교사가 지도한 실적은 대입 반영)
6. 진로활동	연간 700자 ·진로희망분야 대입 미반영	연간700자 ·진로희망분야 대입 미반영
7. 수상경력	·교내수상 학기당 1건만(3년간 6건) 대입 반영	·대입 미반영
8. 독서활동	·도서명과 저자 기재	·대입 미반영

교과활동

※ **2022~23학년 대입** : 방과후 활동 내용 미기재 | **2024학년도 대입** : 영재, 발명교육실적 대입 미반영

분석과 제안 현재 추세는 비교과로 포함되는 세부능력 및 특기사항 글자 수가 줄어들고 있습니다. 방과 후 활동 미기재, 2024년 대입시 학생부에 영재·발명교육 실적은 반영되지 않습니다. 결론은 기존보다 글자 수가 줄어들었습니다. 유일하게 교과별 세부능력 및 특기사항은 글자 수 늘었습니다. 고등학교의 과목별 세부능력 특기사항은 모든 교과(군)에 모든 학생을 대상으로 입력하게 되었습니다. 교양 및 예체능 교과군 등에도 모든 학생의 세부능력 특기사항 작성이 적용됩니다. 즉, 수업 시간의 특기사항 작성 범위가 확대되어 수업이 가장 중요하다고 생각됩니다. 창의적 체험활동과 독서 활동, 수상에서 줄어든 부분과 미기재 항목을 수업 활동에서 적극 드러내어 그 활동이 기재되는 게 좋습니다.

행동특성 및 종합의견

※ **2022~2024학년 대입** : 연간 500자

분석과 제안 종합의견은 1000자에서 500자로 줄었습니다. 글자 수가 줄면서 중요도가 줄었다고 생각할 수 있습니다. 이제는 교사 추천서도 폐지되었기에, 이 500자가 학생 개인의 추천서로 간주할 수 있습니다. 대학에서도 종합의견에서 미사어구 대신 객관적인 사례 중심으로 학생의 역량이 기재된 것을 신뢰할 만한 학생 추천서로 판단하고 있습니다. 멘토링이나 모둠 활동 평가를 통해 학생의 리더십이나 공부 방법이 작성 가능합니다. 배려와 나눔의 태도와 학교 공동체 안에서 드러나는 학생 개인의 인성 역량도 기술되어야 합니다. 행동특성 및 종합의견은 담임선생님이 학생을 객관적으로 관찰한 내용을 바탕으로 작성됩니다.

자율활동

※ **2022~2024학년 대입** : 연간 500자

분석과 제안 학교 주도의 활동에 대해 작성되는 부분이 자율활동입니다. 학생은 학교 행사에 적극 참여하고 그 때마다 배우고 느낀 점을 적고 이를 포트폴리오로 만들어 보관해야 합니다. 요즘 학교마다 권장하는 활동 중 자율탐구가 있습니다. 자율탐구활동은 학생이 스스로 주제 선정과 보고서 작성까지 전 과정을 수행하는 활동입니다. 해당 주제를 자신의 진로를 찾는 데 활용할 수 있고, 평소 학생이 궁금한 내용을 조사하여 이를 정리하는 것도 가능합니다.

학생부에 단발성 행사보다 지속적으로 활동하는 행사가 기술되면 좋습니다. 학생은 더 많은 행사 참여를 통해서 본인의 역량을 길러 이를 잘 드러내야 할 것입니다. 또 진로에 맞춘 자율 교육과정과 학교 및 학급 특색활동을 활용하는 방법도 있습니다. 학교에는 최대한 개인화 할 수 있는 여건이 조성되어야 합니다.

동아리활동

※ **2022~23학년 대입** : 자율동아리 연간 1개 기재(30자만 기재), 청소년 단체명만 기재, 소논문 기재금지

   2024학년도 대입 : 청소년 단체활동 미기재, 소논문 기재금지

분석과 제안   학교내 창의적체험활동 동아리 외에 학생의 자발적인 활동으로 만들었던 자율동아리가 2024학년 대입부터는 큰 의미가 없어집니다. 대안으로 우수하다고 평가받은 자율동아리를 창의적체험활동 동아리 부서로 전환하는 방법도 있습니다. 이때 학생은 학교에 지도 교사 신청과 동아리 개설을 요청해야 합니다. 학교에서도 유명무실한 동아리를 폐지하거나 통폐합시키는 노력이 필요합니다. 교과연계 탐구 스터디를 구성해서 교과와 학업 부분, 진로연계 탐구 스터디와 그 과정 속에 배려, 나눔, 역경 극복의 리더십까지 보여줄 수 있는 기회를 만들어 활용하면 됩니다.

봉사활동

※ **2022~23학년 대입** : 특기사항 미기재, 교내외 활동 실적기재

   2024학년도 대입 : 특기사항 미기재, 개인봉사활동 실적 대입 미반영. 단, 학교봉사 실적은 반영

분석과 제안   개인 봉사활동의 미반영은 봉사활동이 의미가 없어진 것으로 해석하면 안됩니다. 개인 봉사활동의 미반영은 개인의 여건에 따른 불평등의 여지를 없애고, 학교 봉사활동을 장려하는 것이 목적입니다. 이제껏 선배들이 했었던 우수한 봉사활동을 학교 계획으로 가져와서 관심 있는 학생 모두가 참여하게 만들어 주어야 합니다.

학교 교육계획에 따라 실시한 봉사활동의 경우 교사가 직접 관찰하고 평가한 학생의 특기사항은 필요시 '행동특성 및 종합의견'란에 입력이 가능합니다. 이를 활용해서 봉사활동의 특기사항을 볼 수 있으니 많이 활용할 수 있습니다.

진로활동

※ **2022~2024학년 대입** : 연간 700자, 진로희망분야 대입 미반영

분석과 제안   진로 희망 분야는 20022학년 대입부터 상급학교에 제공하지 않습니다. 진로 희망 분야는 학생이 희망하는 학과 및 계열에 지원동기라 할 수 있습니다. 그러나 이제 제공하지 않으므로 진로활동이나 다른 영역의 세부능력 및 특기사항에 작성되게 해야 합니다.

대신에 진로활동 특기사항 참고자료를 담임 상담이나 교과교사 혹은 진로상담 교사의 상담 및 관찰·평가 내용으로 구체화시켜 놓았습니다. 따라서 학교는 학생이 진로를 찾는 활동을 다양하게 준비해고 이를 진로 수업에 적용해야 합니다. 학생은 진로 찾기 행사와 진로성숙도를 높이는 활동에 적극 참여하면서 자신의 진로 분야에 대한 정보를 착실히 모아, 포트폴리오를 쌓는 것이 중요합니다.

수상경력

※ **2022~23학년 대입** : 내역기재, 교내수상 학기당 1건만, 3년간 6건 대입반영

2024학년도 대입 : 내역기재, 대입 미반영

분석과 제안　학교에서 진행하는 모든 활동은 학생의 성장을 기대하며 진행합니다. 따라서 학생은 자신의 발전을 점검하거나 역량 강화를 위해서 대회 참여를 추천합니다. 수상 대회에서 많이 하는 보고서 쓰기, 실험 및 토론 대회를 수업 활동과 연계할 수도 있습니다. 학생은 수업과 학교 활동에 적극적으로 참여하고, 교과 선택에 다양한 활동을 하는 교과를 수강하는 방법도 좋습니다.

학교생활기록부 작성으로 보면 2022, 2023학년도 대입을 준비하는 학생은 학교에서 진행되는 연간 대회 및 행사 내용을 파악하고 자신이 드러낼 수 있는 대회를 학기당 1개 이상을 선택적으로 집중하는 것을 추천합니다. 이를 통해 학생의 피로도를 줄일 수 있습니다.

2024학년 대입부터 수상내역을 상급학교에 제공하지 않습니다. 따라서 대학에 제공한다는 의미로 대회 참여보다는 대회 대신 활동으로 전환해 활동 참여를 통해 길러진 역량을 교과별 세부능력 및 특기사항과 창의적 체험활동 등에 연계되어 학교생활을 진행해야 합니다.

독서활동

※ **2022~23학년 대입** : 도서명과 저자　|　**2024학년도 대입** : 도서명과 저자 기재, 대입 미반영

분석과 제안　학교에서 진행하는 모든 활동은 학생의 성장을 기대하며 진행합니다. 따라서 학생은 자신의 발전을 점검하거나 역량 강화를 위해서 대회 참여를 추천합니다. 수상 대회에서 많이 하는 보고서 쓰기, 실험 및 토론 대회를 수업 활동과 연계할 수도 있습니다. 학생은 수업과 학교 활동에 적극적으로 참여하고, 교과 선택에 다양한 활동을 하는 교과를 수강하는 방법도 좋습니다.

학교생활기록부 작성으로 보면 2022, 2023학년도 대입을 준비하는 학생은 학교에서 진행되는 연간 대회 및 행사 내용을 파악하고 자신이 드러낼 수 있는 대회를 학기당 1개 이상을 선택적으로 집중하는 것을 추천합니다. 이를 통해 학생의 피로도를 줄일 수 있습니다.

2024학년 대입부터 수상내역을 상급학교에 제공하지 않습니다. 따라서 대학에 제공한다는 의미로 대회 참여보다는 대회 대신 활동으로 전환해 활동 참여를 통해 길러진 역량을 교과별 세부능력 및 특기사항과 창의적 체험활동 등에 연계되어 학교생활을 진행해야 합니다.

1

자연, 공학, 의료·보건 계열 합격 로드맵

✓ 2024 변화하는 학생부 기록 ▷ 120% 활용 비법! 1탄

생활기록부 구분	2022, 2023 대입	2024 대입 이후
1. 교과활동	·과목당 500자 ·방과후 (수강) 내용 미기재	·과목당 500자 ·방과후 (수강) 내용 미기재 ·영재, 발명교육 실적 대입 미반영
2. 종합의견	연간 500자	연간 500자
3. 자율활동	연간 500자	연간 500자
4. 동아리 활동	연간 500자 ·자율동아리(30자) 기재 ·청소년단체활동 단체명만 기재 ·소논문 기재 금지	연간500자 ·자율동아리 대입 미반영 ·청소년단체활동 미기재 ·소논문 기재 금지
5. 봉사활동	·특기사항 미기재 ·교내외 봉사활동 실적 기재	·특기사항 미기재 ·개인봉사활동 실적 대입 미반영(단, 학교교육계획에 따라 교사가 지도한 실적은 대입 반영)
6. 진로활동	연간 700자 ·진로희망분야 대입 미반영	연간700자 ·진로희망분야 대입 미반영
7. 수상경력	·교내수상 학기당 1건만(3년간 6건) 대입 반영	·대입 미반영
8. 독서활동	·도서명과 저자 기재	·대입 미반영

교과활동

※ **2022~23학년 대입** : 방과후 활동 내용 미기재　|　**2024학년도 대입** : 영재, 발명교육실적 대입 미반영

분석과 제안　현재 추세는 비교과로 포함되는 세부능력 및 특기사항 글자 수가 줄어들고 있습니다. 방과 후 활동 미기재, 2024년 대입시 학생부에 영재·발명교육 실적은 반영되지 않습니다. 결론은 기존보다 글자 수가 줄어들었습니다. 유일하게 교과별 세부능력 및 특기사항은 글자 수가 늘었습니다. 고등학교의 과목별 세부능력 특기사항은 모든 교과(군)에 모든 학생을 대상으로 입력하게 되었습니다. 교양 및 예체능 교과군 등에도 모든 학생의 세부능력 특기사항 작성이 적용됩니다. 즉, 수업 시간의 특기사항 작성 범위가 확대되어 수업이 가장 중요하다고 생각됩니다. 창의적 체험활동과 독서 활동, 수상에서 줄어든 부분과 미기재 항목을 수업 활동에서 적극 드러내어 그 활동이 기재되는 게 좋습니다.

행동특성 및 종합의견

※ **2022~2024학년 대입** : 연간 500자

분석과 제안　종합의견은 1000자에서 500자로 줄었습니다. 글자 수가 줄면서 중요도가 줄었다고 생각할 수 있습니다. 이제는 교사 추천서도 폐지되었기에, 이 500자가 학생 개인의 추천서로 간주할 수 있습니다. 대학에서도 종합의견에서 미사어구 대신 객관적인 사례 중심으로 학생의 역량이 기재된 것을 신뢰할 만한 학생 추천서로 판단하고 있습니다. 멘토링이나 모둠 활동 평가를 통해 학생의 리더십이나 공부 방법이 작성 가능합니다. 배려와 나눔의 태도와 학교 공동체 안에서 드러나는 학생 개인의 인성 역량도 기술되어야 합니다. 행동특성 및 종합의견은 담임선생님이 학생을 객관적으로 관찰한 내용을 바탕으로 작성됩니다.

자율활동

※ **2022~2024학년 대입** : 연간 500자

분석과 제안　학교 주도의 활동에 대해 작성되는 부분이 자율활동입니다. 학생은 학교 행사에 적극 참여하고 그 때마다 배우고 느낀 점을 적고 이를 포트폴리오로 만들어 보관해야 합니다. 요즘 학교마다 권장하는 활동 중 자율탐구가 있습니다. 자율탐구활동은 학생이 스스로 주제 선정과 보고서 작성까지 전 과정을 수행하는 활동입니다. 해당 주제를 자신의 진로를 찾는 데 활용할 수 있고, 평소 학생이 궁금한 내용을 조사하여 이를 정리하는 것도 가능합니다.

학생부에 단발성 행사보다 지속적으로 활동하는 행사가 기술되면 좋습니다. 학생은 더 많은 행사 참여를 통해서 본인의 역량을 길러 이를 잘 드러내야 할 것입니다. 또 진로에 맞춘 자율 교육과정과 학교 및 학급 특색활동을 활용하는 방법도 있습니다. 학교에는 최대한 개인화 할 수 있는 여건이 조성되어야 합니다.

동아리활동

※ **2022~23학년 대입** : 자율동아리 연간 1개 기재(30자만 기재), 청소년 단체명만 기재, 소논문 기재금지

2024학년도 대입 : 청소년 단체활동 미기재, 소논문 기재금지

분석과 제안 학교내 창의적체험활동 동아리 외에 학생의 자발적인 활동으로 만들었던 자율동아리가 2024학년 대입부터는 큰 의미가 없어집니다. 대안으로 우수하다고 평가받은 자율동아리를 창의적체험활동 동아리 부서로 전환하는 방법도 있습니다. 이때 학생은 학교에 지도 교사 신청과 동아리 개설을 요청해야 합니다. 학교에서도 유명무실한 동아리를 폐지하거나 통폐합시키는 노력이 필요합니다. 교과연계 탐구 스터디를 구성해서 교과와 학업 부분, 진로연계 탐구 스터디와 그 과정 속에 배려, 나눔, 역경 극복의 리더십까지 보여줄 수 있는 기회를 만들어 활용하면 됩니다.

봉사활동

※ **2022~23학년 대입** : 특기사항 미기재, 교내외 활동 실적기재

2024학년도 대입 : 특기사항 미기재, 개인봉사활동 실적 대입 미반영. 단, 학교봉사 실적은 반영

분석과 제안 개인 봉사활동의 미반영은 봉사활동이 의미가 없어진 것으로 해석하면 안됩니다. 개인 봉사활동의 미반영은 개인의 여건에 따른 불평등의 여지를 없애고, 학교 봉사활동을 장려하는 것이 목적입니다. 이제껏 선배들이 했었던 우수한 봉사활동을 학교 계획으로 가져와서 관심 있는 학생 모두가 참여하게 만들어 주어야 합니다.

학교 교육계획에 따라 실시한 봉사활동의 경우 교사가 직접 관찰하고 평가한 학생의 특기사항은 필요시 '행동특성 및 종합의견'란에 입력이 가능합니다. 이를 활용해서 봉사활동의 특기사항을 볼 수 있으니 많이 활용할 수 있습니다.

진로활동

※ **2022~2024학년 대입** : 연간 700자, 진로희망분야 대입 미반영

분석과 제안 진로 희망 분야는 20022학년 대입부터 상급학교에 제공하지 않습니다. 진로 희망 분야는 학생이 희망하는 학과 및 계열에 지원동기라 할 수 있습니다. 그러나 이제 제공하지 않으므로 진로활동이나 다른 영역의 세부능력 및 특기사항에 작성되게 해야 합니다.

대신에 진로활동 특기사항 참고자료를 담임 상담이나 교과교사 혹은 진로상담 교사의 상담 및 관찰·평가 내용으로 구체화시켜 놓았습니다. 따라서 학교는 학생이 진로를 찾는 활동을 다양하게 준비해고 이를 진로 수업에 적용해야 합니다. 학생은 진로 찾기 행사와 진로성숙도를 높이는 활동에 적극 참여하면서 자신의 진로 분야에 대한 정보를 착실히 모아, 포트폴리오를 쌓는 것이 중요합니다.

※ **2022~23학년 대입** : 내역기재, 교내수상 학기당 1건만, 3년간 6건 대입반영

　2024학년도 대입 : 내역기재, 대입 미반영

분석과 제안　학교에서 진행하는 모든 활동은 학생의 성장을 기대하며 진행합니다. 따라서 학생은 자신의 발전을 점검하거나 역량 강화를 위해서 대회 참여를 추천합니다. 수상 대회에서 많이 하는 보고서 쓰기, 실험 및 토론 대회를 수업 활동과 연계할 수도 있습니다. 학생은 수업과 학교 활동에 적극적으로 참여하고, 교과 선택에 다양한 활동을 하는 교과를 수강하는 방법도 좋습니다.

학교생활기록부 작성으로 보면 2022, 2023학년도 대입을 준비하는 학생은 학교에서 진행되는 연간 대회 및 행사 내용을 파악하고 자신이 드러낼 수 있는 대회를 학기당 1개 이상을 선택적으로 집중하는 것을 추천합니다. 이를 통해 학생의 피로도를 줄일 수 있습니다.

2024학년 대입부터 수상내역을 상급학교에 제공하지 않습니다. 따라서 대학에 제공한다는 의미로 대회 참여보다는 대회 대신 활동으로 전환해 활동 참여를 통해 길러진 역량을 교과별 세부능력 및 특기사항과 창의적 체험활동 등에 연계되어 학교생활을 진행해야 합니다.

※ **2022~23학년 대입** : 도서명과 저자　　|　　**2024학년도 대입** : 도서명과 저자 기재, 대입 미반영

분석과 제안　학교에서 진행하는 모든 활동은 학생의 성장을 기대하며 진행합니다. 따라서 학생은 자신의 발전을 점검하거나 역량 강화를 위해서 대회 참여를 추천합니다. 수상 대회에서 많이 하는 보고서 쓰기, 실험 및 토론 대회를 수업 활동과 연계할 수도 있습니다. 학생은 수업과 학교 활동에 적극적으로 참여하고, 교과 선택에 다양한 활동을 하는 교과를 수강하는 방법도 좋습니다.

학교생활기록부 작성으로 보면 2022, 2023학년도 대입을 준비하는 학생은 학교에서 진행되는 연간 대회 및 행사 내용을 파악하고 자신이 드러낼 수 있는 대회를 학기당 1개 이상을 선택적으로 집중하는 것을 추천합니다. 이를 통해 학생의 피로도를 줄일 수 있습니다.

2024학년 대입부터 수상내역을 상급학교에 제공하지 않습니다. 따라서 대학에 제공한다는 의미로 대회 참여보다는 대회 대신 활동으로 전환해 활동 참여를 통해 길러진 역량을 교과별 세부능력 및 특기사항과 창의적 체험활동 등에 연계되어 학교생활을 진행해야 합니다.

자연, 공학, 의료·보건 계열
합격 포트폴리오

나만의 합격 학생부 활동을 구성하자!

·각 계열별 들어가는 글을 먼저 읽으세요.

·각 계열별 데이터 분석과 합격 데이터를 보면서,
나만의 합격 포트폴리오를 구성해보세요.

자연, 공학, 의료·보건 계열 합격 로드맵

① ······ 자연계열

가) 자연계열 들어가며

자연계열은 일반적으로 '수학, 과학 등의 자연 질서와 논리를 다루는 내용을 중심으로 연구'하는 교육과정을 일컫습니다. 세부적으로 기초과학(수학, 물리학, 화학, 생명과학, 지구과학, 천문학, 통계학 등), 생활과학(식품영양학, 소비자학, 의류의상학, 조리과학, 주거학 등), 농림수산(산림학, 축산학, 수산학, 식품가공학, 작물원예학 등)으로 나눌 수 있습니다.

실제 합격사례 분석 후, 재분류하여 '생명(생명과학·농업·산림), 통계(수리·통계·가정·소비자), 물리(물리학·지구과학), 화학(화학·식품·환경·의류·의상)'으로 나누었습니다. 학과별로 다른 부분은 있으나 유사 학과의 특성을 고려했을 때, 지나친 세분화보다는 그룹화 함으로 쉽게 이해할 수 있도록 하였습니다.

(1) 생명기반

'생명(생명과학·농업·산림)'은 1.1 ~ 2.8등급으로 수학경시대회, 생명과학경시대회, 식물과 산림을 소재로 한 과제연구 활동, 과학 심화수업 및 생명과학 관련 체험활동을 주로 진행하였습니다. 화학, 생명과학, 수학, 과학실험 동아리 활동을 지속하며 멘토링으로 재능을 나누는 일에 적극성을 보였고, 생명과학 관련 발표 및 과제연구를 통해 심화학습을 전개한 것으로 나타났습니다. 성실함과 탐구에 대한 높은 집중력을 바탕으로 과제를 해결하고, 관심 분야에 대한 호기심을 바탕으로 학문 연구를 지속해나간 것이 좋은 평가로 이어짐을 알 수 있습니다.

(2) 통계기반

'통계(수리·통계·가정·소비자)'는 1.1 ~ 3.4등급으로 수학경시대회, 과학경시대회, 글쓰기대회의 수상이 돋보입니다. 수학체험전 운영을 통해 실생활 속 수학을 이해하고자 하였고, 아동과 사회문제를 주제로 한 활동 진행도 보입니다. 수학동아리 활동 기반, 학습지도 봉사 및 재능기부 활동에 적극성을 보이고, 인권, 다문화 관련 동아리 활동 중 다문화가정 멘토링 및 인권 보장을 위한 활동도 있습니다. 수학 1등급이 대부분이고 수학 이론을 주제로 한 탐구 보고서 작성을 지속한 것으로 나타났습니다. 성실성과 적극성을 바탕으로 말하기 및 글쓰기에서 우수성을 보여줌과 동시에 수학 원리와 개념에 대한 이해를 바탕으로 탐구 역량을 드러냄이 좋은 평가로 이어졌음을 알 수 있습니다.

(3) 물리기반

'물리(물리학·지구과학)'는 1.1 ~ 2.6등급으로 물리경시대회, 영어경시대회와 과학실험대회에서의 수상이 두드러지며, 과학 관련 체험활동과 영재반 수업을 통한 심화학습을 주로 진행하였습니다. 물리, 천문, 수학동아리 활동을 지속하며 체험 부스 운영, 천체 관측, 주제별 연구 실험에 적극성을 보였습니다. 교육봉사에 성실하게 참여하였으며, 물리 교과 1등급 및 수학, 과학 교과 탐구를 전개하였으며, 과학 관련 독서를 꾸준히 한 것으로 나타났습니다. 다양한 활동과 탐구 과정을 바탕으로 대학전공에 필요한 지식을 배양하고, 물리 이론에 대한 학문적 접근이 좋은 평가로 이어졌음을 알 수 있습니다.

(4) 화학기반

'화학(화학·식품·환경·의류·의상)'은 1.6 ~ 2.8등급 내신으로 생명과학경시대회, 과학탐구대회, 디자인 및 만들기 대회에서의 수상이 두드러지며, 화학 성분을 소재로 한 실험 활동, 과학실험, 융합 주제탐구, 영어 학습, 디자인 활동을 주로 진행하였습니다. 과학실험, 의학동아리 활동을 지속하며 교육봉사를 통해 재능을 나누는 일과 배려와 나눔을 실천하는 활동 및 패션·미술동아리 활동에 적극성을 보였고, 과학 관련 심화수업 및 연구, 영어 학습 및 사회문제 해결을 위한 노력을 지속한 것으로 나타났습니다. 창의성과 추진력을 바탕으로 과제 분석과 해결 역량을 드러내고, 인문사회와 자연과학에 대한 소양을 두루 갖춤으로써 인간과 환경에 이로움을 제공하고자 노력하며, 수높은 과제 수행능력 및 수업 중 발표능력을 바탕으로 학습에 적극 참여한 결과가 좋은 평가로 이어졌음을 알 수 있습니다.

다음의 데이터 분석은 실제 내용을 정리 후, 다시 표로 일목요연하게 나타냈습니다. 자신의 학교생활기록부와 비교 분석해 볼 수 있는 공간도 따로 만들었습니다. 합격 데이터와 본인의 학교생활기록부를 비교하면서 부족한 부분은 보완하고, 강점은 더 부각할 방법을 찾아가면 도움이 될 것입니다.

나) 자연계열 데이터 분석과 합격데이터

우리 자연을 어떻게 하면 푸르게 할 수 있을까? 연구할까요~?

(1) 생명 기반

1. 내신

전체학년 합산 1.03 ~ 2.81등급을 나타내고 있습니다. 최저 점수는 건국대 KU자기추천전형 산림조경학과에 합격한 사례입니다.

2. 수상

과학 교과대회(76%), 수학 교과대회(38%), 학술, 탐구 발표대회(29%), 인문, 토론 대회(29%), 인성 관련 표창장(5%)을 주로 받았습니다. 또한, 학습플래너 대회, 동아리 발표대회에서 수상한 학생도 있었습니다.

3. 자율활동

학급 임원을 두루 역임하며, 영재학급 수업 참가 및 생명과학 심화과목을 이수하였습니다. 또한, 그룹 고교 체험 축제 운영, 학술제, 이공계 탐구교실, 자치법정, 학교홍보 활동에 참여한 학생도 있었습니다.

4. 진로활동

생명과학 및 환경 주제발표 활동에 참여한 경우가 많았으며, 창의력 산출물과 과학전람회 출품을 통해 과학 분야에 대한 우수성을 드러내기 위한 노력이 돋보였습니다.

5. 동아리 활동

과학 동아리(74%), 수학 동아리(16%)에 주로 참가하였습니다. 또한, 과학동아리에서는 주로 생명과학, 환경을 주제로 활동하였으며, 탐구토론, 독서토론, 영자신문, 의약, 이공계열 탐구, 교육과정, 동물, 식물, 뇌과학, 4H를 주제로 한 동아리 활동에 참여한 학생도 있었습니다.

6. 봉사활동

요양원 봉사, 학생 대상 멘토링 활동이 주를 이루었으며, RCY, 시민단체 봉사, 도서관 재능기부, 외국인에게 한국 문화를 알리는 봉사, 환경 봉사를 했던 학생도 있었습니다.

7. 과목별 세부능력 및 특기사항

생명과학에 대한 수업태도, 열정, 학습 몰입 등에서 우수성을 드러냈으며, 관련 경시대회 및 활동에 적극적으로 참여하여 유의미한 결과를 얻었음을 확인할 수 있습니다. 생명과학 교과 관련 심화과목을 이수하여 깊이 있는 학습 경험을 쌓아가고 있음을 알 수 있습니다.

8. 독서활동 사항

'이기적 유전자(리처드 도킨스)' 등 생명과학 관련 도서를 주로 읽었습니다.

📖 학교 기본 정보

○ 합격데이터

대학교	1)서울대 2)서울대 3)서울대 4)고려대 5)고려대 6)서울대 7)중앙대 8)건국대 9)건국대 10)건국대 11)경희대 12)서울대 13)서울대 14)서울대 15)서울대 16)건국대 17)서울대 18)서울대 19)건국대
전형명	1)지역균형선발 2)지역균형선발 3)지역균형선발 4)일반 5)기회균등특별(사회공헌자II) 6)기회균형특별(사회공헌자II) 7)고른기회 8)KU학교추천 9)KU학교추천 10)KU학교추천 11)고교연계 12)지역균형선발 13)지역균형선발 14)일반 15)농어촌 16)KU자기추천 17)일반 18)일반 19)KU자기추천
학과	1)생명과학부 2)생명과학부 3)식품동물생명공학 4)생명과학부 5)생명공학부 6)생명과학부 7)생명과학 8)생명과학특성학과 9)생명과학특성학과 10)생명과학특성학과 11)생물학과 12)식물생산과학부 13)식물생산과학부 14)식물생산과학부 15)농업생명과학대학 16)산림조경학과 17)산림과학부 18)산림과학부 19)산림조경학과

○ 나만의 데이터

(나에 해당하는 부분을 적어보세요!)

🧍 학생 내신 등급

 이 등급대의 학생부를 빅데타해서 분석한 자료임! 우수한 학생들의 학생부를 내가 가질 기회를 가지세요

○ 합격데이터

전체학년 합산등급	1)1.13 2)1.07 3)1.03 4)1.50 5)1.67 6)1.54 7)1.14 8)1.58 9)1.30 10)1.56 11)1.68 12)1.34 13)1.16 14)1.53 15)1.2 16)2.81 17)1.41 18)2.34 19)2.75
전체학년 국영수탐 등급	1)1.13 2)1.07 3)1.04 4)1.37 5)1.60 6)1.54 7)1.11 8)1.62 9)1.33 10)1.48 11)1.57 12)1.34 13)1.30 14)1.37 15)1.24 16)2.69 17)1.39 18)2.62 19)2.55

○ 나만의 데이터

(나에 해당하는 부분을 적어보세요!)

🚜 학교에서 학생에게 하는 활동

"내가 했던 것은 (O)표시 해보세요. 그리고 해야할 것은 (☆)해보세요!"

○ 합격데이터

수상 (분류)	학술, 탐구발표	과제연구대회*, 소논문대회*, 과학논문대회*
	수학 교과	수학교과대회**

	과학 교과	과학교과대회**, 과학탐구토론대회*, 과학실험탐구대회*, 과학주제발표대회, 생명탐구보고서대회, 물질탐구보고서대회, 과학TED대회, 융합과학대회, STEAM과학논술대회, 과학체험전, 과학창의콘텐츠대회
	인문, 토론	글쓰기대회*, 논술토론대회, 독서대회, 어휘력겨루기대회, 사제동행독서토론대회
	인성 관련 표창장	모범상
	기타	교과우수상**, 동아리발표대회*, 영어교과대회*, 학력우수상, 영어주제별발표대회, 창의력챔피언대회, 학습플래너대회
자율활동	임원	학급임원**, 학생회임원*
	멘토 멘티	
	특성화 프로그램	과학영재학급*, 생명과학 클러스터 수강, 학술제 활동, 이공계탐구교실
	기타	고교체험축제 운영자, 자치법정, 학교홍보활동
진로활동		창의산출물대회, 잠재력개발과정 참여, 외부기관 연계 체험활동, 진로활동 프리젠테이션, 생명과학 자유주제 발표, 생물자원보전 청소년 리더, 환경프로젝트 발표대회, 생태동아리 발표대회, 창의 축전 참가, 학술컨퍼런스, 주제연구(천연제초제 주제)

학생이 학교에서 주도적으로 하는 활동

"내가 했던 것은 (O)표시 해보세요.
그리고 해야할 것은 (☆)해보세요!"

○ 합격데이터

	전공 관련	생명과학동아리**, 의학동아리, 환경동아리, 식물동아리
	수학	수학동아리*
동아리 활동	과학	과학동아리**, 화학동아리*, 과학주제연구동아리, 과학실험동아리, 뇌과학동아리
	기타	탐구토론동아리*, 동아리발표대회 발표자, 영자신문 동아리, 이공계열탐구동아리 교육과정동아리, 자율연구동아리
봉사활동 (시간 및 주목할 봉사)	시간	60시간 미만, 60~80시간, 80~100시간*, 100시간 이상*
	특징	요양원 봉사*, 지역아동센터 학습지도*, 또래학습 멘토링*, RCY, 외국인에게 한국문화를 알리는 봉사, 과학 카페 운영, 도서관 재능 기부, 환경 봉사단
진로희망		생명공학연구원

교과세특	- 생명과학 및 화학 교과에서 1등급을 받음.
	- 과학 관련 행사 및 대회에 주도적으로 참가함.
	- 호기심이 많고 논리적 사고력과 창의성이 뛰어남.
	- 학습 내용의 개념요소들이 어떻게 조직되어 있는지 체계화하였고 창의적으로 표현하는 재치를 발휘함.
	- 능동적인 자세로 리더십을 발휘하는 활동인 학생임.
	- 관찰력이 뛰어나고 핵심 파악이 빠름.
	- 질병과 면역 분야를 탐구하며 방어 작용의 원리에 대해 발표함.
	- 식물의 미량원소에 대해 조사 후 영어로 보고서를 작성함.
	- 충치균에 관해 탐구함.
	- 단백질 합성에서의 확률을 계산하여 발표함.
	- 생명과학 특성화반을 이수함.
	- 고급화학, 심화영어독해1, 심화수학 특강을 이수함.
	- R&E 연구 활동을 진행함.
	- 기후 변화를 주제로 과제연구를 실시함.
	- 에듀클러스터 생태환경 강의를 들음.
	- 꿈의 대학 미생물학 강의를 들음.
독서 (권수/ 주목할 책이름)	1~10권*, 10~20권*, 20~30권*, 30~40권, 50권 이상
	아내를 모자로 착각한 남자(올리버 색스). .
	꿈꾸는 기계의 진화(로돌포 R. 이나스).
	생각하는 뇌, 생각하는 기계(제프 호킨스 외 1명).
	뇌의 미래(미겔 니코렐리스).
	공학이란 무엇인가(성풍현).
	기억을 찾아서(에릭 캔델).
	착각의 과학(프리트헬름 슈바르츠).
	배드 사이언스(벤 골드에이커).
	플레밍이 들려주는 페니실린 이야기(김영호).
	세상의 모든 원소 118(시어도어 그레이).
	에너지 팡(박동곤).
	재밌어서 밤새 읽는 화학이야기(사마키 다케오).
	소설처럼 아름다운 수학 이야기(김정희).
	이기적 유전자(리처드 도킨스).
	다윈의 잃어버린 세계(마틴 브레이저).
	사라진 스푼(샘 킨).
	바이러스 폭풍의 시대(네이션 울프).
	바이러스 행성(칼 짐머).

합격 총평	A학생	전 교과 성적이 우수하며, 특히 전공 관련 교과우수상을 받는 등 높은 성적을 계속 유지하였습니다. 동아리와 진로활동을 바탕으로 전공 관련 독서를 꾸준히 함으로써 전공적합성을 높이는 방향으로 진행되었습니다. 연구원이라는 진로와 관련한 R&E 활동으로 학업역량 측면에서의 우수성을 드러내는 동시에 탐구 중심의 학습 경험을 보여주는 특별함이 돋보였습니다.
	B학생	학년이 올라갈수록 성적이 올라가는 추세를 보이며, 전공 관련 교과목에 집중함으로써 노력의 결과가 교과우수상으로 나타나기도 하였습니다. 단순히 공부만 열심히 하는 것이 아닌 오답노트를 활용하는 등 장기적인 안목에서 힘쓴 부분이 돋보입니다. 교내의 다양한 활동에 빠짐없이 참여하며 진로목표를 달성하고자하는 일관된 학업 태도가 나타났습니다. 독서 과정에서 모르는 내용이 나오면 심화자료 탐색 및 질문을 통해 알아내는 탐구능력을 보여주었습니다.
	C학생	생명공학에 대한 지속적 관심을 보였으며, 다양한 호기심이 학습의 원동력이 되었던 집중력이 뛰어난 모습이 두드러졌습니다. 스스로 부족한 부분을 알고 이를 채우고자 심층적인 지식을 자기 주도적으로 찾아가는 과정에서 지적 열망을 달성하기 위한 노력을 엿볼 수 있었습니다. 생명과학 관련 연구를 3년간 꾸준히 진행하며 가능성이라도 발견하기 위해 끝까지 탐구하여 결론을 이끌어내는 집중력이 돋보였습니다.
	D학생	학급 구성원들에게 늘 친절하게 대하고, 학습에 대한 도움을 많이 주는 등 나눔을 실천하였습니다. 자기 통제력이 높아 스스로 세운 계획을 반드시 달성하는 모습에서 높은 학습역량을 확인할 수 있었습니다. 다양한 분야에 대한 폭넓은 이해와 창의력을 바탕으로 교내외 활동에 적극적인 모습을 보였습니다. 어려운 환경에 처해있음에도 다른 사람을 탓하지 않고 최선을 다하는 긍정적인 자세를 엿볼 수 있었습니다.

**은 데이터상 5회 이상 , *은 데이터상 4~2회, 없는 것은 1회입니다.

○ 미래 내가 해야 할 것

성적	
수상	
자율활동	
동아리활동	
봉사활동	
진로활동	
수업시간	
독서활동	

현대 정보화 사회에서 요구하는 정보 분석 방법을 공부하기 적합한 학과지요.

(2) 통계 기반

1. 내신
전체학년 합산 1.03 ~ 3.46등급을 나타내고 있습니다. 최저 점수는 한국외대 통계학과에 합격한 사례입니다.

2. 수상
수학 교과대회(42%), 과학 교과대회(42%), 인문, 토론 대회(33%), 학술, 탐구 발표대회(25%), 인성 관련 표창장(25%)을 주로 받았습니다. 또한, 중국어 대회, 경제 탐구보고서 발표대회, UCC 경진대회에서 수상한 학생도 있었습니다.

3. 자율활동
학생회 임원을 두루 역임하고 자연과학 특성화 프로그램, 수학축전 도우미로 참가한 학생도 있었습니다.

4. 진로활동
수학, 통계 관련 활동에 참여한 경우가 많았으며, TESAT, 모의국회, 심리 연계 활동 등 인문학적 소양도 함께 갖추기 위해 노력하는 모습이 돋보였습니다.

5. 동아리 활동
수학 동아리(58%), 과학 동아리(42%)에 주로 참가하였습니다. 또한, 인권, 시사 토론, 심리, 하브루타, 독서토론을 주제로 한 동아리 활동에 참여한 학생도 있었습니다.

6. 봉사활동
멘토링을 통한 학습지도 활동이 주를 이루었으며, 요양병원 봉사, 다문화가정 멘토링, 외국인 근로자 한국어 교육, 북 코칭, 무료 급식 봉사를 했던 학생도 있었습니다.

7. 과목별 세부능력 및 특기사항
대부분 수학 교과에서 1등급 성취를 보이고, 수학 심화학습을 위한 방과 후 수업 참여도가 높았습니다. 과제연구 등 심화 과목 이수를 통한 지식의 확장을 위해 노력하는 모습을 확인할 수 있습니다.

8. 독서활동 사항
'페르마의 마지막 정리(사이먼 싱)' 등 수학 관련 도서를 주로 읽었습니다.

학교 기본 정보

합격데이터

대학교	1)고려대 2)경희대 3)서울대 4)건국대 5)중앙대 6)한국외대 7)동국대 8)서울대
전형명	1)학교장추천 2)네오르네상스 3)지역균형선발 4)KU자기추천 5)다빈치형인재 6)학생부종합 7)Do Dream 8)일반
학과	1)수학과 2)응용수학과 3)수리과학부 4)수학과 5)응용통계학과 6)통계학과 7)통계학과 8)통계학과

나만의 데이터

(나에 해당하는 부분을 적어보세요!)

 학생 내신 등급 이 등급대의 학생부를 빅데타해서 분석한 자료임! 우수한 학생들의 학생부를 내가 가질 기회를 가지세요

○ 합격데이터　　　　　　　　　　　　　　　　　　　　　　　○ 나만의 데이터

전체학년 합산등급	1)2.07 2)2.22 3)1.03 4)2.16 5)1.13 6)3.46 7)2.37 8)1.54 9)1.51 10)2.10 11)1.28 12)2.13
전체학년 국영수탐 등급	1)1.49 2)2.13 3)1.01 4)2.21 5)1.13 6)2.64 7)2.32 8)1.47 9)1.52 10)1.98 11)1.28 12)2.05

(나에 해당하는 부분을 적어보세요!)

학교에서 학생에게 하는 활동

"내가 했던 것은 (O)표시 해보세요. 그리고 해야할 것은 (☆)해보세요!"

○ 합격데이터

	학술, 탐구발표	소논문대회, 주제탐구대회
수상 (분류)	수학 교과	수학교과대회**, 수학독서감상문쓰기 대회*, 수학UCC 대회
	과학 교과	과학글쓰기대회, 과학교과대회, 탐구실험대회, 과학탐구토론대회, 과학탐구역량강화 프로젝트, 에너지빌리지만들기대회
	인문, 토론	논술대회, 토론대회, 독서경시대회
	인성 관련 표창장	표창장*
	기타	영어교과대회, 교과우수상, 영어단어경시대회, 중국어대회, 경제탐구보고서발표대회, 자기소개서쓰기대회, UCC경진대회
자율활동	임원	학생회임원*, 학급임원*
	멘토 멘티	
	특성화 프로그램	자연과학 교육과정 특성화프로그램 이수
	기타	교내 수학축전 도우미
진로활동		수학 축전, 수학탐구발표대회, 융합과학체험전, 전교회장 선거 때, 출구조사를 실시한 후 통계보고서를 작성함, TESAT 2급, 모의국회

"내가 했던 것은 (O)표시 해보세요.
그리고 해야할 것은 (☆)해보세요!"

○ 합격데이터

동아리 활동	전공 관련	수학동아리**, 통계동아리, 심리동아리
	수학	수학 R&E 동아리
	과학	과학동아리**, 화학생물동아리
	기타	NGO관련동아리, 시사토론동아리, 하브루타학습동아리, 독서토론동아리
봉사활동 (시간 및 주목할 봉사)	시간	60시간 미만, 60~80시간*, 80~100시간, 100시간 이상*
	특징	중학생 학습지도 봉사**, 요양센터 봉사활동, 수학 학습 멘토링, 지역아동센터 학습 도우미, 다문화가정 멘토링 봉사, 외국인 근로자 한국어 교육 봉사, 어린이편지 번역 봉사, 외국 인력 지원센터 봉사, 제3세계 여성을 위한 대안 생리대 제작, 초등학교 대상 북 코칭, 장애인 복지관 무료 급식 봉사, 청소년 수련관 행사 기획 및 진행.
진로희망		통계분석가
교과세특		- 수학 탐구보고서 작성*. - 국어, 수학, 영어, 과학 교과 1등급. - TED 수업에 참여하여 영어로 토론하고 주제를 조사함. - 동아시아사 소인수 과목 이수. - 방과 후 학교 영재반 심화수업 이수. - 꿈의 대학수강. - 에듀클러스터(인문학입문, 국제학 전공기초, 미디어인문학) 수강. - 과제연구 과목 이수.
독서 (권수/ 주목할 책이름)		1~10권, 10~20권*, 20~30권*, 30~40권, 50권 이상 수학력(나가노 히로유키). 평면기하의 아이디어(박승동). 페르마의 마지막 정리(사이먼 싱).
합격 총평	A학생	수학 개념에 대한 관심을 바탕으로 교육과정 외의 풀이나 증명 방법을 찾아보면서 수학이라는 과목에 대한 이해도를 높이려는 노력을 지속하였습니다. 수학자에 대한 호기심과 수학사를 기반으로 한 탐구학습을 통해 수학 이론의 발전 흐름을 맥락적으로 접근하는 자세가 돋보였습니다. 실생활에 적용되는 수학에의 관심이 수리분석으로 이어지고, 도표나 그래프를 해석하여 논리적으로 유의미한 데이터를 도출하는데 지속적으로 관심을 보였습니다.
	B학생	수리과학과에 진학하고자 하는 의지가 높으며, 강한 의지를 바탕으로 목표 달성을 위해 정진하는 모습이 돋보였습니다. 본인에게 다소 어렵고 해결하는데 들어가는 시간이 많더라도 오랫동안 생각하고 고민하는 것을 좋아하는 성향이 오히려 긍정적으로 작용하기도 하였습니다. 여러 명제를 증명한 결과를 포트폴리오로 구성하여 증빙서류로 제출하는 등 높은 학업성취를 보였습니다.

C학생	수학을 포함하여 교과 성적이 수직적으로 상승함으로써 성실한 학습 태도가 긍정적으로 작용하는 모습을 확인할 수 있었습니다. 수학 관련 교과우수상 이외에도 자연과학 분야 대회에서 꾸준히 수상하는 등 이공계열로의 관심을 지속적으로 드러냈습니다. 수학동아리를 통해 체험 및 탐구 중심을 학습을 거듭하며 원리를 이해하고 실생활 연계 수학을 학습하는 모습이 돋보였습니다.
D학생	통계학과로의 진로를 3학년 때 구체화하였지만 1,2학년 때부터 계속된 수리과학 분야에 관심을 바탕으로 다양한 활동을 진행하였습니다. 전 과목에 걸쳐 세부능력 및 특기사항에 통계 관련 활동 수행 결과를 근거로 내용을 기록함으로써 세특 간 연계를 강화하는 모습이 나타났습니다. 수리 역량을 키우기 위해 많은 문제를 해결하고, 다양한 해결방안을 고민하는 과정에서 문제해결능력이 높아지는 모습을 보이기도 하였습니다.

**은 데이터상 5회 이상 , *은 데이디상 4~2회, 없는 것은 1회입니다.

○ 미래 내가 해야 할 것

성적	
수상	
자율활동	
동아리활동	
봉사활동	
진로활동	
수업시간	
독서활동	

우주를 이루고 있는 암흑 물질은 과연 무엇일까? 질량이 음수가 되는 것이 가능할까?

(3) 물리 기반

1. 내신
전체학년 합산 1.02 ~ 2.33등급을 나타내고 있습니다. 최저 점수는 경희대 고교연계전형 주거환경학과에 합격한 사례입니다.

2. 수상
과학 교과대회(79%), 수학 교과대회(57%), 인문, 토론 대회(50%), 학술, 탐구 발표대회(29%), 인성 관련 표창장(29%)을 주로 받았습니다. 또한, 이공계 전공능력 증진대회, 사회통합대회에서 수상한 학생도 있었습니다.

3. 자율활동
학급 임원을 두루 역임하였으며, 물리 영재학급을 진행하였습니다. 도서부, 자기주도학습캠프에 참가한 학생도 있었습니다.

4. 진로활동
과학전람회 작품 출품, 과학 주제 연구 및 실험에 주로 참여하였으며, 웹진 기자, 과학 특강, 자연과학 캠프 참가 등의 활동을 한 학생도 있었습니다.

5. 동아리 활동
물리 동아리(50%)에 주로 참가하였습니다. 사회적 기업, 지구과학, 독서토론, 드론, 교육과정, 건축, 인권을 주제로 한 동아리 활동에 참여한 학생도 있었습니다.

6. 봉사활동
요양원 및 교육 봉사를 주로 하였으며, 박물관 봉사를 했던 학생도 있었습니다.

7. 과목별 세부능력 및 특기사항
대부분 수학 교과에서 1등급의 성취를 이루었으며, 연구 중심의 학습을 바탕으로 물리 지식의 외연을 넓히고자 노력하였습니다. 심화 과목을 이수하며 자신의 연구 분야를 깊이 있게 탐구하는 과정이 자주 나타났습니다.

8. 독서활동 사항
'물리학 클래식(이종필)' 등의 물리 관련 도서를 주로 읽었습니다.

🖥 학교 기본 정보

○ 합격데이터   ○ 나만의 데이터

대학교	1)고려대 2)서울대 3)중앙대 4)한양대 5)서울대 6)고려대 7)서울대 8)서울대 9)연세대 10)연세대 11)경희대 12)경희대 13)경희대

전형명	1)학교장추천 2)지역균형선발 3)다빈치형인재 4)학생부교과 5)지역균형선발 6)학교장추천 7)지역균형 8)지역균형선발 9)학교활동우수자 10)일반 11)고교연계 12)고교연계 13)네오르네상스

(나에 해당하는 부분을 적어보세요!)

학과	1)물리학과 2)물리천문학부 3)물리학과 4)물리학과 5)물리천문학부 6)물리학과 7)물리천문학부 8)지구환경과학과 9)대기과학과 10)천문우주학과 11)우주과학과 12)주거환경학과 13)주거환경학과	

 학생 내신 등급 이 등급대의 학생부를 빅데타해서 분석한 자료임! 우수한 학생들의 학생부를 내가 가질 기회를 가지세요

○ 합격데이터 ○ 나만의 데이터

전체학년 합산등급	1)1.12 2)1.10 3)2.63 4)1.12 5)1.02 6)1.46 7)1.26 8)1.21 9)1.08 10)1.40 11)1.55 12)2.33 13)2.50	(나에 해당하는 부분을 적어보세요!)
전체학년 국영수탐 등급	1)1.12 2)1.07 3)2.26 4)1.12 5)1.02 6)1.42 7)1.30 8)1.18 9)1.11 10)1.39 11)1.27 12)2.34 13)2.50	

학교에서 학생에게 하는 활동

"내가 했던 것은 (O)표시 해보세요. 그리고 해야할 것은 (☆)해보세요!"

○ 합격데이터

수상 (분류)	학술, 탐구발표	소논문발표대회*, R&E발표대회, 주제탐구발표대회
	수학 교과	수학교과대회**
	과학 교과	과학교과대회**, 물리실험대회*, 발명아이디어대회, 과학창의력경진대회, 골드버그장치만들기대회
	인문, 토론	토론대회*, 글짓기대회*, 독서대회*, 논술대회*, 인문고전독후평가, 영작대회, 독서포트폴리오
	인성 관련 표창장	표창장*
	기타	영어교과대회*, 교과 우수상*, 이공계전공능력증진대회, 융합탐구경진대회, 사회통합대회
자율활동	임원	학급 임원*
	멘토 멘티	
	특성화 프로그램	물리 영재학급*
	기타	도서부, 자기주도학습 캠프 참가, 물리학에 대한 심화학습
진로활동		전람회 참가, 융합과학대회, 과학실험대회 '직진도로' 웹진 기자로 물리학과 관련된 국내외 유명인사 인터뷰 내용을 소개함, 과학 관련 다양한 특강에 참석함, 물리토론대회, 자연과학체험캠프, 고교-대학 연계 융합프로그램 학술대회

학생이 학교에서 주도적으로 하는 활동

"내가 했던 것은 (○)표시 해보세요.
그리고 해야할 것은 (☆)해보세요!"

📍 합격데이터

동아리 활동	전공 관련	물리동아리**, 지구과학동아리*, 천체관측동아리*, 드론동아리, 물리과학사탐구동아리
	수학	수학동아리
	과학	과학독서반, 건축동아리
	기타	사회적기업동아리, 자연계독서토론동아리, 4E동아리, 글쓰기동아리, 교육과정동아리 인권동아리
봉사활동 (시간 및 주목할 봉사)	시간	60시간 미만, 60~80시간*, 80~100시간*, 100시간 이상
	특징	요양원 방문, 동아리 부스 활동을 통한 지식 나눔, 병원 봉사활동, 장애인 요양보호 활동, 박물관 봉사, 포도밭의 아이들에서 교육 봉사, 또래학습 멘토링.
진로희망		물리학자, 천문학자
과목별 세부능력 및 특기사항		- 동아리에서 일반 상대성이론을 수학적으로 공부함. - 수학 교과 1등급. - 방과 후 학교(수학, 영어)에 꾸준히 참여함. - 전공 관련 꾸준한 독서. - 심화과목 이수프로그램(고급물리) 수강. - 자기와 옹기의 미세구조, 3D 프린터 등을 주제로 과제연구. - 과학 관련 독서를 많이 함. - 건축 관련 수행평가에서 우수성을 드러냄.
독서 (권수/ 주목할 책이름)		1~10권, 10~20권, 20~30권*, 30~40권*, 50권 이상 슈뢰딩거의 고양이(애덤 하트데이비스). 알칼릴리 교수의 블랙홀 교실(짐 알칼릴리). 박사가 사랑한 수식(오가와 요코). 대통령을 위한 물리학(리처드 뮬러). 우주과학사(혼다 시케치카). 우주의 기원 빅뱅(사이먼 싱). 양자역학의 법칙(Transnational College of Lex). 파인만의 여섯 가지 물리 이야기(리처드 파인만). 종의 기원(찰스 로버트 다윈). 물리학을 낳은 위대한 질문들(마이클 브룩스). 현대 물리학과 동양사상(프리초프 카프라). 초끈이론의 진실(피터 보이트). Topology(James Munkres). 우주의 구조(브라이언 그린). The Hidden Reality(브라이언 그린). 파인만의 QED 강의(리처드 파인만). 물리학 클래식(이종필).

퀀텀 유니버스(브라이언 콕스 외 1명).
인간과 우주(김승현), 인간과 우주(박창범).
인터스텔라의 과학(킵 손).
코스모스(칼 세이건).
푸앵카레의 추측(도널 오셔).
쿼크(난부 요이치로)

합격 총평		
	A학생	3년 동안의 내신 관리가 돋보이며, 과목별 세부능력 및 특기사항에 과학 관련 호기심 해결 과정이 구체적으로 제시되어 있습니다. 물리에 국한하지 않고 생명 현상과 지질 구조 등에도 박학다식한 면모를 보여줌으로써 융합적인 시각에서 과학 분야의 인재로 평가받을 수 있었던 것 같습니다. 특히, 양자역학에 관한 관심을 바탕으로 관련 독서를 통해 학문의 기초를 이해하려는 노력에서 기초과학을 연구하는 전문가 자질도 엿볼 수 있었습니다.
	B학생	물리학에 대한 전공지식이 풍부하여 멘토링을 비롯한 대학 연계 소논문 활동 등에서 우수한 학업역량을 드러냈습니다. 다른 상위권 학생들과 비교하였을 때, 활동의 다양성 측면에서는 상대적으로 낮은 부분도 존재하나 전공 이해도가 높아 대학 진학 후의 학업의지 등에서 높게 평가받을 것으로 생각됩니다. 정규교육과정을 중심으로 학습하며 자신의 지적 역량을 높인 전형적인 케이스라 여겨집니다.
	C학생	교과전형을 중심으로 대비하여 내신의 절대적 중요성을 이해한 이후에는 최상위권을 유지하기 위해 계속 노력하고 관리하였습니다. 물론 자신의 지식수준에 기반한 탐구 활동을 병행하며, 고등학교 입학 초부터 천문에 관심을 꾸준히 보이면서 관찰과 실험하는 것을 즐겼던 모습이 좋은 평가로 이어졌음을 알 수 있습니다.
	D학생	매사에 최선을 다하는 모습이 밑바탕으로 작용하여 전공과 연관성이 떨어지는 대회라도 자신의 능력을 발휘해보고자 꾸준히 참가하여 나름 성과를 얻고 의미를 찾으려는 열정이 돋보입니다. 수학과 물리에 관심이 높으며, 과학동아리를 통해 대학전공 이수를 위한 기초지식을 배양하고, 실험을 진행함으로써 관련 분야로의 흥미를 높인 부분이 돋보입니다.

**은 데이터상 5회 이상 , *은 데이터상 4~2회, 없는 것은 1회입니다.

○ 미래 내가 해야 할 것

성적	
수상	
자율활동	
동아리활동	
봉사활동	
진로활동	
수업시간	
독서활동	

화학은 유기, 무기, 물리, 분석, 생화학 등 많은 분야가 있지요~

(4) 화학 기반

1. 내신
전체학년 합산 1.31 ~ 2.83등급을 보입니다. 최저 점수는 동국대 Do Dream전형 식품산업관리학과에 합격한 사례입니다.

2. 수상
과학 교과대회(62%), 인문, 토론 대회(46%), 수학 교과대회(38%), 학술, 탐구 발표대회(15%), 인성 관련 표창장(15%)을 주로 받았습니다. 또한, 진로 발표대회, 창의 융합캠프, 직업박람회 소감문 쓰기, 창의 인재 분야, 학사 달력 그리기에서 수상한 학생도 있었습니다.

3. 자율활동
학급 및 학생회 임원을 두루 역임하였으며, STEAM 수업, 영재학급에서 과학 심화학습을 진행하였습니다. 또한, 인문사회 특성화 프로그램에 참여한 학생도 있었습니다.

4. 진로활동
화학 관련 진로를 희망하는 일관성이 돋보였으며, 과학을 주제로 한 실험 및 연구를 계속 실시하였습니다.

5. 동아리 활동
과학 동아리(40%)에 주로 참가하였습니다. 또한, 독서, 건강의학, 의류, 영상제작, 미술을 주제로 한 동아리 활동에 참여한 학생도 있었습니다.

6. 봉사활동
다문화 지원 봉사, 환경, 의료원 봉사, 멘토링 등의 다양한 활동을 통해 봉사의 가치를 실현하였습니다.

7. 과목별 세부능력 및 특기사항
화학 교과의 심화학습을 통해 실험, 탐구 등의 연계 활동을 진행하였으며, 인문, 예술, 매체에 대한 관심이 많아 융합 소양을 발휘한 경험이 자주 나타났습니다.

8. 독서활동 사항
'나누고 쪼개도 알 수 없는 세상(후쿠오카 신이치)' 등의 화학 관련 도서를 주로 읽었습니다.

🖥 학교 기본 정보

○ 합격데이터

○ 나만의 데이터

(나에 해당하는 부분을 적어보세요!)

대학교	1)경희대 2)경희대 3)경희대 4)경희대 5)동국대 6)서울대 7)서울대 8)동국대 9)동국대 10)경희대 11)성균관대 12)서울대 13)숙명여대
전형명	1)네오르네상스 2)학교생활충실자 3)네오르네상스 4)네오르네상스 5)Do Dream 6)지역균형선발 7)지역균형선발 8)학교장추천인재 9)학교생활충실자 10)학교생활충실자 11)성균인재 12)일반 13)숙명인재
학과	1)화학과 2)응용화학과 3)응용화학과 4)응용화학과 5)식품산업관리학과 6)식품영양학부 7)식품영양학부 8)식품생명과학부 9)바이오환경과학과 10)의류디자인학과 11)의상학과 12)의류학과 13)의류학과

 **학생 내신 등급** 이 등급대의 학생부를 빅데타해서 분석한 자료임! 우수한 학생들의 학생부를 내가 가질 기회를 가지세요

○ 합격데이터

		○ 나만의 데이터
전체학년 합산등급	1)1.67 2)1.90 3)1.66 4)1.84 5)2.83 6)1.31 7)1.38 8)1.80 9)1.64 10)2.73 11)1.46 12)2.32 13)2.00	(나에 해당하는 부분을 적어보세요!)
전체학년 국영수탐 등급	1)1.50 2)1.60 3)1.68 4)1.76 5)3.02 6)1.31 7)1.42 8)1.78 9)1.62 10)2.52 11)1.46 12)2.66 13)2.18	

 학교에서 학생에게 하는 활동

"내가 했던 것은 (O)표시 해보세요.
그리고 해야할 것은 (☆)해보세요!"

○ 합격데이터

수상 (분류)	학술, 탐구발표	학술에세이발표대회*
	수학 교과	수학교과대회**
	과학 교과	과학탐구대회*, 과학교과대회*, 생명과학경시대회*, 과학독후감대회, 과학이슈탐구대회 화학경시대회, 창의융합캠프, 과학팀프로젝트, 창의적구조물대회, 창의인재상
	인문, 토론	독서대회, 글쓰기대회, 논술대회
	인성 관련 표창장	표창장*
	기타	교과우수상, 직업박람회 소감문 쓰기 대회, 사회참여 발표대회, 국어 교과대회, 학사 달력 그리기 대회, 학교 상징 디자인 대회, 생활과 윤리 탐구발표 대회
자율활동	임원	학생회임원*, 학급임원*
	멘토 멘티	
	특성화 프로그램	인문사회 분야 특성화 프로그램, STEAM 수업, 수학, 과학 영재학급
	기타	학술제 참가
진로활동		진로희망이 분명하여 일관성 있는 전공 관련성을 보임, 작은 과학자 R&E 발표, 과학실험대회 수상 진로와 관련하여 영어, 봉사, 언어 능력을 부각시킴, 학교 안 예술학교

학생이 학교에서 주도적으로 하는 활동

 "내가 했던 것은 (O)표시 해보세요.
그리고 해야할 것은 (☆)해보세요!"

○ 합격데이터

동아리 활동	전공 관련	화학동아리*, 의류동아리*, 의상제작동아리, 미술동아리
	수학	
	과학	과학동아리*, 과학실험동아리, 생명과학동아리
	기타	독서동아리*, 건강의학연구반동아리
봉사활동 (시간 및 주목할 봉사)	시간	60시간 미만, 60~80시간*, 80~100시간*, 100시간 이상
	특징	다문화 지원센터 교육 봉사*, 봉사상*,청소년환경동아리, 의료원 봉사 활동, 초등학생 학습지도, 멘토링 봉사,
진로희망		화학 분야 연구원, 패션 디렉터

과목별 세부능력 및 특기사항	
- 화학 교과 1등급.
- 화학 관련 실험 다수 참가.
- 자기주도학습 프로그램에 지속적 참여 수업시간 중 과제 수행 및 발표능력이 탁월함.
- 화장품 논문 관련 탐구 활동.
- 다양한 과목에서 융합 사고 능력 발휘.
- 소논문 작성 활동.
- 클러스터 과제연구(과학) 이수.
- 창의융합 캠프 참여.
- 사회문제에 관심이 많고 해결방안을 구체적으로 제시함.
- 영어 듣기 및 말하기 능력이 우수함.
- 발표능력이 우수하고 매체 활용을 잘함.
- 독해 능력이 뛰어나며 사안을 보는 안목이 신선함.
- 꿈의 대학 패션이미지, 컬러스토리, 프랑스어 이수.

독서 (권수/ 주목할 책이름)	
1~10권, 10~20권**, 20~30권, 30~40권, 50권 이상
이중나선(제임스 왓슨).
감칠맛과 MSG 이야기(최낙언 외 1명).
나누고 쪼개도 알 수 없는 세상(후쿠오카 신이치).

합격 총평	**A학생**	화학을 학문적으로 접근하여 해석함으로써 원리를 이해하고 탐구하는 습관을 갖추었으며, 개념 구조를 시각화하여 학습함으로써 완성도를 높일 수 있었습니다. 분자 간 결합에 관심이 많아 다양한 탐구주제로 전공에 관심을 확대해나갔습니다. 학교 안에서의 실험에 한계를 느꼈지만, 인근 대학 교수님과의 멘토링을 통해 부족한 부분을 채우고, 관심 분야 연구의 기회를 지속할 수 있었습니다.
	B학생	다양한 교내프로그램 및 대학에서 진행하는 전공체험활동에 적극적으로 참여하는 등 매사에 의욕을 가지고 성취를 이루려는 노력이 돋보입니다. 화학 연구원이라는 일관된 진로희망을 갖고서 3년간 동아리활동을 지속하며 전공적합성을 높일 수 있었습니다. 심화학습을 위해 방과 후 학교에 참여하고, 심화프로그램을 통해 부족한 학습을 계속하는 등 자신의 내·외적 성장을 위해 끊임없이 배우려는 모습이 좋은 결과로 연결될 수 있었습니다.
	C학생	다수의 발명아이디어를 도출하는 등 창의성을 기반으로 다양한 프로젝트를 진행하며 기획력과 리더십을 발휘할 수 있었습니다. 전공 관련 탐구대회에서는 다른 친구들과 차별화된 주제를 선정하여 새로운 시각에서 과학을 바라보는 기회도 있었습니다. 학교 행사에 적극적으로 참여하는 등 성실하면서도 모범적인 태도로 다른 친구들의 귀감이 되었습니다.
	D학생	식품에 관심을 바탕으로 생명 현상과 식생활에 대한 연구를 지속하였습니다. 전공 관련 준비는 물론 다방면에 관심이 많아 다양한 대회 참여 및 활동 과정에서 얻은 지식을 융복합, 재가공하는 능력이 돋보입니다. 관련 독서는 상대적으로 적은 편이나 학과에 대한 정보 탐색을 통해 대학에서 원하는 인재상에 부합하고자 끊임없이 스스로를 만들어 나가는 모습에서 적극적인 의지와 목표의식을 확인할 수 있었습니다.

**은 데이터상 5회 이상 , *은 데이터상 4~2회, 없는 것은 1회입니다.

◯ 미래 내가 해야 할 것

성적	
수상	
자율활동	
동아리활동	
봉사활동	
진로활동	
수업시간	
독서활동	

② ⸱⸱⸱⸱⸱⸱⸱ 공학계열

가) 공학계열 들어가며 ⸱

일반적으로 공학 계열은 '과학적 지식을 습득하고, 실험 및 실습의 병행을 통해 창의력, 응용력과 같은 고등정신 능력을 길러 정확한 판단력과 실천력을 겸비한 과학기술 분야의 인재를 양성'하는 교육과정을 일컫습니다. 세부적으로 기계(기계공학, 자동차공학, 항공우주공학, 철도공학, 조선해양공학 등), 전기(전기전자공학, 컴퓨터공학, 정보통신공학, 정보보안공학 등), 토목(토목공학, 건축공학, 도시공학, 건축학 등), 화학(화학공학, 생명공학, 원자력공학, 고분자공학 등), 산업안전(산업공학, 소방학 등), 재료공학(반도체, 신소재 등), 융합(환경공학, 의료공학 등)으로 나눌 수 있습니다.

실제 합격사례를 분석한 후, 재분류하여 '화학(화학·신소재·에너지), 물리(전기·전자·기계·항공), 건축(건축·토목·환경), 컴퓨터(컴퓨터·소프트웨어), 생명(생명·식품·화학생명), 시스템(산업·시스템)' 파트로 나누었습니다. 개별 학과별로 상이한 부분은 존재할 수 있으나 유사 학과의 특성 등을 고려, 지나친 세분화보다 그룹화함으로써 더 쉽게 이해하도록 하였습니다.

(1) 화학기반

'화학(화학·신소재·에너지)' 파트에서는 1.0 ~ 2.5등급의 내신인 학생들로 수학경시대회, 과학탐구대회, 과학논문대회 수상이 두드러지며, 과학 주제 기사 작성, 대학 연계 연구 및 실험 캠프 참가를 주로 진행하였습니다. 수학, 화학, 환경 동아리 활동을 지속하며 또래 학습 튜터, 과학실험 봉사활동, 수학 심화학습 및 화학, 에너지 관련 과제 연구에 적극성을 보였고, 과학실험 및 화학 과목 심화수업을 이수한 것으로 나타났습니다. 논리력과 탐구심을 바탕으로 다양한 과학 주제 활동에 적극적으로 참여하고, 화학에 관한 관심을 실천으로 옮김으로써 좋은 평가로 이어졌음을 알 수 있습니다.

(2) 물리기반

'물리(전기·전자·기계·항공)' 파트는 1.0 ~ 2.6등급의 내신인 학생들로 과학탐구실험대회에서의 수상이 두드러지며, 공학 관련 체험학습 및 특강, 자기 주도적 실험활동에 주로 참여하였습니다. 물리 및 수학동아리 활동을 지속하며 지역아동센터를 통한 과학 재능기부 봉사활동에 적극성을 보였고, 물리 교과 1등급 및 고급물리, 과제연구 등의 심화 과목을 이수한 것으로 나타났습니다. 기계에 관한 관심을 바탕으로 물리 교과에 대한 높은 이해도를 보였고, 전공 관련 체험활동과 다방면의 독서를 바탕으로 과학 전반에 대한 학업역량을 드러냄으로써 좋은 평가로 이어졌음을 알 수 있습니다.

(3) 건축기반

'건축(건축·토목·환경)' 파트는 1.5 ~ 3.3등급의 내신인 학생들로 과학탐구토론대회, 과학탐구발표대회에서의 수상이 두드러지며, 건축물, 구조물 설계 활동, 환경 주제 연구 및 과학 탐구실험을 주로 진행하였습니다. 건축, 환경, 과학동아리 활동을 지속하며 건축, 에너지 관련 봉사활동에 적극성을 보였고, 환경과 지구과학 심화수업 및 학습을 전개한 것으로 나타났습니다. 대상에 대한 관찰력과 분석력, 진로와 연관된 활동의 일관성과 과제 집중력을 바탕으로 탐구 역량을 드러냄으로써 좋은 평가로 이어졌음을 알 수 있습니다.

(4) 컴퓨터기반

'컴퓨터(컴퓨터·소프트웨어)' 파트는 1.3 ~ 2.4등급의 내신인 학생들로 수학, 발명 및 소프트웨어 경시대회에서의 수상이 두드러지며, 과학 체험캠프 참여와 전공 관련 연구를 주로 진행하였습니다. 수학, 물리 및 컴퓨터 동아리 활동을 지속하며 멘토링과 지역아동센터 봉사활동에 적극성을 보였고, 프로그래밍 언어와 정보화에 대한 자료 발표를 수행한 것으로 나타났습니다. 과학과 수학에 대한 이론적 배경을 바탕으로 실험과 연구를 거듭하는 과정이 좋은 평가로 이어졌음을 알 수 있습니다.

(5) 생명기반

'생명(생명·식품·화학생명)' 파트는 1.1 ~ 2.9등급 내신 학생들로 화학경시대회, 생명과학경시대회, 과학탐구발표대회, 논문발표대회에서의 수상이 두드러지며, 대학과 연계한 주제별 연구 실험, 탐구실험, 학술 연구를 주로 진행하였습니다. 생명과학(생물), 수학, 의학 동아리 활동을 지속하며 학습멘토링 봉사, 사람을 이해하고 나눔을 실천하는 활동에 적극성을 보였고, 타 교과에서 생명과학 관련 주제를 자주 다루었으며, 수학과 과학 관련 심화수업을 통해 학업역량을 갖추기 위해 노력한 것으로 나타났습니다. 자기 주도적 학습과 높은 과제 집착력을 바탕으로 생명과학 분야에서 우수성을 드러내었고, 지적 호기심을 독서와 동아리활동을 통해 심화 연계함으로써 관심 분야에의 전문성을 갖추어가는 과정이 좋은 평가로 이어졌음을 알 수 있습니다.

(6) 시스템기반

'시스템(산업·시스템)' 파트는 1.4 ~ 2.5등급 내신 학생들로 과학발명대회에서의 수상이 두드러지며, 사회 전반에 관한 관심과 창의성을 드러낼 수 있는 활동에 충실한 모습을 보여주었습니다. 융합 및 과학동아리 활동을 지속하며 과학 재능을 나누는 활동에 적극성을 보였고, 과학 관련 심화과목 이수 및 다양한 주제별 탐구활동을 수행한 것으로 나타났습니다. 거시적 관점에서 과학을 이해하고 실험, 연구를 통해 프로젝트 활동으로 결과를 도출해내는 과정이 좋은 평가로 이어졌음을 알 수 있습니다.

다음의 데이터 분석은 실제 데이터의 내용을 요약 후 다시 표로 압축하여 정리하였습니다. 자신의 학교생활기록부를 분석하여 비교해볼 수 있는 공간을 만들어두었으니, 비교하면서 부족한 부분과 자신의 강점을 찾는다면 도움이 될 것입니다.

나) 공학계열 데이터 분석과 합격데이터

 'PV=nRT'란다. 꼭 잊지 마렴.

(1) 화학 기반

1. 내신

전체학년 합산 1.0 ~ 2.56등급 결과를 나타내고 있습니다. 최저 점수는 건국대 KU자기추천전형 융합인재학부에 합격한 사례입니다.

2. 수상

과학 교과대회(81%), 수학 교과대회(48%), 학술, 탐구 발표대회(24%), 인문, 토론 대회(24%), 인성 관련 표창장(14%)을 주로 받았습니다. 아트북 만들기, 진로탐색 프로젝트. 프렌토리, 주제 발표 대회에서 수상한 학생도 있었습니다.

3. 자율활동

학급 및 학생회 임원을 두루 역임하며, 영재학급, 방학 캠프에서 화학 교과 심화학습을 진행하였습니다. 또한, 멘토-멘티, 도서부, 이공계 과학 시화반, 화학 교과서 만들기 활동에 참여한 학생도 있었습니다.

4. 진로활동

과학 주제 전공체험, 과학캠프, 실험 및 학술 연구 활동에 참여한 경우가 많았으며, 환경 봉사단, 기자단, 대학교 멘토링 활동에 참여한 학생도 있었습니다.

5. 동아리 활동

과학 동아리(71%)와 수학 동아리(19%)에 주로 참가하였습니다. 과학동아리에서는 주로 화학, 환경을 주제로 활동하였으며, 생태 발명, 멘토-멘티, 독서, 반크, 천체, 간호, 아두이노를 주제로 한 동아리 활동에 참여한 학생도 있었습니다.

6. 봉사활동

지역센터, 복지관을 활용한 교육 봉사활동이 주를 이루었으며, 취업 지원, 환경정화, 기숙사 자치회, 장애우 보조, 책을 읽어주는 활동을 했던 학생도 있었습니다.

7. 과목별 세부능력 및 특기사항

대부분 과학 교과 1등급의 성취를 이루었으며, 다양한 경시대회에서 자신의 실력을 드러내고, 실험 활동을 통해 지식의 깊이를 더하였습니다. 교과 수업, 방과 후, 심화과목 이수 등 학습에의 적극성을 드러냈습니다.

8. 독서활동 사항

'세상을 바꾼 과학 이야기(권기균)' 등 과학 관련 도서를 주로 읽었습니다.

🔖 학교 기본 정보

○ 합격데이터

대학교	1)건국대 2)건국대 3)서울대 4)성균관대 5)성균관대 6)숙명여대 7)건국대 8)경희대 9)경희대 10)경희대 11)연세대 12)건국대 13)연세대 14)연세대 15)이화여대 16)고려대 17)서울대 18)서울대 19)경희대 20)경희대 21)서울대
전형명	1)KU자기추천 2)KU자기추천 3)지역균형선발 4)성균인재 5)성균인재 6)숙명과학리더 7)KU자기추천 8)고교연계 9)고교연계 10)고교연계 11)학교활동우수자 12)KU자기추천 13)학교활동우수자 14)학교활동우수자 15)학교장추천 16)학교장추천 17)기회균형 18)지역균형선발 19)네오르네상스 20)네오르네상스 21)학교장추천
학과	1)융합인재학부 2)화학공학과 3)화학생물공학부 4)공학계열 5)공학계열 6)화학생명공학부 7)화학공학부 8)화학공학과 9)화학공학과 10)화학공학과 11)신소재공학부 12)융합신소재공학과 13)사회환경시스템공학부 14)신소재공학과 15)화학신소재공학과 16)신소재공학부 17)재료공학부 18)재료공학부 19)식물환경신소재공학과 20)정보전자신소재공학과 21)원자핵공학과

○ 나만의 데이터

(나에 해당하는 부분을 적어보세요!)

📊 학생 내신 등급 이 등급대의 학생부를 빅대타해서 분석한 자료임! 우수한 학생들의 학생부를 내가 가질 기회를 가지세요

○ 합격데이터

전체학년 합산등급	1)2.56 2)1.62 3)1.10 4)1.61 5)1.37 6)1.48 7)1.76 8)1.41 9)1.58 10)1.69 11)1.20 12)2.14 13)1.90 14)1.23 15)1.38 16)1.35 17)1.62 18)1.00 19)2.50 20)1.90 21)1.21
전체학년 국영수탐 등급	1)2.56 2)1.60 3)1.12 4)1.61 5)1.37 6)1.30 7)1.82 8)1.37 9)1.62 10)1.68 11)1.20 12)2.13 13)1.48 14)1.19 15)1.41 16)1.13 17)1.52 18)1.00 19)2.31 20)1.90 21)1.13

○ 나만의 데이터

(나에 해당하는 부분을 적어보세요!)

학교에서 학생에게 하는 활동

"내가 했던 것은 (O)표시 해보세요.
그리고 해야할 것은 (☆)해보세요!"

○ 합격데이터

수상 (분류)	학술, 탐구발표	논문대회**
	수학 교과	수학경시대회**, 수학프로젝트발표대회*, 수학골든벨, 수학UCC대회
	과학 교과	과학탐구대회**, 과학경시대회**, 과학전람회*, 과학실험대회*, 발명아이디어콘테스트* 영재학급산출물대회, 과학교실표창장, 과학토론대회, 화학경시대회, 융합과학경진대회
	인문, 토론	논술경시대회, 글쓰기대회
	인성 관련 표창장	표창장*
	기타	영어경시대회*, 진로탐색프로젝트프로그램*, 아트북만들기대회, 학력우수상, 영어에세이쓰기 대회, 자율동아리발표대회
자율활동	임원	학급임원**, 학생회임원*
	멘토 멘티	또래 튜터 멘토링 프로그램*
	특성화 프로그램	영재학급*, 여름-가을 특성화교실, 교내 이공계 과학 시화반, R&E 활동 과학연구발표대회
	기타	조별활동 및 교과수업 부장, 화학 교과서 만들기, 학습동아리 활동
진로활동		화학 및 생명 관련 논문 발표*, 과학실험캠프*, 오픈 캠퍼스 전공체험*, 공대 캠프, 교내 잡지에 과학기사 투고, 청소년 환경 봉사단, 청소년 기자단, 화학탐구 프런티어 페스티벌, 과학 전람회, 과학실험대회 이공계 탐구 교실, PNIPAAm 관련 고분자 실험 활동, 대학교 멘토링 프로그램, 교육청 진로 프로그램

학생이 학교에서 주도적으로 하는 활동

"내가 했던 것은 (O)표시 해보세요.
그리고 해야할 것은 (☆)해보세요!"

○ 합격데이터

동아리 활동	전공 관련	화학동아리*, 친환경화학물질연구동아리, 환경동아리, 나노융합동아리
	수학	수학동아리*, 수리논술 동아리
	과학	과학실험동아리*, 과학동아리*, 생명과학동아리*, 과학탐구동아리, 생태발명동아리 하늘별지기동아리, 아두이노동아리, 과학봉사동아리
	기타	그림동아리, 멘토-멘티동아리, 독서동아리, 반크동아리, 간호동아리, 자율학습동아리

봉사활동 (시간 및 주목할 봉사)	시간	60시간 미만, 60~80시간*, 80~100시간*, 100시간 이상**
	특징	봉사상*, 지역센터 연계 봉사*, 또래협동 학습반*, 환경단체 연계 봉사*, 취업 지원, 환경 정화 활동, 기숙사 운영 도우미, 기숙사 봉사단, 다문화가정 교육 봉사, 장애우 봉사 또래상담 프로그램, 책 읽어주세요 봉사, 과학실험 봉사, 교육 봉사, 지역아동센터 멘토링, 요양원 봉사, 장애인 학습코칭, 환경캠페인 활동, 과학축전 부스 운영, 세계 물 포럼 캠페인 행사, 과학관 봉사.
진로희망		화학공학 연구원
과목별 세부능력 및 특기사항		- 방과후 이수(국어, 영어, 수학, 과학, 영재반, 실험수업). - 과학 교과 1등급. - 화학 교과 1등급. - 과학 교과학습 및 실험을 좋아하며 적극적으로 참여함. - 수업시간에 적극적이며 집중력이 높음. - 학습 내용에 대한 호기심을 갖고서 많이 질문하는 습관이 보임. - 다양한 교과 발표 활동에 적극적으로 참여함. - 과학 집중반(생명과학 실험반). - 화학2 교과 내용과 연관하여 주도적으로 K-MOOC '재미있는 화학공학'을 수강. - R&E 화학 분야. - 꾸준히 수학, 과학 경시대회 참가 및 입상. - 영어팝송경연대회, 영어에세이대회, 주제탐구대회에 입상. - 생명과학, 보건 클러스터. - 디스플레이, 신소재 관련 전문적인 내용을 발표.
독서 (권수/ 주목할 책이름)		1~10권, 10~20권*, 20~30권*, 30~40권, 50권 이상 나노기술의 모든 것(이인식). 그림으로 읽는 화학 콘서트(배준우 외 1명). 세상을 바꾼 과학이야기(권기균).

합격 총평	A학생	평소 자신의 지식을 나누고 공유하는 것을 좋아하는 성향으로 멘토링이나 모둠활동에서 설명을 도맡아 하는 모습을 보였습니다. 수업에 대한 이해도가 높아 교사의 설명을 통해 심화 확장된 내용을 유추하는 능력이 돋보이며, 도식을 이용한 학습방법으로 공부의 효율성을 높였습니다. 과학 탐구동아리를 직접 조직하여 밴드 어플을 활용하여 실험 운영 및 탐구 수행을 지속하였습니다.
	B학생	의사 표현이 확실하고 논리 정연한 모습에 과학자로서의 기본 자질을 갖춘 학생으로 평가할 수 있습니다. 방과 후 수업이나 동아리 활동 등에서 과학 교과를 폭넓게 해석하고 상호 연관성을 고민하는 등 지속적인 흥미와 관심을 드러냈습니다. 전공 관련 교과 성적뿐만 아니라 전공과의 연관성이 떨어지는 과목에서도 최상위권을 성적을 유지하는 한편, 과학으로 다른 학문을 바라보려는 시도를 꾸준히 전개하였습니다.
	C학생	성적이 상승 곡선을 그리면서 학업에 대한 자신감을 점점 가질 수 있었습니다. 주요과목의 내신이 우수하며, 자연계열 경시대회에 모두 참가하여 우수한 성적을 거두었습니다. 학생회 임원활동을 하면서도 교외봉사를 통한 재능기부 실천에도 관심을 계속 기울이는 등 효율적인 시간 안배와 다양한 경험을 통한 성장을 실제로 옮기는 모습이 돋보입니다. 다양한 관심 분야에의 탐구 과정을 간이보고서 형태로 제작함으로 과정과 더불어 결과까지 중시하는 모습을 엿볼 수 있었습니다.
	D학생	전공 관련 과목(수학, 물리, 화학)에서 뛰어난 성적을 바탕으로 탐구 중심의 활동을 전개하였습니다. 방학 기간을 활용하여 대학에서 진행하는 잠재력 개발과정이나 R&E 활동을 진행하며 전공적합성을 높이고 미래인재로 나아가기 위한 준비를 지속하였습니다. 과학봉사 동아리와 장애인 봉사활동 등을 통해 나눔을 실천하는 적극성을 보였습니다.

**은 데이터상 5회 이상 , *은 데이터상 4~2회, 없는 것은 1회입니다.

○ 미래 내가 해야 할 것

성적	
수상	
자율활동	
동아리활동	
봉사활동	
진로활동	
수업시간	
독서활동	

기계가 움직이는 원리는 무엇일까? 입학해서 자세히 배워보자~

(2) 물리 기반

1. 내신

전체학년 합산 1.0 ~ 3.87등급을 나타내고 있습니다. 최저 점수는 연세대 일반전형 기계공학부에 합격한 사례입니다.

2. 수상

과학 교과대회(81%), 인문, 토론 대회(48%), 학술, 탐구 발표대회(43%), 수학 교과대회(43%), 인성 관련 표창장(43%)을 주로 받았습니다. 또한, 안전 구조물 창작대회에서 수상한 학생도 있었습니다.

3. 자율활동

학생회 임원을 두루 역임하였으며, 자기주도학습을 바탕으로 과학 심화수업을 이어갔습니다. 또한, 그룹스터디, 프로젝트 학습, 멘토링, 사제동행, TED에 참가한 학생도 있었습니다.

4. 진로활동

대학에서 진행하는 전공특강, 체험캠프에 참여한 경우가 많았으며, 교수 등 전문가와의 만남을 통해 비전을 구체화하고 전공에 대한 이해를 넓히는 기회를 가졌습니다.

5. 동아리 활동

과학 동아리(62%), 수학 동아리(29%)에 주로 참가하였습니다. 또한, 과학동아리에서는 주로 물리, 기계를 주제로 활동하였으며, 경제, 스크린 영어, 동양고전, 합창반, 방송반 동아리 활동에 참여한 학생도 있었습니다.

6. 봉사활동

요양원, 복지관, 아동복지시설에서 교육 봉사활동을 주로 진행하였으며, 학습멘토링, 과학실험 부스, 연탄 봉사, 또래 교사를 했던 학생도 있었습니다.

7. 과목별 세부능력 및 특기사항

대부분 수학, 물리 교과 1등급의 성취를 이루었으며, 물리 심화과목 이수를 통해 물리를 깊이 이해하는 경험을 하였고, 자연 현상에 대한 이해를 바탕으로 원리를 파헤치는 등 예비 과학자로의 자세를 보여주었습니다.

8. 독서활동 사항

'코스모스(칼 세이건)' 등 물리 관련 도서를 주로 읽었습니다.

📖 학교 기본 정보

○ 합격데이터

대학교	1)동국대 2)서울대 3)이화여대 4)한국외대 5)서울대 6)서울대 7)고려대 8)서울대 9)성균관대 10)중앙대 11)건국대 12)건국대 13)경희대 14)건국대 15)이화여대 16)연세대 17)고려대 18)경희대 19)경희대 20)건국대 21)서울대
전형명	1)Do Dream 2)지역균형선발 3)미래인재 4)학생부종합 5)일반 6)지역균형선발 7)학교장추천 8)지역균형선발 9)성균인재 10)탐구형인재 11)KU자기추천 12)KU학교추천 13)네오르네상스 14)KU자기추천 15)미래인재 16)일반 17)일반 18)고교연계 19)고교연계 20)KU자기추천 21)지역균형선발
학과	1)전자전기공학부 2)전기정보학부 3)전자공학과 4)전기공학과 5)전기정보공학부 6)전기정보공학부 7)전자공학과 8)전기정보공학부 9)전기전자공학부 10)전자전기공학부 11)전기전자공학부 12)전기전자공학부 13)전자공학과 14)기계공학과 15)휴먼바이오기계공학부 16)기계공학부 17)기계공학부 18)기계공학과 19)기계공학과 20)항공우주정보시스템공학과 21)기계항공공학부

○ 나만의 데이터

(나에 해당하는 부분을 적어보세요!)

🧍 학생 내신 등급

 이 등급대의 학생부를 빅데타해서 분석한 자료임! 우수한 학생들의 학생부를 내가 가질 기회를 가지세요

○ 합격데이터

전체학년 합산등급	1)2.65 2)1.55 3)1.76 4)2.48 5)1.25 6)1.00 7)1.15 8)1.34 9)1.44 10)2.03 11)1.80 12)1.64 13)2.00 14)1.66 15)1.78 16)3.87 17)1.63 18)1.26 19)1.27 20)2.08 21)1.16
전체학년 국영수탐 등급	1)2.67 2)1.58 3)1.76 4)2.55 5)1.19 6)1.00 7)1.07 8)1.24 9)1.41 10)1.44 11)1.67 12)1.58 13)2.00 14)1.70 15)1.74 16)3.50 17)1.60 18)1.26 19)1.23 20)2.16 21)1.23

○ 나만의 데이터

(나에 해당하는 부분을 적어보세요!)

학교에서 학생에게 하는 활동

"내가 했던 것은 (O)표시 해보세요.
그리고 해야할 것은 (☆)해보세요!"

○ 합격데이터

수상 (분류)	학술, 탐구발표	연구발표대회**
	수학 교과	수학경시대회**
	과학 교과	과학경시대회**, 과학논문대회*, 과학탐구실험대회*, 과학토론대회, 과학송만들기대회 과학글쓰기대회, 과학발명대회, 안전구조물창작대회
	인문, 토론	토론대회*, 논술대회*, 국어경시대회, 글쓰기대회, 독서포트폴리오대회, 생각비평 나누기대회
	인성 관련 표창장	표창장**
	기타	영어경시대회**, 학력우수상*, UCC대회*, 동아리발표대회
자율활동	임원	학생회임원**, 학급임원*
	멘토 멘티	동급생 멘토링제 멘토
	특성화 프로그램	자연과학 특성화 과정 고급물리반 수강, TED 참여
	기타	프로젝트학습 등에 성실히 참여, 자기주도학습에 성실히 참여, 자기주도적 그룹스터디 교내 학생자치활동 주도, 사제 동행 참가
진로활동		대학 체험활동*, 교육기부 대학전공 특강 참가*, 수학을 금융에 적용시킨 사례 발표, 공대 비전 멘토링 참가 공학 프론티어 참가, 과학축전 참가, 전문 직업인 특강 참가, 암모나이트 스쿨 참여, 자기주도적인 실험 진행

 학생이 학교에서 주도적으로 하는 활동

"내가 했던 것은 (O)표시 해보세요.
그리고 해야할 것은 (☆)해보세요!"

○ 합격데이터

동아리 활동	전공 관련	물리동아리*, 기계공학동아리
	수학	수학동아리*, 수학학습동아리, 수리논술동아리
	과학	과학동아리*, 과학토론동아리, 자연과학원전강독동아리, 과학주제탐구동아리, 생명과학동아리
	기타	경제동아리, 스크린영어동아리, 동양고전읽기동아리, 합창반, 방송반
봉사활동 (시간 및 주목할 봉사)	시간	60시간 미만, 60~80시간**, 80~100시간, 100시간 이상
	특징	과학 재능기부 봉사*, 사회복지관 교육 봉사*, 학습 멘토링*, 과학실험 부스 운영* 지역아동센터 교육 봉사*, 장애아동 토요학교 봉사, 연탄 봉사, 봉사상, 요양원.

진로희망	전기전자 관련 연구원
과목별 세부능력 및 특기사항	- 물리 교과 1등급**. - 수학 교과 1등급**. - 꾸준한 경시대회 참가 및 입상*. - 영어 교과 1등급. - 물리특성화반 이수. - 방과 후 수업으로 고급수학 이수. - 수학연구발표. - 수행평가로 금융수학 주제 문헌 보고서 작성. - 소논문 쓰기 대회 참가. - 교육청 특화프로그램 참가 '수학II집중탐구' 수강. - 수학체험전에서 수학교구 설명 봉사자로 참여. - 클러스터에서 '고급물리의 이해', '과제연구'를 수강. - 교과심화 특강 '물리II 심화' 강좌를 선택하여 수강. - 완전한 이해 및 친구들에게 설명하는 능력이 뛰어남. - 학년이 올라갈수록 교과의 심화과정에 대한 이해도가 깊어짐. - 과학에 대한 흥미가 높고, 특히 물리 과목을 매우 열심히 공부함. - 자연과학 특성화과정 소인수과목 고급물리반 수강. - 현상의 원인을 진지하게 탐구하는 자세가 돋보임. - 화학에 흥미를 갖고 집중력이 뛰어남. - 창의적인 해석을 하며 실험 수행능력이 뛰어남. - 자연현상에 대한 흥미가 높고, 과학자로서의 자질이 있음.
독서 (권수/ 주목할 책이름)	1~10권*, 10~20권*, 20~30권, 30~40권*, 50권 이상 부분과 전체(베르너 하이젠베르크). 엔트로피(제레미 리프킨). 코스모스(칼 세이건). 통계라는 이름의 거짓말(조엘 베스트). 위험한 과학책(랜들 먼로). Newton Highlight 초신성과 블랙홀(일본 뉴턴프레스).

합격 총평	A학생	3학년 때까지 교과 등급이 꾸준히 상승하였고, 자연계열 과목의 세부능력 및 특기사항에 물리 현상과 연관되는 내용을 중심으로 작성되었습니다. 과학 분야에 대한 소양을 바탕으로 시사 문제를 분석하고 실험이나 탐구로 연결 짓는 점에서 관심 분야에 대한 열정과 노력을 엿볼 수 있었습니다. 자연과학 관련 독서뿐만 아니라 인문학이나 교양 분야의 독서도 함께 읽는 등 융합적 지식을 활용하여 공학을 연구하는 의지를 확인할 수 있었습니다.
	B학생	전공 관련 교과 성적이 우수하고, 물리 현상을 주제로 한 소논문을 2편이나 작성하는 탐구 정신과 학업역량을 보였습니다. 대학에서 진행하는 전공체험을 비롯하여 과학체험관 등을 방문하여 과학 이론을 탐구하고 미래 지향적인 연구 방향성을 고민하는 시간을 가졌습니다. 과학동아리에서의 활동을 기록으로 꼼꼼히 남겨 활동의 연계성을 고려한 진로 설계를 이끌어갔으며, 실험에서의 실수를 피드백을 활용하여 극복하고 이를 자신의 장점으로 바꾸는 모습을 보이기도 했습니다.
	C학생	중학교 때부터 이어온 전기전자 분야에 대한 관심을 독서와 실험을 중심으로 확장함으로써 진로 연계성 및 전공적합성을 살리는 방향이 뚜렷하게 나타났습니다. 학교에서 이루어지는 활동에 적극적으로 참가하는 동시에 내신관리가 함께 이루어지면서 교과와 비교과와의 조화가 이루어지는 모습이 나타났습니다. 공학계열과 관련된 독서를 주로 읽었으며, 방과 후 수업을 통해 다양한 물리실험을 해보는 경험을 가지기도 했습니다.
	D학생	물리와 수학 과목에서 1등급을 놓치지 않았으며, 탐구형 인재라는 말이 어울릴 만큼 과학 실험과 연구에 몰입하는 모습을 보였습니다. 영재학급 수업을 통해 과학과 수학 교과의 융합을 시도하고, 독서를 기반으로 한 학문적 접근도 진행하는 열정이 나타났습니다. 교내에서 진행되는 모든 프로그램과 방과 후 수업 및 경시대회에 한 번도 빠지지 않을 정도로 성실함과 꾸준함을 보이기도 했습니다.

**은 데이터상 5회 이상 , *은 데이터상 4~2회, 없는 것은 1회입니다.

◯ 미래 내가 해야 할 것

성적	
수상	
자율활동	
동아리활동	
봉사활동	
진로활동	
수업시간	
독서활동	

사람에게 최적화된 생활 환경을 만들어 주기 위한 건축~ 멋진 학문이에요.

(3) 건축 기반

1. 내신
전체학년 합산 1.0 ~ 3.3 등급을 나타내고 있습니다. 최저 점수는 서울시립대 학생부종합전형 토목공학과에 합격한 사례입니다.

2. 수상
과학 교과대회(75%), 수학 교과대회(35%), 인문, 토론 대회(35%), 학술, 탐구 발표대회(25%), 인성 관련 표창장(15%)을 주로 받았습니다. 또한, 나의 주장 발표대회, 공간 감각 창의대회, 창의적 문제해결대회, 진로 포트폴리오에서 수상한 학생도 있었습니다.

3. 자율활동
학급 및 학생회 임원을 두루 역임하며, 과학 관련 활동에 다양하게 참여하였습니다. 또한, 멘토-멘티, 매점 설계 TF팀, 영재학급, 서포터즈 활동에 참가한 학생도 있습니다.

4. 진로활동
이공계 탐구교실, 과학 주제 탐구보고서 활동에 참여한 경우가 많았으며, 독서, 토론, 실험을 통해 전공 분야에 관한 관심을 적극적으로 드러내는 모습이 돋보였습니다.

5. 동아리 활동
과학 동아리(50%), 건축 동아리(35%)에 주로 참가하였습니다. 과학동아리에서는 주로 물리를 주제로 활동하였으며, 국제교류, 독서토론, 모의UN, 시사탐구, 밴드부, 환경을 주제로 한 동아리 활동에 참여한 학생도 있었습니다.

6. 봉사활동
해비타트 건축 봉사, 아동센터 봉사활동이 주를 이루었으며, 요양병원 미술봉사, 사할린 동포 봉사, 동물보호센터 봉사를 했던 학생도 있었습니다.

7. 과목별 세부능력 및 특기사항
과학 교과 수업에서 건축, 환경에 대한 주제를 다루며 실험, 보고서 작성, 주제 연구를 진행하였습니다. 과학을 공학적으로 접근하여 해석하는데 우수성을 드러내었으며, 환경과 공존, 공생하는 속에서 실험을 진행해나가는 연구의식을 보여주었습니다.

8. 독서활동 사항
물리학 오디세이(앤 루니)' 등의 물리 관련 도서, '재미있는 흙 이야기(히메노 켄지 외 2명)' 등 건축 관련 도서를 주로 읽었습니다.

📖 학교 기본 정보

○ 합격데이터

대학교	1)건국대 2)건국대 3)서울대 4)이화여대 5)건국대 6)경희대 7)경희대 8)경희대 9)서울시립대 10)서울시립대 11)서울대 12)고려대 13)서울대 14)건국대 15)한양대 16)건국대 17)건국대 18)건국대 19)건국대 20)경희대
전형명	1)KU자기추천 2)KU자기추천 3)일반 4)미래인재 5)KU자기추천 6)고교연계 7)네오르네상스 8)네오르네상스 9)학생부종합 10)학생부종합 11)지역균형선발 12)융합형인재 13)일반 14)KU자기추천 15)학생부교과 16)KU자기추천 17)KU자기추천 18)KU자기추천 19)KU자기추천 20)네오르네상스
학과	1)건축학부 2)건축학부 3)건축학부 4)건축학전공 5)건축학부 6)건축공학과 7)건축공학과 8)건축학과 9)토목공학과 10)토목공학과 11)건설환경공학부 12)건축사회환경공학부 13)건설환경공학부 14)환경공학부 15)자원환경공학과 16)기술융합공학과 17)사회환경공학부 18)산림조경학과 19)산림조경학과 20)환경학 및 환경공학과

○ 나만의 데이터

(나에 해당하는 부분을 적어보세요!)

🧍 학생 내신 등급 이 등급대의 학생부를 빅데타해서 분석한 자료임! 우수한 학생들의 학생부를 내가 가질 기회를 가지세요

○ 합격데이터

전체학년 합산등급	1)1.98 2)2.30 3)1.82 4)2.12 5)2.68 6)2.16 7)1.80 8)1.45 9)3.30 10)2.15 11)1.21 12)1.37 13)1.00 14)2.14 15)1.15 16)2.05 17)1.81 18)2.75 19)2.30 20)1.66
전체학년 국영수탐 등급	1)1.98 2)2.30 3)1.72 4)1.80 5)2.74 6)1.81 7)1.82 8)1.47 9)3.12 10)2.24 11)1.13 12)1.30 13)1.00 14)1.90 15)1.15 16)2.15 17)1.88 18)2.55 19)2.52 20)1.77

○ 나만의 데이터

(나에 해당하는 부분을 적어보세요!)

학교에서 학생에게 하는 활동

"내가 했던 것은 (O)표시 해보세요.
그리고 해야할 것은 (☆)해보세요!"

○ 합격데이터

수상 (분류)	학술, 탐구발표	
	수학 교과	수학경시대회**
	과학 교과	과학경시대회**, 과학논술대회
	인문, 토론	
	인성 관련 표창장	표창장*
	기타	영어경시대회*, 과학토론대회*, 과학프로젝트발표대회*, 융합과학탐구대회*, 글쓰기대회*, 발명품대회*, 과학실험탐구대회*, 주제탐구대회, 나의주장발표대회, 과학포트폴리오대회, 수학구조물경진대회, 공간감각창의대회, 토론대회, 주제탐구발표대회, English Speech대회, 진로포트폴리오대회, 수학융합탐구대회, 수학창의콘텐츠대회, 논문경진대회, 과학영상공모전
자율활동	임원	학생회임원*, 학급임원*
	멘토 멘티	멘토 멘티 프로그램*
	특성화 프로그램	영재학급 수료
	기타	교내 매점 설계 TF팀 활동, 학문간 융합 활동, 음성꽃동네 체험활동, 한글날 백일장에서 '4대강 사업'을 주제로 글을 씀, 학급 환경 지킴이, M&M 드림 서포터즈 활동
진로활동		이공계 탐구교실*, 청소년 학술제 포스터 제작, 학술 에세이 작성, 소논문 작성, 진로와 연관 지어 다양한 발표 및 보고서 제출, 건축공학 산업에 대한 관심이 많아 독서, 기사 등을 통해 정보를 수집, 도시 광산 재활용 방안 보고서 작성, 의생명 과학교실 해부실험, 독서토론 아카데미 참여, 교내 진로프로그램에서 건설환경학과 멘토로 활동, 특성화 프로그램 기초과학 적성 계발 탐구 실험 프로그램 참여, 학생 과학 실험대회, 환경일지 작성, 에듀클러스터 생태환경 강의 수강, 꿈의 대학 미생물학 수강

 학생이 학교에서 주도적으로 하는 활동

"내가 했던 것은 (O)표시 해보세요.
그리고 해야할 것은 (☆)해보세요!"

○ 합격데이터

동아리 활동	전공 관련	건축동아리**, 시사동아리*, 4H동아리, 환경동아리
	수학	수학동아리
	과학	과학동아리**, 물리동아리*, 생명과학동아리*
	기타	국제교류동아리*, 독서토론동아리, 밴드부, 지구과학동아리, 아리랑동아리

봉사활동 (시간 및 주목할 봉사)	시간	60시간 미만, 60~80시간*, 80~100시간*, 100시간 이상
	특징	봉사상*, 사랑의 집짓기 해비타트*, 요양병원 미술 봉사*, 지역아동센터 교육 봉사* 또래 멘토링 학습지도 봉사*, 사할린 동포 봉사, 문화재 지킴이 봉사, 에너지 지킴이 봉사, 환경 기초교육과 환경 정화활동, 노인복지센터 봉사, 동물보호센터 봉사, 중증 장애인 시 설 봉사, 아동센터 봉사.
진로희망		에너지 환경 연구원, 건축학자
과목별 세부능력 및 특기사항		- 교과 세부능력 및 특기사항에 건축적인 내용으로 활동한 것이 잘 드러남. - 실제로 실험한 과정이 잘 드러남. - 클러스터 지구과학실험 참여. - 학년이 올라갈수록 성적 상승. - 영재학급 수료. - 평소 관심이 많은 토목공학과 관련된 기술 분야 비문학 지문을 수집하여 친구들에게 쉽게 설명해줌. - 4대강에서 나타난 녹조현상의 내용을 신문을 통해 확인하고, 녹조현상으로 인한 4대강의 DO와 BOD의 변화를 직접 유추함. - 우리나라 사방댐의 설치 현황과 투과형 사방댐의 설계 방법 탐구함. - 수학, 과학, 영어경시대회에 꾸준히 참가함. - 토요 디베이트. - 자기주도 문제해결력 기르기반. - 과학 교과 1등급. - 지구과학 교과 1등급. - 클러스트 '과제연구'에서 센서를 활용한 아이디어 제품 구현. - 인문사회 과목에서 강세를 보임. - 대부분의 과목에서 팀장을 맡음. - 환경과학 교과 1등급. - 생명과학 교과 1등급.
독서 (권수/ 주목할 책이름)		1~10권, 10~20권*, 20~30권, 30~40권, 50권 이상 사진과 함께하는 세계의 토목유산(사단법인 건설컨설턴츠협회 Consultant 편집부). 재미있는 흙 이야기(히메노 켄지 외 2명). 토목용어사전(토목관련용어편찬위원회). 한국 토목 걸작선(편집부). 세계를 바꾼 20가지 공학기술(이인식 외 4명). 창의력에 미쳐라(김광희). 인간 동력 당신이 에너지다(유진규). 블루이코노미(군터 파울리). 물리학 오디세이(앤 루니). 자연은 위대한 스승이다(이인식). 꿈의 도시 꾸리찌바(박용남). 자연의 배신(댄 리스킨).

합격 총평	A학생	1학년 때부터 건축 분야로의 진로를 설정하여 자율동아리를 구성하고 주도적인 역할을 맡아 관련 활동을 진행하였습니다. 국어, 수학, 영어, 과학 교과에서 건축을 주제로 한 발표 및 보고서 작성을 지속한 것으로 나타났습니다. 모든 활동을 전공에 맞추어 진행함으로써 전공적합성 및 학생부의 항목별 연계를 고민한 흔적이 자주 나타납니다. 클러스터 수업에서 배운 내용을 바탕으로 교내대회에서 연구를 진행하는 심화학습을 진행하기도 했습니다.
	B학생	2학년 때 다소 성적이 떨어지기도 했으나 3학년 성적이 최상위권으로 상승하며 발전가능성을 엿볼 수 있었습니다. 토목공학이라는 진로를 설정한 후, 건축과 토목에 관련된 동아리활동 및 진로체험을 지속하며 전공에 대한 이해를 넓히고, 관심 분야에 대한 시야를 확장하는 노력을 지속했습니다. 학급 특색활동을 통해 학교의 건축 구조의 특징을 분석하고, 지역사회의 토목환경을 조사하는 등 진로 연구를 꾸준히 진행하였습니다.
	C학생	에너지공학과 건축 분야를 함께 준비하며 환경을 최우선으로 생각하는 건축가를 꿈꾸는 모습이 보였습니다. 친환경 소재를 활용하고, 자연친화적인 한옥 건축물에 관심이 많아 관련 독서를 꾸준히 진행하고 아이디어를 스케치해보는 등 예비 건축가로서의 자질을 보여주었습니다. 시간 기록 노트를 활용하여 활동 스케줄을 관리하고, 건설 또는 건축과 관련지을 수 있는 활동과 프로그램에는 적극적으로 참여하는 모습을 보였습니다.
	D학생	3년간 학급 임원과 동아리 회장을 맡는 등 리더십을 보였으며, 모둠활동에서 모두가 참여하여 아이디어를 나누고 프로젝트를 완성할 수 있도록 이끌어주는 배려가 돋보였습니다. 매달 꾸준히 요양원 봉사를 진행하고, 학급 구성원들의 사소한 이야기에도 귀 기울이는 섬세한 성향도 나타났습니다. 차분한 성격에 분석적 사고가 돋보이며, 지구와 환경 분야로의 꾸준한 관심을 주제탐구발표를 통해 확인할 수 있었습니다.

**은 데이터상 5회 이상 , *은 데이터상 4~2회, 없는 것은 1회입니다.

♀ 미래 내가 해야 할 것

성적	
수상	
자율활동	
동아리활동	
봉사활동	
진로활동	
수업시간	
독서활동	

컴퓨터를 이용한 창의적이고 도전적 과제를 수행할 수 있는 사람인가요?
그렇다면 지원해 보아요.

(4) 컴퓨터 기반

1. 내신
전체학년 합산 1.25 ~ 2.28등급을 나타내고 있습니다. 최저 점수는 건국대 KU자기추천전형 소프트웨어학과에 합격한 사례입니다.

2. 수상
과학 교과대회(64%), 학술, 탐구 발표대회(45%), 인문, 토론 대회(45%), 수학 교과대회(36%), 인성 관련 표창장(27%)을 주로 받았습니다. 또한, 발명품 대회, 창의적 산출물 대회, 포트폴리오 경진대회에서 수상한 학생도 있었습니다.

3. 자율활동
학급 임원을 두루 역임하였으며, 영재학급, 공동교육과정에서 과학 심화학습을 진행하였습니다. 사이언스 매직 쇼, 사제동행, 스포츠클럽 활동에 참여한 학생도 있었습니다.

4. 진로활동
컴퓨터, 공학을 주제로 한 대학 캠프에 참여한 경우가 많았으며, 꾸준한 진로희망과 관련 활동을 바탕으로 컴퓨터 분야로의 진로 개척을 위해 지속하는 모습이 돋보였습니다.

5. 동아리 활동
프로그래밍 동아리(45%), 과학 동아리(27%), 수학 동아리(27%)에 주로 참가하였습니다. 과학동아리에서 주로 물리를 주제로 활동하였으며, 게임 제작, 영상 번역, 토론, UCC 제작을 주제로 한 동아리 활동에 참여한 학생도 있었습니다.

6. 봉사활동
연간 100시간 이상 독거노인, 장애인, 지역아동센터 아이들을 돕는 활동이 주를 이루었으며, 또래 멘토링, 헌혈, RCY 단체 활동을 했던 학생도 있었습니다.

7. 과목별 세부능력 및 특기사항
대부분 수학, 과학 교과에서 1등급대의 성취를 이루었으며, 프로그래밍 언어를 비롯하여 수학 분야의 확률, 벡터 내용을 학습하는 데 강점을 보였습니다. 또한, 다양한 교과 내용을 정보, 컴퓨터, 프로그래밍과 연관 지어 발표하는 모습을 자주 나타냈습니다.

8. 독서활동 사항
'Modern PHP(조시 록하트)' 등 컴퓨터 관련 도서를 주로 읽었습니다.

 학교 기본 정보

○ 합격데이터

대학교	1)서강대 2)이화여대 3)서울대 4)연세대 5)경희대 6)고려대 7)건국대 8)건국대 9)건국대 10)건국대 11)건국대
전형명	1)학생부종합(자기주도형) 2)미래인재 3)기회균등 4)일반 5)네오르네상스 6)고교추천 I 7)KU자기추천 8)KU자기추천 9)KU자기추천 10)KU학교추천 11)KU학교추천
학과	1)컴퓨터공학과 2)컴퓨터공학과 3)컴퓨터공학부 4)컴퓨터공학과 5)컴퓨터공학과 6)컴퓨터학과 7)소프트웨어학과 8)소프트웨어학과 9)소프트웨어학과 10)소프트웨어학과 11)스마트ICT융합공학과

○ 나만의 데이터

(나에 해당하는 부분을 적어보세요!)

학생 내신 등급

🎯 이 등급대의 학생부를 빅데타해서 분석한 자료임! 우수한 학생들의 학생부를 내가 가질 기회를 가지세요

○ 합격데이터

전체학년 합산등급	1)1.25 2)1.88 3)1.30 4)1.40 5)2.16 6)1.25 7)1.93 8)2.28 9)2.45 10)1.74 11)2.15
전체학년 국영수탐 등급	1)1.25 2)1.90 3)1.28 4)1.39 5)2.02 6)1.25 7)1.94 8)2.24 9)2.42 10)1.57 11)2.16

○ 나만의 데이터

(나에 해당하는 부분을 적어보세요!)

학교에서 학생에게 하는 활동

"내가 했던 것은 (○)표시 해보세요.
그리고 해야할 것은 (☆)해보세요!"

○ 합격데이터

수상 (개수/ 학과연관 수상)	학술, 탐구발표	과제연구대회*, R&E발표대회, 주제탐구대회
	수학 교과	수학경시대회**
	과학 교과	과학경시대회*, 발명품대회*, 물리토론대회, 과학탐구대회, 과학탐구토론대회
	인문, 토론	글쓰기대회*, 교내논문대회, 독서토론대회
	인성 관련 표창장	표창장*
	기타	창의력대회*, 교과우수상(수학, 과학), 소프트웨어경시대회, 영어경시대회, UCC대회 포트폴리오경진대회, 동아리발표대회

자율활동	임원	학급 임원
	멘토 멘티	
	특성화 프로그램	영재학급 생명과학반 이수
	기타	교환학생 사이언스 매직 쇼, 전공 관련 동아리를 창설하여 논문을 발표함, 사제동행 체험학습에서 뛰어난 리더십을 보임, 동아리나 스포츠클럽 등의 교과 외의 활동에 다양하게 참여함
진로활동		데이터마이닝캠프, 창의IT융합공학과캠프, 산업공학과캠프 , 광섬유 및 나노 주제 R&E

 학생이 학교에서 주도적으로 하는 활동

"내가 했던 것은 (O)표시 해보세요.
그리고 해야할 것은 (☆)해보세요!"

○ 합격데이터

동아리 활동	전공 관련	컴퓨터프로그래밍동아리*, 물리동아리*, 기계물리동아리, 게임제작동아리
	수학	수학동아리*, 수학보드게임동아리
	과학	과학동아리
	기타	동아리발표 부스 운영, 언어동아리, 영상번역부, 토론동아리,UCC동아리
봉사활동 (시간 및 주목할 봉사)	시간	60시간 미만, 60~80시간*, 80~100시간, 100시간 이상
	특징	또래 멘토링*, 지역아동센터 봉사*, RCY, 독거노인에게 도시락 배달, 헌혈 장애인 지원센터에서 지속적인 봉사, 봉사 동아리, 다문화 가족 지원센터 봉사.
진로희망		소프트웨어 전문가
과목별 세부능력 및 특기사항		- 수학 교과 및 동아리에 확률과 통계 관련 내용 언급이 많음. - 정보 교과 및 컴퓨터 동아리에 컴퓨터 관련 내용 언급이 많음. - 수학 관련 발표 수업. - 수학 관련 멘토 멘티 내용. - 프로그래밍 언어에 대한 내용. - 수학적 사고력이 뛰어나고 꾸준한 모습을 보임. - 실험에 적극적으로 참여하고 관찰력이 뛰어나며 전자공학에 관심이 많음. - 평소 수업시간 태도, 발표력 등이 전 교과에 두루 잘 나타남. - 갈수록 학업 성적이 향상되는 경향을 보임. 다양한 교과 발표 수업에서 우수한 모습을 보임. - 물리2를 선택하여 진로와 연계. - 3차원 벡터와 연관해 정보의 시각화에 대해 발표 '지능의 탄생'이란 책을 읽고 메타인지와 딥 러닝에 대해 발표.
독서 (권수/ 주목할 책이름)		1~10권, 10~20권, 20~30권*, 30~40권, 50권 이상 파이썬 해킹 입문(조성문 외 1명), Modern PHP(조시 록하트). 난 정말 JAVA를 공부한 적이 없다구요(윤성우). 안드로이드 앱 만들기(서창준). Java가 보이는 그림책(ANK CO. Ltd). 프로그래머, 수학으로 생각하라(유키 히로시).

합격 총평	**A학생**	컴퓨터 관련 학습의 기반이 되는 수학에 대한 관심이 많고, 통계학과 암호학 분야를 주제로 보고서를 작성하여 친구들 앞에 발표하는 적극성을 보였습니다. 교육과정 상 개설되지 못한 고급수학 과목을 공동교육과정을 통해 이수하여 지식의 확장을 시도하였고, 동아리원들과 함께 컴퓨터 언어를 주제로 소논문을 작성하여 전국대회에 출품하는 실력을 드러냈습니다. 전공에 대한 지속적인 관심과 노력이 실천으로 이어지는 동시에 컴퓨터 관련 역량 또한 드러내는 완성형 인재로서의 모습을 보였습니다.
	B학생	수능 성적에 비해 우수한 내신 성적을 바탕으로 학생부종합전형에 초점을 맞춘 학교활동을 진행하였습니다. 어려운 가정환경이라는 핸디캡을 극복하고자 누군가에게 의지하기보다는 자기 주도적으로 활동을 계획하고, 진로를 위한 실천적 지식습득을 지속하였습니다. 교과 선생님들과의 친분을 바탕으로 필요한 자료를 쉽게 얻고, 이를 연구 활동에 활용하는 등 주어진 여건을 효율적으로 사용하는 능력도 나타났습니다.
	C학생	내신 성적이 하락세를 보였음에도 수학 과목에서 1등급을 놓치지 않는 모습으로 이를 보완하였습니다. 교내활동 참여도가 높고, 수상을 위한 대회 참여가 아닌 자신의 역량을 확인하기 위한 참여를 실천함으로써 과정과 노력 중심의 가치관을 실천하는 모습이 돋보였습니다. 컴퓨터 관련 독서가 많고, 프로그램 언어 학습을 위해 주말마다 인터넷 강의 수강 및 온라인 영상으로 배움을 이어갔습니다.
	D학생	바른 인성을 바탕으로 친구들과 선생님들로부터 인정을 받으며, 학급에 살림꾼 역할을 도맡으며 친구들이 꺼려하는 일은 스스로 나서서 해내는 적극성을 가지고 있습니다. 컴퓨터공학과 교수님과의 정기적인 메일링을 통해 프로그래밍에 대한 정보교환을 지속하였고, 학과체험을 통해 이론적 지식을 실천적 지식으로 바꾸고자 부단히 노력하는 모습을 보였습니다. 진로에 대한 뚜렷한 목표의식을 가지고 있으며, 컴퓨터와 관련한 해박한 지식을 다양한 발표대회를 통해 드러내기도 했습니다.

**은 데이터상 5회 이상 , *은 데이터상 4~2회, 없는 것은 1회입니다.

○ 미래 내가 해야 할 것

성적	
수상	
자율활동	
동아리활동	
봉사활동	
진로활동	
수업시간	
독서활동	

생명 현상 및 생물 기능을 인위적으로 조작하는 기술 학문이죠~

(5) 생명 기반

1. 내신

전체학년 합산 1.03 ~ 4.16등급을 나타내고 있습니다. 최저 점수는 중앙대 다빈치전형 식품공학과에 합격한 사례입니다.

2. 수상

과학 교과대회(88%), 수학 교과대회(44%), 학술, 탐구 발표대회(38%), 인문, 토론 대회(38%), 인성 관련 표창장(25%)을 주로 받았습니다. 또한, 아이디어 공모전, 이공계 디자인 공모전, 산출물 대회, 자연생태 관찰 사진에서 수상한 학생도 있었습니다.

3. 자율활동

학급 및 학생회 임원을 두루 역임하며, 이공계 탐구교실, 과학 주제 탐구활동을 통해 과학 심화학습을 진행하였습니다. 또한, 동아리 활동, 인근 대학 교수의 지도를 바탕으로 진로와 연관한 실험 연구를 진행한 학생도 있었습니다.

4. 진로활동

과학전람회, 과학 체험전, 대학 주최 캠프 활동에 참여한 경우가 많았으며, 생명과학을 주제로 보고서 작성 및 실험을 통해 진로를 구체화하려는 노력이 돋보였습니다.

5. 동아리 활동

과학 동아리(88%), 수학 동아리(31%)에 주로 참가하였습니다. 또한, 과학동아리에서 주로 생명과학을 주제로 활동하였으며, 봉사, 의학, 스포츠, 식품, 잡지 제작을 주제로 한 동아리 활동에 참여한 학생도 있었습니다.

6. 봉사활동

초등학생을 대상으로 한 교육 봉사활동이 주를 이루었으며, 헌옷 보내기, 멘토링, 노인복지시설 봉사를 했던 학생도 있었습니다.

7. 과목별 세부능력 및 특기사항

대부분 수학, 생명과학 교과에서 1등급대의 성취를 이루었으며, 클러스터, 과학중점반, 방과 후를 통해 생명과학 심화학습을 진행하였습니다. 진로와 관련하여 인문계열 교과의 지문에서 화학이나 생명과학 관련 주제를 탐구하는 경험을 바탕으로 보고서를 작성하는 등 관련 전문성을 높이기 위해 지속적으로 노력하였습니다.

8. 독서활동 사항

'탄소의 시대(에릭 로스턴)' 등 생명과학 관련 도서를 주로 읽었습니다.

학교 기본 정보

○ 합격데이터

		○ 나만의 데이터
대학교	1)건국대 2)고려대 3)연세대 4)중앙대 5)건국대 6)건국대 7)건국대 8)경희대 9)고려대 10)중앙대 11)고려대 12)중앙대 13)서울대 14)연세대 15)고려대 16)전북대	(나에 해당하는 부분을 적어보세요!)
전형명	1)KU자기추천 2)학교장추천 3)학생활동우수자 4)다빈치형인재 5)KU학교추천 6)KU자기추천 7)KU자기추천 8)네오르네상스 9)융합형인재 10)다빈치전형 11)고교추천Ⅰ 12)다빈치전형 13)기회균형 14)연세한마음(추천) 15)학교장추천 16)일반	
학과	1)생물공학과 2)생명공학과 3)생명공학과 4)생명자원공학부 5)시스템생명공학과 6)줄기세포재생공학과 7)축산식품생명공학과 8)유전공학과 9)식품공학과 10)식품공학과 11)식품공학과 12)식품공학과 13)화학생명공학부 14)화공생명공학부 15)화공생명공학부 16)화학생물공학과	

학생 내신 등급 이 등급대의 학생부를 빅데타해서 분석한 자료임! 우수한 학생들의 학생부를 내가 가질 기회를 가지세요

○ 합격데이터

		○ 나만의 데이터
전체학년 합산등급	1)2.39 2)1.07 3)1.09 4)2.93 5)1.77 6)2.00 7)2.22 8)1.71 9)2.05 10)4.16 11)1.44 12)2.37 13)1.07 14)1.24 15)1.03 16)1.41	(나에 해당하는 부분을 적어보세요!)
전체학년 국영수탐 등급	1)2.31 2)1.08 3)1.12 4)2.88 5)1.80 6)2.04 7)2.30 8)1.61 9)1.67 10)4.24 11)1.62 12)2.30 13)1.33 14)1.26 15)1.01 16)1.44	

학교에서 학생에게 하는 활동

"내가 했던 것은 (O)표시 해보세요.
그리고 해야할 것은 (☆)해보세요!"

○ 합격데이터

구분	세부	내용
수상 (분류)	학술, 탐구발표	과학연구대회, 청소년학술제
	수학 교과	수학경시대회**, 수학연구대회, 수학신문만들기대회
	과학 교과	과학경시대회**, 과학논술대회*, 융합과학대회*, 과학독서감상문쓰기, 실생활아이디어공모전, 자연특성탐구보고서대회, 과학창의력키움대회, 과학실험대회, 자연생태관찰사진대회
	인문, 토론	글짓기대회, 토론대회, 독서대회
	인성 관련 표창장	표창장*
	기타	영어경시대회*, 주제탐구대회*, 영어말하기대회, 창의인성한마당 전시체험 대회, 이공계디자 인공모전, 사회경시대회, UCC대회, 국어경시대회
자율활동	임원	학급임원**, 학생회임원*
	멘토 멘티	
	특성화 프로그램	이공계 탐구교실*, 과학중점반 활동
	기타	과학 자유탐구활동, R&E 활동
진로활동		과학 대제전 참가, 융합과학 체험전 참가, 장수풍뎅이 실험, 학생 실험대회 참가, 과학전람회 식물부문 참가 농생대 캠프, 창의인성 한마당 참가, 1학년부터 생명공학자가 되고자하는 뚜렷한 목표의식을 가짐, 학술제 참여, 교 과시간 발표 등 다양한 보고서 활동 및 발표 활동 진행, 3년간 진로가 식품 관련으로 같음, R&E 발표대회, K-MOOC 수강, 수학과 미술, 카페인 분석 등 다양한 과학논문을 교내과학 잡지에 기술, 창의적 글로벌 리더 캠프 참가

 학생이 학교에서 주도적으로 하는 활동

"내가 했던 것은 (O)표시 해보세요.
그리고 해야할 것은 (☆)해보세요!"

○ 합격데이터

구분	세부	내용
동아리 활동	전공 관련	생명과학동아리**, 식품동아리, 화학동아리, 과학기술탐구동아리
	수학	수학동아리**
	과학	과학동아리**, 과학실험동아리, 과학토론동아리
	기타	의학동아리*, 봉사동아리, 스포츠동아리, 잡지부, 자율학습동아리
봉사활동 (시간 및 주목할 봉사)	시간	60시간 미만, 60~80시간, 80~100시간*, 100시간 이상*
	특징	멘토링 진행*, 노인종합복지관에서 봉사*, 초등학생 과학실험 보조, 헌옷과 헌책 보내기, 봉사동아리, 도서관 및 복지센터 봉사활동, 관현악부 봉사활동.

진로희망	의사, 생명공학 연구원
과목별 세부능력 및 특기사항	- 꾸준히 교내수학경시대회 참가 및 입상*. - 사이버 발명교육과정을 수료*. - 국어 비문학 지문을 풀다가 화학과 생물 지문의 교육과정 외의 내용에 흥미 가짐. - 클러스터에서 과제연구에 참여함. - 지원학과 관련하여 많이 적힘. - 수학 R&E 활동. - 한 분야에 집중하면 시간 가는 줄 모르고 일을 수행해내려는 자세를 가지고 있음. - 수리과학논술 심화수업을 수강. - 생명과학Ⅱ 방과 후 수업 참가. - 과학 교과 1등급. - 수학 교과 1등급. - 과학중점반에서 다양한 활동을 통해 화학 전지 분야에 대한 수준 높은 이해력과 분석력을 보임. - 내신성적이 갈수록 좋아지는 경향을 나타냄.
독서 (권수/ 주목할 책이름)	1~10권, 10~20권, 20~30권**, 30~40권, 50권 이상 세포전쟁(매리언 켄들). 가면을 쓴 과학 동물실험(레이 그릭 외 1명). 당신이 몰랐던 지방의 진실(콜드웰 에셀스틴). 탄소의 시대(에릭 로스턴). 자연의 농담(마크 S. 블림버그).

합격 총평	**A학생**	인체와 동물에 대한 관심이 확장되어 생명 현상을 이해하고 분석하며 DNA 연구 방향성을 구체적으로 세워 실천하는 모습을 보였습니다. 과제 집착력이 우수하여 수업내용이나 독서로부터 생긴 호기심을 탐구하는 계획을 세우고, 가능한 모든 방법을 동원하여 이를 확인해보려는 적극성을 가졌습니다. 우수한 학업능력을 바탕으로 생명과학2 및 심화과목을 이수하는 과정에서 지속적으로 교사와 의사소통하며 전공에 대한 이해의 폭을 넓히려는 시도를 지속하였습니다.
	B학생	좋아하는 독서를 학습의 기본으로 삼고 이를 수업내용과 연관 지으며 지식의 확장을 전개하였습니다. 친구들의 질문에 대한 답을 찾기 위해 또다시 책을 찾아 읽으면서 자연스레 관련 분야로의 관심이 증폭되었고, 교수님들과의 멘토링이나 특강을 통해 책에서 해결하지 못한 의문을 해결하기도 했습니다. 인성 관련 표창장을 다수 받는 등 봉사, 효행, 성실, 리더십 등의 여러 방면에서 완성형 인재로서의 모습이 드러났습니다.
	C학생	학생회 부회장을 맡아 학생이 주도적으로 참여하고 이끌어갈 수 있는 프로그램을 지속적으로 구상하는 등 적극성과 리더십을 함께 보여주었습니다. 진로에 대한 뚜렷한 비전을 바탕으로 학업을 위한 환경조성에 관심이 많았으며, 자신의 생각을 분명히 표현하는 장점을 살려 발표수업에서 본인의 실력을 극대화할 수 있었습니다. 생명 관련 독서를 꾸준히 진행하였으며, 동아리활동을 중심으로 체험부스를 운영하는 등 지식을 습득하고 나누는 데에서 즐거움을 느끼는 모습이 나타나기도 하였습니다.
	D학생	수시에 초점을 맞춘 교육활동을 계획하고 실천하며 교과와 비교과의 유기적 관계를 정립하였습니다. 사회적배려대상자전형을 활용하는 등 자신에게 유리한 방법을 찾아 맞춤형 진학설계를 추진하였습니다. 역경을 극복하고자 하는 의지는 물론 자율동아리 개설, 전공 관련 독서활동, 진로를 위한 노력까지 학생부종합전형이 필요한 이유를 보여주는 학생입니다. 생명과학2, 화학2를 이수하며 소논문을 작성하였고, 미생물 연료전지 탐구를 통해 학업역량을 발휘하였습니다. 고등학교 교육과정 내용을 바탕으로 대학교의 일반적인 수준의 내용까지 탐구하는 등 개인의 노력으로 성장하는 과정을 보여주었습니다.

**은 데이터상 5회 이상 , *은 데이터상 4~2회, 없는 것은 1회입니다.

○ 미래 내가 해야 할 것

성적	
수상	
자율활동	
동아리활동	
봉사활동	
진로활동	
수업시간	
독서활동	

융합을 기본으로 하는 시스템 기반 학과들입니다.

(6) 시스템 기반

1. 내신
전체학년 합산 1.36 ~ 2.49등급을 나타내고 있습니다. 최저 점수는 고려대 일반전형 산업경영공학부에 합격한 사례입니다.

2. 수상
인문, 토론 대회(75%), 과학 교과대회(63%), 수학 교과대회(50%), 학술, 탐구 발표대회(25%), 인성 관련 표창장(25%)을 주로 받았습니다. 또한, 동아리 발표대회, 융합 동아리 컨퍼런스에서 수상한 학생도 있었습니다.

3. 자율활동
학급 및 학생회 임원을 두루 역임하며, 과학 창의 교실, STEAM 교육을 통해 과학 심화학습을 진행하였습니다. 또한, 다양한 활동에서 리더로서의 모습을 보여주었습니다.

4. 진로활동
대학과 교육청 주관 과학캠프 활동에 참여한 경우가 많았으며, 동아리와 연계하여 진로 탐색 및 다양한 주제의 캠페인 활동을 진행하는 모습이 돋보였습니다.

5. 동아리 활동
과학 동아리(50%), 토론 동아리(25%)에 주로 참가하였습니다. 과학동아리에서는 주로 화학, 생명과학을 주제로 실험 활동을 하였으며, 도서부, 천체 관측, 수학을 주제로 한 동아리 활동에 참여한 학생도 있었습니다.

6. 봉사활동
연간 100시간 이상 재능기부 및 어려운 환경에 처한 학생을 돕는 활동이 주를 이루었으며, 교내외 다양한 분야의 봉사를 진행하며 사회 전반에 관한 관심을 넓히는 기회로 삼았습니다.

7. 과목별 세부능력 및 특기사항
대부분 수학, 과학 교과에서 1등급의 성취를 이루었으며, 지적 호기심을 바탕으로 다양한 사회 현상을 과학적 시각으로 접근하여 분석하고 해결하는 경험을 보여주었습니다.

8. 독서활동 사항
'전통 속의 첨단 공학기술(남문현 외 1명)' 등 공학 관련 도서를 주로 읽었습니다.

학교 기본 정보

○ 합격데이터

대학교	1)건국대 2)건국대 3)서울대 4)고려대 5)고려대 6)중앙대 7)중앙대 8)중앙대
전형명	1)KU자기추천 2)KU자기추천 3)지역균형선발 4)일반 5)학교추천1 6)다빈치형인재 7)탐구형인재 8)다빈치형인재
학과	1)바이오산업공학부 2)산업공학과 3)산업공학과 4)산업경영공학부 5)산업경영공학부 6)사회기반시스템공학부 7)사회기반시스템공학부 8)사회기반시스템공학부

○ 나만의 데이터

(나에 해당하는 부분을 적어보세요!)

 학생 내신 등급 이 등급대의 학생부를 빅데타해서 분석한 자료임! 우수한 학생들의 학생부를 내가 가질 기회를 가지세요

○ 합격데이터 ○ 나만의 데이터

전체학년 합산등급	1)1.96 2)1.63 3)1.39 4)2.49 5)1.36 6)1.55 7)1.90 8)1.81
전체학년 국영수탐 등급	1)2.12 2)1.63 3)1.15 4)2.52 5)1.27 6)1.55 7)1.83 8)1.68

(나에 해당하는 부분을 적어보세요!)

 학교에서 학생에게 하는 활동

"내가 했던 것은 (O)표시 해보세요.
그리고 해야할 것은 (☆)해보세요!"

○ 합격데이터

	학술, 탐구발표	소논문대회
수상 (분류)	수학 교과	수학경시대회*
	과학 교과	과학발명품경진대회*, 과학경시대회*, 과학송UCC 대회, 과학논문대회, 과학탐구실험대회, 과학토론대회
	인문, 토론	토론대회*, 독서탐구대회
	인성 관련 표창장	표창장
	기타	영어어휘경시대회, 학력우수상(수학, 영어), UCC대회, 창의력대회, 미래인재상 창의융합캠프활동
자율활동	임원	학급임원*, 학생회임원*
	멘토 멘티	
	특성화 프로그램	STEAM SCIENCE 몰입교육, 창의과학교실
	기타	동아리 대표
진로활동		대학 연계 진로활동 참가, 교육청 연계 진로활동 참가, 희망 나눔 캠페인, 고기 없는 월요일 캠페인

학생이 학교에서 주도적으로 하는 활동

"내가 했던 것은 (O)표시 해보세요.
그리고 해야할 것은 (☆)해보세요!"

○ 합격데이터

동아리 활동	전공 관련	융합과학동아리
	수학	수학동아리
	과학	천체관측동아리*, 화학동아리, 생명과학탐구동아리, 과학토론동아리, 과학실험 동아리
	기타	도서부, 스터디그룹 동아리
봉사활동 (시간 및 주목할 봉사)	시간	60시간 미만, 60~80시간*, 80~100시간, 100시간 이상*
	특징	재능 나눔 봉사, 수요 집회 참석, 굿 프렌드 활동, 봉사상.

진로희망	산업경영 연구원, 항공 관련 연구원

과목별 세부능력 및 특기사항	- 수학, 과학 경시대회에서 꾸준히 입상. - 수학 교과 1등급. - 지적호기심, 책임감, 노력, 적극성 등이 자주 기술됨. - 과학 교과 1등급. - 교과융합 심화프로그램 참여. - 고급물리 이수. - 발표수업 도우미.

독서 (권수/ 주목할 책이름)	1~10권, 10~20권, 20~30권**, 30~40권, 50권 이상 과학 도시락(김정훈). 전통 속의 첨단 공학기술(남문현 외 1명). 세계를 움직인 과학의 고전들(가마타 히로키). 공학의 마에스트로 산업공학(대한산업공학회). 공학계열 진로, 진학, 직업(정동완 외).

합격 총평	A학생	자연계열 학생임에도 인문학이나 사회과학에 대한 관심이 많아 신문과 뉴스를 자주 접하면서 시사 상식의 폭을 넓히고자 노력했습니다. 하나의 문제 상황을 경제, 사회, 문화, 통계, 역사 등 다양한 각도로 분석해보면서 다양한 시각을 갖게 되었으며, 자신만의 관점을 분명히 함으로써 발전적인 비전을 제시하는 장점을 갖고 있었습니다. 독서를 기본으로 생각을 글과 말로 표현하는 강점이 두드러집니다.
	B학생	문제의 원인은 사람이 아닌 시스템에 있다는 생각이 점진적으로 드러나는 특징을 보여주었습니다. 인간을 사회의 한 일원으로 생각하며 공동체로서 함께 돕고 살아가는 방안을 고민하는 모습을 자주 보였습니다. 철학을 통해 내면을 이해하고, 집단 윤리에 대해서도 생각하는 등 제도의 개선과 함께 인식의 개선을 강조하는 특징을 보였습니다.
	C학생	수업 태도가 좋아 모든 선생님으로부터 긍정적인 피드백을 받으며 건강한 학교생활을 해나갔습니다. 단순한 참여도뿐만 아니라 생각을 글로 표현하거나 토론 과정에서 형식과 논리에 맞는 의견을 자주 제시하였고, 스스로에 대한 이해를 바탕으로 제도적 관점의 한계를 극복할 방안을 고민하기도 했습니다. 전공에 대한 신념이 강하여 변화를 두려워하지 않고, 개척해나가고자 의지를 자주 드러냈습니다.
	D학생	산업공학에 대한 이해도가 높으며, 과학 및 공학의 전반적 학습과 상호 연관성을 자주 고민하였습니다. 생산 활동에 대한 관심을 바탕으로 인력, 기술, 재정 등의 효율적 운영이 산업 전반에 미치는 영향을 탐구하였습니다. 통계적 분석을 통해 작업 공정률을 높이고, 상품 생산 향상 방법을 찾으며, 함께 나타날 수 있는 문제점을 분석한 후, 해결방안을 중심으로 한 보고서를 작성했습니다.

**은 데이터상 5회 이상 , *은 데이터상 4~2회, 없는 것은 1회입니다.

◯ 미래 내가 해야 할 것

성적	
수상	
자율활동	
동아리활동	
봉사활동	
진로활동	
수업시간	
독서활동	

③ ········ **의료·보건**

가) 의료·보건계열 들어가며 •

의학, 보건계열은 일반적으로 '의학(한의학, 수의학, 치의학, 약학 포함), 간호학, 보건학 등을 연구 및 관련 교육을 통한 전문 인력 양성'을 목표로 합니다. 세부적으로 의학(수의학, 의학, 치의학, 한의학 등), 약학(약학, 한약학 등), 간호(간호학), 보건학(임상병리학, 방사선학, 치기공학, 치위생학, 물리치료학, 작업치료학, 언어치료학, 응급구조학, 보건행정학 등)으로 나눌 수 있습니다.

실제 합격사례를 분석한 후, 재분류하여 '의학(의예·치의예·한의예·수의예·약학), 간호(간호·보건)' 파트로 나누었습니다.
개별 학과별로 상이한 부분은 존재할 수 있으나 유사 학과의 특성 등을 고려했을 때, 지나친 세분화보다는 그룹화함으로써 더 쉽게 이해할 수 있도록 도움을 드리고자 합니다.

(1) 의학기반

'의학(의예·치의예·한의예·수의예·약학)' 파트는 1.0 ~ 2.3등급 내신인 학생들로 학술발표, 과학실험, 과제연구대회, 토론대회에서 수상이 두드러지며, 질병과 장기를 소재로 한 주제탐구 활동을 주로 진행하였습니다. 화학, 생명과학, 의학, 수학동아리 활동을 지속하며 인성의 가치를 중시하는 봉사활동(장애학생, 요양원 등)에 적극성을 보였고, 과학과 수학 관련 심화수업 및 다양한 과학캠프에 참가하여 경험을 쌓은 것으로 나타났습니다. 전 교과에서 수업 참여도, 이해도, 성취, 심화학습으로의 연계 등이 우수하며, 생명과학 관련 다양한 주제별 독서의 바탕위에 뚜렷한 진로목표를 달성하기 위한 다양한 경험과 지식 및 인성을 쌓아감으로써 좋은 평가로 이어졌음을 알수 있습니다.

(2) 간호기반

'간호(간호·보건)' 파트는 1.1~2.3 등급 내신인 학생들로 영어 및 과학경시대회에서의 수상이 두드러지며, 간호 진로체험과 과학실험 활동을 주로 진행하였습니다. 과학실험 및 보건 동아리 활동을 지속하며 요양원, 복지관, 헌혈등의 봉사활동에 적극성을 보였고, 생명 현상을 주제로 한 보고서 작성 및 해부 등의 실험을 수행한 것으로 나타났습니다. 생명과학 주제탐구 및 교과별 수업 과정에서 간호 관련 내용을 연계하는 과정을 구체적으로 드러냄으로써 좋은 평가로 이어졌음을 알 수 있습니다.

다음의 데이터 분석은 실제 데이터의 내용을 요약하고 표로 압축하여 정리하였습니다. 자신의 학교생활기록부를 분석하여 비교해볼 수 있는 공간을 따로 만들어 두었으니, 비교하며 부족한 부분과 자신의 강점을 찾으면서 읽으면 도움이 될 것입니다.

1.3

의료 · 보건계열

나. 의료·보건계열 데이터 분석과 합격데이터

사람의 생명을 다루는 섬세한 학문을 배우지요. 꼭 합격해서 많은 이에게 도움 주도록 해요.

(1) 의학 기반

1. 내신
전체학년 합산 1.0 ~ 2.36등급을 나타내고 있습니다. 최저 점수는 경희대 네오르네상스 전형 한약학과에 합격한 사례입니다.

2. 수상
과학 교과대회(87%), 인문, 토론 대회(60%), 수학 교과대회(60%), 학술, 탐구 발표대회(47%), 인성 관련 표창장(53%)을 주로 받았습니다. 또한, 에세이 대회, UCC 대회, 창의력 대회에서 수상한 학생도 있었습니다.

3. 자율활동
학급 및 학생회 임원을 두루 역임하였으며, 과학중점학교와 과학영재학급에서 과학 심화학습을 진행하였습니다. 또한, 뇌 과학 관련 연구, 사회 참여 발표대회에 참가한 학생도 있었습니다.

4. 진로활동
의학 관련 연구, 실험, 프로그램에 참여한 경우가 많았으며, 의료 주제탐구를 통해 전문지식의 확장을 얻고자 노력하는 모습이 돋보였습니다.

5. 동아리 활동
과학 동아리(73%), 의학 동아리(33%), 수학 동아리(33%)에 주로 참가하였습니다. 또한, 과학동아리에서는 주로 화학, 생명과학을 주제로 활동하였으며, 환경, 과학 교육과정, 학습 멘토링을 주제로 한 동아리 활동에 참여한 학생도 있었습니다.

6. 봉사활동
요양원, 병원에서 환자를 돕거나 학습지도를 하는 활동이 주를 이루었으며, 학교에서 장애학생 도우미 역할을 했던 학생도 있었습니다.

7. 과목별 세부능력 및 특기사항
대부분 수학, 영어, 과학 교과의 전 과목 1등급의 성취를 이루었으며, 과학 관련 심화교과 이수를 바탕으로 깊이 있는 학습을 진행하였습니다. 대학 주관 캠프를 통해 다양한 실험, 연구를 진행함으로써 수업내용을 구체화하는 경험을 하였고, 과학 수업 과정에서 의학 관련 주제 내용을 조사하여 발표하고 보고서를 작성하는 활동을 수행하였습니다.

8. 독서활동 사항
'세포의 반란(로버트 와인버그)' 등의 생명과학 관련 도서, '인간은 왜 병에 걸리는가(R. 네스 외 1명)'등 의학 관련 도서를 주로 읽었습니다.

 **학교 기본 정보**

	합격데이터	나만의 데이터
대학교	1)서울대 2)서울대 3)서울대 4)연세대 5)서울대 6)서울대 7)경희대 8)서울대 9)서울대 10)건국대 11)서울대 12)서울대 13)서울대 14)경희대 15)경희대	(나에 해당하는 부분을 적어보세요!)
전형명	1)일반 2)일반 3)지역균형선발 4)일반 5)기회균등 6)지역균형선발 7)고교연계 8)지역균형선발 9)지역균형선발 10)KU고른기회 11)일반 12)일반 13)지역균형선발 14)네오르네상스 15)고른기회	
학과	1)의예과 2)의예과 3)의예과 4)의예과 5)의예과 6)의예과 7)의예과 8)의예과 9)수의예과 10)수의예과 11)수의예과 12)치의예과 13)치의학과 14)한약학과 15)약학과	

 학생 내신 등급 🎯 이 등급대의 학생부를 빅데타해서 분석한 자료임! 우수한 학생들의 학생부를 내가 가질 기회를 가지세요

	합격데이터	나만의 데이터
전체학년 합산등급	1)1.17 2)1.08 3)1.00 4)1.00 5)1.20 6)1.01 7)1.15 8)1.05 9)1.87 10)1.7 11)1.19 12)1.69 13)1.08 14)2.36 15) 1.33	(나에 해당하는 부분을 적어보세요!)
전체학년 국영수탐 등급	1)1.19 2)1.04 3)1.00 4)1.00 5)1.17 6)1.00 7)1.13 8)1.03 9)1.59 10)1.76 11)1.18 12)1.72 13)1.08 14)2.31 15)1.33	

학교에서 학생에게 하는 활동

"내가 했던 것은 (O)표시 해보세요. 그리고 해야할 것은 (☆)해보세요!"

	합격데이터	
수상 (분류)	학술, 탐구발표	학술발표대회**, 주제탐구발표대회*
	수학 교과	수학교과대회*
	과학 교과	과학교과대회*, 과학탐구대회*, 과학경시대회*, 과학에세이대회, 과학실험대회, 과학사진대회, 과학창의력대회
	인문, 토론	디베이트대회**, 독서대회, 의학토론대회
	인성 관련 표창장	표창장**
	기타	교과우수상**, UCC대회*, 국어교과대회*, 영어교과대회*, 진로관련대회*, 리서치경연대회

1.3 의료·보건계열

자율활동	임원	학급임원**, 학생회임원*
	멘토 멘티	생명과학 멘토링 활동
	특성화 프로그램	과학중점교육과정 이수, 과학영재학급
	기타	뇌 과학 관련 진로활동, 뇌 과학 캠프, 사회참여발표대회
진로활동		주제탐구(암 주제)*, 청소년 의사 인턴십 프로그램, 과학팀 프로젝트, STEAM 과학스쿨, '동의보감' 발췌독

 학생이 학교에서 주도적으로 하는 활동

"내가 했던 것은 (O)표시 해보세요.
그리고 해야할 것은 (☆)해보세요!"

○ 합격데이터

동아리 활동	전공 관련	의학동아리*, 보건동아리
	수학	수학동아리**
	과학	화학동아리*, 과학동아리*, 생명동아리, 영재과학동아리, 과학탐구동아리, 과학교육과정동아리
	기타	멘토링동아리*, 체육동아리, 영어동아리, 환경동아리
봉사활동 (시간 및 주목할 봉사)	시간	60시간 미만, 60~80시간, 80~100시간*, 100시간 이상*
	특징	노인요양병원*, 멘토링*, 요양원 학습지도, 월드비전 생명 지킴이, 장애학생 도우미, 봉사상.
진로희망		의사, 제약 연구원
과목별 세부능력 및 특기사항		- 수학, 영어, 과학 교과 1등급**. - 방과 후 학교(국어, 수학) 참여**. - 경시대회 수상**. - 뇌 과학 캠프*. - 생명과학 동아리 활동(보고서 작성). - 대학 연계 R&E. - 올림피아드 과정 이수. - 리서치 활동. - 클러스터 수업(자연통합수학, 심화영어독해Ⅱ, 고급수학). - 벡터의 외적 내용으로부터 신발 끈 공식을 유도함. - 스터디그룹(국어, 수학, 과학). - 과학 토론. - 한의학 관련 활동.
독서 (권수/ 주목할 책이름)		1~10권*, 10~20권*, 20~30권*, 30~40권, 50권 이상 이기적 유전자(리처드 도킨스)*. 닥터스 씽킹(제롬 그루프먼)*. 세포의 반란(로버트 와인버그). 하리하라의 바이오 사이언스(이은희). 인체기행(권오길). 뇌과학 여행자(김종성). 누구나 세포(우시키 다쓰오 외 1명). 외과의사 이승규(이승규). 가능성의 발견(야마나카 신야 외 1명), p53. 암의 비밀을 풀어낸 유전자(수 암스트롱).

달콤한 생명과학(조진원 외 1명).
바이러스 행성(칼 짐머).
인간은 왜 병에 걸리는가(R. 네스 외 1명).
이중나선(제임스 왓슨).
줄기세포(크리스토퍼 토머스).
장기려, 그 사람(지강유철).
인체는 건축물이 아니다(이문환).
유전자와 생명 복제에 관한 100문 100답(아마가사 게이스케).
빌 앤드루스의 텔로미어 과학(빌 앤드루스).
국경없는 의사회(데이비드 몰리).
과학혁명의 구조(토마스 쿤)

합격 총평	A학생	우수한 성적을 기본으로 전공적합성에서 높은 평가를 받은 것으로 사료됩니다. 지원학과와 관련된 다수의 교과우수상, 동아리 및 진로활동을 바탕으로 전공에 대한 이해가 돋보입니다. 관련 독서를 꾸준히 진행하고, 봉사의 참의미를 실현하는 등 높은 관심과 적극성도 함께 나타났습니다.
	B학생	학교활동에 성실히 참여한 결과로써 교내상(특히 교과우수상)이 많은 특징이 나타납니다. 진로에 대한 분명한 목표의식을 바탕으로 전공 관련 동아리활동과 진로활동을 진행함으로써 전공 준비에서 좋은 평가로 이어진 것 같습니다. 면접에서 평소 수업 중 발표, 독서 경험을 살려 대답함으로써 학생부를 기반으로 한 면접으로의 연계도 높은 것으로 보입니다.
	C학생	학업성적이 뛰어나며 전공 관련 교내 경시대회에서 탁월한 성적을 거두었습니다. 전공뿐만 아니라 문학 관련 독서활동과 스스로 과제를 찾아 해결하는 자기 주도적 역량이 돋보였습니다. 봉사의 양도 많았지만 3년간 계속 요양원 봉사를 실천한 점을 실제 면접에서도 구체적으로 확인했다는 점도 특이한 부분입니다. 의예과 진학에 대한 신념을 바탕으로 꾸준히 자기 성장을 위해 노력한 모습이 좋은 결과로 이어진 것 같습니다.
	D학생	뚜렷한 가치관을 바탕으로 노력과 실천, 그리고 따뜻한 마음을 가진 학생의 모습이 잘 드러났다고 생각합니다. 가정적인 어려움을 극복하면서도 나눔과 배려의 실천을 통해 심성이 평가자에게 전달될 수 있었음을 학생부 곳곳에서 확인할 수 있습니다. 인문학 및 인성 관련 독서를 바탕으로 논리성과 철학적 사고를 드러냅니다.

**은 데이터상 5회 이상 , *은 데이터상 4~2회, 없는 것은 1회입니다.

◉ 미래 내가 해야 할 것

성적	
수상	
자율활동	
동아리활동	
봉사활동	
진로활동	
수업시간	
독서활동	

나는 일생을 의롭게 살며 전문 간호직에 최선을 다할 것을 하나님과 여러분 앞에 선서합니다.(나이팅게일 선언문)

(2) 간호 기반

1. 내신
전체학년 합산 1.1 ~ 2.33등급을 나타내고 있습니다. 최저 점수는 서울대 지역균형선발전형 간호학과에 합격한 사례입니다.

2. 수상
인문, 토론 대회(62%), 과학 교과대회(57%), 인성 관련 표창장(43%), 수학 교과대회(33%), 학술, 탐구 발표대회(14%)에서 주로 수상하였습니다. 동아리 발표대회, 융합 동아리 컨퍼런스에서 수상한 학생도 있었습니다.

3. 자율활동
학급 및 학생회 임원을 두루 역임하였으며, 과학중점학교, 과학 아카데미에서 과학 심화학습을 진행하였습니다. 또한, 그룹스터디, 학교홍보, 민주시민교육, 자치법정, 주제탐구 활동에 참여한 학생도 있었습니다.

4. 진로활동
과학 탐구실험, 간호 관련 진로 탐색활동에 참여한 경우가 많았으며, 다양한 캠프 참여를 통해 인문학적 소양도 함께 갖추기 위해 노력하는 모습이 돋보였습니다.

5. 동아리 활동
과학 동아리(43%), 의학 동아리(24%), 봉사 동아리(19%)에 주로 참가하였습니다. 과학동아리는 주로 생명과학을 주제로 활동하였으며, 환경, 독서토론, 수학, 영자신문, 심리를 주제로 한 동아리 활동에 참여한 학생도 있었습니다.

6. 봉사활동
연간 100시간 이상 요양원, 복지관, 헌혈, 어린이집에서 환자를 돕는 활동이 주를 이루었으며, 초등학교 교육 봉사, 안전 캠페인, 번역 봉사, 장애우 봉사, 또래멘토링을 했던 학생도 있었습니다.

7. 과목별 세부능력 및 특기사항
대부분 생명과학 교과의 전 과목 1등급의 성취를 이루었으며, 질병을 주제로 한 과제연구와 생명과학 심화과목 이수를 통해 학습의 깊이를 더하였습니다. 또한, 과학 전 분야에 관한 관심과 지식 확장 과정에서 생명 현상과 의학에 대한 지적 역량을 높이는 방향으로 나아간 사례를 확인할 수 있습니다.

8. 독서활동 사항
'불량 유전자는 왜 살아남았을까(강신익)' 등의 생명과학 관련 도서, '미래의 의사에게(페리 클라스)' 등 의학 관련 도서를 주로 읽었습니다.

학교 기본 정보

합격데이터

대학교	1)연세대 2)서울대 3)서울대 4)고려대 5)서울대 6)서울대 7)고려대 8)중앙대 9)경희대 10)고려대 11)서울대 12)중앙대 13)경희대 14)경희대 15)경희대 16)경희대 17)경희대 18)경희대 19)고려대 20)고려대 21)고려대
전형명	1)연세한마음(무추천전형) 2)지역균형선발 3)지역균형선발 4)고교추천II 5)일반 6)지역균형선발 7)학교장추천 8)다빈치형인재 9)네오르네상스 10)학교장추천 11)일반 12)다빈치형인재 13)고교연계 14)고교연계 15)고교연계 16)고교연계 17)고교연계 18)고교연계 19)융합형인재 20)학교추천1 21)학교추천2
학과	1)간호학과 2)간호학과 3)간호학과 4)간호학과 5)간호학과 6)간호학과 7)간호학과 8)간호학과 9)간호학과 10)간호학과 11)간호학과 12)간호학과(자연) 13)간호학과(인문) 14)간호학과(자연) 15)간호학과(자연) 16)간호학과(자연) 17)간호학과(자연) 18)간호학과(자연) 19)보건정책관리학부 20)보건정책관리학부 21)보건정책관리학부

나만의 데이터

(나에 해당하는 부분을 적어보세요!)

학생 내신 등급

 이 등급대의 학생부를 빅데타해서 분석한 자료임! 우수한 학생들의 학생부를 내가 가질 기회를 가지세요

합격데이터

전체학년 합산등급	1)2.56 2)1.62 3)1.10 4)1.61 5)1.37 6)1.48 7)1.76 8)1.41 9)1.58 10)1.69 11)1.20 12)2.14 13)1.90 14)1.23 15)1.38 16)1.35 17)1.62 18)1□.00 19)2.50 20)1.90 21)1.21
전체학년 국영수탐 등급	1)1.80 2)1.39 3)1.40 4)1.34 5)1.11 6)2.33 7)1.40 8)1.60 9)1.62 10)1.49 11)1.23 12)1.83 13)1.74 14)1.42 15)1.59 16)1.53 17)1.57 18)1.98 19)1.15 20)1.13 21)1.82

나만의 데이터

(나에 해당하는 부분을 적어보세요!)

1.3 의료·보건계열

학교에서 학생에게 하는 활동

"내가 했던 것은 (O)표시 해보세요.
그리고 해야할 것은 (☆)해보세요!"

○ 합격데이터

수상 (분류)	학술, 탐구발표	융합학술대회, 선행연구탐구대회
	수학 교과	수학교과대회**, 수리 논술대회
	과학 교과	과학교과대회**, 과학발명품경진대회, 과학체험활동보고서대회, 과학탐구대회 과학논술쓰기대회, 과학탐구토론대회, 융합과학경진대회
	인문, 토론	독서대회**, 글쓰기대회**, 논술대회**, 토론대회, 쓰기대회, 사회과토론대회, 독서토론대회
	인성 관련 표창장	표창장**
	기타	교과우수상**, 영어교과대회**, 진로대회, 영어말하기대회, 동아리발표대회, 교과프로젝트학습 보고서 , 영어말하기대회, 전공학과탐색대회, 동아리활동보고서대회, 학력우수상
자율활동	임원	학생회임원**, 학급임원**
	멘토 멘티	그룹스터디활동
	특성화 프로그램	과학아카데미, 과학중점학교, 과제탐구활동
	기타	학교홍보활동, 또래민주시민교육, 자치법정, 꿈길프로젝트참가
진로활동		이공계 탐구교실, 보건과학반 수업, R&E 발표대회, MBL실험교실, 과학창의력 대회, 과학전람회, 과학대제전 부스 운영, 간호관련진로탐색(전공체험, 학과탐색), 청소년법률캠프, 영어캠프

학생이 학교에서 주도적으로 하는 활동

"내가 했던 것은 (O)표시 해보세요.
그리고 해야할 것은 (☆)해보세요!"

○ 합격데이터

동아리 활동	전공 관련	의료보건동아리*, 간호동아리*, 의학동아리
	수학	수학동아리, 수학탐구동아리
	과학	과학동아리*, 화학동아리*, 생명과학동아리*, 과학자유주제토론 동아리, 과학탐구동아리, 과학 실험동아리, 과학학습동아리
	기타	봉사동아리*, 영자신문동아리*, 환경동아리, 독서토론논술동아리, 순우리말동아리, 독서동 아리, 자원재활용동아리, 토론동아리, 법동아리, 디자인동아리, 신문편집동아리, 미디어리터 러시동아리, 멘토멘티동아리, 심리동아리

봉사활동 (시간 및 주목할 봉사)	시간	60시간 미만, 60~80시간*, 80~100시간, 100시간 이상**
	특징	요양원 봉사**, 봉사상*, 지역 중학교 멘토링*, 헌혈*, RCY*, 또래학습 도우미*, 복지관 독서 도우미, 초등학교 교육 봉사, 심폐소생술 체험 부스, 응급처치, 안전 캠페인 체험 부스, 해외 아동 후원자 편지 번역, 지역행사 봉사활동, 어린이도서관 봉사, 노인 돕기 주제프로젝트 봉사, 지역센터에서 장애우 봉사, 봉사동아리, 수화동아리, 무료급식소 봉사.
진로희망		간호사
과목별 세부능력 및 특기사항		- 화학, 생명과학 교과 1등급. - 방과 후 학교 수업(수학, 영어). - 수학 스터디그룹(토론). - 심화 교과 이수(생명과학실험, 심화화학, 심화생명과학). - '의약품 개발 기술'을 주제로 발표. - '유전적 변이'를 주제로 보고서 작성. - 과학실험 심화 과정. - 생명과학 R&E. - 과제연구(질병치료법 주제). - 토론활동에 적극적으로 참여함. - DNA 관련 학습 내용이 구체적으로 기록됨 에듀클러스터 수강(간호학).
독서 (권수/ 주목할 책이름)		1~10권, 10~20권, 20~30권, 30~40권, 50권 이상 다윈 지능(최재천). 미래의 의사에게(페리 클라스). 불량 유전자는 왜 살아남았을까(강신익). 듣지 않는 의사 믿지 않는 환자(제롬 그루프먼 외 1명).

学생부끝판왕

합격 총평	A학생	학년이 거듭될수록 성적이 올랐고, 수학 및 과학 경시대회에서 다수의 수상이 나타납니다. 전공 관련 교과 성적의 우수함을 바탕으로 다양한 교내활동에서의 폭넓은 경험이 면접을 통해 지적 역량과 적극성이라는 평가로 이어졌음을 알 수 있습니다. 교외 봉사활동을 통해 이타적인 인성을 기른 점과 면접에서 학생부에 다 드러나지 않는 자신만의 특성을 보여준 부분이 합격에 많은 영향을 미친 것으로 생각됩니다.
	B학생	입학 초부터 간호사라는 장래희망을 품고 호스피스병동에서 근무하고자 하는 꿈을 실현하기 위한 로드맵을 구성하고 이를 실천으로 연결하였습니다. 실제 호스피스 병동에서의 근무 모습을 항상 생각하며 노인들을 대하는 봉사활동을 진행하였고, 진로 관련 영상 시청 및 독서를 통해 간호사로의 자질과 역할에 대해 늘 고민하는 모습이 돋보였습니다.
	C학생	어렸을 때부터의 독서 습관을 바탕으로 간호 분야의 진로를 다룬 책을 자주 읽으며 자신의 꿈을 구체화해나가는 모습이 돋보였습니다. 보건, 의료 분야의 독서뿐만 아니라 노인 건강과 심리를 수제로 한 책도 함께 읽으면서 사람을 이해하고 공감하기 위한 노력을 지속했습니다. 이를 통해 학습에 대한 이해도를 높이면서 과학 분야에 관한 내용 공부에 많은 도움을 받았습니다.
	D학생	수학, 영어, 화학, 생명과학 교과에서 탁월한 실력을 보였습니다. 꾸준한 봉사활동과 의료 동아리활동을 통해 진로를 구체화하려는 노력을 지속하였습니다. 학교생활 전반에서 협력의 가치를 실현하고자 축제, 체육대회, 모둠활동에서 적극적으로 참여하였습니다. 리더로서의 역할뿐만 아니라 참여자로서의 중요성을 부여하며 성실히 임하는 깊은 생각을 보여주기도 하였습니다.

**은 데이터상 5회 이상 , *은 데이터상 4~2회, 없는 것은 1회입니다.

○ 미래 내가 해야 할 것

성적	
수상	
자율활동	
동아리활동	
봉사활동	
진로활동	
수업시간	
독서활동	

교육, 경상계열
합격 로드맵

✓ 2024 변화하는 학생부 기록 120% 활용 비법! 2탄

생활기록부 구분	2022, 2023 대입	2024 대입 이후
1. 교과활동	·과목당 500자 ·방과후 (수강) 내용 미기재	·과목당 500자 ·방과후 (수강) 내용 미기재 ·영재, 발명교육 실적 대입 미반영
2. 종합의견	연간 500자	연간 500자
3. 자율활동	연간 500자	연간 500자
4. 동아리 활동	연간 500자 ·자율동아리(30자) 기재 ·청소년단체활동 단체명만 기재 ·소논문 기재 금지	연간500자 ·자율동아리 대입 미반영 ·청소년단체활동 미기재 ·소논문 기재 금지
5. 봉사활동	·특기사항 미기재 ·교내외 봉사활동 실적 기재	·특기사항 미기재 ·개인봉사활동 실적 대입 미반영(단, 학교교육계획에 따라 교사가 지도한 실적은 대입 반영)
6. 진로활동	연간 700자 ·진로희망분야 대입 미반영	연간700자 ·진로희망분야 대입 미반영
7. 수상경력	·교내수상 학기당 1건만(3년간 6건) 대입 반영	·대입 미반영
8. 독서활동	·도서명과 저자 기재	·대입 미반영

교과활동

※ **2022~23학년 대입** : 방과후 활동 내용 미기재 | **2024학년도 대입** : 영재, 발명교육실적 대입 미반영

분석과 제안 현재 추세는 비교과로 포함되는 세부능력 및 특기사항 글자 수가 줄어들고 있습니다. 방과 후 활동 미기재, 2024년 대입시 학생부에 영재·발명교육 실적은 반영되지 않습니다. 결론은 기존보다 글자 수가 줄어들었습니다. 유일하게 교과별 세부능력 및 특기사항은 글자 수가 늘었습니다. 고등학교의 과목별 세부능력 특기사항은 모든 교과(군)에 모든 학생을 대상으로 입력하게 되었습니다. 교양 및 예체능 교과군 등에도 모든 학생의 세부능력 특기사항 작성이 적용됩니다. 즉, 수업 시간의 특기사항 작성 범위가 확대되어 수업이 가장 중요하다고 생각됩니다. 창의적 체험활동과 독서 활동, 수상에서 줄어든 부분과 미기재 항목을 수업 활동에서 적극 드러내어 그 활동이 기재되는 게 좋습니다.

행동특성 및 종합의견

※ **2022~2024학년 대입** : 연간 500자

분석과 제안 종합의견은 1000자에서 500자로 줄었습니다. 글자 수가 줄면서 중요도가 줄었다고 생각할 수 있습니다. 이제는 교사 추천서도 폐지되었기에, 이 500자가 학생 개인의 추천서로 간주할 수 있습니다. 대학에서도 종합의견에서 미사어구 대신 객관적인 사례 중심으로 학생의 역량이 기재된 것을 신뢰할 만한 학생 추천서로 판단하고 있습니다. 멘토링이나 모둠 활동 평가를 통해 학생의 리더십이나 공부 방법이 작성 가능합니다. 배려와 나눔의 태도와 학교 공동체 안에서 드러나는 학생 개인의 인성 역량도 기술되어야 합니다. 행동특성 및 종합의견은 담임선생님이 학생을 객관적으로 관찰한 내용을 바탕으로 작성됩니다.

자율활동

※ **2022~2024학년 대입** : 연간 500자

분석과 제안 학교 주도의 활동에 대해 작성되는 부분이 자율활동입니다. 학생은 학교 행사에 적극 참여하고 그 때마다 배우고 느낀 점을 적고 이를 포트폴리오로 만들어 보관해야 합니다. 요즘 학교마다 권장하는 활동 중 자율탐구가 있습니다. 자율탐구활동은 학생이 스스로 주제 선정과 보고서 작성까지 전 과정을 수행하는 활동입니다. 해당 주제를 자신의 진로를 찾는 데 활용할 수 있고, 평소 학생이 궁금한 내용을 조사하여 이를 정리하는 것도 가능합니다.

학생부에 단발성 행사보다 지속적으로 활동하는 행사가 기술되면 좋습니다. 학생은 더 많은 행사 참여를 통해서 본인의 역량을 길러 이를 잘 드러내야 할 것입니다. 또 진로에 맞춘 자율 교육과정과 학교 및 학급 특색활동을 활용하는 방법도 있습니다. 학교에는 최대한 개인화 할 수 있는 여건이 조성되어야 합니다.

동아리활동

※ **2022~23학년 대입** : 자율동아리 연간 1개 기재(30자만 기재), 청소년 단체명만 기재, 소논문 기재금지

　2024학년도 대입 : 청소년 단체활동 미기재, 소논문 기재금지

분석과 제안　학교내 창의적체험활동 동아리 외에 학생의 자발적인 활동으로 만들었던 자율동아리가 2024학년 대입부터는 큰 의미가 없어집니다. 대안으로 우수하다고 평가받은 자율동아리를 창의적체험활동 동아리 부서로 전환하는 방법도 있습니다. 이때 학생은 학교에 지도 교사 신청과 동아리 개설을 요청해야 합니다. 학교에서도 유명무실한 동아리를 폐지하거나 통폐합시키는 노력이 필요합니다. 교과연계 탐구 스터디를 구성해서 교과와 학업 부분, 진로연계 탐구 스터디와 그 과정 속에 배려, 나눔, 역경 극복의 리더십까지 보여줄 수 있는 기회를 만들어 활용하면 됩니다.

봉사활동

※ **2022~23학년 대입** : 특기사항 미기재, 교내외 활동 실적기재

　2024학년도 대입 : 특기사항 미기재, 개인봉사활동 실적 대입 미반영. 단, 학교봉사 실적은 반영

분석과 제안　개인 봉사활동의 미반영은 봉사활동이 의미가 없어진 것으로 해석하면 안됩니다. 개인 봉사활동의 미반영은 개인의 여건에 따른 불평등의 여지를 없애고, 학교 봉사활동을 장려하는 것이 목적입니다. 이제껏 선배들이 했었던 우수한 봉사활동을 학교 계획으로 가져와서 관심 있는 학생 모두가 참여하게 만들어 주어야 합니다.

학교 교육계획에 따라 실시한 봉사활동의 경우 교사가 직접 관찰하고 평가한 학생의 특기사항은 필요시 '행동특성 및 종합의견'란에 입력이 가능합니다. 이를 활용해서 봉사활동의 특기사항을 볼 수 있으니 많이 활용할 수 있습니다.

진로활동

※ **2022~2024학년 대입** : 연간 700자, 진로희망분야 대입 미반영

분석과 제안　진로 희망 분야는 20022학년 대입부터 상급학교에 제공하지 않습니다. 진로 희망 분야는 학생이 희망하는 학과 및 계열에 지원동기라 할 수 있습니다. 그러나 이제 제공하지 않으므로 진로활동이나 다른 영역의 세부능력 및 특기사항에 작성되게 해야 합니다.

대신에 진로활동 특기사항 참고자료를 담임 상담이나 교과교사 혹은 진로상담 교사의 상담 및 관찰·평가 내용으로 구체화시켜 놓았습니다. 따라서 학교는 학생이 진로를 찾는 활동을 다양하게 준비하고 이를 진로 수업에 적용해야 합니다. 학생은 진로 찾기 행사와 진로성숙도를 높이는 활동에 적극 참여하면서 자신의 진로 분야에 대한 정보를 착실히 모아, 포트폴리오를 쌓는 것이 중요합니다.

※ **2022~23학년 대입** : 내역기재, 교내수상 학기당 1건만, 3년간 6건 대입반영

2024학년도 대입 : 내역기재, 대입 미반영

분석과 제안   학교에서 진행하는 모든 활동은 학생의 성장을 기대하며 진행합니다. 따라서 학생은 자신의 발전을 점검하거나 역량 강화를 위해서 대회 참여를 추천합니다. 수상 대회에서 많이 하는 보고서 쓰기, 실험 및 토론 대회를 수업 활동과 연계할 수도 있습니다. 학생은 수업과 학교 활동에 적극적으로 참여하고, 교과 선택에 다양한 활동을 하는 교과를 수강하는 방법도 좋습니다.

학교생활기록부 작성으로 보면 2022, 2023학년도 대입을 준비하는 학생은 학교에서 진행되는 연간 대회 및 행사 내용을 파악하고 자신이 드러낼 수 있는 대회를 학기당 1개 이상을 선택적으로 집중하는 것을 추천합니다. 이를 통해 학생의 피로도를 줄일 수 있습니다.

2024학년 대입부터 수상내역을 상급학교에 제공하지 않습니다. 따라서 대학에 제공한다는 의미로 대회 참여보다는 대회 대신 활동으로 전환해 활동 참여를 통해 길러진 역량을 교과별 세부능력 및 특기사항과 창의적 체험활동 등에 연계되어 학교생활을 진행해야 합니다.

※ **2022~23학년 대입** : 도서명과 저자 | **2024학년도 대입** : 도서명과 저자 기재, 대입 미반영

분석과 제안   학교에서 진행하는 모든 활동은 학생의 성장을 기대하며 진행합니다. 따라서 학생은 자신의 발전을 점검하거나 역량 강화를 위해서 대회 참여를 추천합니다. 수상 대회에서 많이 하는 보고서 쓰기, 실험 및 토론 대회를 수업 활동과 연계할 수도 있습니다. 학생은 수업과 학교 활동에 적극적으로 참여하고, 교과 선택에 다양한 활동을 하는 교과를 수강하는 방법도 좋습니다.

학교생활기록부 작성으로 보면 2022, 2023학년도 대입을 준비하는 학생은 학교에서 진행되는 연간 대회 및 행사 내용을 파악하고 자신이 드러낼 수 있는 대회를 학기당 1개 이상을 선택적으로 집중하는 것을 추천합니다. 이를 통해 학생의 피로도를 줄일 수 있습니다.

2024학년 대입부터 수상내역을 상급학교에 제공하지 않습니다. 따라서 대학에 제공한다는 의미로 대회 참여보다는 대회 대신 활동으로 전환해 활동 참여를 통해 길러진 역량을 교과별 세부능력 및 특기사항과 창의적 체험활동 등에 연계되어 학교생활을 진행해야 합니다.

교육, 경상 계열
합격 포트폴리오

나만의 합격 학생부 활동을 구성하자!
·각 계열별 들어가는 글을 먼저 읽으세요.
· 각 계열별 데이터 분석과 합격 데이터를 보면서,
나만의 합격 포트폴리오를 구성해보세요.

① ⸱⸱⸱⸱⸱⸱⸱ 교육계열

가) 교육계열 들어가며

교육계열은 유아교육, 초등교육, 중등교육으로 나눕니다. 유아교육학과, 초등교육은 교육대학에, 중등교육은 사범대학에 진학하면 교사자격증을 취득할 수 있습니다. 교육대학원에 진학하는 방법도 있지만, 이 책에서는 대학 학부 입학만 다룹니다.

(1) 유아교육학과

1.8 ~ 2.8등급 학생이 많고, 학급 임원 경험이 고등학교 6학기 중 1~2회 정도 됩니다. 교육과 관련된 봉사활동이 두드러집니다. 지역의 아동복지센터, 유치원, 민간어린이집, 국공립 어린이집에서 많은 시간 봉사활동을 한 경우가 많습니다. 또한, 교육봉사동아리, 영어연극동아리, 동화구연 자율동아리 활동이 많습니다.

독서활동은 교육 관련 일반 주제 또는 유아의 발달에 관한 책을 읽은 예가 있습니다. 교과 세부능력 및 특기사항에서 학교 수업에 즐겁고도 열심히 참여했다는 평가가 일관되게 적혀있고, 다양한 분야의 수상 실적을 갖추고 있습니다. 수상 개수가 많지는 않으나, 다양한 학교 행사 전반에 열심히 참여하고 있음을 엿볼 수 있었습니다.

(2) 초등교육과

1.0 ~ 1.5등급으로 내신 성적이 높습니다. 모든 과목에서 우수한 성적을 유지하는 학생이 많습니다. 고등학교 3년 동안 평균 2회 학급 임원활동을 한 경우가 많습니다. 교육봉사 동아리와 같이 교육 관련 동아리 활동하지만, 토론동아리, 교지편집부 등 다양한 동아리 활동에 참여한 사례가 많습니다.

꾸준하고 지속적인 봉사활동이 눈에 띄고 복지관 독서 도우미, 교육봉사, 지역아동센터 봉사활동 등이 돋보입니다. 교육관련 서적 외에 인문, 사회, 예술, 수학, 과학 등 다양한 분야에서 지적인 호기심을 보이는 '팔방미인'형을 보이며, 이를 다양한 독서활동에서 엿볼 수 있습니다. 2015개정교육과정의 선택교과가 개설됨에 따라 교양 교과인 '교육학'을 수강하는 것도 좋습니다.

(3) 중등교육 (자연과학계열)

수학교육과, 과학교육과, 물리교육과, 화학교육과, 생물교육과, 지구과학교육과, 컴퓨터교육과, 가정교육과

1.1 ~ 2.5등급 학생이 많습니다. 학과보다 학교별 점수 차이가 큰 것이 특징입니다. 지원 학과 관련 과목에서 3년 내내 높은 성적을 유지한 경우가 눈에 띕니다. 지원 학과 관련 과목 외에 전 과목에 걸쳐 높은 성적을 받은 경우도 많습니다. 수상에서도 이 경향이 두드러져 지원 학과 관련 수상이 많고, 다방면에 걸쳐 수상실적을 보여주고 있습니다. 두루두루 관심을 쏟지만, 특정 과목에 유독 큰 관심을 보이는 학생이 많다고 보아야 합니다.

동아리 활동도 학과 관련 동아리 활동을 한 경우가 많습니다. 수학동아리, 창의수학 탐구반, 과학실험동아리 활동이 그 예입니다. 봉사활동의 경우 교육 관련 봉사활동을 한 경우가 대부분이며 꾸준히 지속적으로 봉사활동에 참여했습니다. 독서의 경우 학과 관련 서적이 대부분이며, 교양 수준의 서적을 읽은 경우도 많습니다. 세부능력 및 특기 사항에서도 학생의 성실하고 꾸준한 수업 참여 및 학교생활에서의 적극성을 지속적으로 언급하고 있으며, 학생의 특정 과목에 대한 애정이 반복적으로 언급되기도 합니다.

이제부터 실제 합격사례를 분석하고 재분류하여 '유아, 초등교육과', '수학, 과학교육계열' 두 분야로 나눠 살펴보겠습니다. 학과별 차이가 있을 수 있으나 공통분모 그룹을 통해 학생들의 이해를 돕고자 분류합니다.

다음의 데이터 분석은 실제 데이터의 내용을 요약하고 다시 표로 압축하여 정리하였습니다. 자신의 학교생활기록부를 분석하여 비교해볼 수 있는 공간을 따로 만들었습니다. 실제 합격 데이터와 자신의 학교생활기록부를 비교하면서 부족한 부분은 보완하고, 강점은 부각시킬 방법을 찾는데 도움이 될 것입니다.

나. 교육계열 데이터 분석과 합격데이터

안녕~ 여러분!! 오늘은 합격에 대해서 알아볼 거예요. 잘할 수 있지요^^

(1) 유아, 초등교육과

1. 내신
1~2점 후반(학교별 차이 있음, 3점 중반은 삼육대 농어촌전형(유아교육과))
전반적으로 초등교육과가 1점대, 유아교육과가 2점대였습니다.

2. 수상
5개 영역으로 나눠 생각할 수 있습니다. 초등교육과는 대부분 학생에게 수상 실적이 있어 그 비율이 유의미하지 않아 생략하였습니다.

1) **토론, 발표** : 수상 등위가 높은 편이며, 팀 활동으로서의 모습을 보여줄 수 있는 대회에서 수상이 많았습니다. 토론의 영역은 인문, 자연계를 나누지 않았습니다.

2) **주제탐구, 경시대회** : 인문 관련 학과를 희망하는 학생은 인문계열(사회, 지리) 경시대회 수상을, 자연 관련 학과를 희망하는 학생은 자연계열(과학) 경시대회 수상이 있었으며 공통 영역인 수학, 영어의 경우, 계열 구분 없이 많은 학생들이 수상하였습니다.

3) **어휘력** : 영어뿐만 아니라 제2외국어 스피치 등의 다양한 분야에서의 수상이 있으며, 영어 발표 (프레젠테이션), 영어 감상문 등의 수상도 나타났습니다.

4) **글짓기, UCC 등 창작물 제출 관련 대회 수상** : 많은 학생이 자기소개서, 감상문 쓰기, 진로체험 활동과 관련된 창작물만이 아닌 전 영역에서 고르게 수상형태가 나타났습니다.

5) **인성 관련 수상**인 모범상 등 표창을 받은 학생이 대부분이었습니다.

6) 그 외에 다양한 대회에 참여하는 모습을 보였으며, 초등과 유아의 경우 과목을 특정하지 않고 전 영역을 교육하는 만큼 학생들이 계열, 영역을 가리지 않고 참여한 부분이 돋보였습니다.

3. 자율활동
대부분 학급 임원이나 학생회 활동을 하였습니다. 그 외에도 멘토링 활동, 학습부로 활동하며 스터디 플래너를 제작하는 등의 모습이 있었습니다.

4. 진로활동
노동교육에 대한 소논문을 작성한 학생이 있었습니다.

5. 동아리 활동
대부분 참여하며 다음의 특징을 나타내고 있습니다.

1) **언어 및 토론 활동** : 자료의 약 30%가 참여하며 평균 2회 활동하였습니다.

2) **교육 관련 동아리(멘토링 포함)** : 60%이상 교육 관련 동아리 활동에 참여하였으며 평균 2회 활동하였습니다. 따로 멘토링 동아리를 운영한 사례도 있고, 교육 동아리 활동으로 멘토링 및 봉사활동을 연계한 동아리도 많았습니다.

3) **봉사동아리** : 약 22%의 학생이 참여했습니다.

4) **탐구(사회, 과학) 관련 동아리** : 28% 정도가 참여했습니다. 사회와 과학 관련 동아리에 모두 참여한 사례는 없었으나 융합동아리 활동을 한 사례는 있었습니다.

5) 동화구연 동아리, 교지 편집반도 있으며, 교지 편집 동아리는 교육에 관한 기사를 작성하여 전공에 관한 관심을 보여주었습니다.

5. 동아리 활동

정량적으로 평균 200시간 이상의 봉사활동 시간을 보이며, 활동 분야 대부분은 아동센터, 보육원, 인근 초등학교에서 어린 학생들을 상대하는 것입니다. 주로 멘토링 활동이며, 동화 구연 봉사, 음악지도 봉사, 미술치료 봉사, 진로교육, 독서 재능기부 등 다양합니다. 그 외 요양원 봉사, 학교 행사 진행 및 청소년 캠페인 활동 등이 있었습니다.

7. 과목별 세부능력 및 특기사항

많은 학생이 수업에 적극적으로 참여하고 발표, 토론, 모둠활동에서 리더로서의 모습을 보여주었습니다. 교과를 가리지 않고 우수한 모습을 보이며, 자신의 진로와 연관된 활동 또한 두드러집니다. 아래는 구체적인 활동 내용입니다.

1) 경기 꿈의 대학(유아, 특수교육)이수

2) 학습 보조 자료 제작 및 발표

3) 에듀클러스터 활동

4) (국어)초미세먼지와 초등교육의 방향에 관한 발표

   (화학)초등학교 앞 불량식품의 성분에 관한 발표

   (사회문화)다문화가정, 이민자차별에 관한 발표

5) 교육문제에 관한 연구 및 토론

8. 독서활동

교육 전반에 관한 내용, 교육자 및 교육철학을 주제로 한 책을 많이 읽었습니다.

📖 학교 기본 정보

합격데이터

대학교	1)중앙대 2)중앙대 3)이화여대 4)가천대 5)가천대 6)경기대 7)덕성여대 8)삼육대 9)삼육대 10)성신여대 11)서울교대 12)서울교대 13)서울교대 14)서울교대 15)서울교대 16)서울교대 17)서울교대 18)서울교대 19)서울교대
전형명	1)일반 2)다빈치형인재 3)미래인재, 4)가천프런티어 5)가천프런티어 6)KGU 학생부종합 7)덕성인재 8)농어촌 9)학교생활우수자 10)학교생활우수자 11)농어촌 12)교직인성우수자 13)교직인성우수자 14)교직인성우수자 15)교직인성우수자 16)사향추천인재 17)사향추천인재 18)사향추천인재 19)사향추천인재
학과	유아교육/초등교육

나만의 데이터

(나에 해당하는 부분을 적어보세요!)

🧍 학생 내신 등급

 이 등급대의 학생부를 빅데타해서 분석한 자료임! 우수한 학생들의 학생부를 내가 가질 기회를 가지세요

합격데이터

전체학년 합산등급	1)1.87 2)2 3)1.96 4)3.22 5)3 6)2.05 7)2.48 8)3.48 9)2.6 10)2.05 11)1.33 12)1.52 13)1.43 14)1.36 15)1.21 16)1.12 17)1.12 18)1.41 19)1.41
전체학년 국영수탐 등급	1)1.87 2)1.64 3)2.02 4)3.22 5)3.21 6)2.19 7)2.43 8)3.6 9)2.84 10)1.86 11)1.43 12)1.5 13)1.4 14)1.43 15)1.41 16)1.12 17)1.07 18)1.37 19)1.41

나만의 데이터

(나에 해당하는 부분을 적어보세요!)

🏫 학교에서 학생에게 하는 활동

 "내가 했던 것은 (O)표시 해보세요. 그리고 해야할 것은 (☆)해보세요!"

합격데이터

수상 (분류)	토론	토론대회, 독서토론대회.
	발표	영어프리젠테이션대회, 동아리주제탐구발표대회, 인문사회 ppt.
	주제탐구	인문학술한마당, 사회조사분석발표대회, 동아리주제탐구발표대회, 노벨과학에세이, 시사탐구보고서대회.
	어휘력	영어에세이쓰기대회, 영어어휘경시대회, 영어프리젠테이션대회, 영어학술문화제, 영어논술쓰기대회, 글로벌의사능력평가, English Book Presentation, 영어동화구연대회, 제2외국어능력시험, 영어스피치대회, 영어촌극, 영어독서감상문대회, 영어독서UCC만들기, 팝송.

자율활동	창작물제작 (글짓기 포함)	UCC제작, 감상문쓰기대회, 자소서쓰기대회, 태양열조리기만들기대회, 과학창의축전부스체험수기, 인포그래픽어워드수학과학제 소감문쓰기대회, 과학교양포트폴리오대회, 과학에세이쓰기, 장애인의날기념문예대회, 다문화독도통일글짓기, 영화제작, 역사알리기, 문학제UCC부문, 발명품대회
	독서	독서기록장쓰기, 독서토론대회
	사회관련	역사탐구, 인문사회PPT, 독도탐구한국지리지역, 사회조사분석발표대회, 지리경시대회, 세계지도퍼즐맞추기대회, 시사탐구보고서대회, 지리올림피아드대회, 동서양사상경시대회
	기타	또래 튜터링 활동, 학습 플래너, 진로로드맵, 플래너쓰기, 심폐소생술 대회, 수학 관련 대회상
	임원	학급임원*, 학생회 환경부 차장, 부장, 학급 자치 회장 활동, 학급부회장, 학생회* (스터디 플래너를 제작)
	멘토 멘티	또래멘토링 멘토
	특성화 프로그램	
	기타	학교홍보활동, 또래민주시민교육, 자치법정, 꿈길프로젝트참가
진로활동		2년간 노동교육을 공부하며 소논문을 작성

학생이 학교에서 주도적으로 하는 활동

"내가 했던 것은 (O)표시 해보세요.
그리고 해야할 것은 (☆)해보세요!"

○ 합격데이터

동아리 활동	진로관련	학습멘토링자율동아리, 유치원교사동아리, 유아교육 동아리, 동화구연자율동아리, 수학교구제작동아리, 교육문제에 관해 심화탐구, 또래교사동아리, 교육학개론동아리
	봉사	요양원봉사동아리, 교육봉사동아리
	사회계열	세계문제(환경, 인권)탐구, 사회정치참여반
	어문	영어연극동아리, 영어수필동아리, 영어원서읽기동아리, 영어소논문동아리, 영자신문동아리
	토론	시사토론동아리, 독서토론자율동아리
	독서	문학동아리
	발명, 창작	영자신문동아리, 교지편집부(교육에 대한 기사를 자주 썼음)
	기타	학습동아리, 과학탐구관련동아리

	시간	평균 190시간 내외
봉사활동 (시간 및 주목할 봉사)	특징	**아동복지센터 교육봉사활동**＊＊ 교내 및 유치원 봉사＊＊ **교육 봉사 활동** 3년간 꾸준하게 참여 **지역아동센터**에서 꾸준한 봉사활동＊ 2학년 때 지역구에서 열린 청소년축제 행사에서 봉사 **요양원 봉사**＊＊＊ **교내 각종 도우미 봉사활동** 등에 참여함 **지역아동센터**에서 꾸준히 봉사활동을 함. 아이들을 돌보는 봉사활동뿐 아니라 동화 구연 봉사활동도 함＊＊＊ **지역아동센터/멘토링**/청소년 운영위원회＊＊＊ 3년간 특히 2학년 동안 봉사시간을 많이 확보하였으며, 활동 장소 및 내용이 유아교육이 라는 희망 전공과 관련됨＊＊＊ **국공립 어린이집 봉사활동 및 또래 학습멘토링** 활동 3년 내내 꾸준히 활동함＊＊＊ 3년 동안 꾸준히 **교육봉사**＊＊＊ **양로원 봉사** 3년, **아동센터 봉사**＊＊＊ **지역복지관, 청소년 수련관 봉사**＊＊＊ **평생교육원 교육봉사, 지역아동센터 교육봉사**, 교내 장애우돕기, 비평단 캠페인, 어린이 재단 캠페인＊＊＊ 1, 2학년 때 도서관 봉사, 3학년 때 초등학생 교육 봉사에 참여함 교내 **멘토링 봉사활동**에 꾸준히 참여함＊＊ 진로관련 **아동센터**에서 학습 및 음악지도 봉사활동을 3년간 지속적으로 실시＊＊＊ 3년간 매주(1학년 영어/2,3학년 과학)**교육봉사**＊＊＊ 3년간 교육동아리를 하면서 실제 **초등학교에서 진로교육**＊＊＊ 독서**재능기부**(초등학교에서 방학에 직접 수업을 하는 활동)＊＊＊
진로희망		초등교사 또는 유치원 교사

과목별
세부능력
및
특기사항
		- 교대를 목표로 학교생활기록부를 작성.
		- 노력에 관한 내용이 많음.
		- 거의 모든 교과에서 바른 수업태도와 학습 보조 자료 제작을 하고 발표함.
		- 성적 상승.
		- 경기 꿈의 대학(유아, 특수교육)이수.
		- 예의 바르고 적극적임, 지적 호기심과 탐구력, 협력성, 성실성, 교사와 질의응답을 통한 활발한 상호작용,
		  또래학습으로 교학상장 등의 내용이 대부분의 교과 세특에 기록됨. 경기 꿈의 학교에서 유아교육과 관련
		  된 강좌를 수강함.
		- 에듀클러스터 활동.
		- 3학년 국어시간, 초미세먼지와 초등교육의 방향에 관한 발표를 함.
		- 3학년 화학시간 초등학교 앞 불량식품의 성분 파헤치기에 관한 발표를 함.
		- 3학년 사회문화시간, 다문화가정, 이민자 차별에 관한 발표를 함.

		- 각 세부능력 및 특기사항 부분 부분마다 친구들이 모르는 것을 친절히 설명해주고, 발표에 적극적이고, 수업에 단정히 임한다고 기록.
		- 과제 수행에 있어 주제에 적합한 다양한 정보를 수집, 배열 조직하여 특색 있고 창의적인 자료를 만들어 내는 지식정보처리역량이 매우 뛰어나 창의적인 자료를 만들어냄.
		- 학습 열의가 뛰어나고 질문을 통해 깊은 사고와 이해를 하며 능동적인 태도로 수업에 참여함.
		- 조원들의 장점을 발견하고 이에 맞게 역할 분담을 하는 등 리더십과 책임감이 있어 향후 교사로서의 활약이 기대됨.
		- 수업시간 주위의 친구들이 문제를 물어보면 친절히 설명하는 모습을 자주 보이는 배려심 많은 학생임.
		- 수업 분위기를 이끌어 가고 활동수업에서는 열정적인 준비와 활기찬 태도가 최고인 학생으로 담당교사도 배울 점이 많은 학생임.
		- 교육문제에 관한 연구 및 토론활동 다경험.
		- 다양한 교과 내 활동에서 교육문제와 연관시키는 활동 다수.
		- 과학수학영재학급.
		- 교육과 연관 지어 기록.
		- 발표의 기회가 있을 때마다 적극적으로 자료를 수집해 발표함.
		- 조별과제 시 조원들을 잘 이끌고 도와준 점 등 배려를 실천한 내용들이 잘 언급되어 있음.

독서 (권수/ 주목할 책이름)	권수	평균 30권 내외
	특징	교육 관련(교육 사상가) 다량의 독서 진로 관련 독서 다수. 교육에 관한 독서 다수, 다양한 분야의 독서활동. 독서를 많이 함. 독서를 꾸준히 함. 교육 분야 분 아니라 인문, 사회, 예술, 수학, 과학 등 다양한 분야의 지적인 호기심을 보임. 초등교사를 위한 행복한 교실 만들기(추광재 외). 디지털 노마드 세대를 위한 미래교육 미래학교(박희진 외)

합격 총평	A학생	고등학교 초반에는 교육대학교를 목표로 생활기록부를 작성했으나 유아교육을 지원하였습니다. 진로 변경이 있지만 어린 학생들을 가르친 봉사활동에 관한 내용이 많아 광역적인 측면에서 진로가 일치하였다 생각합니다.
	B학생	전공과 관련된 독서활동이 꾸준히 하였고 3학년 때 교육자율동아리를 만들어 독서활동을 겸하면서 면접을 대비한 것이 합격 요인이라 생각됩니다.
	C학생	영역을 가리지 않고 다양하고 많은 대회에 나가 좋은 결과를 얻었습니다. 교과 성적 또한 모든 영역에서 우수한 결과를 보여주었습니다. 이를 통해 여러 과목의 이해도, 지적 호기심을 확인하였고 여러 교과를 가르치는 희망 진로에 장점이 되었다고 생각합니다.
	D학생	각종 토론대회 참여 및 수상, 학급임원 활동, 팀 단위의 대회에서 리더십을 보여주는 모습을 볼 수 있었습니다. 꾸준한 튜터 활동과 교육봉사를 통해 인성적인 부분이 좋은 평가를 받았을 것입니다.
	E학생	진로와 관련된 동아리에 참여하며, 특히 동화구연 동아리에서 활동하면서 앞으로 어떤 방식의 수업을 할 것인지에 대한 고민을 하는 모습이 동아리 특기사항에 기재되어 있었습니다. 또한, 현재 교육의 문제에 대해 알아보고 이를 고찰하는 내용도 학교생활기록부에서 볼 수 있었습니다.

F학생	교육문제를 심화 탐구하는 동아리에서 현재 진행되는 수업과 연관하여 탐구하고 자신만의 수업 모형을 고민하는 토의 시간에 관한 내용이 구체적으로 기재되었으며, 매년 진로 관련 동아리를 진행하며 교사철학이 구체화되는 모습을 학교생활기록부에서 볼 수 있었습니다.
G학생	유아교육 동아리, 경기 꿈의 대학에서 진로 관련 수업 이수 등을 통해 전공적합성을 보여줄 수 있었다고 생각되며, 봉사도 진로와 연관하기 위해 어린이집이나 유치원 봉사를 꾸준히 한 것이 장점이라 생각됩니다.
H학생	수업 중 진로와 연관한 발표가 거의 모든 교과 세부능력 및 특기사항에 기재될 정도로 적극적이고 많이 활동하였습니다. 성적이 우수하며 여러 선생님의 신뢰와 칭찬을 학교생활기록부에서 볼 수 있었던 것이 긍정적으로 평가되었을거라 생각됩니다.
I학생	진로와 연관하여 많은 독서를 하였고 다양한 영역에서 여러 분야의 지식을 쌓고자 폭넓게 책을 읽는 내용을 볼 수 있었습니다. 이를 기반으로 여러 교과를 가르치는 신로희망과 연관한 지적 호기심과 전공적합성을 볼 수 있었을 것입니다.

※ 자율활동 임원에서 **은 데이터상 5회 이상 , *은 데이터상 4~2회, 없는 것은 1회입니다. 봉사활동 특징에서 ***은 데이터상 100시간 이상 , **은 데이터상 100~80시간, *은 데이터 상 80~60시간, 없는 것은 60시간 미만이며, 굵은 글씨로 처리된 부분은 자주 등장한(3회 이상) 활동입니다.

○ 미래 내가 해야 할 것

성적	
수상	
자율활동	
동아리활동	
봉사활동	
진로활동	
수업시간	
독서활동	

102 나만의 맞춤 가이드. 꿈구두 Corp All Rights Reserved

$\sin2\theta = 2\sin\theta\cos\theta$ V=IR, 질량보존의 법칙, 멘델의 법칙, 케플러의 법칙 등 같이 공부할 게 많아서 좋아요.

(2) 수학, 과학교육과

1. 내신
1~3점 중반(3점대 중반은 동국대(경주) 참사랑 전형 (수학교육))

2. 수상
2개 영역으로 나눠 생각할 수 있습니다.

1) **수학, 과학** : 자료의 80% 이상 학생이 수상하며 개인이 2회 이상 수상한 경우가 많습니다.

2) **주제탐구, 프로젝트** : 71% 정도 수상하였으며, 주제탐구는 진로와 관련된 계열인 수학, 과학 관련 연구, 실험 등이 있습니다.

3) 그 외에도 토론, 글쓰기 등 다양한 대회에서 수상하면서 학교생활에서 적극성을 보여주었습니다.

3. 자율활동
학급 임원, 학생회 임원이 기록된 경우가 많았습니다. 그 외에 과학탐구반이나 이공계 특성화 프로그램 참여 등이 있습니다.

4. 동아리 활동
수학, 과학동아리에 모든 학생이 빠짐없이 참여하였으며, 교육 동아리는 절반 정도 참여하였습니다. 인상 깊었던 활동 내용은 '다문화가정 봉사활동에서 한국 문화를 낯설어하는 어린 학생들을 대상으로 다양한 방법을 동원하여 가르침' 사례입니다.

5. 봉사활동
대부분 학생이 기록되어 있으며, 진로와 연계하여 지역 아동센터, 교육봉사, 재능기부(영어책 읽어주기), 도서관에서 교사 활동 등이 많습니다.

6. 과목별 세부능력 및 특기사항
높은 수학 성적에 관한 내용이 많으며, 엔트리로 계산기를 코딩하는 등의 융합형 활동도 있습니다.

7. 독서활동 사항
수학 도서를 읽은 학생이 많습니다.

🔖 학교 기본 정보

○ 합격데이터

대학교	1)서울대 2)성균관대 3)건국대,4)고려대 5)서울대 6)강원대 7)동국대(경주) 8)상명대 9)성균관대 10)이화여대 11)이화여대 12)단국대 13)공주대 14)서울대 15)이화여대 16)서울대 17)한국교원대 18)한국교원대 19)서울대 20)공주대 21)성균관대
전형명	1)일반 2)성균인재 3)KU자기추천 4)학교장추천 5)학교장추천 6)미래인재 7)참사람 8)상명인재 9)글로벌인재 10)고교추천 11)고교추천 12)DKU 인재 13)잠재능력우수자 14)기회균형 5)고교추천 16)일반 17)큰스승인재 18)학생부종합우수자 19)기회균형선발특별전형 I (농어촌전형) 20)잠재능력우수자 21)글로벌인재
학과	수학교육/과학교육/화학교육/생물교육/지구과학교육과/컴퓨터교육

○ 나만의 데이터

(나에 해당하는 부분을 적어보세요!)

🎯 학생 내신 등급 이 등급대의 학생부를 빅데타해서 분석한 자료임! 우수한 학생들의 학생부를 내가 가질 기회를 가지세요

○ 합격데이터

전체학년 합산등급	1)1.0 2)1.2 3)1.54 4)1.43 5)1.12 6)1.99 7)3.5 8)2.55 9)1.22 10)1.07 11)1.48 12)2.54 13)2.39 14)1.49 15)1.48 16)1.25 17)2.1 18)1.6 19)1.36 20)1.7 21)1.58
전체학년 국영수탐 등급	1)1.0 2)1.2 3)1.54 4)1.27 5)1.1 6)2.06 7)3.4 8)2.46 9)1.25 10)1.09 11)1.48 12)2.26 13)2.52 14)1.40 15)1.48 16)1.17 17)2.1 18)1.72 19)1.49 20)3.5 21)1.58

○ 나만의 데이터

(나에 해당하는 부분을 적어보세요!)

🎓 학교에서 학생에게 하는 활동

"내가 했던 것은 (O)표시 해보세요.
그리고 해야할 것은 (☆)해보세요!"

○ 합격데이터

수상 (분류)	토론	토론대회
	발표	연구발표대회, 과제연구발표대회
	주제탐구	수학과제탐구대회, 학술에세이수리과학부문
	어휘력	언어사고력탐구한마당
	창작물제작 (글짓기 포함)	수학구조물대회, 과학UCC경연대회, 자기소개서쓰기대회, 창의발명대회

	독서	수학독후감쓰기대회, 전공도서포트폴리오대회
	수학, 과학	수학·과학경시대회, 수학공모전, 수리탐구력대회, 수학독후감쓰기대회, 수학사고력키우기up 대회, 수학과제탐구대회, 과학논술문대회, 친환경자동차경주대회, SW창의경진대회, 수학구 조물대회, 지구살리기탐구대회, 과학토론대회, 학술에세이수리과학부문, 과학UCC경연대회, 자연과학탐구한마당, 과학글짓기대회, 진로포트폴리오한마당, 융합과학대회
	기타	자원봉사활동경진대회, 튜터링대회, 경제탐구대회, 시사능력탐구한마당
자율활동	임원	학급임원*, 학생회장, 학급부반장, 학급자치 부회장
	멘토 멘티	교내 멘토링
	특성화 프로그램	이공계 탐구교실
	기타	과학과 관련된 심화활동 기재
진로활동	입학사정관 초청 특강 수학스터디를 구성하여 비공식 멘토 역할. WISET 발표대회 공과대학장상 소논문 다수 Before 3학년 과정에 참여하여 진로 오리엔테이션, 대입 전략 특강에 참여 열린 과학교실에 참여하여 참가 학생들에게 실험의 원리를 가르침 공과대학 비전 멘토링 열린 과학교실에 참여하여 참가 학생들에게 실험의 원리를 가르침	

학생이 학교에서 주도적으로 하는 활동

"내가 했던 것은 (O)표시 해보세요.
그리고 해야할 것은 (☆)해보세요!"

○ 합격데이터

동아리 활동	진로관련	교육 자율동아리, 또래 상담반, 교육 연구 및 모의수업 동아리.
	봉사	교육봉사동아리, 의료봉사자율동아리
	수학, 과학	창의수학탐구반, 과학동아리, 과학수학탐구프로젝트동아리, 과학과스포츠동아리, 통계동아리, 과학실험자율동아리
	어문	영자신문반, 중국문화탐방동아리, 대중문화탐구동아리
	토론	수학과학주제토론동아리
	독서	자연계독서토론반
	발명, 창작	영자신문반, 발명동아리, 교집편집부(수학교육과 관련 기사 작성).
	기타	자율학습 동아리, 사회참여동아리

	시간	평균 200시간 내외
봉사활동 (시간 및 주목할 봉사)	특징	수학체험전 봉사활동, 요양원 봉사활동, 지역아동센터와 연계하여 지속적인 교육봉사활동.*** 요양원 봉사.*** 지역 센터와 연계하여 봉사.*** 지역아동센터에서 아동 학습지도 봉사.* 어린이도서관 봉사.* 요양병원에서 정기적인 노인 간호.** 청소년대상 어울림마당, 동아리기획축제 봉사. 지역아동센터 교육봉사.*** 다문화가정 학습멘토링을 통해 학업부진 다문화가정 학생과 멘토-멘티 관계를 맺고 정기적인 만남을 통해 멘티의 학업향상을 위해 노력하며 멘티가 이해하기 쉽도록 다양한 활동을 시도함 으로써 정서적으로 적응할 수 있도록 많은 노력을 기울임.*** 외부 봉사 없음.
진로희망	1~3학년: 중등 OO교사	
과목별 세부능력 및 특기사항	- 교내 수학, 영어, 방과 후 학교 수업에 꾸준히 참여함. - 꾸준한 경시대회 참가 및 입상. - 1.2.3학년 수학과목에 대한 교과세부능력 및 특기사항이 구체적으로 잘 기록되어 있음. - 수학 이외에 국어, 영어, 과학, 생활과 윤리, 한문, 음악, 체육 등 사실상 전 과목에 대한 세부특기사항이 기록되어 있어, 이러한 기록이 '수학' 외에 '교육'과도 적합한 학생으로 생각됨. - 기하와 벡터 전교 1등. - 수학 1등급. - 영어 1등급. - R&E. - 엔트리로 계산기 코딩. - 큐브의 원리 탐구 & 발표. - 수학, 물리, 화학 멘토링. - 미적분, 선형대수학 관련 강의 들음. - 활동을 수학과 많이 연결함. - 수학만은 평균 1.2등급. - 수학적 원리에 대한 고찰, 서로 다른 수학적 표현. - 실생활 문제 해결(지수, 로그). - 수학 멘토활동 및 협업능력 우수. - 그래프 해석 능력 우수, 공식 유도하는 과정을 즐기는 학생. - 화법과 작문에서 사회 변혁 글쓰기 수행평가로 한국 교육제도의 문제점과 해결방안에 대한 토의 및 발표. - 기하와 벡터에서 모둠활동을 하면서 조장역할을 맡아 조원들에게 보충설명을 해주고 모르는 문제에 대해 같이 연구함. - 영어독해와 작문에서 교육의 중요성과 가치에 대해 영어로 발표하여 학생들에게 큰 감명을 줌. - 물리에서 조별 수행평가로 하이젠베르크의 업적과 일생을 조사하고 인터뷰 형식의 연극으로 발표하여 친구들의 큰 호응 얻었고 좋은 평가를 받음. - 방과 후 학교 생명과학1(24시간) 수강.	

		- 물리실험, 고급물리 이수. - 학업성취에 대한 기대감이 높고 수업태도가 모범적이며 성적이 향상되고 있다는 취지의 특기사항이 여러 교과에 걸쳐 나타남. - 방과 후 학교 생명과학1(24시간) 수강. - 고학년으로 갈수록 학업 성적이 향상되는 경향을 보임. 전 교과 영역에 걸쳐 우수한 성적을 보이며, 학습이 각 교과수업에서 그치는 것이 아니라 관심 있는 분야는 관련 기사와 보도를 찾아서 읽고, 적극적인 질문을 통해 지적호기심을 충족시킴. 다양한 교과 발표 수업에서 우수한 모습을 보임. - 화학, 지구과학 분야에 관련한 커리큘럼을 미리 점검하고 대학을 선택하는 등 과학교육에 관한 지대한 관심이 있어 관련 분야에 지식을 심화시키고 동아리 활동을 열심히 함.
독서 (권수/ 주목할 책이름)	권수	평균 22권 내외
	특징	수학의 기초에 관한 고찰(비트겐슈타인), 페르마의 마지막 정리(사이먼 싱). 수학의 유혹(강석진), 수학이 나를 불렀다(로버트 카니겔), 의사가 말하는 의사(인도주의실천의 사협의회), 교사도 학교가 두렵다(엄기호). 수학시트콤(크리스토프 드뢰서), 수학콘서트(박경미), 올바른 수학 참다운 공부(김용찬), 청소년을 위한 한국수학사(김용운), 어떻게 수의 비밀을 풀었을까?(안나 파리시), 수학은 언어다(차오룸), 공학계열 진로, 진학, 직업(정동완 외).

합격 총평	A학생	교과 성적이 매우 고르고 우수한 것이 장점이라 생각됩니다.
	B학생	수학, 과학 교과목에서 성적이 매우 우수하고 지원 학과와 관련된 교과우수상 및 전 교과목에서의 교과우수상을 수상한 것이 장점이라 생각됩니다.
	C학생	전공 및 비전공 동아리활동을 고루 체험하였으며 진로활동을 꾸준히 한 것이 학교생활기록부에 나타나 있었습니다.
	D학생	고등학교에 입학할 때부터 장래희망이 수학교사였기에 생활기록부에 일관적으로 보이게 정리되었습니다. 독서활동을 할 때 수학 관련 도서를 우선 읽고 그 외에 비전공 관련 책들을 읽었으며, '수학'이나 '교육'과 같이 학과를 생각하면 떠오르는 이미지와 관련된 활동들을 모두 찾아서 하였습니다. 수학 내신등급을 1등급을 받도록 노력하여 합격할 수 있었던 거 같습니다.
	E학생	IT 관련 재능을 소유하는 등 자연계열 성향이 학교생활기록부에 드러나 있었습니다.
	F학생	학교 내신 성적이 1학년 때부터 꾸준히 상승하여 최상위권까지 오른 것이 장점이라 생각됩니다.
	G학생	사교육을 거의 받지 않았음에도 독학으로 영어와 수학의 체계를 다졌다는 점이 기회균형 전형에 적합한 학생으로 평가받았을 것입니다.
	H학생	2학년 과학 학술동아리 실험(담수어 연구)에서 주도적인 역할이 드러나 있었습니다.

합격 총평	I학생	자신이 진로에 대해 뚜렷한 방향을 가지고 학업에 임하고 잠재력을 최대한으로 발휘하여 실력 향상을 위해 노력하는 모습이 학교생활기록부에 드러났습니다. 학교생활기록부가 매우 일관되고 심도 있는 활동으로 가득 채워져 있어서 합격의 가능성을 높였다고 생각되며, 어떤 어려움이 앞에 놓여도 자신이 목표하는 바를 이루려는 의지가 강하고 몰입해서 성과를 이끄는 학생이라는 내용과 학습계획을 세우고 그 계획을 충실히 수행하는 자기주도적 학습 태도가 매우 우수하다는 내용이 장점으로 생각됩니다. 그 외에도 동아리 활동, 독서 및 봉사활동 등 다양한 활동을 통해 성실히 노력한 모습이 잘 나타나 합격 요인을 여러 가지로 생각해볼 수 있었습니다.
	J학생	교내 수학, 과학 관련 대회의 대부분을 수상하는 모습을 보였으며 수학, 과학과 관련된 동아리에서도 관련 활동을 주도적으로 이끌어 나가는 모습이 기재되었습니다. 또한, 3년간 꾸준히 멘토링을 하며 교사의 자질을 기르고 교지편집부에서 진로와 관련된 내용을 기사로 작성하는 모습이 보였습니다.
	K학생	직접 수업을 구상하고 연구하는 동아리에서 활동한 내용이 구체적으로 작성되어 있었으며, 수업시간에 신구들의 질문을 해결하는 모습이 교과 세부능력 및 특기사항 거의 모든 영역에서 나타났습니다.

※ 자율활동 임원에서 **은 데이터상 5회 이상 , *은 데이터상 4~2회, 없는 것은 1회입니다. 봉사활동 특징에서 ***은 데이터상 100시간 이상 , **은 데이터상 100~80시간, *은 데이터 상 80~60시간, 없는 것은 60시간 미만이며, 굵은 글씨로 처리된 부분은 자주 등장한(3회 이상) 활동입니다.

◯ 미래 내가 해야 할 것

성적	
수상	
자율활동	
동아리활동	
봉사활동	
진로활동	
수업시간	
독서활동	

가) 경상계열 들어가며 ●

학문적 분류로는 맞지 않을 수 있지만, 이번에는 경상계열이라고 불리는 학과들을 함께 알아보도록 하겠습니다. 경영학과, 경제학과, 금융학과, 무역학과 등 business field에 속하는 학과입니다.

(1) 경영학과

경영학과는 목표를 달성하는 과정을 연구하는 학문으로 다른 사람들과 함께 사람을 통해 효과적으로 일이 되게 만드는 과정입니다. 경제학의 응용학문으로도 볼 수 있습니다.

1.1 ~ 2.0등급 학생이 많고, 학급 임원 경험이 고등학교 3년간 평균 4~5회 됩니다. 학교 행사에 두루 참여하여 다양한 분야에서 수상경력을 갖고 있습니다. 학급 임원 외에 학생자치회 임원에 참여한 예도 대다수 있습니다. 동아리활동은 과학탐구동아리, 경제경영동아리, 논술토론동아리, 다문화동아리, 경영동아리, 영자신문동아리 등 경영, 경제, 영어, 토론 관련 동아리가 많습니다. 봉사활동은 평균 100시간입니다.

독서활동은 경제 관련도 있지만, 사회, 인문, 예술 전반에 걸쳐 다양하게 이뤄진 것도 많습니다. 또 학교에서 주도적으로 나서서 사람을 모아 프로젝트를 수행한 사례도 빈번합니다. 같은 활동을 하더라도 리더로서 사람들의 의견을 모으고 봉사하는 마음으로 행하는 성향의 학생이 대다수입니다.

(2) 경제학과

경제학과는 '한정된 자원을 놓고 일어나는 인간의 행동과 그 결과'를 연구한다는 점에서 기업 경영을 주로 다루는 경영학과와 차이를 보입니다.

1.1 ~ 2.0등급으로 내신 성적이 높은 편입니다. 모든 과목에서 우수한 성적을 유지한 학생이 많습니다. 고등학교 3년 동안 평균 3~4회 학급 임원활동 했습니다. 그 외에도 학생자치회 임원, 멘토링 활동 등 주도적인 활동을 이끌어간 경험이 보입니다.

경제를 이용해 사회 현상을 분석하고, 보고서를 작성하는 활동이 두드러집니다. 동아리는 경제동아리, 토론동아리, 착한경제연구반 등 경제 관련 활동이 많습니다. 봉사시간은 평균 90시간이며, 교과세부특기사항에서 수업 중 경제와 연관하여 발표하는 등 경제에 꾸준한 관심과 노력을 보인 학생이 많습니다.

독서활동은 경제 관련 독서가 대부분이고 경제 관련 도서에서 진로에 영향을 받았다는 경우도 있었습니다.

(3) 금융, 회계, 세무학과, 무역학과

1.3 ~ 2.3등급의 학생이 많습니다. 회계와 세무에 뚜렷한 관심을 두고 있었다기보다 다방면에 관심을 두고 학교생활에 열심히 참여하던 학생들이 많습니다.

금융, 회계, 세무학과에 지원한 학생은 다양한 분야에서 수상한 경력을 갖고 있습니다. 동아리 활동에서 국제문화동아리, 영어동아리, 봉사동아리 등 다양한 활동을 하였습니다. 또한, 요양원 봉사, 멘토멘티활동, 벽화그리기 봉사활동 등 봉사활동도 다양합니다. 주문형이나 클러스터로 경제, 수학 교과를 수강한 예도 있으며, 수학 교과에 특히 관심과 재능을 보인 경우가 많습니다. 독서활동은 인문, 사회, 예술, 경제, 경영 등 다양한 분야에 걸쳐 있습니다.

무역학과에 지원한 학생은 영어단어대회, 영어퀴즈대회 등 영어와 관련된 수상이 많습니다. 학급 임원 횟수는 3년간 평균 1회 이하입니다. 창업동아리, 영자신문동아리 등 경제 혹은 영어 관련 동아리활동이 많습니다. 교과 세부능력 및 특기사항에서 영어와 경제 과목에 대한 열정과 관심에 대한 언급이 많습니다. 영어 능력이 뛰어난 학생들이 높은 평가를 받았음을 알 수 있고, 사회 현상을 경제적으로 분석한 소논문을 쓰거나 경제 토론을 한 경우 좋은 평가를 받았음을 알 수 있습니다.

'국제'가 붙은 학과에 입학한 학생들의 경우, '국제경제', '국제정치'를 주문형 강의로 수강한 예도 있으며, 동아리 활동은 '국제문화교류동아리', '국제토론동아리' 등의 활동을 하였습니다.

이제부터 실제 합격사례를 분석하고 재분류하여 '경영학과', '경제학과', '무역, 세무, 회계, 금융' 이렇게 세 부분으로 나눠 살펴보겠습니다. 학과별 차이가 있겠으나 공통분모 그룹을 통해 이해를 쉽게 돕고자 분류하였습니다.

다음의 데이터 분석은 실제 데이터의 내용을 요약하고 다시 표로 압축하여 정리하였습니다. 학교생활기록부와 비교할 공간을 따로 만들었으니, 실제 합격 데이터와 자신의 학교생활기록부를 비교하면서 부족한 부분은 보완하고, 강점을 보여줄 방법을 찾으면 좋습니다.

조직 관리와 운영을 하고 싶다면 경영학과에 지원해요~!

(1) 경영학과

1. 내신

1~2점 후반(학교별 차이가 존재)

2. 수상

5개 영역으로 나눠 생각해볼 수 있습니다.

1) 토론, 발표 : 자료의 50% 이상 토론 및 발표대회 수상이 있습니다. (평균 수상 1.48개)

2) 주제탐구, 사회관련 : 약 50%가 수상하였으며, 수학과 사회탐구 영역의 경시대회 수상이 많았습니다. 또한, 주제탐구는 진로 관련 활동이나 동아리 활동 포함되어 있으며 평균 수상은 1.62개입니다.

3) 어휘력 : 자료의 38%가 수상하였으며, 영어 관련 단어, 스피치 대회가 많고 제2외국어 대회도 존재합니다. 2년 또는 3년 연속의 수상이 많습니다.

4) 글짓기, UCC 등 창작물 제출 관련 대회 수상 : 67%가 수상하였습니다. 평균 수상이 2~3개 되었습니다.

5) 독서 관련 수상 : 약 10%로 많지 않으나 평균 1~2개 있습니다.

6) 그 외에 수학, 과학 관련된 수상을 한 학생도 인문계열에서 간간이 보였습니다.

3. 자율활동

다음의 특징이 보입니다.

1) 학급 임원활동 : 자료의 약 55%가 학급 임원 경력이 있으며, 일회성이 아닌 평균 2회 경험을 보였습니다. (학급자치 회장, 부회장, 서기 등 학급 내 역할이 보였습니다.)

2) 학교 임원활동 : 약 64% 학생이 학교 임원 경력이 있었으며, 평균 1~2회 활동하였습니다. 학생자치 회장 활동이 가장 많이 있었으며, 회장이 아니더라도 임원으로서 프로젝트를 기획하거나 참여한 내용이 보였습니다.

3) 그 외 멘토링 활동, 학교 자치법정 활동이 있었습니다. (각 2회)

4. 진로활동

경영, 경제 관련 활동이 주를 이룹니다. 경제 관련 강의 수강, 캠프 참여, TESAT 취득 등의 경제 관련 활동이 돋보였고, 그 외에 발표대회에 참가(3회)한 사례가 있습니다.

5. 동아리 활동

대부분 참여했으며 다음의 특징을 나타냅니다.

1) 진로 관련 경영경제 동아리 활동 : 67% 기록된 가장 대표적인 활동입니다. 일회성 활동보다 2년 이상 꾸준히 참여한 학생이 많았습니다. 또한, 학교에 없는 동아리를 창설하여 활동한 학생도 있었습니다. 활동 내용은 경제 이슈나 관련된 지식을 쌓는 활동, 경제 신문, 창업계획서 작성, 윤리 경영 발표 등입니다.

2.2
경상계열

2) **봉사동아리** : 약 20%의 학생이 참여한 동아리로 2년간 꾸준히 활동한 경우가 많았습니다. 봉사 영역은 교내나 교외를 가리지 않고 다양하게 분포하였으며, 반크와 비슷한 활동을 하는 동아리도 있었습니다.(2회) 특히 캠페인 같은 봉사가 많이 있었습니다.

3) **사회학 관련 동아리** : 약 17%의 학생이 참여할 만큼 두드러지는 영역입니다. 기업 윤리나 사회적 이슈를 분석하고 발표하는 활동이 대부분 기록되며 현상을 분석하는 활동을 통해 사회적 안목을 기르는 것을 목표로 하는 동아리로 생각됩니다.

4) **어문, 토론동아리** : 15%의 학생이 참여한 동아리로 사회이슈나 4차 산업 등 미래사회에 관한 토론 활동을 진행하였습니다. 또한, 일본, 중국문화, 언어, 영어권 문화 및 영어 관련 동아리도 있었습니다.

5) **임원활동** : 15%의 학생이 참여하였고 적극성을 잘 드러냅니다.

6) 그 외에 광고나 UCC 관련 동아리도 있었으며(3회), 통계학(2회) 등 경영경제와 연관이 있거나 창의성을 기를 수 있는 동아리 활동도 있었습니다.

7) 가장 인상 깊었던 동아리 활동은 요리부 활동입니다. 요리부에서 '요리와 경영을 접목하여 떡볶이 판매전략을 세운 활동'이 있었는데, 동아리 활동이 꼭 진로와 관련되지 않더라도 그 안에서 나름의 진로 관련 활동을 할 수 있다는 좋은 예시입니다.

6. 봉사활동

정량적으로 60시간에서 400시간까지 다양한 봉사활동 시간을 보였으며 활동 분야는 교내가 약 25%, 요양원, 장애시설 등 시설에서 28%, 교육봉사, 다문화 봉사가 15% 정도로 차지합니다. 그 외에 캠페인 활동이 4회 있습니다. 봉사활동을 꾸준히 해온 것이 전반적인 특징입니다.

7. 과목별 세부능력 및 특기사항

경영경제 계열에서 교과 세부능력 및 특기사항이 가장 많이 적혀있거나 1등급이 많은 과목은 수학과 영어입니다. 두 영역 모두 20% 정도 세부능력 및 특기사항에 언급되거나 1등급을 받은 사례가 있습니다. 다음으로 사회가 7%(경제 제외), 국어 순으로 나왔습니다. 경제 과목을 이수한 학생이 약 20%이며, 사람 수가 적어도 개설이 되어 수강하거나 클러스터 형태로 개설된 수업을 이수한 학생이 있었습니다. 경제를 이수하지 못하였더라도 경영, 경제와 관련된 내용은 약 40%가량이 세부능력 및 특기사항에 기록되어 진로 관련 교과 세부능력 및 특기사항의 입력은 공통적이라 볼 수 있을 것 같습니다. 다음은 구체적으로 언급된 세부능력 및 특기사항 내용입니다.

1) 최저임금과 관련된 논문을 작성함. 확률과 통계 시간에 배우는 정규분포와 경영과 관련지어 생각함.

2) 경영 관련 전문 영단어 및 용어를 공부함. 기업의 사회적 책임과 관련된 소논문을 작성함.

3) 지리 자율 주제탐구 시간에 마트에서 소비자 패턴 조사를 통해 소비자 분석을 통한 경영전략을 세워야 한다는 점을 강조함.

4) 스포츠 경영에 관한 관심을 드러냄.

5) 사회에 기여하는 기업이라는 주제로 탐구함.

6) '진보와 빈곤'이라는 책을 읽고 고전 시간에 프로젝트 실시함.

7) 빅데이터 전문가가 되기 위한 활동을 함.

8) 윤리 경영을 강조함. 사회적 기업, 경영 시사 관련 기사를 발표함.

9) 아시안 하이웨이와 관련된 내용을 발표함.

8. 독서활동   경영이나 경제계열 책을 읽은 학생이 3명 정도로 두드러지는 특징은 없습니다. 주어진 자료로 독서 90권, 또는 계열 관련 독서 10권 이상으로 계열 관심이나 기획, 예술, 경영 등 다양한 독서를 한 학생이 보입니다.

2.2

경
상
계
열

📖 학교 기본 정보

○ 합격데이터

○ 나만의 데이터

(나에 해당하는 부분을 적어보세요!)

대학교	1)건국대 2)경희대 3)동국대 4)서울시립대 5)한국외대 6)한국외대 7)한양대 8)서울시립대 9)경희대 10)고려대 11)숙명여대 12)이화여대 13)중앙대 14)경희대 15)경희대 16)경희대 17)경희대 18)경희대 19)경희대 20)경희대 21)경희대 22)경희대 23)경희대 24)경희대 25)고려대 26)고려대 27)고려대 28)고려대 29)고려대 30)고려대 31)고려대 32)고려대 33)고려대 34)국민대 35)국민대 36)국민대 37)국민대 38)단국대 39)동국대 40)동국대 41)동국대 42)서울시립대 43)서울시립대 44)서울시립대 45)성균관대 46)성균관대 47)숙명여대 48)연세대 49)이화여대 50)이화여대 51)이화여대 52)중앙대 53)중앙대 54)중앙대 55)중앙대 56)중앙대 57)한국외대 58)한양대
전형명	1)KU자기추천 2)학교생활충실자 3)학교생활우수인재 4)학생부종합 5)학생부종합 6)학생부종합 7)학생부종합 8)학생부 종합 9)네오르네상스 10)융합형인재 11)숙명미래리더 12)고교추천 13)다빈치형인재 14)고교연계 15)고교연계 16)고교연계 17)네오르네상스 18)네오르네상스 19)고교연계 20)고교연계 21)고교연계 22)고교연계 23)고교연계 24)네오르네상스 25)사회배려자 26)사회배려자 27)일반 28)학교추천Ⅰ 29)학교추천Ⅰ 30)학교추천Ⅰ 31)학교추천Ⅱ 32)학교추천Ⅱ 33)학교추천Ⅱ 34)국민프런티어 35)국민프런티어 36)국민프런티어 37)학교장추천 38)농어촌 39)학교장추천 40)Do Dream 41)학교장추천 42)고른기회 43)학생부종합 44)학생부종합 45)농어촌 46)성균인재 47)숙명인재 48)활동우수형 49)고교추천 50)고교추천 51)미래인재 52)농어촌 53)다빈치형인재 54)다빈치형인재 55)학교장추천 56)학교장추천 57)학생부종합 58)농어촌
학과	경영학 / 경영학부 / 경영학전공 / 경영 / Hospitality 경영학부 / 경영학과 / 경영대학 / 경영학부(빅데이터경영통계전공) / 경영정보학과

 이 등급대의 학생부를 빅데타해서 분석한 자료임! 우수한 학생들의 학생부를 내가 가질 기회를 가지세요

○ 합격데이터

○ 나만의 데이터

| 전체학년 합산등급 | 1)1.7 2)1.14 3)1.58 4)2.17 5)1.05 6)1.37 7)1.53 8)1.78 9)1.71 10)1.2 11)2.4 12)1.02 13)1.41 14)1.3 15)1.55 16)1.7 17)2.77 18)2.18 19)1.74 20)1.74 21)1.48 22)1.4 23)1.19 24)1.46 25)1.42 26)1.8 27)2.09 28)1.09 29)1.9 30)1.33 31)1.74 32)1.64 33)1.28 34)2.26 35)2.7 36)1.82 37)1.8 38)2.91 39)1.44 40)1.89 41)1.63 42)1.5 43)2.33 44)1.6 45)1.84 46)1.38 47)2.14 48)1.02 49)1.26 50)1.12 51)2.29 52)1.7 53)1.82 54)2.05 55)1.33 56)1.48 57)2.02 58)2.19 | (나에 해당하는 부분을 적어보세요!) |
| 전체학년 국영수탐 등급 | 1)1.7 2)1.14 3)1.59 4)2.0 5)1.05 6)1.37 7)1.66 8)1.78 9)1.81 10)1.14 11)1.97 12)1.03 13)1.45 14)1.29 15)1.52 16)1.71 17)2.8 18)2.18 19)1.76 20)1.76 21)1.38 22)1.44 23)1.11 24)1.33 25)1.38 26)1.8 27)2.02 28)1.0 29)1.9 30)1.32 31)1.71 32)1.67 33)1.25 34)2.2 35)2.67 36)1.76 37)1.88 38)2.91 39)1.57 40)1.79 41)1.36 42)1.4 43)2.06 44)1.6 45)1.8 46)1.36 47)2.13 48)1.0 49)1.34 50)1.13 51)2.5 52)1.7 53)1.73 54)1.72 55)1.34 56)1.38 57)1.97 58)2.22 | |

학교에서 학생에게 하는 활동

"내가 했던 것은 (○)표시 해보세요. 그리고 해야할 것은 (☆)해보세요!"

○ 합격데이터

수상 (분류)	토론	교내토론대회, 독서토론대회 금상, 학생토론캠프(토론자 부문 최우수상), 디베이트챔피언십장려상, 시사토론, 독서토론, 탐구토론대회, 인문사회토론대회, 토론대회(영어 토론, 인문학 토론), 교내모의유엔총회에서 2년간 수상, 논리토론대회(공동수상, 2인)
	발표	영어말하기대회장려상, 영어동아리발표회교육감상, 영어스피치대회, 외국어어휘력, 프레젠테이션수상(각 2회), 동아리발표대회수상, 꿈발표대회 입상, 연구발표대회, 나의비전과미션발표대회, 창업아이템발표회, 제2외국어프로젝트학습PPT대회, 진로대회(나의 꿈 희망 가꾸기 프로젝트 발표), 주제탐구발표대회
	주제탐구	자율주제개발 및 탐구대회 우수상,소논문대회우수상, 인문사회주제탐구발표대회(2회), 자율동아리 산출물대회, 사회분야학술대회, 학술소논문발표대회, 커리어파일 경진대회, 시사탐구보고서, 으뜸창의력대회(과학), 팀프로젝트, 탐구토론대회, 세계문화탐구, 청소년 권리 탐구 인포그래피, 수학탐구보고서 대회, 지리탐구주제발표대회, 창의력경진, 탐구력 경시, 탐구력경영, 탐구대회(사회 , 역사), 봉사프로젝트

	어휘력	영어어휘력경시대회(3년간), 영어말하기대회장려상, 영어동아리발표회교육감상, 영어경시대회, 일본어대회수상, 영어능력기르기(최우수), 영어스피치대회, 영어캠프, 외국어어휘력, 프레젠테이션수상, 영어어휘, 영어 독해, 외국어대회, 영어단어대회, 일본어말하기대회, TED 영어말하기대회 3년수상, 제2외국어프로젝트학습PPT대회, 영어독서퀴즈대회, 영어에세이, 영어연극대회, 중국어경시대회, 토론대회(영어토론), Voca King Contest, 영어작문대회, 우리말 겨루기대
	창작물제작 (글짓기 포함)	글쓰기대회, 학교홍보ucc콘테스트, 글짓기상, 발명아이디어, 대학탐방보고서, 자소서쓰기, 학과탐색소감문(우수), 수학의 날, 장애인의 날, 독후감 등 교내글쓰기대회, 경제글짓기대회 수상, 진로포트폴리오, 체험소감문, 창의력 발명아이디어 경진대회, 봉사수기대회, 문학작품집 필대회, 나라사랑 통일글짓기, 전공학과탐색 나만의포트폴리오우수자, 학습플래너우수자, 창업아이템발표회, 5차원자기경영서, 광고콘티, 안전표어포스터 대회, 나의성장스토리포트폴리오대회
	독서	독서기록상, 독서토론대회, 우수독후감쓰기, 서평쓰기, 문학그리기상, 다독상, 인문독서나눔발표대회, 독서우수상, 융합독서발표대회, 과학의 달 융합사고 독후감 대회
자율활동	임원	학생회 회장**, 학생회 부회장*, 학년장*, 학급 반장**, 부반장**, 동아리 회장, 학생회 홍보부차장, 부장, 전교학생회 총무부장, 학급 자치회장**, 3년 동안 학생자치회 문화조성부원, 혁신기획부장으로 활동, 학급 서기로 2년간 활동
	멘토 멘티	3년간 프렌토리 프로그램에서 멘토로 활동하며 학습 도우미 역할, 멘토링 프로그램 참여
	특성화 프로그램	교내 특성화프로그램(영어, 독서, 66노트) 참여 및 수상, 교과탐구대회 참여 및 수상, 지역사회와 연계하여 교내 기부프로그램 기획 및 시행, 국제반 학생으로 다양한 문화교육 활동 및 화상영어 수업 참여, 논문쓰기 프로그램, 독서 프로그램
	기타	자치법정, 학교 홍보단 활동, 학생 자치법정, 학교홍보지원단 활동
진로활동		경제 관련 MT-PLUS 강의 수강 청소년운영위원회 신문을 읽고 자신의 생각을 글로 요약 기업가 정신교육프로젝트 캠프 참여 구글캠퍼스 캠프 발표회 참여 진로연계 독서활동 3품제 프로그램 참여 영어동아리 발표회 교육감상 인하대 주최 과제연구발표대회 인문학적 상상여행 TESAT 2급

학생이 학교에서 주도적으로 하는 활동

"내가 했던 것은 (O)표시 해보세요.
그리고 해야할 것은 (☆)해보세요!"

○ 합격데이터

동아리 활동	진로관련	경영경제동아리(3년간), 사회적기업탐방동아리, 정치, 사회, 경제적 이유를 논의하기 위해 자율동아리 조직, 마이더스의 손(자율동아리), Hospitality 자율동아리 부장, 마케팅동아리, 광고동아리, 윤리경영동아리, 경영전략분석동아리, 경제신문 토론동아리, 경영동아리(경제신문만들기를 통해 경제, 경영관련 지식을 쌓음.), 신문읽기 활동을 통해 기사를 정리하고 발표, 경영동아리 창설(문제지 재활용 활동, 창업계획서 작성, 사회적경제지원센터 방문 활동 등), 경영경제 동아리(모의회사설립, 소논문, 경제신문 발간 등 다양한 전공 관련 활동을 진행함)
	봉사	봉사동아리, 또래조정부, 독거노인가정방문동아리, 다문화가정센터지원봉사동아리, 지역사회 봉사동아리, RCY, 생명사랑상담반활동, 또래 학습멘토 활동, 반크(봉사 관련 자율동아리)
	사회계열	반크활동동아리, 자치법정동아리, 모의유엔동아리, 사회문제연구반, 인문학탐독동아리 개설, 사회프로젝트 진행, 시사인문토론동아리, 사회참여동아리(학생대상 투표 독려, 세월호 추모, 학생독립기념일 행사 등 진행), 사회주제탐구발표반(윤리경영과 관련된 내용 발표)
	어문	영어동아리, 영자신문동아리, 중국어및중국문화탐구자율동아리, 일본어동아리, 일본문화동아리
	토론	토론동아리, 설문토론동아리, 월간 이슈, 사회문제에 대한 생각을 발표하는 자율동아리를 구성하여 활동, 경제경영토론동아리 활동, 경제신문토론동아리, 청소년 강력범죄에 관한 소년법 폐지 찬반토론, 논술토론동아리, 시사인문토론동아리
	독서	독서토론동아리, 독서동아리, 인문학탐독동아리개설, 독서시사토론자율동아리 부장
	발명, 창작	UCC동아리, 영자신문동아리, 교지편집반(시사 및 자신의 진로 관련 기사 작성), 영상제작 자율동아리, 광고동아리, 발명스타트업
	기타	동아리 기장, MDM 자율동아리, 여행동아리, 밴드부, 합창부활동(기획과 연출을 맡아서 활동함), 요리동아리, 슈가크래프트반 (요리와 경영을 접목하여 떡볶이 판매전략을 세움), 진로탐색동아리, 통계 동아리, 자기주도학습 동아리, 과학탐구동아리, 중창단, 보건 동아리, 4차혁명연구반, 진로진학컨설팅 활동(경영관련 책, 신문 읽고 토의), 마을공동체 관련 동아리 활동, 방송부3년, 또래폴리스인문 자연 융복합 동아리
봉사활동 (시간 및 주목할 봉사)	시간	평균 110시간 내외
	특징	**교내봉사**(쓰레기 분리수거 도우미)*, **지역센터와 연계하여 다문화 봉사**활동*, 정신요양원, 보훈원, YMCA 등 **노인요양시설** 봉사활동**, **급식봉사**(2년)*, 관광통역 봉사, **교내 멘토링**, 2, 3학년간 **교육봉사**, 1,2학년 **요양원 봉사**, 평창 동계올림픽 기간 미디어센터 일본어 통역 봉사**, **다문화가정센터**에서 꾸준히 봉사함*, **노인학교, 노인복지관**, 비평단활동, **어린이재단, 아동복지센터** 등**, 3년간 **요양센터** 봉사**, 사회문제해결을 위한 지역사회봉사, 공정무역 캠페인, 도시정책시민계획단, **장애아동 이동보조**, 수학 도우미 봉사(2,3학년), **교내 분리수거, 학생회 활동** 등, 장애인 운영매장에서 경영 체험***, 사회적약자 배려 캠페인. **장애인 봉사시설***, 지역순찰대 청소년소리단에서 활동, 도서관봉사, 봉사위원장, 세이브 더 칠드런, 다문화가정 아동의 정서 및 학습지원 **멘토링 봉사활동, 다문화가정 학습지도****,

특징	시청소년육성재단 '유스체인지업'활동, 봉사활동***, 교내 일본군 위안부 캠페인 봉사, **노인복지센터** 활동(3년간)**, 시각장애인 식사 보조 등 꾸준한 봉사활동 참여, **또래 멘토링**, 3학년 때 멘토링 봉사동아리를 통해 부족한 봉사시간 실적을 보충하기 위해 노력함, 무료급식소에서 2년간 매달 1번씩 봉사활동*, 청소년 주민참여예산 위원 활동, **요양원**에서 2년간 봉사활동을 함*, 3년 동안 지역아동센터에서 **초등학생 학습지도** 및 놀이지도를 꾸준히 하였으며, OO천 살리기 운동본부에서 환경정화 활동을 함*,(동아리회장을 맡았으며, 위안부 관련 봉사와 저금 캠페인 등을 참여함).
진로희망	회계사(3년간) 진로 변경을 구체적으로 서술 3년간 일치 세무공무원
과목별 세부능력 및 특기사항	- 영어 1등급(3년간), 수학 1등급(1학년 2학기 제외). - 국어, 영어, 수학, 사회문화 1등급. - 경제 과목 1등급. - 영어 과목 1등급. - 수학 과목 1등급(2, 3학년). - 교육과정 클러스터 국제경제1 참여. - 경제 방과 후에서 최저임금 관련 논문을 작성함. - 확률과 통계 수업에서 경영과 연관 지어 정규분포를 다룸. - 경영관련 전문 영어단어를 공부함. - 기업의 사회적 책임과 관련된 소논문을 작성함. - 영어 3년간 1개 과목 제외 모두 1등급. - 진로와 관련된 활동이 세특 전반에 기재. - 인문사회만이 아닌 다른 과목에서도 뛰어난 학생임. - 아이디어가 필요한 과목의 특기사항이 잘 기록됨. - 모든 교과 성적이 고르게 우수하며 발표수업에 적극 참여함. - 지리 자율주제 탐구시간에 마트에서 소비자 패턴 조사를 통해 소비자 분석을 통한 경영전략을 세워야 한다는 점을 강조함. - 영어 성적 우수. - 국어 1등급. - 경영과 관련된 활동 기록. - 영어 사회 교과 1등급. - 해당과목에 대한 탐구능력이 드러나는 교과별 세부능력 및 특기사항. - 모둠활동 리더 10회 이상. - 자발적 연계 활동이 세부능력 및 특기사항에 기재. - 경영과 관련된 활동 기록. - 시사, 경영 내용 입력. - 스포츠 경영에 대한 관심을 드러냄. - 토론 참여.

- 수행평가 우수.

- 경영관련활동 다수.

- 사회에 기여하는 경영이라는 주제로 탐구 선택교과로 경제 선택(20명 성취도B).

- 국어, 수학 3등급 존재.

- (고전)'진보와 빈곤'을 읽고 프로젝트 실시.

- TED 발표수업 준비 과정, 주제, 발표에 대한 평가 기재.

- 긍정적인 평가.

- 모든 과목에서 성실함이 드러남.

- 에듀클러스터 토요전문심화프로그램(경영).

- 성실함이 기록됨.

- 3학년 국어 3 (1.92/1.21/1.72).

- 3학년 성적 향상.

- 진로와 연관하여 작성.

- 사회계열 우수 4/2/1.

- 수학계열 2등급.

- 수학적 역량이 뛰어난 학생.

- 빅데이터 전문가가 되기 위한 활동이 다양하게 기록.

- 통찰력 있는 사고와 논리적인 말솜씨로 토론 및 발표를 노련하게 잘함.

- 이해가 빠르고 적용력이 뛰어나 문제 해결능력이 뛰어남.

- 모든 교과의 내용분석력이 뛰어나 과제 수행 시 치밀하고 완벽한 내용을 준비함.

- 자기주도학습능력이 뛰어나 계획한 대로 실천하는 추진력이 좋음.

- 수학 관련 활동 다수.

- 경영관련 발표 활동.

- 수학 과학 성적 상승.

- 영어 3년간 1등급.

- 다양한 활동 수업에 창의적인 참여 및 발상이 매우 탁월함.

- 문제 해결을 위한 친구들의 의견 수렴 능력이 뛰어남.

- 토의 및 토론 활동에서 두각을 나타냄.

- 발표가 특기임.

- 수행평가 및 활동 시 조장 무조건 도맡아서 함.

- 밝은 성격과 리더십 윤리경영 의식 등을 강조.

- 사회적 기업 혹은 경영 시사 관련 발표.

- 매시간 발표.

- 경영과 관련된 진로희망 영어로 발표.

- 사회과목에서 다양한 발표.

- 어학분야에서 탐구활동.

- 친구 멘토링.

- 아시안 하이웨이 관련 발표.

- 사회과목이나 비문학 사회 지문에서 그래프 이해 능력 우수.

		- 경제 과목 독학. - 자기주도학습능력 뛰어남. - 활동수업에서 발표력이 뛰어나지 않지만, 마케팅과 연결 지어 자신의 관점을 드러내려는 경향을 보임. - 감성 공감 문예교실 참여. - 영자신문 작성. - 성적 상승세. - 수행평가, 발표에 적극적으로 참여하면서 배움을 공유하고 표현하는 능력 탁월. - 소규모 활동의 리더로 활동하며 학업이 미진한 학생을 적극적으로 도움. - 개인적 독서활동을 수업 장면에 적극적으로 활용하는 사고력 우수. - 경영경제 등 진로에 관한 프레젠테이션에서 사례 중심으로 발표력 입증. - 멘토 멘티 활동. - 경제 과목 이수. - 경제 교과 선택하여 이수. - 클러스터 수업 세계문제 이수. - 최대한 경영과 관련되도록 기록. - 경제 교과에서 수업시간에 배운 내용과 의견 제시한 내용에 대해 상세히 기록되어 있음.
독서 (권수/ 주목할 책이름)	권수	평균 30권 내외
	특징	상경계열 독서활동이 두드러짐, 기획, 예술경영, 미학 관련 독서, 경영, 경제, 독서활동으로 경제 경영에 관한 심층 탐구 활동을 진행.

합격 총평	A학생	정치와 경제 부문에 대한 상식이 많다는 기록이 장점으로 생각됩니다.
	B학생	다양한 분야에서 탐구 보고서를 작성하고 수상하였습니다. 또한, 여러 주제를 다룬 토론 대회에서도 수상하는 모습을 보여주었으며 탐구력 경영 등 진로와 연관된 창의성도 볼 수 있었습니다. 이를 통해 학생의 논리적인 사고와 전공적합성을 볼 수 있었을 것입니다.
	C학생	어휘력 및 글짓기 등의 창작물 관련 수상이 다수 있었습니다. 생각을 구체적으로 표현하는 능력을 볼 수 ㅈ있었을 것입니다. 또한, 발명아이디어와 같은 분야에서는 창의적 사고를 알 수 있었을 것입니다. 경제과목을 이수하고 우수한 성적을 내 전공적합성도 뛰어난 학생으로 평가받았을 것이라 예상됩니다.
	D학생	경제 동아리에 꾸준히 참여하며 동아리 활동에서 여러 아이디어를 친구들과 공유하고 이를 기반으로 창업모델에 대해 고민하는 모습이 구체적으로 특기사항에 기록되어 있었습니다. 또한, 시장 조사를 기반으로 학습하는 과정과 현실성 있는 계획 등을 수립하여 창업아이템 발표대회까지 이어지는 수상활동도 볼 수 있었습니다.

E학생	수학성적이 우수하며 인문과 자연을 융합적으로 사고할 수 있는 능력을 갖춘 학생이라는 기록이 학교생활기록부에 자주 등장하였습니다. 수학경시대회나 통계논술대회, 융합대회 등의 수상이 있으며 인문학이나 사회 관련 수상도 갖추고 있어 지원 대학과 학과에서 요구하는 인재상에 부합하였다 생각합니다.
F학생	성적이 매우 우수하며 경제 과목이 학교에서 정규교과로 열리지 않은 것을 클러스터나 방과후 보충수업을 활용하여 이수하는 모습을 보여주었습니다. 이를 통해 지적 호기심과 도전정신을 모두 볼 수 있었을 것입니다.
G학생	임원 활동이 많고 전교학생회 회장으로서 지역 사회와 연계하여 교내 기부 프로그램을 구체적이고 효율적이며 사회에 기여 가능한 방법으로 구상하고 실천하는 내용이 자세히 기록되어 있었습니다. 이를 통해 리더십과 사고력, 추진력 등의 경영인에게 요구되는 역량을 보여줄 수 있었을 것입니다.
H학생	진로와 연관된 동아리를 3년간 꾸준히 참여해왔으며 동아리에서 친구들과 책이나 전공 내용만을 찾는 것이 아닌 직접 현장을 방문하고 자신만의 경영방식에 관한 고민을 하며 윤리적인 경영을 위한 방안에 대해 발표하는 내용이 동아리 특기 사항에 구체적으로 기록되어 있었습니다.
I학생	경제나 경영 동아리에 참여한 적은 없으나 본인이 참여하고 있던 요리 동아리와 슈가 크래프트 동아리에서 요리와 경영을 접목하여 축제 때 판매전략을 세우는 내용이 기록되어 있었습니다. 이를 통해 여러 분야를 경영과 연관하여 생각할 수 있는 능력을 볼 수 있었을 것이라 여겨집니다.
J학생	수업시간에 진로와 연관된 활동을 많이 하였습니다. 관련 내용이 교과 세부능력 및 특기사항에 구체적으로 적혀있었으며, 최저임금, 기업의 사회적 책임, 윤리 경영 의식 등 본인의 경영관이 드러나도록 일관된 활동을 해온 것이 장점이라 생각됩니다.

2.2
경상계열

※ 자율활동 임원에서 **은 데이터상 5회 이상 , *은 데이터상 4~2회, 없는 것은 1회입니다. 봉사활동 특징에서 ***은 데이터상 100시간 이상 , **은 데이터상 100~80시간, *은 데이터 상 80~60시간, 없는 것은 60시간 미만이며, 굵은 글씨로 처리된 부분은 자주 등장한(3회 이상) 활동입니다.

○ 미래 내가 해야 할 것

성적	
수상	
자율활동	
동아리활동	
봉사활동	
진로활동	
수업시간	
독서활동	

한정된 자원에 대한 최선의 선택!!! 경제학과에서 공부할 수 있겠죠?

(2) 경제학과

1. 내신
1~2점 후반(학교별 차이가 좀 있습니다.)

2. 수상
5개 영역으로 나눠 생각할 수 있습니다.
1) **토론, 발표** : 자료의 37%가 토론 및 발표대회 수상을 보입니다. 보통 1~2회였습니다. (평균 수상 1.36개)
2) **주제탐구, 사회관련** : 63%가 수상하였으며, 대부분 수학과 사회탐구 영역의 경시대회 수상이었습니다. 또한, 주제 탐구는 진로 관련이나 동아리활동이 포함되어 있으며 수상은 2회입니다. (평균 수상 2.74개)
3) **어휘력** : 43%가 수상하였으며, 영어 관련 단어, 스피치 대회가 많습니다. 2년이나 3년 연속의 수상이 있습니다. (평균 1.85개)
4) **글짓기, UCC 등 창작물 제출 관련 대회 수상** : 37%가 수상하였으며 평균 2개입니다.
5) **독서 관련 수상** : 27%의 학생이 수상하였습니다.
6) **인문계열임에도 수학, 과학 관련된 수상이 자주 보이며, 정책 마련 활동 관련 수상도 있었습니다.**

3. 자율활동
43%의 학생이 학급 임원, 50%의 학생이 학생회 활동을 하였습니다. 멘토링 활동도 20% 이상으로 높은 비율을 차지하며, 그 외에 경제신문 스크랩, 자치법정, 학교축제 사회자 등의 활동이 있었습니다.

4. 진로활동
진로활동은 자료가 많지 않으나, TESAT 시험, 경제 보고서 및 소논문(기사 소감문 포함)이 각각 3회, 4회 있었으며, 경제 관련 연합동아리나 캠프 등에 참여한 학생도 보였습니다.

5. 동아리 활동
대부분 참여했으며 다음의 특징을 나타내고 있습니다.
1) **진로 관련 경영경제 동아리 활동** : 약 80%가 기록된 가장 대표적인 활동입니다. 일회성이 아닌, 2년 이상 꾸준히 참여한 학생이 많았습니다. 학교에 없는 동아리는 창설하여 활동한 학생도 있습니다. 활동 내용으로 부스 운영, 경제로 사회 현상 분석하기, 창업, 공정무역 교내 캠페인, 경제 이슈 토론 등이 있습니다.
2) **사회학 관련 동아리** : 기업 윤리, 또는 사회이슈나 문제에 관해 탐구하는 동아리도 약 21% 정도의 학생이 참여할 만큼 두드러집니다. 기업 윤리나 사회적 이슈를 분석하고 발표하는 활동이 기록되어 있으며 사회 현상을 분석하는 활동을 통해 사회적 안목을 기르는 것을 목표로 하는 동아리로 생각되며, 역사동아리, 신문부 활동 또한 여기에 포함하였습니다.

3) 어문, 토론 동아리 : 약 30% 정도의 학생이 참여한 동아리입니다.

4) 임원활동 : 동아리 부장(기장) 활동도 21% 정도 참여하였고 학생의 적극성을 잘 드러내 줍니다.

5) 그 외에 수학동아리 등 경영경제와 연관이 있거나 창의성을 기를 수 있는 동아리 활동도 있었습니다.

6. 봉사활동

94시간에서 173시간까지 다양한 봉사활동 시간을 보였으며 활동 분야는 교내 위주 약 25%, 요양원이나 장애시설 20%, 교육봉사, 다문화 봉사가 10~15% 정도로 나타납니다. 그 외에 영문편지 번역, 경제교육 봉사를 지역센터와 연계해서 하거나 도서관에서 한 사례도 있었습니다. 봉사활동은 꾸준하게 해온 것이 전반적인 특징입니다.

7. 과목별 세부능력 및 특기사항

경제 계열 학생은 약 43%가 경제 수업을 이수하였습니다. 경제 수업이 개설되기도 하지만 그렇지 않은 경우, 교육과정 클러스터나 지역 교육청에서 운영하는 주문형 강좌, 방과 후 수업 등 다양한 방법으로 이수하였습니다. 간혹 이수하지 못한 학생들의 세특에 수학이나 영어 성적이 우수하다고 기록되고, 약 20%의 학생은 여러 교과에서 경제와 관련된 활동을 기록하였습니다. 아래는 구체적인 활동 내용입니다.

1) 금융교육을 수강하며 금융, 저축, 투자, 신용, 보험 등에 대한 보고서를 작성함, 기업 설립 조별활동에서 제습기와 가습기가 결합된 제품을 개발, 렌탈하는 회사를 설립함.

2) 실제 시장의 상황과 수요를 조사 및 분석한 후 자신만의 브랜드를 런칭, 발표하는 활동을 함

3) 경제 과목과 예술을 연계하여 설명, 현실적 대안 제시함.

4) 인문학 탐구 프로젝트 '최저임금 인상이 경제를 활성화에 도움이 될까?' 활동함. 공유 경제의 효과 및 영향을 조사. 자본과 노동의 소득 배분의 격차를 중심으로 원인과 방안 보고서로 작성함. 국제경제(클러스터 수업) 수강함. 세금은 안녕한가, 빅데이터를 통한 금융자산 관리사의 미래 연결, 넛지 마케팅 관련 보고서 제출함. 금융 산업 정보전달 글쓰기, 세계경제 동향 관련 영자신문 기사를 발표함.

8. 독서활동

전공과 연계된 내용이 많은 경향을 보였습니다.

학교 기본 정보

합격데이터

대학교	1)고려대 2)동국대 3)서울대 4)서울대 5)숙명여대 6)중앙대 7)한양대 8)동국대 9)연세대 10)중앙대 11)중앙대 12)한국외대 13)건국대 14)건국대 15)건국대 16)경희대 17)경희대 18)경희대 19)경희대 20)국민대 21)국민대 22)서울시립대 23)서울시립대 24)중앙대 25)중앙대 26)중앙대 27)한국외대 28)한국외대
전형명	1)학교장추천 2)Do Dream 3)일반 4)지역균형선발 5)숙명미래리더 6)다빈치형인재 7)학생부종합 8)Do Dream 9)학교활동우수자 10)다빈치형인재 11)다빈치형인재 12)고른기회 13)KU학교추천 14)KU학교추천 15)KU학교추천 16)고교연계 17)고교연계 18)네오르네상스 18)네오르네상스 20)국가보훈 및 사회적 배려대상자 전형 21)학교장추천 22)고른기회 23)고른기회 24)고른기회 25)탐구형인재 26)학교장추천 27)고른기회 I 28)학생부종합
학과	식품자원경제학 / 경제학 / 경제학부 / 경제학과 / 식품자원경제학과 / 경제금융학부

나만의 데이터

(나에 해당하는 부분을 적어보세요!)

학생 내신 등급

 이 등급대의 학생부를 빅데타해서 분석한 자료임! 우수한 학생들의 학생부를 내가 가질 기회를 가지세요

합격데이터

전체학년 합산등급	1)1.2 2)2.33 3)1.59 4)1.03 5)2.06 6)1.56 7)1.14 8)2.49 9)1.06 10)1.4 11)1.65 12)1.4 13)1.38 14)1.42 15)1.78 16)1.4 17)1.61 18)1.98 19)1.98 20)2.3 21)2.22 22)1.8 23)3.01 24)1.55 25)2.16 26)1.04 27)1.55 28)2.05
전체학년 국영수탐 등급	1)1.13 2)1.89 3)1.65 4)1.03 5)2.03 6)1.56 7)1.14 8)2.11 9)1.07 10)1.39 11)1.44 12)1.4 13)1.39 14)1.33 15)1.94 16)1.42 17)1.53 18)1.98 19)1.98 20)2.62 21)2.09 22)1.8 23)2.85 24)1.38 25)1.87 26)1.02 27)1.38 28)1.95

나만의 데이터

(나에 해당하는 부분을 적어보세요!)

학교에서 학생에게 하는 활동

○ 합격데이터

수상 (분류)	토론	토론대회, 전국토론대회, 독서디베이트
	발표	자유주제발표대회, 자기주장발표대회, 롤모델발표대회, 경제탐구대회, 다문화외국어프리젠테이션. 프로젝트발표, 영어발표대회
	주제탐구	탐구과제보고서대회, 팀프로젝트탐구발표대회, 창의력사고대회, 팀프로젝트 소논문, 경제탐구대회
	어휘력	영어경시대회, 영시짓기, 영어어휘능력경시대회, 국어어휘력경시대회, 다문화외국어프리젠테이션, 영어에세이쓰기, 영어발표대회, 우리말겨루기대회, 우리말탐구대회
	창작물제작 (글짓기 포함)	진로활동보고서 대회, 인문에세이평가, 다문화UCC, 교내백일장, 청렴UCC대회, 책쓰기대회 대상, 체험학습소감문쓰기
	독서	독서디베이트, 독후감, 독후포트폴리오, 역사책 읽기, 북트레일러 제작 대회
	사회관련	사회탐구경시대회, 바른사회캠페인, 시사논술, 미시경제대회, 다문화외국어프리젠테이션, 경제경시대회, 한국사, 역사책 읽기, 독도사랑 실천대회
	기타	자기능력개발프로젝트, 수학학력경시대회, 논술대회, 교내구술면접대회 문예, 창의수학, 학습플래너, 자기소개서 대회 수상, 과학경시대회수상, 과학페스티벌, 수학페스티벌, 융합사고력대회, 드라마액팅대회
자율활동	임원	학급 반장*, 학년장, 전교 학생회 임원*, 학급 임원, 학급 부반장*, 도서부 부장, 전교학생회 부장(캠페인 활동진행), 학생회 총무부장(축제 기획, 학교 행사 기획, 예산 관리 등)
	멘토 멘티	선배와 함께하는 멘토링 활동에 참여하여 중학생들에게 멘토로서 역할을 함, 수학 멘토링 활동(3학년), 멘토 멘티(수학, 영어)
	특성화 프로그램	학교토론회 참여
	기타	학생자치법정
진로활동		경제이해력 검증 시험(TESAT) 1급, 경제 보고서 작성, TESAT 3급.경제 연합 동아리, UP 프로그램 참여, 경제 경영 관련 보고서, 경제캠프, 중국 경제 관련 소논문 작성, 대입설명회참여, 경제관련 신문, 뉴스를 보고 소감문

2.2
경상계열

학생이 학교에서 주도적으로 하는 활동

"내가 했던 것은 (O)표시 해보세요.
그리고 해야할 것은 (☆)해보세요!"

○ 합격데이터

동아리 활동	진로관련	경제경영 동아리 교내외 행사에서 경제경영 동아리 부스 운영, 경제로세상보기반, 착한경제연구반, 경제사회비평반, 모의주식동아리, 경제학자율동아리 운영(동아리 부장)
	봉사	학생상담반
	사회계열	한국지리 자율동아리, 독서, 역사동아리(위안부 배지, 역사토론, 독도 경복궁에서 문화 알리기)
	어문	소리영어반, 영자신문동아리
	토론	법률토론동아리, 백분토론반
	독서	독서토론반(2학년), 도서부, 독서동아리, 독서비평반, 시사비평반
	발명, 창작	신문 동아리, 영자신문동아리
	기타	자율 동아리 없는 경우 존재, 소논문쓰기반, 수학 멘토-멘티활동, 마라톤 동아리, 미술부, 전공 소감문 쓰는 자율동아리 개설
봉사활동 (시간 및 주목할 봉사)	시간	평균 130시간 내외
	특징	월드비전 영문편지번역 봉사활동(1년간), 지역 센터와 연계하여 경제교육 봉사, 복지관 봉사*, 중학생 수학 멘토링, 다문화 자녀 학습지도*, 많지 않음, 적으나 3학년 도서관 봉사를 유의미하게 활동함, 또래도우미, 기자재 도우미, 지역아동센터 멘토링**, 다문화 어린이 봉사**, 교외 도서관, 교내 독서반*, 교내 및 도서부 봉사*, 요양원 봉사, 지역초교 돌봄교실, 학생회활동 등*, 3년간 꾸준한 봉사활동(요양원)**
진로희망		경제연구원이 되겠다는 진로 희망이 확고함, 3년간 진로 경제 계열로 일치, 진로희망 일치
과목별 세부능력 및 특기사항		- 방과 후 심화보충(영어). - 고교학력향상프로그램 인문사회 논술 특강 수강. - (경제) 논술형 평가에 우수하며 능동적인 토론을 함. - (수학1) 성실한 학습태도 및 협동학습에서 두각을 나타내며, 다양한 풀이법으로 접근하여 탐구함. - 금융교육을 수강하며 금융, 저축, 투자, 신용, 보험 등에 대한 보고서를 작성. - 기업 설립 조별 활동에서 제습기와 가습기가 결합된 제품을 개발, 렌탈하는 회사를 설립. - 경제 방과 후 수업 이수. - 국제경제 클러스터 수업 참여. - 수학 교과 1등급(3년간). - 교내에서 배우지 않는 경제 교과목을 따로 신청하여 들음. - 국어교과 3년간 1등급. - 영어교과 성적 상승(3->1). - 분석력과 끈기에 대한 칭찬이 많음. - 교과목과 상관없이 발표, 프로젝트 등의 활동을 진로와 연관 지어서 함. - 실제 시장의 상황과 수요를 조사 및 분석한 후 자신만의 브랜드를 런칭하여 발표하는 활동을 함. - 특히 수학과 사회, 국어에서 자신의 진로와 관련된 활동을 많이 함.

		- 수학, 과학 성취도가 높음. - 수업 중 진로와 연계한 활동이 많음 . - 내신 성적 향상. - 자기주도학습능력, 추론능력, 집중력, 분석력, 문제해결력이 뛰어남. - 경제 과목과 예술을 연계하여 설명, 현실적 대안 제시. - 경제와 관련하여 교과에 기록. - 경제 신문 및 경제 관련 발표 기록. - 국어, 영어 성적이 우수. - 경제 1등급. - 수학 영어 우수. - 경제 교과목이 없는 대신 주문형 강좌인 국제경제 수업을 수강함. - 다양한 교과의 과제활동을 경제와 관련지어 함. - 풍부한 교과 세부능력 특기사항 기록됨. - 혁신학교로서 활발한 학생 중심 수업(토론, 프로젝트, 협동)이 이루어짐. - 국제경제 클러스터 수강.
독서 (권수/ 주목할 책이름)	권수	평균 32권 내외
	특징	경제 관련 독서 다수. 독서에 흥미가 있어 높은 수준의 사고력을 요구하는 책을 많이 읽음. 특히 경제 관련 도서에서 진로와 연관된 영감을 얻음. 각종 경제 관련 독서 기록. 꾸준한 편이나 많지 않음. 경제관련도서 다수. 경제 관련 서적. 도서관련 활동 다수. 전공 관련 독서 포함.
합격 총평	A학생	매년 교과 성적이 꾸준히 향상되었으며 학교활동에 다양하게 참여한 것이 합격에 영향을 주었다고 생각됩니다.
	B학생	발표수업 및 토론대회 참여로 논리적인 말하기 능력이 뛰어난 모습이 학교생활기록부에 드러난 것이 장점이라 생각됩니다.
	C학생	발표대회와 관련된 수상이 많은 편입니다. 주장의 논리성에 대한 우수함을 수상과 학교생활기록부의 여러 부분에 기재된 내용을 통해 알 수 있을 것입니다. 팀 활동에서 리더 역할이 보이며 학급임원 및 학생회 활동을 통해 사회성과 리더십을 보여주었다 생각됩니다.
	D학생	경제탐구대회, 미시경제대회, 경제경시대회 등 지원하고자 하는 학과와 연관된 수상이 많이 있었습니다. 또한, 경제학과에서 요구하는 수학적 역량도 수학 수상이 많은 것을 통해 알 수 있을 것으로 생각되어 학교생활기록부 평가에서 긍정적으로 반영되었을 것입니다.

2.2

경상계열

나만의 맞춤 가이드. 꿈구두 Corp All Rights Reserved 127

E학생	경제 연합동아리에서 활동하였으며 교내 경제캠프에 참여하고 경제와 관련된 보고서를 진로활동이나 학교 수업시간에 자주 제출 및 발표하는 모습이 학교생활기록부에 기재되어 있었습니다. 또한, 경제교육 봉사를 꾸준히 실천하는 모습 등을 통해 학생이 전공에 흥미를 갖고 최선을 다하는 것이 장점이라 생각됩니다.
F학생	경제 이해력 검증시험 1급 취득, 3년간 진로 일치, 인원이 적은 과목임에도 경제 수업을 이수하고 높은 성적을 받은 측면에서 전공적합성과 도전정신 측면에서 높은 평가를 받았을 것입니다.
G학생	경제 동아리를 3년간 참여하면서 학교에서 경제와 관련된 행사 부스를 운영하였고 사회 동아리 및 시사 비평 동아리 등 사회와 연관된 동아리를 병행하면서 경제를 바라보는 시선을 넓힐 수 있었다는 내용이 동아리 특기사항에 구체적으로 기재되어 있었습니다.
H학생	실제 시장의 상황과 수요를 조사, 분석하여 자신만의 브랜드를 만드는 활동과 경제와 예술을 연계하여 설명하고 현실적인 대안을 제시하는 등의 활동 내용 기재는 경제라는 영역에 대한 이해를 기반으로 현실 또는 다른 과목과 연계하여 탐구하고 창의성을 발휘할 수 있는 능력을 보여주었다고 생각됩니다.
I학생	전체적으로 우수한 성적을 갖고 있으며 특히 수학과의 성취가 매우 뛰어났습니다. 또한, 교내에서 경제 수업이 개설되지 않은 것을 극복하고자 방과 후 보충수업이나 국제경제 클러스터 수업 등을 참여하고 진로와 관련된 독서를 많이 하였습니다. 이러한 측면에서 학생의 도전 정신과 진로에 관한 관심을 볼 수 있었을 것입니다.
J학생	금융교육에서 금융, 저축 등의 내용을 정리하고 기업 설립 조별활동에서 제품을 개발 및 렌탈하는 회사를 설립하는 등 현실적인 문제와 경제 이론을 연관하여 탐구하는 모습에 대한 학교생활기록부에 기재된 내용이 자주 등장하는 것이 장점이라 생각됩니다.

※ 자율활동 임원에서 **은 데이터상 5회 이상 , *은 데이터상 4~2회, 없는 것은 1회입니다. 봉사활동 특징에서 ***은 데이터상 100시간 이상 , **은 데이터상 100~80시간, *은 데이터 상 80~60시간, 없는 것은 60시간 미만이며, 굵은 글씨로 처리된 부분은 자주 등장한(3회 이상) 활동입니다.

◉ 미래 내가 해야 할 것

성적	
수상	
자율활동	
동아리활동	
봉사활동	
진로활동	
수업시간	
독서활동	

금융 산업의 다양화 및 전문화로 진짜 전문가 필요하지요~ 학과 선택을 잘 해야 됩니다.

(3) 금융, 회계, 세무, 무역학과

1. 내신
1~3점 중반(3점대 중반의 경우 국민대 농어촌전형.)

2. 수상
4개 영역으로 나눠 생각할 수 있습니다.
1) **토론, 발표** : 자료의 57% 학생이 토론 및 발표대회에서 수상했습니다. 평균 1~2회입니다. (평균 수상 1.75개)
2) **주제탐구, 사회관련** : 79% 정도 수상하였으며, 경시대회는 대부분 수학과 사회탐구 영역 수상이 많았습니다. 또한, 주제탐구는 진로 관련 활동이나 동아리 활동이 포함되었으며 수상은 1~2회 이내였습니다.
3) **어휘력** : 약 57%가 수상하였으며, 영어 관련 단어, 스피치 등의 대회가 많습니다. 언어는 대부분은 영어였으나 '동북아시아언어' 관련 수상도 있었습니다.
4) **글짓기, UCC 등 창작물 제출 관련 대회 수상** : 약 80%가 수상하며 한 명이 2개의 상을 받은 경우가 많습니다. 특히 영어에세이 활동도 있었습니다.
5) **돋보이는 수상 이력은** '창업보고서 발표대회', '관광 상품 개발대회', '교내 창업대회' 등입니다.

3. 자율활동
학급 임원, 학생회임원, 학급 자치 법정 등이 있었습니다.

4. 진로활동
기록된 내용이 많지는 않으나 전산회계 자격증 취득 관련 내용이 있었습니다.

5. 동아리 활동
대부분 참여했으며 다음의 특징을 나타내고 있습니다.
1) **진로 관련 경영경제 동아리 활동** : 약 50%의 학생에게 기록된 대표적인 활동입니다.
2) **사회 관련 동아리** : 약 31% 기록된 활동입니다.
3) **어학, 독서 관련 동아리** : 토론 동아리는 약 40%의 학생이 참여한 동아리입니다.
4) **봉사동아리** : 기록된 학생의 약 31%에서 나타납니다.
5) **토론, 발표, 동아리** : 약 46%가 기록된 대표적인 활동입니다.

6. 봉사활동
기록이 많지 않으나 벽화 그리기, 연탄 나르기, 점자책 봉사 등 사회를 위한 봉사 활동이 기록되어 있었습니다.

7. 과목별 세부능력 및 특기사항
경제 계열 학생은 약 40%가 경제 수업(교육과정 클러스터 포함)을 이수하거나 수학과 영어 성적이 우수하다고 기록되었거나 20%는 여러 교과에서 경제와 관련 활동을 기록하였습니다. 아래는 구체적인 활동 내용입니다.

1) (생활과 윤리) '부패방지와 청렴' 수업을 통해 정직한 사람은 손해를 보는 것이 아니라는 주장을 하며 양심에 따른 삶을 사는 것이 궁극적으로 삶에 이익이라는 것을 알고 있는 학생임.

2) 경제 세특에서 스크랩 노트 등을 통한 관심 표현, 수학 세특에서 무역과 외국어에 관한 관심 표현,세계사 세특에서 역사 속 교역에 관한 관심, 사회문화 세특에서 무역에 관한 관심과 공정무역에 대한 조사.

학교 기본 정보

○ 합격데이터

대학교	1)동국대 2)국민대 3)국민대 4)국민대 5)국민대 6)동국대 7)서울시립대 8)서울시립대 9)중앙대 10)한국외대 11)건국대 12)동국대 13)경희대 14)국민대 15)동국대
전형명	1)Do Dream 2)농어촌 3)농어촌 4)국민프런티어 5)학교장추천 6)Do Dream 7)고른기회 8)학생부종합 9)농어촌 10)학생부종합 11)KU자기추천 12)학교생활우수인재 13)고교연계 14)학교장추천 15)학교장추천
학과	회계학과 / 재무금융 / 회계학부 / 회계학부(재무금융전공) / 회계학부(회계학전공) / 세무학과 / 국제물류 / 국제통상 / 국제무역 / 글로벌무역 / 무역학과 / 국제통상학과

○ 나만의 데이터

(나에 해당하는 부분을 적어보세요!)

학생 내신 등급

 이 등급대의 학생부를 빅데타해서 분석한 자료임! 우수한 학생들의 학생부를 내가 가질 기회를 가지세요

○ 합격데이터

전체학년 합산등급	1)2.65 2)2.9 3)3.4 4)2.22 5)1.95 6)1.77 7)2.33 8)1.2 9)1.42 10)2.23 11)1.92 12)1.48 13)1.72 14)2.3 15)1.8
전체학년 국영수탐 등급	1)2.53 2)2.9 3)3.34 4)2.44 5)2.01 6)1.72 7)2.1 8)1.2 9)1.35 10)1.79 11)1.68 12)1.48 13)1.73 14)2.07 15)1.9

○ 나만의 데이터

(나에 해당하는 부분을 적어보세요!)

학교에서 학생에게 하는 활동

○ 합격데이터

수상 (분류)	토론	토론대회, 디베이트대회
	발표	창업보고서발표대회, 교내영어스피치대회
	주제탐구	인문화국제계열소논문, 프로젝트경진대회, 인문사회소논문대회, 논문읽기를통한주제 탐구구현대회, 주제탐구대회
	어휘력	영어4컷만화, 영어보물찾기, 영어단어대회, 영어말하기대회, 교내동북아시아언어및문화교류증진대회, 영어퀴즈대회, 영어컨텐츠발표대회, 영어에세이대회, 외국어말하기 대회
	창작물제작 (글짓기 포함)	양성평등글짓기, 백일장, 학교홍보UCC, 문예대회, 관광상품개발대회, 창의아이디어 발표대회, 문예창작포트폴리오, 체험학습소감문쓰기대회, 명품브랜드만들기대회, 교내 창업대회, UCC대회, 교내 통일글짓기대회
	독서	책퀴즈대회, 우수독서록
	사회관련	한국사경시대회, 거시경제대회, 인문화국제계열소논문, 세계사주제발표대회, 서양사, 역사, 문화 소개, 역사골든벨, 독도탐구대회, 교내동북아시아언어및문화교류증진대회, 경제, 시사골든벨
	기타	상업정보경진대회, 정보화꿈나무, 미술사와 진로연계, 수리사고력대회, 수리논술, 또래멘토링 활동 우수, 정보윤리표어, 과학경시대회, 자연과학 포트폴리오(미적분), 융합형통합논술대회, 자기소개서쓰기대회, 진로로드맵작성대회, 학습플래너 대회, 수학경시대회, 논문대회, 교내진로대회
자율활동	임원	학급회장, 학년 회장, 학급 부회장, 학생생활인권부 활동
	멘토 멘티	영어 튜터(2,3학년)
	특성화 프로그램	교내토론대회 진행
	기타	학생자치법정활동
진로활동		진로관련캠프, 시사비평반, 경제스터디활동 3학년에 진로와 관련된 심화활동(대회, 보고서)을 다수 함

 학생이 학교에서 주도적으로 하는 활동

○ 합격데이터

동아리 활동	진로관련	회계동아리, 금융시사동아리, 경제경영동아리, 창업동아리(모의창업)
	봉사	봉사동아리, 또래멘토링
	사회계열	국제문화교류동아리(세계 문화 직간접 체험을 통해 세계를 바라보는 시야의 폭을 넓힘), 세계문제탐구동아리, 시사 이슈 동아리(경제 분야 지식을 익힘)

동아리 활동	어문	영어동아리
	토론	토론동아리(토론, 모의면접), 영어토론동아리, 독서토론동아리
	독서	독서동아리
	발명, 창작	영자신문반, 글쓰기반
	기타	진로취업동아리(직업과 관련된 사회이슈를 살펴보고 자신의 주장과 이를 뒷받침할 수 있는 근거를 깊이 생각하고 고민함), 방송반, 수학탐구플러스반
봉사활동 (시간 및 주목할 봉사)	시간	평균 120시간 내외
	특징	벽화그리기 봉사, 점자책봉사, 교내봉사위주, **요양병원**, **지역아동센터**, 장애인 직업재활센터 봉사***, 멘토 활동, **요양병원** 도우미 활동**, 과학전시실 봉사, 세계시민교육 체험활동 **멘토멘티***, 연탄나눔봉사, 주기적인 **요양원봉사**, 해외 동화책 **번역 봉사***
진로희망		진로변경(자소서에 자세히 기입). 3년간 진로가 변경되었으나 무역 관련이며 바뀐 이유가 명확하게 명시됨
과목별 세부능력 및 특기사항		- 주문형 강좌 '국제경제', '국제정치' 수강. - 경제 과목 수강. - 경영, 회계에 관심. - (확률과 통계) 주제 발표에서 확률이 실생활에 미치는 영향과 이항정리를 발표함. - (영어Ⅱ) 진로와 학과 학업 계획을 유창하게 영작함. - (생활과 윤리)'부패 방지와 청렴' 수업을 통해 정직한 사람은 손해를 보는 것이 아니라는 주장을 하며 양심에 따른 삶을 사는 것이 궁극적으로 삶에 이익이라는 것을 알고 있는 학생임. - 영어, 수학 우수. - 협력활동 다수. - 과제에 대한 논리적 해결능력 표현. - 수행평가에 적극적으로 참여. - 수학 성적 우수. - 사회과목 상위권. - 주문형 클러스터(경제) 이수. - 영어 수업에서 모둠 리더로서 역량을 발휘. - 발표수업 및 토론대회에 적극적으로 참여하여 논리적인 말하기 능력이 뛰어남. - 경제 1등급. - 경제 세특에서 스크랩 노트 등을 통한 관심 표현. - 수학 세특에서 무역과 외국어에 관심 표현. - 세계사 세특에서 역사 속 교역에 관한 관심. - 사회문화 세특에서 무역에 관한 관심과 공정 무역 조사. - 3학년만 진로 연계.
독서 (권수/ 주목할 책이름)	권수	평균 20권 내외
	특징	다양한 분야의 독서. 인문고전이 많음.

합격학생부 세부능력 및 특기사항

합격하는 세부능력 및 특기사항(세특)은 다르다!
선생님과 적극적으로 소통하라.

합격 학생부 세부능력 및 특기사항

가. 세부능력 특기사항 핵심 정리

수도권 대학에서는 정시 비중이 소폭 증가하는 경향을 나타내고 있으나 학생부종합전형에 대한 비율은 거의 감소하지 않았습니다.

지역		수시				정시			합계
		교과	종합	논술	실기	수능	실기	기타	
선발 인원 (명)	주요 15대학	2,971	19,434	5,978	2,547	12,407	1,016	0	44,353
	서울	9,603	27,059	7,920	4,655	20,686	2,618	33	72,574
	인천	1,723	2,311	562	310	1,761	131	0	6,798
	경기	14,743	7,674	1,624	2,799	9,080	1,747	75	37,742
	수도권	26,069	37,044	10,106	7,764	31,527	4,496	108	117,114
	전국	137,473	73,408	12,119	18,965	67,403	8,900	306	318,268
선발 비율 (%)	주요 15대학	6.7	43.8	13.5	5.7	28.0	2.3	0.0	100.0
	서울	13.2	37.3	10.9	6.4	28.5	3.6	0.1	100.0
	인천	25.3	34.0	8.3	4.6	25.9	1.9	0.0	100.0
	경기	39.1	20.3	4.3	7.4	24.1	4.6	0.2	100.0
	수도권	22.3	31.6	8.6	6.6	26.9	3.8	0.1	100.0
	전국	43.2	23.0	3.8	5.9	21.2	2.8	0.1	100.0

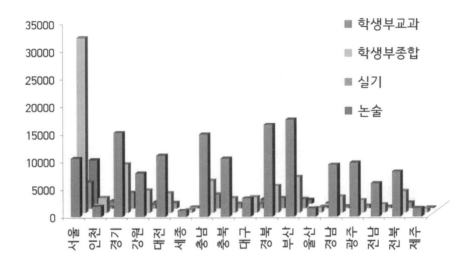

〈2019년 시행기준 정원 외 제외 입학생 모집인원〉

비수도권보다 수도권에서 학생부 종합전형의 인기가 높습니다. 이에 대학에서 학생부종합전형에 대한 불신을 감소시키고자 다양한 학생, 학부모, 교사 대상 연수를 진행하고 있습니다. 지역 교육청도 대학과의 연계를 통해서 입시 설명회를 개최합니다. 이러한 설명회에서 강조하고 있는 부분은 바로 세부능력 및 특기사항입니다. 다음은 서울대학교의 학생부 종합전형 서류 종합평가에 대한 설명입니다.

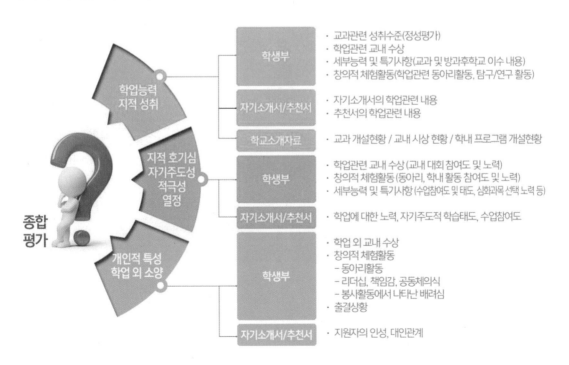

〈출처 : 서울대 입학처 – 서울대학교 학생부종합평가 기준척도〉

• 학생부종합전형평가표준안-2019학년부터 적용 •

전공 관련 교과목 이수 및 성취도	전공에 대한 관심과 이해	전공관련 활동과 경험	협업능력
고교 교육과정에서 지원 전공(계열)에 필요한 과목을 수강하고 취득한 학업성취의 수준	지원 전공(계열)에 대한 궁금증을 해결하기 위해 주의를 기울인 태도와 알고 있는 정도	지원 전공(계열)에 대한 관심을 충족시키기 위해 노력한 과정과 배운점	공동체의 목표를 달성하기 위하여 상호 신뢰를 바탕으로 함께 돕고 함께 생활할 수 있는 역량

학업성취도

교과목의 석차등급 또는 원점수(평균/표준편차)를 활용해 산정한 학업능력 지표와 교과목 이수 현황, 노력을 기반으로 평가한 교과의 성취수준이나 학업적 발전 정도

나눔과 배려

상대방을 존중하고 이해하여 원만한 관계를 형성하며, 타인을 위하여 기꺼이 나누어 주고자 하는 태도와 행동

전공 적합성

학생부 종합전형 평가요소

학업역량   **인성**

학업태도&학업의지

학업을 수행하고 학습을 해 나가는 자발적인 의지와 태도

학습자가 스스로 학습목표를 성정하고 적절한 학습 전략을 선택하여 계획을 수립 및 실행하는 과정

소통능력

상대방의 의견을 경청하고 공감할 수 있으며, 자신의 정보와 생각을 효과적으로 전달할 수 있는 역량

도덕성

공동체의 기본윤리와 원칙에 따라 행동하고, 부정 또는 부당한 행동을 하지 않는 태도

발전 가능성

탐구활동

어떤 대상에 대해 호기심을 가지고 깊고 폭넓게 탐구 할 수 있는 능력

성실성

책임감을 바탕으로 꾸준히 노력하여 자신의 의무를 다하는 태도와 행동

자기주도성	경험의 다양성	리더십	창의적 문제 해결력
스스로 목표를 설정하고 적절한 전략을 선택하여 계획을 수립하고 실행하는 성향	학교교육의 다양한 영역에서 직접 겪거나 활동하면서 얻은 성장 과정 및 결과	공동체의 목표 달성을 위해 구성원의 화합과 단결을 이끌어 가는 역량	창조적이고 논리적인 사고로 문제를 해결하는 능력

출처. 건국대, 서울여대, 연세대, 중앙대, 한국외대 공동연구
학생부종합전형 평가표준안

이 책을 읽는 독자도 나의 세부능력 및 특기사항이 어떻게 평가되는지 알아야 합니다. 먼저 학생부종합전형의 평가요소와 항목의 정의를 확인해야 합니다. 학업역량 부분은 아래의 표로 이해하시면 됩니다.

학업역량

1. 학업성취도
교과목의 석차등급 및 원점수, 성취등급을 활용하여 산정한 학업능력지표와 교과목 이수현황, 노력 등을 기반으로 평가한 교과의 성취수준 및 학업에의 발전 정도

2. 학업 태도와 의지
학업을 수행하고 학습을 해나가는 자발적인 의지와 태도 또는 학습자가 스스로 학습 목표를 설정하고 적절한 학습전략을 선택하여 계획을 수립 및 실행하는 과정

3. 탐구활동
어떤 대상에 대해 호기심을 갖고서 깊고 폭넓게 탐구할 수 있는 능력

세부 평가 내용을 생각했을 때 '학업성취도' 항목에서 교과 성적은 다른 지원자에 비해 어느 정도인가? 성적은 고르게 유지되나? 성적이 올라가고 있나? 대학 공부를 위해 필요한 기본과목의 성적은 어느 정도인가? 희망 전공과 관련해 도전적인 과제나 과목을 이수하기 위해 노력했나? 과목별 이수자 수의 규모는 어떻게 되나? 등 평가 방향을 생각할 수 있습니다.

또한 '학업 태도와 의지' 항목에서 새로운 지식을 획득하기 위해서 스스로 노력하는가? 자발적인 성취동기와 목표의식이 있는가? 교과 활동으로 지식의 폭을 확장하는 노력이 있는가? 수업에 적극적이고 집중력을 갖고서 참여하는가? 등 평가합니다.

마지막으로 '탐구 활동' 항목에서 교과에서 이루어지는 탐구 활동에 적극적으로 참여하는가? 각종 교과 탐구 활동을 통해 창의적 결과물을 만들어내는가? 탐구 활동에 표출되는 학문에 대한 열의와 지적 관심이 있는가? 평가합니다.

두 번째, 전공 적합성에 관한 내용입니다.

**전공
적합성**

1. 전공 관련 교과목 이수 및 성취도
고교 교육과정에서 지원 전공(계열)에 필요한 과목을 수강하고 취득한 학업 성취의 수준

2. 전공에 대한 관심과 이해
지원전공(계열)에 대한 궁금증을 해결하기 위해 주의를 기울인 태도와 알고 있는 정도

3. 전공 관련 활동과 경험
지원전공(계열에 대한 관심을 충족시키기 위해 노력한 과정과 배운 점)

이를 기준으로 각각의 세부 평가 내용을 만들어 보면 '전공 관련 교과목 이수 및 성취도' 항목에서는 지원 전공과 관련된 과목을 이수하였는가?, 스스로 선택해 수강한 과목은 얼마나 되는가?, 지원 전공과 관련된 교과 성적이 우수한가? 등을 판단해 볼 것입니다.

다음으로 '전공에 대한 관심과 이해' 항목에서 지원 전공에 대한 흥미와 관심이 있는가? 지원 전공에 대해 올바르게 이해하고 있는가? 자신의 경험과 지원 전공의 연관성을 설명할 수 있는가? 판단합니다.

마지막으로 '전공 관련 활동과 경험' 항목에서 지원 전공에 관련된 교과관련활동(세부능력 특기사항, 수상 등)이 있는가? 지원 전공 관련 창의적체험활동(자율/동아리/봉사/진로)이 있는가? 독서는 적절한 수준(권수, 독서 영역, 책의 수준)인가? 판단할 것입니다.

학생부종합전형 평가요소 중 세 번째로 인성에 관한 내용입니다. 학생부종합전형에서 인성이란 착하고 나쁨의 개인적 성향이 아닌 타인과의 관계나 공동체 관계에서 봅니다. 아래에 표로 정리하였습니다.

1. 협업능력
공동체의 목표를 달성하기 위하여 상호 신뢰를 바탕으로 돕고 함께 생활할 수 있는 역량

2. 나눔과 배려
상대방을 존중하고 이해하여 원만한 관계를 형성하며 타인을 위하여 기꺼이 나누고자하는 태도와 행동

3. 소통능력
상대방의 의견을 경청하고 공감할 수 있으며, 자신의 정보와 생각을 효과적으로 전달할 수 있는 역량

4. 도덕성
공동체의 기본윤리와 원칙에 따라 행동하고, 부정 또는 부당한 행동을 하지 않는 태도

5. 성실성
책임감을 바탕으로 꾸준히 노력하여 자신의 의무를 다하는 태도와 행동

인성 관련 세부평가 내용 중 첫 번째 '협업' 항목에서 자발적인 협력을 통해 공동과제를 완성한 경험이 자주 보이는가? 협력이 부족한 상황에서 사람들을 설득해서 협동한 경험이 있는가?, 공동과제나 단체활동을 좋아하고, 구성원으로부터 인정을 받는가? 평가합니다.
두번째, '나눔과 배려' 항목에서 타인을 위해 자신의 것을 나누고자 하는 경험이 지속되는가? 봉사활동이 규칙적이고 생활화되었는가? 나와 다른 생각을 하는 상대방의 처지를 이해하고 존중하는 노력을 하였는가? 평가합니다.

세 번째, '소통능력' 세부평가 내용으로 공동과제수행이나 모둠 활동, 단체 활동에 타인의 의견을 경청하고, 상대방의 관심 사항과 요구를 공감하는가? 수업이나 교과 외 활동에서 자신의 의견을 효과적으로 표현하는가? 자기 생각이나 의견을 논리적이며, 체계적으로 기술한 경험이 있는가? 새로운 지식이나 사고방식에 대한 열린 마음으로 적극적으로 받아들이고 있는가? 판단합니다.

네 번째, '도덕성'과 '성실성'에서 자신이 속한 집단이 정한 규칙과 규정을 준수하고, 자신에게 불리한 경우라도 이를 준수하여 노력하는가? 자신이 속한 구성원들에게 인정과 신뢰를 얻고 있으며 바람직한 행동으로 모범이 되는가? 규칙이나 규정을 어긴 경우 자신의 잘못을 인정하고 개선하려는 노력을 기울이는가? 등을 판단합니다.

학생부종합전형 평가요소 중 발전가능성 알아봅니다.

1. 자기주도성
스스로의 목표를 설정하고 적절한 전략을 선택하여 계획을 수립하고 실행하는 성향

2. 경험의 다양성
학교교육의 다양한 영역에서 직접 겪거나 활동하면서 얻은 성장 과정 및 결과

3. 리더쉽
공동체의 목표 달성을 위해 구성원의 화합과 단결을 이끌어 가는 역량

4. 창의적 문제해결력
창조적이고 논리적인 사고로 문제를 해결하는 능력

먼저, 자기주도성입니다. '자기주도성' 항목에서 교내 다양한 활동에서 적극적으로 활동을 수행하는가? 새로운 과제를 주도적으로 만들고 성과를 냈는가? 기존에 경험한 내용을 스스로 확장하려고 노력하는가? 평가합니다.

다음으로, '경험의 다양성' 항목에서 자율, 동아리, 봉사, 진로활동 등 체험 활동을 통해 다양한 경험을 쌓았는가? 독서활동을 통해 다양한 영역에서 지식과 문화적 소양을 쌓았는가? 본인의 진로와 직접적인 연관이 없더라도 다양한 영역에서 적극적이고 성실하게 참여했는가? 자신의 목표를 위해 도전한 경험을 통해 성취한 적이 있는가? 생각할 수 있습니다.

세 번째, '리더십'에서 학생회, 동아리 등의 활동에서 주도적인 역할을 수행한 경험이 있는가? 구성원의 화합과 단결을 이끌어가기 위한 구체적인 행동 경험이 있는가? 공동체의 목표를 달성하기 위해 계획하고 실행을 주도한 경험이 있는가? 평가합니다.

마지막, '창의적 문제해결력'에서 교내활동 과정에서 창의적인 발상을 통해 일을 진행한 경험이 있는가? 교내활동 과정에서 나타나는 문제점을 적극적으로 해결하기 위해 노력했는가? 주어진 교육환경을 극복하거나 충분히 활용한 경험이 있는가? 세부적으로 평가합니다.

학생부 서류평가에서 어떤 부분을 평가하는지 알아보았고 해당 핵심 역량에서 세부평가 기록도 확인했습니다. 중요한 점은 대학에서 어떤 학생을 뽑고 싶은지 이를 통해 알려주었다는 것입니다. 학업역량 부분에서 3가지 척도 세부평가 항목을 보았을 때 비슷하거나 반복된 단어가 있습니다. 이를 정리하면 다음과 같습니다.

> **# 학업역량**
> 도전적 과제, 도전적 과목, 자기 주도적 태도, 자발적 성취(목표의식), 새로운 것 창출, 적극적, 집중, 학문에의 열의와 관심, 호기심 등

전공적합성 역시 대학에서 언급한 평가요소에 핵심단어가 숨어 있습니다. 이를 추출하면 다음과 같습니다.

> **# 전공적합성**
> 자신의 경험과 연계, 지원 전공에 흥미 관심, 지원 전공 관련 활동 등

인성과 발전가능성 역시 아래처럼 정리합니다.

> **# 인성**
> 자발적 협력, 설득, 단체 활동, 인정, 나눔, 타인을 위해, 이해와 존중, 배려, 공동과제, 논리적이며 체계적, 규칙준수, 타의 모범 등

> **# 발전가능성**
> 주도적, 적극적, 경험의 확장, 다양한 경험, 도전의 경험, 화합과 단결, 공동체 목표에 대한 실행 경험, 극복, 문제 해결, 창의적 발상 등

위에 제시된 단어나 표현, 활동이 세부능력 및 특기사항에 반복적으로 기록되면 그 중요성을 나타내는 동시에 학생에 대한 평가 점수가 높아진다는 것을 의미합니다. 미사여구 대신 학생이 가진 고유한 특성을 대학에서 필요로 하는 핵심단어에 맞춘다면 입시에서 좋은 평가로 자연스럽게 이어질 것입니다. 이는 학생의 능력을 체계적으로 구조화시킵니다.

앞서 우리는 다른 학생이 합격한 학교생활기록부의 굵직한 부분의 활동과 계열별 합격 학생의 재구성된 생활기록부를 보았습니다. 우리의 목표는 세부능력 및 특기사항을 통해 자신의 강점과 특성을 드러내는 것입니다. 위에 제시한 핵심단어를 잘 이용해서 나만의 세부능력 및 특기사항을 만들 수 있도록 학생과 학부모, 교사도 함께 고민하면 더 충실한 학교생활기록부가 만들어질 것입니다. '준비하는 자에게는 반드시 기회가 온다'라는 말처럼 미리 준비하여 희망하는 학과에 입학하기를 기원합니다.

앞에서 합격사례 데이터를 보았습니다. 계열별 합격한 학생들의 수상, 자율활동, 진로활동, 동아리활동, 봉사, 진로희망, 교과 세부능력 및 특기사항, 그리고 독서에 이르기까지 많은 데이터를 제공하였습니다. 이 글을 읽는 독자는 남의 이야기이니 넘어갈 게 아니라 속해 있는 학교와 주어진 환경에 맞추어서 어떻게 하면 나만의 로드맵을 구성할지 고민해야 합니다.

이제 합격을 위한 세부능력 및 특기사항을 제공합니다. 들어가는 말에 소개하였지만, 2015개정교육과정이 시행되며 세부능력 및 특기사항의 중요도는 높아졌다 할 수 있습니다. 등급이 나오지 않는 과목에 대한 평가를 세부능력 및 특기사항으로 표현하는 상황에서 지원자분만 아니라 대학과 고등학교에서도 이부분에 대한 고민이 커졌습니다.

이 책에서 최근 학생부종합전형에 합격한 학생의 활동을 재구성하여 독자에게 제공합니다. 그리고 그 활동에 대한 세부능력 및 특기사항을 만들었습니다. 희망하는 계열에서 원하는 활동과 세부능력 및 특기사항이 무엇인지, 재구성된 세부능력 및 특기사항을 읽어보면 학교생활에 도움이 될 것입니다.

들어가기에 앞서 유의사항이 있습니다.
첫째, 제시된 내용은 누군가의 활동이었을 것임으로 이 책에 있는 내용 그대로 학생부에 입력하는 것은 절대 안됩니다.
둘째, 최근 학교생활기록부 기록상황이 변경되어 쓸 수 없거나 인용에 힘든 부분이 있습니다. 소논문이나 지역 간의 활동은 표기할 수 없습니다. 하지만 수업상황에서 활동한 내용으로 풀어서 기록은 가능할 거 같습니다.
셋째, 더 많은 정보를 독자에게 주려 노력하였습니다. 여기서 제공하는 세부능력 및 특기사항 예시를 참고하여 학교활동을 하고 그것이 나만의 세부능력 특기사항에 잘 기록되기를 바랍니다.

3
세부
능력
특기
사항

① 자연계열 세부능력 및 특기사항

세특 보고 내 거 하자! (인용할 세부능력 및 특기사항에 O표 하세요)

가) 생명과학과

생활기록부 영역	작성 내용
인적, 출결 상황	3년 개근
	인적, 출결사항은 기본적으로 학생의 학교생활 충실도를 볼 수 있습니다. 미인정(무단)결석, 지각 등은 학생에 대한 부정적 이미지를 평가자에게 줄 수 있습니다. 질병지각 및 질병결석이 있다면 그 학생의 건강 상태도 체크합니다. 따라서 지각 및 결석을 되도록 하지 않을 것 추천합니다.
수상경력	소논문발표회(우수, 공동수상 7인, 2~3학년) 수학창작물만들기대회(최우수) 수학신문만들기대회(장려) 과학UCC 대회(공동수상, 3인) 융합과학대회(최우수, 공동수상 4인) science시쓰기대회(우수상)
	수상경력입니다. 학생의 관심사와 그동안 해왔던 노력의 결실을 확인할 수 있습니다. 2019년 기준 1학년부터는 상급학교 진학 시 1학기당 1개의 수상만 등록할 수 있습니다. 따라서 어떤 상을 자신의 수상에 표시할지 고민하면서 학교 수상대회 점검이 필요합니다. 학교생활기록부는 생명과학과를 희망하는 학생의 것으로 구성해 보았습니다. 순수자연계열 학과는 연구를 목적으로 학문을 공부합니다. 과학에 흥미가 있으면서 자신이 고민하고 탐구하여 성과를 이루어 낸 수상을 만들었습니다. 교내 대회에서 탐구하고 자신의 연구 성과를 발표할 수 있는 대회가 있다면 꼭 참가하길 추천합니다. 학교생활기록부에 작성되지 않더라도 자기소개서와 면접에 활용할 수 있으니 수상에 관련 에피소드를 미리 정리하길 추천합니다.
진로 희망사항	1학년 생물학 연구원 2학년 생물학 연구원 3학년 생물학 연구원
	진로희망 사항은 2019년 기준으로 1학년부터 창의적 체험활동 진로 부분으로 넘어가고, 입시에 미적용됩니다. 2022 대입에 크게 영향을 미치지 않겠지만, 2020과 2021 대입에 큰 영향을 미칩니다. 전 학년 생물학 연구원을 희망하는 것으로 작성하였습니다. 1학년부터 같은 진로희망이 있다면 학교생활에서 해당 부분 활동이 많을 것입니다. 나머지 학교생활기록부 내용은 순수 자연계열 지원할 학생들이 어떤 활동을 하면 좋을지 생각하여 구성했습니다.

1학년

범죄자 신상공개 찬반 교내 토론활동에 참여하여 팀원을 구성하고 주장을 뒷받침할 근거 자료를 취합하여 논리적이고 자신감 있게 자신의 주장을 펼침. 멘토링 프로그램에 참여하여 멘티와 함께 수학을 공부하면서 공부 방법에 대해 고민하였으며 배움을 나누는 과정에서 학업에 대한 태도와 의지가 많이 개선되었음.

블랙홀과 화이트홀이라는 주제로 science 시 쓰기 활동을 통해 과학적 소양을 함양하고 문학적 사고 능력을 기를 수 있는 시간을 가짐.

교내 스포츠클럽대회에서 축구 및 피구 선수로 활약함.

2학년

과학의 날 기념행사 '화학 정원 만들기 활동'에 참가하여 모둠원과 협력하는 태도로 소통하며 실험하였으며, 실험 보고서에 결정이 위로 자라는 원리를 삼투압 현상을 이용해 자세히 서술함.

스스로 팀을 만들고 탐구주제를 선정하여 5명이 1팀으로 연구를 수행하고 발표하는 프로젝트 탐구 활동을 진행함.

장애인 이해 교육에서 장애인들이 겪는 불편함을 체험 활동을 통해 체험해보고 만일 도움을 호소하는 친구가 있다면 그들의 도움을 무시하지 않고 누구보다 앞서서 도움을 주는 사람이 될 것을 다짐함.

'꿈을 보러 가자!' 프로그램을 통해 비슷한 직업을 희망하는 학생들과 2박 3일간의 일정을 직접 계획하고 방문 장소에 직접 문의하여 방학 때 방문까지 함.

3학년

멘토링 프로그램에 참여하여 멘티와 함께 생명과학Ⅱ 과목을 공부하면서 공부 방법에 대한 깊이 있는 고민도 많이 하였으며 배움을 나누는 자신의 학업에 대한 태도나 의지도 많이 개선되었음.

대토론회에 참가하여 인성 덕목을 주제로 한 모둠 토론에 임함. 학급 내외에서 일어나는 여러 문제를 교육의 지향점을 방해하는 요소로 지적함. 취미활동을 통해 방황을 최소화하는 것을 해결책으로 제시하고 다른 사람의 의견을 진지하고 성실한 태도로 경청함.

자율활동

> **꿀판왕 Tip**
>
> 창의적 체험활동 중 자율활동입니다. 1학년 때 교내 토론 활동을 참여했다는 내용과 멘토-멘티 활동을 넣어 해당 학생의 학습경험을 나타낼 수 있도록 작성했습니다. 또한, 과학 시쓰기 활동을 통해 자율시간에 과학에 흥미를 느끼고 있음을 표현하였습니다.
>
> 2학년에는 과학의 날 행사에 주도적으로 참여하여 학교의 프로젝트 탐구활동을 진행함으로 과학에 관한 관심을 표현하였습니다. 또한, 미래직업에 관한 관심을 표현하기 위해 주도적으로 하는 학생의 모습을 만들어 보았습니다.
>
> 3학년은 구체적인 생명과학 멘토-멘티 프로그램을 만들어 생명과학에 자신이 있는 학생의 모습을 나타내고, 학교토론회에 참가하는 모습을 한 번 더 넣어 과학에만 관심 있는 것이 아니라 주위를 돌보며 의견을 나타낼 수 있는 적극적 학생임을 보여주었습니다.

봉사활동

청소년 문화센터 과학, 수학교육 2년간 봉사

> **꿀판왕 Tip**
>
> 봉사활동은 청소년 문화센터에서 하는 과학, 수학교육 지도를 적었습니다. 이 부분은 자기소개서에서 인성 부분에 언급할 수도 있고, 자신의 학업 준비의 시작점으로 표현할 수도 있습니다.
>
> 자연계열 학생은 어떤 봉사활동이 좋은지 묻습니다. 정해진 답은 없습니다. 어떠한 활동에서라도 인성을 나타낼 수 있습니다. 해당 기관이나 봉사 장소에 가서 학생이 진심으로 느낀 점을 자기소개서에 표현한다면 무엇이든 가치 있습니다.

3
세부 능력 특기 사항

1학년

(C.S.I) 다양한 과학실험 주제에 흥미를 갖고 동아리 활동에 적극적으로 참여하는 학생임. 동아리 활동에 큰 흥미가 있고 적극적으로 참여하며 과학실험에 대한 높은 호기심과 흥미를 보임. 모든 실험 및 활동에서 주도적으로 참여함. 실험 실패를 두려워하지 않고, 실패하더라도 계속해서 도전하는 끈기 있는 모습을 보임. 혈액 속 DNA 추출실험에 적극적으로 참여하여 어려운 실험에서 협동적 문제해결능력 및 공동체 역량을 보임. 동아리 발표회 준비에 적극적으로 참여하며 높은 책임감을 보임.

(에코 : 자율동아리) 동아리 부반장으로서 동아리의 1년 계획을 세우는 데에 주도적인 역할을 함. 환경 캠페인에 대해 검색하고 토론 주제를 생각하는 등 동아리가 활발하게 운영될 수 있도록 노력함. 환경캠페인 활동으로 기사를 작성하여 에코 카페에 올리고, 서로의 의견을 말하는 활동을 함. 원자력 발전소 건설을 중단하기를 바라는 기사 내용으로 토론하며, 구성원들이 희망하는 학과에 따라서 바라보는 관점이 다르다는 것을 깨달음.

2학년

(생물농장) 동아리 반장으로서 학교 뒷산에 교내농장을 관리하는 동아리를 개설하여 농장을 관리하며 스마트팜을 설계하고 아두이노를 통하여 실현하는 활동을 함. 스마트팜을 실현하기 위해 기계를 만들며 처음으로 아두이노를 사용하는데 구성원들의 힘들어하는 모습에 아두이노에 대해서 함께 공부하기 위해 도서를 가져오는 등의 모습을 보임. 작물에 대한 지식이 부족하여 작물을 시들게 했지만, 구성원들과의 브레인스토밍을 통하여 시든 작물에 대한 사전 지식이 모자랐음을 깨달음.

(융합토론반 : 자율동아리) 동아리 부반장으로서 동아리 반장을 도와 구성원들의 의견을 수렴하고 조정하여 주제선정 방법 및 토론 방식에 대한 구성원들의 합의를 이끌어 보다 긍정적이고 생산적인 토론 분위기를 이끄는 것을 많이 도와주고, 토론에 적극적으로 참여하여 토의가 더욱 진지하게 진행하는 데 이바지했으며, 특히 사형제도와 관련하여 읽기 자료 등을 준비하여 생명공학 분야에 대한 많은 관심과 주의를 환기했음.

3학년

(Life science) '잎의 기공 관찰'을 통해 현미경을 이용하는 과정에서 초점 맞추고, 상을 찾는 과정에서 어려움을 겪더라도, 포기하지 않고 끈기 있게 관찰하기 위해 노력하는 모습을 보임. '혈액형 판정 실험'에서 피가 필요할 때 본인도 무서워했지만, 모두 피하자 자신의 피로 실험하는 용기를 보임. '빛의 세기와 파장에 따른 광합성량 차이 비교 실험'에서 빛의 세기에 따른 실험은 해봤지만, 파장에 따른 실험은 해보지 못한 구성원이 많아 파장에 따른 실험을 조사하여 자발적으로 발표함. '혈액을 통한 DNA 추출 및 전기영동'을 통해 복잡한 단계를 거치는 실험임에도 차근차근 진지하게 임하는 자세가 돋보이며, 적극적으로 질문을 하여 성공적으로 실험 결과를 도출하기 위해 노력함. '약물전달 시스템의 이해'를 수행하는 과정에서 실수로 인해 위액 용액을 다시 만들어야 하는 상황에 일어났음에도 긍정적으로 생각하며 처음부터 다시 차근차근 만드는 자세를 보임.

(실험해보자 : 자율동아리) 고등학교에서 실험보다는 수업과 수행평가 위주로 하던 학생들에게 하고 싶은 실험을 알아 와서 수업을 진행함. '은나무 만들기 실험'을 통해 질산은 용액 속의 은을 석출시킴. '물의 전기분해 실험'을 통해 물의 구성성분과 각 극에서 발생하는 물질들을 알아봄. '청색병 실험'으로 산화 환원으로 인한 병 내부의 변화를 지켜봄. '증화 반응 실험'을 통하여 자신이 좋아하는 것을 그리는 활동에서 지시약을 이용하여 새싹을 홈 판에 그려냄.

동아리활동

동아리 활동은 학교에서 자신의 관심사를 가장 높게 드러낼 수 있는 부분입니다. 따라서 대학의 평가도 학생이 어떤 동아리를 했는지에 관심이 많습니다. 생명과학과에 지원하는 학생의 동아리 활동을 실험 동아리를 기준으로 만들어 보았습니다.

1학년에 C.S.I 동아리를 넣어서 과학실험에 관심이 있으며 협동하는 모습을 만들었고, 에코 동아리를 통해 환경에도 관심 있음을 표현하였습니다.

2학년 때는 생물농장으로 직접 교내농장을 관리하는 학생의 모습을 나타내었습니다. 이때 스마트팜을 만들기 위한 학생의 노력을 기술했습니다. 또한, 토론동아리에 들어가 주위 이슈에도 자신의 주장이 있음을 나타냈습니다.

3학년에는 1학년 때의 실험의 확장과 더불어 다른 자율동아리에서도 더 많은 실험을 하였음을 표현하였습니다. 이때 실험에 관심 있지만 쉽게 할 수 없던 친구들을 팀으로 모아 자율동아리를 만듦으로 리더의 모습을 보여주었습니다.

진로활동

1학년
학급 내 자발적 지원자로 이루어진 진로 프레젠테이션 활동에서 자신이 관심 가진 생물학 연구원이 되기 위해 준비해야 하는 일, 연구원이 수행하는 업무, 꿈을 가지게 된 계기 등을 자세히 친구들 앞에서 발표했음. 조사하는 과정에서 자신이 무엇을 좋아하는지에 대해 더욱 명확하게 알 수 있어 좋았다는 소감을 드러냈음. 특히 생애 전체 계획과 희망직업을 유기적으로 잘 연결하여 발표하여 신선하다는 반응이 있었음. 친구들이 발표 속도나 내용, 정보에 관한 피드백을 하였을 때 겸허하게 받아들이고 다음 발표를 위해 참고하겠다는 태도를 보여 앞으로의 발전이 더욱 기대됨.

2학년
직업인과 함께하는 진로설명회에서 스스로 선택한 생명공학전문가 강의를 통해 직업의 이해를 높이고 진로와 적성, 진학에 관한 정보를 습득하여 진로 계획을 세우는 활동을 함.
3주간의 진로시간 동안 이루어진 진로가 비슷한 친구들끼리 모둠을 이루어 함께 제작하였던 진로신문 만들기에서 '생물학 연구원'을 주제로 짜임새 있게 생물학 연구원이 되기 위해 준비해야 하는 과정, 생물학 연구원이 수행하게 되는 업무 등을 자세히 제시하였으며 모둠 내에서 친구들과 협업하여 정보 수집에 핵심적인 역할을 수행. 또한, 한 해 동안의 진로수업을 통해 진로에 관한 많은 정보를 태블릿PC 등을 통해 자기 주도적으로 수집할 수 있는 능력을 갖추게 되었음.

3학년
대학 방문 체험활동에 참여함. 다양한 학과에 대한 설명을 들으며 진로희망인 생명공학과에 대한 확신이 생겼으며 생명공학과에 방문했을 때 학과의 전망 등에 대한 설명을 주의 깊게 들음. 하이드로겔로 우리 몸과 비슷한 물질을 만들어 뼈를 복구시킬 수도 있도록 만드는 실험에 깊은 인상을 받았다고 소감문을 작성함. 탐방 이후 생명 관련 학과에 대한 모집 요강을 스스로 찾아보며 미래 계획을 세움.

진로활동에서 모든 학년에 생물학 연구원 관련 세부능력 및 특기사항을 만들어 보았습니다. 진로 프레젠테이션, 직업인 초청 특강, 진로신문 제작, 대학 방문 체험활동 등 모든 부분에 생명과학과의 모습을 보일 수 있도록 표현하였습니다.

3
세부
능력
특기
사항

1학년

통합과학 : 획득형질이 유전되지 않는다는 사실을 입증하기 위한 실험과정을 개연성 있도록 만들어 냄. 원핵생물이 진핵생물로 진화하는 과정에 대해 세포 내 공생설을 들어 설명하였음. 다양한 이론이 어떠한 과학적 사고 과정을 통해 발생하였는가에 대해 생각을 적극적으로 표현함. 세포의 진화과정을 설명하기 위해 세포 내 소기관이 되기 전 단계의 원핵 생명체에 대해 적합한 예시를 들어 설명하는 등 과정을 통해 결과를 논리적으로 유추하는 능력을 보임. …

2학년

생명과학I : 이해가 잘되지 않는 내용은 질문을 통해 빈틈없이 이해할 수 있도록 하는 자기주도학습능력이 뛰어남. 자신이 하루 동안 섭취한 음식의 열량 및 비만과 과도한 다이어트가 신체에 미치는 영향을 조사하여 건강한 생활을 위해 어떤 생활습관을 지녀야 하는지 발표함. 생명과학 골든벨 진행을 위해 유전과 기관계의 통합적 작용 분야에서 문제를 내 진행을 도움. 혈액형이 유전되는 가계도를 그려 ABO식 혈액형이 유전되는 과정을 멘델의 유전 법칙과 유전 원리를 연관 지어 친구들에게 발표함. 생명과학 골든벨 진행을 위해 기관계의 통합적 작용 분야에서 문제를 내 진행을 도움. '유전자 돌연변이와 낫 모양 적혈구 빈혈증'을 주제로 유전자 돌연변이 및 적혈구 빈혈증이 생기는 원리를 조사하여 특징과 증상에 대해 친구들에게 PPT를 활용하여 발표함. '백신의 제조와 효과'를 주제로 백신에 대해 PPT를 통해 발표함. 또한, 백신의 한계는 물론 개선해야 할 점까지 조사하여 발표함. '혈액형 판정'실험에 필요한 이론적 배경을 정확히 숙지하여 자신의 혈액형을 판정함. '인간 유전체 사업의 목적과 성과'와 관련된 자료를 읽고, 개인의 유전 정보에 따른 맞춤 의학에 대해 흥미를 느끼게 됨.

과목별 세부능력 특기사항

3학년

생활과 윤리 : 동물실험에 대한 찬반 논쟁의 발표자로 참여함. 동물실험이 유용하게 사용되는 사례를 제시하며 3R 제도를 근거로 현실적 동물실험의 타당성을 논리적으로 제시함. 성실하게 발표를 준비하였으며 질문자에 대한 답변의 태도도 훌륭함. 논쟁에 대한 자신의 견해 쓰기 활동 중 '장기이식', '인공임신 중절의 허용' 등 생명과학과 관련된 주제에 많은 관심을 가지고 생명과학기술 발전이 가져올 미래에 대한 확신을 바탕으로 예측 가능한 윤리적 문제들의 해결책을 고민함. …

독서 : 모든 활동을 강단 있게 수행하는 학생으로 최선의 노력으로 문제를 해결해 내는 끈기와 열정이 있음. 독서가 지식 창출 행위라는 것을 학습한 후에 수행한 발표 활동에서 '생물학 명강 2 (강봉균 외) '를 읽고 단백질이 세포의 성질에 미치는 영향, 식사 시 우리 몸에서 떨어지는 세포 등의 흥미로운 정보를 종합하여 조리 있게 설명함. 발표 구성과 전개가 호평을 받아 전형이 되어 이후 친구들의 발표에 큰 영향을 미침. … '잊을 수 없는 순간'이라는 주제로 수행한 글쓰기 활동에서는 생명과학을 좋아하게 된 탐구 활동을 간결한 문체로 소개함.

화학II : 염산과 암모니아수를 각각 적신 솜을 양쪽 유리관에 두어 생기는 변화를 관찰하고 화학 시간에 배운 개념을 적용해 봄. 이산화탄소 분자량 측정 실험을 할 때 휴대폰 및 노트북을 이용하여 필요한 자료를 수집하고 실험값과 이론값을 비교하면서 오차의 원인을 고민함. 물과 이산화탄소의 상평형 곡선을 공부한 후 일상생활에서 상평형 곡선으로 설명할 수 있는 예를 발표함. 그리고 고체 드라이아이스를 액체로 만드는 법에 대해 고민하고 토론함. …

생명과학Ⅱ : … 광합성의 모든 과정을 이해하고 적용하여 힐의 실험에 대한 문제를 해결함. 그 결과를 정리하여 학급 뒤편의 빈 곳에 붙여 급우들의 학습에 공헌함. 마인드맵 그리기 활동을 통해 세포소기관의 특징 및 세포의 연구방법을 간결하게 표현함. pH에 따른 효소의 반응 속도 실험을 통해 주어진 과제를 과학적으로 해결함. DNA의 구조와 특성에 대한 정보를 발표를 통해 급우들에게 전달함. … GMO 개발 활동에서 창의적인 아이디어를 제시하여 과일의 껍질에 있는 영양소를 많이 먹는 과육에 가도록 하는 작물을 개발함. 주어진 자료에서 활성화 에너지를 정확하게 표시하여 설명할 수 있는 능력을 갖춤. 효소의 반응 속도 실험을 통해 pH에 따른 카탈레이스의 활성을 비교해보고 그 결과를 체계적인 보고서로 작성함. … 인포그래픽을 통해 에이버리 실험을 창의적으로 표현하고 실험의 원리와 과정을 구체적으로 설명함. 독서 활동을 통해 유전자 변형 생물의 개발에 찬성 견해를 명확히 밝히고 생각을 논리적으로 서술함.

화학 실험 : 현상에 대한 호기심을 해결하기 위해 소수만 진행되는 주문형 강좌 수업을 신청함. 화학실험 및 실험 방법들과 논문 작성법에 관한 공부를 함. 실험실 이용 주의사항을 공부하며 실험실에서 사용하는 실험기구 사용법을 직접 기구를 사용하면서 익힘. 그리고 표준용액 만들기 실험을 한 후에는 학생들이 평소 관심 있어서 하는 실험의 주제를 선정하는 시간을 가짐. 단순히 실험을 선정하는 것이 아닌 기존 논문 또는 자료들을 바탕으로 주제를 선정함. 단순히 네이버 또는 다음 등의 포털사이트에서의 논문 검색이 아닌 RISS 및 DBpia, 구글 등을 이용하여 자신이 필요한 논문을 검색하고 관련 논문을 읽고 요약하는 과제 또한 충실히 해냄. 논문 요약은 한 학기 수업이 진행되는 동안 지속함. 공통 관심을 가진 친구들이 만나서 실험 조를 이루어서 한 학기 수업을 진행함. 조별 회의 후 실험 준비, 물품 선정 및 계획을 짜서 실험함. 실험이 명쾌하게 되지 않아서 주말 및 방과 후 등에 추가 실험을 함. 많은 데이터를 모아서 정리하는 법 그리고 그룹화하는 것을 실제 해보면서 경험함. 실제 논문 작성을 한 것은 아니지만 논문 형식에 맞추어서 보고서를 써 봄. 그리고 간단하게 논문 발표회를 하면서 한 학기를 정리함.

꿀판왕
Tip

과목별 세부능력 및 특기사항입니다. 1학년 때는 생명 분야에 대한 세부능력 및 특기사항을 작성함으로 생명에 관심이 있다는 것을 과목에서 처음 나타냅니다. 2학년 때는 생명과학의 세부능력 및 특기사항을 작성하였습니다. 생명과학에서는 학습하는 모습과 관심 분야의 발표를 넣었습니다. 3학년 때는 생활과 윤리 과목에 세부능력 및 특기사항을 넣어보았습니다. 이때 미래 연구원으로 윤리적 문제를 공부한 준비된 학생을 표현하였습니다. 그리고 화학, 생명과학, 화학실험 등 과학 과목에서 학생이 어떤 주제에 관심이 많으며, 대학에 입학했을 때 연구 등을 어떻게 진행할지의 모습을 보여주었습니다. 결과적으로 연구에 적합한 준비된 학생임을 나타내었습니다. 이 부분은 자기소개서의 학업역량이나 계열 적합성, 인성 등의 내용을 쓸 수 있는 좋은 소재라 생각합니다.

**독서활동
상황**

'수냐의 수학카페(김용관)', '멘델이 들려주는 원자이야기(황신영)', '다윈이 들려주는 진화론 이야기(김학현)', '화학에서 인생을 배우다(황영애)', '생명과학 교과서는 살아있다(차형준 외)', '생물학의 역사(쑨이린)', '이기적 유전자(리처드 도킨스)', '미래를 여는 에너지(안젤라 로이스틴)', '세계사를 한눈에 꿰뚫는 비하인드 수학 파일(이광연)', '내 인생에 힘이 되어주는 한 마디(정호승)', '인체기행(권오길)', '의학상식대반전(낸시스파이더맨)', '고맙다 줄기세포(라성찬)', '내 생명의 설계도 DNA(최재천 외)', '훅이 들려주는 세포 이야기(이홍우)'

독서활동은 기초 자연과학과 관련된 내용입니다. 독서를 통해 일어나는 배움은 세상을 바라보는 통찰력을 줍니다. 이 부분을 잘 살리기 위해 추천하는 책을 작성하였습니다.

1학년

바른 인성과 책임감 있는 행동으로 주어진 일에 대해서는 철저하게 마무리하는 성실함이 돋보임. 1, 2학기 과학 교과 프로젝트를 기획하고 발표하면서 인내심 있게 프로젝트 활동을 운영하는 모습을 보여주었음. 교내 스포츠클럽대회에서 축구 및 피구 선수로 활약하며 체육활동에 탁월한 기량을 보였음. 2학기에는 자신이 부족한 수학 교과에 멘토를 정하여 꾸준히 노력하는 모습을 보이며 자기 주도적 학습을 실천함. 항상 진지함과 성실함을 바탕으로 노력하는 모습을 보이는 학생임.

2학년

늘 예의 바르고 공손한 태도로 주변 사람을 대하고 자신보다 어려운 상황에 이웃에게 진심으로 마음 아파하는 착한 심성의 학생임. 학급 대청소 시 불평하지 않고, 즐거운 마음으로 청소를 하고자 노력하는 모습이 인상적이며, 맡은 일에 대한 책임의식이 강하여 묵묵히 해냄. 학업에 대한 의지와 집중력이 강하여 주변 상황에 휩쓸리지 않고, 꿋꿋하게 자기주도학습을 실천해 나가는 모습이 모범적이고, 수업 태도가 좋으며 뛰어난 집중력으로 중요한 내용을 놓치지 않고, 메모하며 경청하고자 노력하며, 자신의 진로에 대해 뚜렷한 미래 지향점을 가지고 구체적인 목표를 세워 자기주도학습에 임하는 태도가 모범적임. 밝고 명랑한 성격의 학생으로 자신이 하고자 하는 일에 대해 비교적 뚜렷한 생각을 가지고, 적극적으로 자신의 학습 환경을 통제하고 수립한 학습계획을 지속적으로 실천하는 자세를 키우고 있어 더 큰 발전이 기대되는 학생임.

행동특성 및 종합의견

행동특성 및 종합의견은 담임교사의 추천서와 같습니다. 1학년에 과학과 프로젝트 수행 모습과 교내 스포츠 대항전, 멘토-멘티 활동을 넣어 학업과 인성 부분을 언급하였습니다.
2학년은 학급 담임이 작성할 수 있는 내용으로 반에서 일어난 소소한 일, 1인 1 역할을 했을 때 학생의 태도를 파악할 수 있도록 구성하였습니다.

① ⋯⋯⋯ 자연계열 세부능력 및 특기사항

세특 보고 학교생활 디자인하자! (인용할 세부능력 및 특기사항에 O표 하세요)

나) 수학과

생활기록부 영역	작성 내용
인적, 출결 상황	질병 지각 2회 인적, 출결사항은 기본적인 학생의 학교생활 충실도를 보여줍니다. 미인정(무단)결석, 지각 등은 학생에 대한 부정적 이미지를 평가자에게 줄 수 있습니다. 이번에 질병 지각 2회를 넣었습니다. 단계별 면접에서 질병 지각의 이유가 무엇인지 물어볼 수 있습니다. 예상 답변을 미리 준비하는 것이 좋습니다.
수상경력	교과우수상(수학 및 과학 과목 전부) 수학도서감상문 대회(우수상) 수학창작물대회(장려상, 최우수상, 우수상) 수학신문 만들기대회(최우수상, 우수상 2회) Dream Reciting Contest(장려상) 표창장(선행부문 2회) … 수상경력입니다. 학생의 관심사와 해왔던 노력의 결실을 확인할 수 있습니다. 2019년 기준 1학년부터는 상급학교 진학 시 1학기당 1개의 수상만 등록할 수 있습니다. 따라서 어떤 상을 자신의 수상에 표시할지 고민하면서 학교 수상목록을 점검해야 합니다. 학교생활기록부는 수학과를 희망하는 학생의 것으로 만들어 보았습니다. 순수자연계열 학과는 연구를 목적으로 학문을 공부합니다. 도서, 창작물, 신문만들기대회에서 수학 관련 부분에 상을 작성해보았습니다. 교과우수상도 수학, 과학 관련 과목 전체로 만들어서 수학, 과학 계열 성향이 강함을 표현하였습니다. 각 수상에서의 학생의 모습, 역할 등은 자기소개서와 면접에서 표현할 수 있으니 미리미리 내용정리가 필요합니다
진로 희망사항	1학년 수학자 2학년 보험계리사 3학년 보험계리사 진로희망 사항은 2019년 기준으로 1학년부터 창의적 체험활동 진로 부분으로 넘어가고 입시에 미적용됩니다. 2022년 대입에 크게 영향을 미치지 않을 수 있지만 2020년과 2021년에는 큰 영향을 미칩니다. 1학년 때는 수학을 잘하고 좋아하는 학생의 성향을 고려하여 수학자를 선택했습니다. 2~3학년은 수학과 관계된 직업 중 보험계리사를 선택한 학생의 모습을 표현했습니다. 이후 학교생활기록부 내용 중 어떤 활동이 보험계리사라는 진로선택에 영향을 주었는지 찾아보면 재미있을 것입니다.

끝판왕
Tip

3
세부
능력
특기
사항

1학년

학급의 환경부장으로 선출되어 급우들이 깨끗한 환경에서 생활할 수 있도록 아침마다 솔선하여 교실 정리를 하였으며 청소도구함과 쓰레기통이 항상 깨끗하게 유지될 수 있도록 노력함.

또래 학습 멘토링 활동에서 수학 과목의 멘토로서, 멘티와 함께 학업 계획을 세우고 함께 학습하며 서로 발전하고 향상되어가는 과정에서 보람과 성취감을 느낌.

일일형 주제별 체험학습 시 우리 지역 문화유적지 답사를 통해 오랜 시간을 거쳐 전승되어온 우리 문화 속 생활풍속을 체험하고 우리 민족 삶의 양식인 전통을 경험해보면서 전통문화 속에서 과거와 현재를 경험하고 미래를 열어갈 새로운 가치에 대해 생각해보는 계기가 됨.

청소년 소비자 교육을 통해 미성년자인 청소년이 겪을 수 있는 다양한 피해 사례를 살펴보고, 올바르고 안전한 소비를 할 수 있는 역량을 키움. 또한, 자신의 잘못된 소비생활에 대해 돌아보는 계기가 되었으며 앞으로 충동구매로 손해를 보는 일 없이 현명한 소비를 다짐함.

2학년

또래 학습멘토링 활동에서 수학과 과학 과목의 멘토로서, 멘티와 함께 학업 계획을 세우고 다양한 수학과 과학 문제를 학습하며 서로 발전하고 향상되어가는 과정에서 보람과 성취감을 느낌.

체육활동에 적극적으로 참여하여 공정하게 활동에 임하고 결과를 수용하는 자세를 배움. 경기하면서 친구들의 실수를 포용하고 의견을 나누며 공동체의 성장과 발전에 기여하는 방법을 배움.

영화감상 토론 시간에 '블랙'을 감상하고 피나는 노력과 선생님을 비롯한 주위의 도움으로 장애를 극복해 나가는 주인공을 보며 가능성에 제한을 두지 않고 꾸준히 노력하면서 장애를 극복하고 목표를 성취할 수 있다는 생각과 어려운 사람들을 도울 수 있는 따뜻하고 지혜로운 사람이 되어야겠다는 다짐을 함.

주제별 체험학습에 참여, 여러 장소를 이동하고 활동을 수행하는 가운데 질서를 지키고 안전 규칙을 준수하여 급우간의 우애를 도모함. 둘째 날 저녁에 반대표로 장기자랑에 나가서 많은 친구 앞에서 노래하여 큰 호응을 얻었으며, 방 친구들과 협력하여 숙소정리를 깔끔하게 마무리함.

자율활동

3학년

또래 학습 멘토링 활동에서 수학과 과학 과목의 멘토 활동을 함. 멘토로서 멘티의 이해시키는 것에 방과 후 자기 주도 학습시간을 할애하며 노력하는 모습을 보임.

전교생 체육활동에서 발야구와 8자 줄넘기 경기 선수로 참가하여 정정당당한 경기 모습을 보여줌, 특히 400m 계주 중 3번 주자가 넘어져 선두 1, 2등과 크게 차이가 났을 때, 포기하지 않고 거리를 좁히기 위해 끝까지 노력하는 모습을 보임. 또한, 마무리 정리를 할 때 반이 머무른 공간 이외에 떨어져 있던 쓰레기를 반 친구들과 함께 주움.

다양성 교육을 통해 동물의 인지능력과 생물 종 다양성에 대해 배우고, 앞으로의 기술연구 개발 과정이 다양한 생물 종과 공존할 수 있는 생태적 활동으로 이어져야 하며 그를 위해 환경의 보존이 필수적임을 깨달음. 동물 간의 다양성분만 아니라 사람들의 성격이나 외모 등의 차이가 있으나 그것을 차별로 대할 것이 아니라 인정과 존중을 기본적인 태도로 삼아야 한다는 것을 깨달음.

끝판왕 Tip

창의적 체험활동 중 자율활동입니다. 1학년에는 기초적인 학교활동을 작성했습니다. 학급에서의 환경부장으로서 하는 역할과 일일 주제 체험학습을 다녀왔다는 내용입니다. 여기에 멘토링을 세부능력 및 특기사항을 넣었습니다. 멘토링활동으로 학생의 학업이나 인성 부분을 표현할 수도 있습니다. 또한, 보험계리사와 연결을 짓기 위해 청소년 소비자 교육의 내용을 적어보았습니다.

2~3학년에는 학교생활에 잘 참여하며 협동과 봉사 정신이 뛰어난 학생의 모습을 보여주기 위해 세부능력 및 특기사항을 구성하였습니다. 1학년부터 꾸준히 하는 멘토링이 2~3학년에는 수학과 과학 과목의 멘토링으로 구체화하였고, 학교에서 인정받는 학생임을 나타내었습니다.

| 봉사활동 | 3년간 월 2회 사무 도우미 활동을 함. (방학 제외)

봉사활동은 3년간 꾸준히 사무 도우미로 활동했음을 적어보았습니다. 모든 봉사활동은 다 의미가 있습니다. 학생은 계열에 적합한 봉사활동이 무엇인지 계속 물어봅니다. 과연 계열에 적합한 봉사라는 게 있을까요? 어떤 봉사활동이든 본인이 좋은 의도를 갖고 참여하여 그 과정에서 느끼고 배울 수 있다면 충분히 가치가 있는 활동입니다. 봉사활동을 실제로 해보고 자신이 어떤 감정을 느꼈는지 정리하고 기록해두기 추천합니다.

동아리활동

 1학년

(M&S연구소) 동아리 부장이자 처음 만든 학생으로 주도적인 자세로 부원들의 의견을 잘 수렴하여 학습활동을 철저히 계획하고, 모든 부원이 수학과 과학 영역을 다양한 방법으로 심도 있게 접근하고 기본개념의 통합적 이해와 교과역량을 갖도록 꾸준하게 학습활동을 이끎. 특히, 수학 심화 개념문제의 다양한 풀이 방법을 공유하고 수질오염 사태 관련 강연과 같은 각종 기술 관련 강연을 시청한 후 그 문제에 관한 해결책뿐만 아니라 과학자나 공학자들의 의무에 대해 진지하게 토론하며 적극적으로 의견을 주고받음.

(독서연구소 : 자율동아리) 일 년 동안 작성한 독서기록장 내용 중 '내비게이션과 자율주행 자동차'를 주제로 발표를 진행함. 내비게이션이 길을 안내하는 것과 자율주행 자동차의 길을 찾아서 자동으로 가는 것에 대해 발표함. 또한, 자율주행 자동차의 운영체계, 센서, 인공지능 제어장치와 조향 알고리즘 등의 핵심기술을 다양한 그림 자료를 활용하여 이해하기 쉽게 정보를 전달함. '자율주행 자동차 사고에 대한 책임은 누구에게 있는가?'를 토의 주제로 건의하여 토론을 진행하고 다른 친구들의 의견을 조율·조합하여 새로운 안을 만들어냄.

 2학년

(M&S연구소) 동아리장으로 갖가지 활동을 제안하며 공부를 자습보다는 한 사람씩 수업을 하는 형태로 해보자는 제안을 함. 직접 수업할 때, 미적분에 관한 문제를 해결하고 수업 단원에 맞는 창의적인 문제와 해답을 만들며 개념 이해도를 높이고 친구들에게 설명하는 가운데 논리적인 모습을 보여줌. 문제의 조건 등을 꼼꼼히 생각하며 오류가 생기지 않도록 주의하였고 문제에 대한 다양한 해석과 접근 방식을 공유하며 사고의 폭을 넓힘. 컴퓨터 언어인 C++ 코딩 프로그램과 VR, AR 프로그램의 운영원리를 학습하고 '스파이더맨'에서 봤던 홀로그램 기술을 AR의 연장선 혹은 동일선이라 볼 수 있으며, 이를 이용하여 심리치료나 사고의 모델링을 해보고 싶다고 생각함. 모의토론을 즐기는 학생으로 드론 교육과 3D 프린팅 프로그램을 체험한 후 실생활에서 적용 및 응용 방안에 대하여 토의하는 과정에서 화물 이송용 드론, 날아다니는 응급구조 드론에 관한 의견을 소개하여 학생들의 큰 호응을 얻음. 동아리 발표제에서 드론 날리기 체험 부스가 원활하게 진행될 수 있도록 사전에 드론 점검하였으며 동아리 발표제 끝난 후 솔선수범하여 부스 뒷정리와 청소를 도맡아 하는 등 책임을 완수함.

 3학년

(M&S연구소) 동아리 부장으로서 주도적인 자세로 부원들의 의견을 잘 수렴하여 학습활동을 철저히 계획하고, 요청을 받아 수학과 과학 과목의 수업을 진행함. 수학 관련 동영상 '문명과 수학 (움직이는 세계 미적분)'을 보고 미적분의 탄생 배경과 미적분을 만든 수학자들의 삶의 통해 수학학습의 의지를 높이고 수학의 역사적 의의를 깨닫게 되는 계기가 됨. 특유의 시각화를 통해 동아리 친구들의 이해력을 높였으며, 자신의 수업을 통해 이해를 한 단계 끌어올려 자신의 학습역량 또한 강화함. 수학에 대한 강한 열의를 보이며 일상 속에서 수학의 원리를 이용하는 것들을 찾아내는 능력이 뛰어남. 성실하고 적극적이며 꼼꼼하여 실수가 적음. 멸치 해부 실험, 닭 해부 실험. 분자 요리 만들기. 화학 정원 실험, 홀로그램 제작 등의 실험에 참여함. 수질복원센터. 생태공원 견학을 통해 환경과 과학의 연관성에 대해서도 생각해보는 계기가 됨.

동아리 활동은 학교활동에서 자신의 관심사를 가장 잘 드러낼 수 있는 부분입니다. 대학도 학생이 어떤 동아리를 했는지에 관심이 많습니다. 수학과에 지원하는 학생으로 수학, 과학에 흥미가 있는 학생의 동아리 활동을 작성해 보았습니다.

동아리명은 Math& Science의 앞글자를 따서 만든 것으로, 1학년 때 동아리를 만들고 3년 동안 동아리장으로서 동아리를 운영하는 모습을 나타내었고, 학습동아리 내용으로 자신의 학업역량을 드러낼 수 있는 좋은 활동으로 표현하였습니다. 자율동아리(독서연구소) 활동에서는 수학을 활용하는 알고리즘에 흥미가 있음을 표현하였습니다.

또한, 자율주행차와 연관 지어 2학년 때 동아리에서 컴퓨터 언어공부와 드론, 3D프린팅 기술 등으로 세부능력 및 특기사항을 만들었습니다. 이는 학생이 단순히 수학, 과학만 좋아하는 게 아니라 현재의 사회이슈에도 밝은 학생으로 나타내어 발전가능성을 보여줄 좋은 자료라 생각합니다.

진로활동

1학년

진로초청설명회에서 원하는 진로가 없어서 학교의 수학 선생님들께 강의를 요청하여 '교사'와 '수학자' 등의 진로를 가진 친구들의 호응을 삼. 수학 선생님의 강의를 원하는 학생의 수요를 조사하고 다른 강의와 자신이 이전에 궁금했던 부분을 선생님께 말씀드려 진로초청설명회를 처음 해보는 선생님께 도움을 드림. 진로시간에 친구들에게 우리나라 말에 숨은 수학에 관련된 이야기를 들려주며 '어느 괴짜 선생님의 수학 사전'이라는 도서를 추천함. 예시로 들은 '네 분수를 알고 행동해. 정작 기회가 생기면 실력을 십분 발휘하지 못하는 주제에.'라는 예시를 들면서 분수와 십분에 대해 재치있는 설명을 해주는 모습이 인상적임. 수업시간에 부족한 과목을 보충하는 수업시간에 자진해서 수학에 대해 PPT를 통하여 수학 개념을 보충 설명해 줌. 수학 멘토 활동을 하면서 자신 혹은 멘티가 어려워하는 부분에 대해 메모를 해놓고 그를 중심으로 발표를 하여 친구들의 수학 이해정도를 끌어 올림.

2학년

가상현실과 증강현실에 대한 관심이 많아서 탐구하다 '국내외 증강현실 산업분석보고서'를 읽은 후 친구들에게 증강현실의 이용범위와 활용되고 있는 분야를 사진과 함께 재치있는 말을 통해 발표해 친구들의 환호를 받음. 자아탐색 집단상담 프로그램에서 좋아하는 과목으로 사람들의 동향과 정보의 흐름 등을 수치로 볼 수 있기에 수학을 좋아한다고 발표함. 가장 갖고 싶은 미래의 직업으로 보험계리사, 수학자가 되고 싶다는 꿈을 작성함. 가치관 아나바다를 통해 부정적인 일이 일어나더라도 자신과 남 모두에게서 원인을 찾을 수 있는 객관적인 시선, 자신이 잘못해도 털고 일어나며 단점을 고치기 위해 노력하는 마음가짐이 가장 중요하다고 발표함.

3학년

미래 명함 만들기 활동을 통해서 자신의 미래의 모습을 상상하고 구체적인 모습을 상상함으로써 공부와 대학 진학에 대한 목표를 공고히 하고, 이후에 필요한 것을 생각하여, 진학 기간이 끝나고 준비할 것을 다짐함. 수학축전에 참가하여 다양한 수학체험활동을 통해 수학적 원리를 이해하는 등 행사에 적극적으로 참여함.

진로활동 1학년에서 진로초청설명회 부분을 실감 나게 만들어 보았습니다. 전문가 초청을 해야 하는데 수학 전문가 섭외가 되지 않아 학교 선생님께 요청하고 실제 운영도 돕는 적극적 학생으로 표현하였습니다. 또한, 진로시간에 친구들에게 책 추천 및 수학에 대한 개념이해를 돕는 활동을 넣었습니다.

2학년에는 보험계리사를 언급하고, 동아리 활동에서의 가상현실 및 증강현실에 관한 내용을 한 번 더 언급하였습니다. 3학년은 명함 만들기를 세부능력 및 특기사항에 넣었고 마지막으로 수학 축전에 참여하는 내용을 적어보았습니다.

**과목별
세부능력 및
특기사항**

1학년

수학 : 모둠 활동 시 학습에 흥미가 없는 다른 친구들에게 끊임없는 동기를 부여함으로써 학습에 참여할 수 있도록 이끎. 특히 도형의 이동 단원의 학습에서 모둠 구성원들이 수학에 대한 자신감을 느끼도록 학습 의욕을 북돋아 주는 과정에서 배려심과 리더십이 엿보임. … 자기 주도적 학습능력이 뛰어남. 수학에 대한 흥미와 관심을 지속적이게 가지고 수학적 지식과 기능을 활용하여 여러 가지 문제를 합리적으로 해결하는 능력이 뛰어남. … 실생활과 관련된 여러 가지 방정식 단원의 논술형 문제에서 명확한 표현을 통해 해를 구하고 반성적 사고를 통해 자신의 풀이를 점검함. … 우리 학급 속의 집합 만들기 활동에서 수업시간에 배운 개념을 활용하여 집합과 벤다이어그램을 제시함. 모둠장을 맡아 집합선정, 발표 등을 통해 실질적으로 모둠을 이끌었으며, 함께 학습하는 과정에서 친구들의 아이디어를 적극적으로 수용하는 태도를 보임. 다른 모둠의 발표를 주의깊게 듣고 오류가 있는 부분을 수정해 줌. 일일 교사로서 산술·기하평균의 대수적 증명과 기하적 증명의 수업을 이끌어감. 수치를 대입한 예시를 통해 산술평균과 기하평균의 대소비교를 직관적으로 이해시켰으며, 적절한 수학적 용어와 기호 및 도형을 사용하여 설명함. … 문제의 조건을 명확히 이해하여 수업시간에 배운 등비수열 문제에 각 항이 실수라는 조건이 필요한 이유를 설명함. 영화 자막을 편집하며 등차수열의 합을 유도하는 과정을 재치있게 설명해 급우들의 흥미를 유발함.

2학년

수학Ⅱ : 모둠 활동에서 모둠장으로써 모둠원들의 협력을 유도하고 모둠원이 기초개념을 질문할 때도 항상 상냥하고 친절하게 답해줌. 창의력이 뛰어나고 고난도 문제 해결에 있어 다른 친구들이 생각해내지 못하는 방법의 시도로 친구들을 놀라게 함. 학습 열의가 높으며 개념이해가 빠르고 수학적 표현이 정확함. 급우들이 해결하지 못하는 문제에 솔선하여 해결하고 자세하게 급우들에게 설명함. 구분구적법에 대한 수학적 지식을 이해하고 '이상한 도형의 넓이 구하기'와 '제주도 넓이 구하기'의 활동을 모둠원들과 협동하여 정교하게 수행하여 참값에 가까운 값을 구하는 노력을 함. 정적분과 넓이, 속도와 위치의 변화량 관계를 알고 문제 해결 후 발표함.

3학년

미적분 : 삼각함수의 성질을 알고 그래프를 그릴 수 있고, 그래픽 프로그램인 지오지브라를 이용하여 삼각함수 그래프를 그리고 주기, 최댓값과 최솟값을 구하고 설명함. 미분법을 알고 도함수를 활용하여 함수의 증가, 감소를 나타내는 그래프를 만들고, 여러 가지 함수의 그래프의 개형을 그리고 급우들에게 설명함. 적분법을 정확히 알고 활용할 수 있으며 정적분의 값을 정확하게 구할 수 있어 특히 곡선으로 둘러싸인 도형의 넓이를 능숙하게 구함. 어려운 과제에 흥미를 갖고 도전하기를 좋아하고 모둠원의 질문에 친절하게 설명하는 모습에서 나눔의 정신이 엿보임. 수업시간에 교사의 질문에 성실하게 답하고 집중하는 모습을 보이며 수업에 즐겁게 임함. 복잡한 식을 명료하고 정확하게 잘 표현할 수 있으며 계산이 정확함. 모둠의 장으로서 언제나 친절하게 모둠원들에게 자세하게 잘 설명해 줌, 수학적 문제해결력이 뛰어나고 창의적이고 다양한 접근이 돋보임.

**3
세부
능력
특기
사항**

확률과 통계 : 순열과 조합의 개념을 학습하고 활용하기 위한 모둠 활동에서 수학 도우미 역할을 맡아 모든 모둠원이 문제를 해결할 수 있도록 도와주는 역할을 성실히 수행함. 연속확률변수의 기대값과 표준편차를 구하는 방법을 이해하고 관련된 문제를 만들어 모둠원들에게 설명하고 학급 친구들과 공유함. 조건부확률에 사건의 독립과 종속의 개념을 완벽하게 이해하고 이를 바탕으로 독립과 관련된 명제를 수학적으로 증명하여 발표함. 수학적 확률의 뜻을 정확하게 알고 모둠원들에게 설명함. 확률의 뜻과 성질에서 중요한 부분을 마인드맵을 활용하여 창의적으로 표현함. 이산확률변수와 연속확률변수를 차이를 설명하고 각 확률변수에 대한 기댓값과 분산을 비교하여 친구들 앞에서 설명함. '확률과 통계로 말하는 나의 진로' 프로젝트에서 희망하는 진로인 보험계리사의 일 중 '책임준비금을 산출'을 주제로, 친구들이 사용하는 볼펜, 샤프, 지우개, 필통 등의 가격을 조사하는 일을 하고 이에 대해서 도난사고의 확률, 특정인이 될 확률 등을 고려하여 책임준비금을 산출해봄. 그리고 이에 대하여 표와 그래프를 적절히 사용하여 친구들에게 설명하여 친구들의 보험에 대한 이해를 높임.

논술 : 실생활에서 발생하는 비 수학적인 현상을 수학으로 바꿔 문제를 해결함. 문제 상황에서 핵심이 되는 요소를 미지수로 두고 식을 세웠으며, 해를 구하는 과정이 논리정연하고 수학적으로 타당함. 문제 풀이 과정 전반에서 사용된 수학적 기호와 표현이 명확하였으며 수학과 타 교과목의 융합적 사고를 엿볼 수 있음.

교과학습발달사항 및 과목별 세부능력 및 특기사항입니다. 보험계리사는 통계학을 토대로 보험 상품을 개발하는 직업입니다. 따라서 이 학생은 수학을 좋아하고 잘하는 학생으로 컨셉을 잡았습니다. 이를 바탕으로 수학 관련 세부능력 및 특기사항을 만들었습니다.

1학년 때 학생이 전반적인 모둠 활동을 이끌며 수학에 관심 없는 친구를 도우면서 공부를 함께하는 모습을 표현하였습니다. 또한, 관련 단원 산술기하평균 설명 및 등비수열 등에 이해도가 높음을 나타내었습니다.

2학년에 수학II와 미적분의 세부능력 및 특기사항을 작성하였습니다. 모둠활동도 포함하고, 수학 문제를 해결할 때의 모습을 나타내고자 하였습니다. 바로 창의적이고 다양한 접근을 시도하는 학생을 묘사하였습니다.

3학년에는 확률과 통계와 논술 과목에 세부능력 및 특기사항을 넣어보았습니다. 3학년 때는 모둠장의 역할도 있지만, 확률과 통계 과목 내용 이해를 중점으로 작성하였습니다. 그리고 논술에서 학생의 글쓰기 능력 및 사고의 흐름이 논리적임을 강조하기 위한 세부능력 및 특기사항을 작성하였습니다.

독서활동 상황

슈바르츠가 알려주는 절대부등식 이야기(김승태), 알고리즘 산책:수학에서 제네릭 프로그래밍까지(알렉산더 A.스테파노프, 다니엘 E.로즈), 데카르트가 들려주는 좌표 이야기 (김승대), 수학, 인문으로 수를 읽다(이광연), 미술관에 간 수학자(이광연), Why? 가상현실 증강현실(조영선), 증강현실(브렛 킹), 수학을 품은 야구공(고동현, 박윤성 외), 말하는 수학(양환주, 정철희), 진짜? 가짜? 가상현실과 증강현실(김진욱), 국내외 증강현실 산업분석보고서(비피기술거래, 비피제이기술거래), 어느 괴짜 선생님의 수학사전(김용관), 이토록 아름다운 수학이라면(최영기), 인공지능을 위한 수학(이시카와 아키히코), 수학이 일상에서 이렇게 쓸모 있을 줄이야(클라라 그리마)

독서활동은 기초 자연과학과 관련된 내용입니다. 학생의 관심사를 나타낼 수 있는 부분이 독서활동입니다. 수학을 좋아하여 수학 관련 독서가 많은 점과 증강현실 및 인공지능에 관심 있음을 보여줍니다. 독서를 통해서 알고 싶은 내용의 배움과 세상을 보는 통찰력을 얻을 수 있습니다. 수학과 증강현실 관련 추천 책을 적어놓았습니다.

1학년

마음이 따뜻하고 낙천적이며, 넘치는 재담으로 주변을 즐겁게 함. 최신 유행에 관심이 많음. 상식이 풍부하고 학구적인 탐구에도 큰 관심이 있음. 사교적이고 활동적이며 수용적이고 친절하며 낙천적임. 현실적이고 실제적이며 어떤 상황이든 잘 적응하며 수용력이 강함. 주위의 사람이나 일어나는 일에 대하여 관심이 많으며 사물을 다루는 사실적인 상식이 풍부함. 무언가를 손으로 만들거나 운동과 같은 취미를 즐기며, 수치를 다루고 눈으로 보이는 자료로 만드는 시각화 능력이 뛰어남. 때로는 조금 수다스럽지만, 공동체에서 밝고 재미있는 분위기 조성 역할을 잘함.

2학년

사고방식이 긍정적이고 학교생활에서 적극적인 태도가 눈에 띄는 학생임. 교우관계에 있어 신중한 언행을 보이며, 배려심이 깊어 학우들의 어려움을 먼저 이해하고 도와주며 먼저 상대방을 배려하는 이타적인 모습이 엿보임. 학급회의를 할 때 소수의 의견을 무시하지 않고 존중하는 모습을 볼 수 있었으며 항상 모든 사람을 평등하게 대하고 약자를 먼저 배려하는 등 인간을 대하는 태도와 가치관이 성숙함. 교사와 친구들에게 예의가 바르고 신중한 태도로 대화하는 모습에서 상대방이 존중받고 있다는 느낌을 받게 하며 일 년간 단 한 번도 지각하지 않는 성실함이 돋보임. 교복 착용 등 학교생활의 기본적인 규칙을 존중하고 준수하는 학생임. 학업에 있어서 수학 교과에 흥미와 관심을 가지고 노력하는 모습이 돋보이며 학생들이 수학에 대해 모르는 것을 물어볼 때 이해하기 쉽도록 자세히 설명해주는 것을 엿볼 수 있었음. 자신의 진로에 대해 신중한 자세를 보이며 진로를 위해 해당 관련된 책이나 프로그램을 시청하면서 자신의 진로를 위해 노력함.

행동특성 및 종합의견

끝판왕 Tip

행동특성 및 종합의견은 담임교사의 추천서와 같습니다. 1학년은 명랑한 학생임을 나타내었습니다. 최신 유행에 관심이 많으며, 수치를 잘 다루는 학생의 모습을 표현하였습니다.

2학년 때 학교생활을 적극적으로 하는 학생의 모습을 묘사하였습니다. 학급회의의 모습, 평소의 예의 바른 모습, 학교 전체 생활에서의 모습 마지막으로 수학에 관심을 가지는 모습을 기술하였습니다. 위 학생은 학급 반장이나 학생회 활동은 없습니다. 대부분의 학생은 학급 반장이나 학생회 활동을 할 수 없습니다. 어쩔 수 없이 몇 명의 학생만 하게 됩니다. 자칫 반장이 아니면 리더로서의 자질을 보여줄 수 없다고 생각할 수 있는데 그것은 큰 오산입니다. 진로활동이나 수업에서 모둠 활동, 동아리 활동에서 리더의 모습을 충분히 표현할 수 있습니다. 학생의 이미지를 틀 안에서만 만들어가는 것이 아니라 언제나 열어두고 다양한 기회를 접하며, 해보고 쌓아가는 것이 중요합니다.

3
세부
능력
특기
사항

② 공학계열 세부능력 및 특기사항

세특 속에 나의 모습을 만들자! (인용할 세부능력 및 특기사항에 O표 하세요)

가) 전기·전자공학과

생활기록부 영역	작성 내용
인적, 출결 상황	무단지각 1회, 질병 지각 1회
	꿀판왕 Tip 인적, 출결사항은 학생의 기본적인 학교생활 충실도를 보여줍니다. 미인정(무단)결석, 지각 등은 학생에 대한 부정적 이미지를 평가자에게 줄 수 있습니다. 또한, 질병 지각 및 질병 결석이 있다면 그 학생의 건강 상태도 가늠한 자료가 됩니다. 이번에는 미인정(무단) 지각과 질병 지각을 표시해보았습니다. 학생에게 특별한 상황이 있었을 때, 미인정(무단) 지각을 할 수 있습니다. 반드시 면접에서 물어볼 것이라 답변 준비가 필요한 부분입니다.
수상경력	소논문발표대회(우수상) 수학논술대회(우수상) 과학논술대회(장려) 창의적수학구조물만들기대회(장려)
	꿀판왕 Tip 수상경력입니다. 학생의 관심사와 그동안 해 온 노력의 결실을 확인할 수 있습니다. 2019년 기준 1학년부터는 상급학교 진학 시 1학기당 1개의 수상만 등록할 수 있습니다. 어떤 상을 자신의 수상에 표시할지 고민이 필요합니다. 학교생활기록부는 전기 • 전자공학과를 희망하는 학생의 것으로 만들어 보았습니다. 따라서 수학과 과학에 흥미가 있으면서 자신이 고민하고 탐구하여 성과를 이루어 낸 수상내역을 만들었습니다. 수상의 개수가 작다고 생각할 수 있지만, 학생 스스로 고민하고 실행했던 학교생활기록부의 뒷모습이 더 중요합니다. 교내활동에서 탐구하고 자신의 연구 성과를 발표할 수 있는 대회가 숨어 있는 에피소드를 미리미리 정리하는 것 추천합니다.
진로 희망사항	1학년 전기·전자공학자 2학년 전기·전자공학자 3학년 전자공학자
	꿀판왕 Tip 진로희망 사항은 2019년 기준으로 1학년부터 창의적 체험활동 진로 부분으로 넘어가고 입시에 적용되지 않습니다. 2022년 대입에는 크게 영향을 미치지 않지만 2020년과 2021년 대입에는 큰 영향을 미칩니다. 1, 2학년 때는 전기·전자공학자를 희망하였고, 3학년 때 전자공학자로 만들어 보았습니다. 학교생활기록부 내용을 보면서 전기·전자에서 전자로 구체화 및 선택할 때 영향을 준 활동을 찾아보는 것도 재미있을 것입니다.

1학년

기자재 담당으로 컴퓨터 연결과 모니터 관리에 힘씀.

독도 교육을 통해 독도의 경제적 가치에 대해 학습하고, 독도의 다양한 해저 자원이 미래 대체 에너지원으로 이용될 수 있는지를 중심으로 독도를 조사함.

또래학습 멘토링 활동에서 멘토로서, 멘티가 어려워하는 부분의 수학과 과학 개념을 정리하여 멘티에게 알려주며 멘토링 활동을 하였으며, 이 과정을 통해 멘토 자신의 머릿속에 있는 지식을 타인에게 설명하는 것이 본인에게도 좋은 학습방법임을 깨달음.

2학년

'협업 문제 풀이' 활동에 참여하여, 주어진 시간 내에 팀원 간의 역할을 분담하여 심화 문제를 풀이하며 수학적 사고력과 협업능력을 키움.

'환경과 멸종위기종' 강연을 통해 인간의 개발로 인해 멸종위기에 처한 생물을 인지하고, 환경을 보호하고자 하는 세계각지의 움직임을 알아봄. 친환경적인 삶을 살기 위해 일상생활에서 할 수 있는 행동 혹은 소비습관을 토의함.

수학체험전에 참가하여 평소 관심이 있었던 여러 수학 체험 활동을 수행하면서 수학에 대한 흥미를 고취 시키고 활동에 담긴 수학적 개념과 아이디어를 공감하는 시간을 가짐.

바자회에 물품을 기부하고, 판매 부스를 개설하여 직접 물건을 판매하며 소비 감각을 익히고 나눔을 실천함.

자율활동

3학년

issue talker 활동을 통해, 반년간 기사와 잡지를 통해 쟁점이 되었던 과학 사건을 주에 한 번씩 알아보고 기록장을 작성함. 생각을 말로 변환하는 기술, AI 대중화, 디스플레이 지문 인식의 최근 동향 등 공학에 대한 지속적인 관심을 보임. 탐구주제 중 '암호기술 혁명'을 심화 학습하여 보고서를 제출함. 교실 뒷면의 과학 게시판에는 '자율주행 자동차 사고'에 대해 게시하고 자율주행 자동차의 사고 발생 시책임 소재에 대해 친구들과 의논함.

끝판왕
Tip

창의적 체험활동 중 자율활동입니다.

1학년 때는 기자재 담당 역할을 작성하였습니다. 공학 계열 지원하는 학생 중 기자재 담당 기록이 있는 학생이 많을 듯합니다. 이 부분이 꼭 필요한 세부능력 및 특기사항은 아닙니다. 하지만 학급에서 1인 1역할을 했을 때 학생이 관심 있어서 했던 자발적 부분으로 평가할 수 있을 듯하여 작성해보았습니다.

2학년 때는 문제 풀이 협업 내용과 수학체험전 참가 내용의 세부능력 및 특기사항을 작성하였습니다. 학업역량을 증가시키기 위한 학생의 노력을 표현하였습니다. 그리고 환경과 멸종 위기종 강연 및 바자회를 작성하면서 학생의 인성 모습을 보일 수 있도록 나타내었습니다.

3학년 때는 자신의 진로와 관련한 심화 공학 내용에 관심을 표현하였습니다. 그리고 학급 게시판 꾸미는 시간에도 자신이 알고 있는 부분을 친구들과 나눌 수 있도록 노력하는 학생임을 나타내었습니다.

장애인 및 노인복지관에서 3년간 꾸준히 봉사활동을 함.

끝판왕
Tip

봉사활동

봉사활동은 장애인 및 노인복지관에서 꾸준히 봉사한 것으로 적어보았습니다. 이 부분은 자기소개서에서 인성을 나타낼 때 언급할 수 있습니다.

공학 계열 학생들이 가끔 어떤 봉사활동이 자신을 나타내는 데 좋은지 물어봅니다. 정답은 없습니다. 어떤 활동이라도 인성을 나타낼 수 있습니다. 해당 기관 및 봉사 장소에 가서 봉사하고 학생이 진심으로 느낀 점을 자기소개서에 표현한다면 무엇이든 가치 있습니다. 꾸준한 봉사활동은 학생의 인성과 성실성을 엿볼 수 있는 부분이기에 한 곳에서 정기적으로 꾸준한 봉사활동 하는 것을 추천합니다.

3
세부
능력
특기
사항

1학년

(과학신문반) 물리에 관련된 과학신문을 제작하기 위하여 관련 내용을 탐색해보았으며 이를 토대로 과학신문을 제작하였다. 학교에 게시는 과학 선생님들을 인터뷰하고, 과학실험을 한 뒤 그 과정과 내용을 과학신문으로 제작하였음. 과학관 방문을 통해 그동안 학교에서 배운 내용을 직접 관찰하고 체험해보는 경험을 가졌음. 다양한 체험을 할 수 있어 적극적으로 참여하였고, 이를 통해 관련 내용을 접할 수 있어 과학을 일상생활의 일부로써 받아들이는 계기가 됨.

(흥밋거리 모아모아 : 자율동아리) 과학 분야의 최근 이슈에 관한 글을 읽고 독서감상기록장을 작성하고 친구들과 댓글 달기 및 토의 활동을 함. 특히 '일반 상대성 이론', '인공지능', '스마트카'에 관련된 글을 자세히 읽고 정리하였으며, 깊은 주제에 대한 친구들의 다양한 생각과 의견을 수용하고 함께 이야기를 나누는 활동을 함.

2학년

(기계·전기 크로스!) 쾌활하면서도 진지한 모습이 인상적인 학생으로 전자회사에서의 센서 전등만들기, 자동차 회사에서의 매개 현실 디지털 체험에 특히 관심을 두고 참여함. 이공계 관련 체험을 통해 자신의 진로를 구체적으로 탐색해가는 모습이 돋보였으며, 대학교 탐방을 통해 학업에 대한 의지도 불태움.

(시사이슈 : 자율동아리) 최근 논쟁거리가 된 과학 현상에 대한 글을 읽고 독서기록장을 꼼꼼하게 작성함. '실패를 통해 발전하는 과학. 여론조사', '인간과 인공지능의 공존', '가상현실, 증강현실, 혼합현실의 차이점'을 주제로 한 글에 특히 관심을 보이며 댓글 달기와 토의 활동을 함.

동아리활동

3학년

(아두이봇) C++ 코딩 교육에 적극적으로 참여하여 드론의 원리와 메커니즘을 잘 이해하고 있으며 드론 조종 기술이 탁월함. 3D 프린팅 디자인 프로그램을 통해 물컵과 도장을 직접 디자인하고 설계하면서 전자공학자로서 3D 프린터로 기계 부품을 직접 제작하기에 적합한 공정 재료의 개발에 참여하고자 하는 목표를 세움. 아두이노 프로그램을 활용하여 LCD 패널에 성공적으로 'HELLO' 문자를 출력하였으며 4차 산업시대 강연, 월드 IT쇼 관람 등을 통해 4차 산업시대의 핵심기술 및 IT 기술에 대한 정보를 수집함. VR, MR 프로그램의 운영원리를 이용하여 직접 VR 컨텐츠를 제작함.

(로봇 독서·토론·발표 : 자율동아리) 독서기록장 내용 중 서비스 로봇을 주제로 발표를 진행함. 소셜 로봇과 휴머노이드의 진화에 대해 다양한 자료를 활용하여 정보를 전달함. '인공지능을 가지는 로봇에게 부여할 수 있는 권리와 통제'를 주제로 제시하여 활발한 모둠 토의를 이끎.

끝판왕 Tip

동아리 활동은 학교 내에서 자신의 관심사를 가장 높게 드러낼 수 있는 부분입니다. 따라서 대학의 평가도 학생이 어떤 동아리를 했는지 관심이 많습니다.

1학년 때는 과학신문반 동아리를 만들어 물리에 관심이 있으며 자신의 궁금함을 해결해 나가는 학생의 모습을 그려보았습니다. 그리고 자율동아리로 학생의 깊이 있는 독서에 대한 부분을 표현하였습니다.

2학년 때는 본격적으로 꿈을 갖게 되어 전공 적합성을 드러낼 수 있도록 전자공학과와 관련된 활동을 표현하였습니다. 전자와 관련된 다양한 활동 체험중심으로 학생의 공학 분야의 관심을 나타내기 위해 세부능력 및 특기사항을 만들어 보았습니다.

3학년 때는 구체적으로 전자공학자로서의 모습과 활동을 나타내는 아두이노 로봇동아리를 만들어 보았습니다. 또한, 자율동아리는 3년간 같은 동아리에서 연이어 활동하면서 학생의 생각 깊이가 깊어지고 구체적인 분야로 좁혀가고 있음을 나타내었습니다.

IT 관련 기업을 견학하여 사물 인터넷, 가상현실에 대한 전문가의 강의를 듣고 다양한 제품을 직접 경험함. VR, AR을 체험함으로써 VR을 이용한 가상현실의 구현 방법에 대해 고민해 봄.

진로교육 기부 특강프로그램에 여러 번 참여하여 다양한 직업군을 살펴보고, 다양한 분야에 진출한 선배들의 이야기를 들으며 진로목표를 분명히 수립하고 체계적으로 실천하기 위한 각오를 다짐. 미래사회가 요구하는 인재상 교육과 미래사회 탐색을 통해 변화하는 직업의 세계를 이해하고 자료를 통해 얻은 직업 세계의 경험을 바탕으로 개인의 직업 가치관을 형성하였으며, 미래 직업인으로서 자신의 미래상을 설계함.

선배들과 함께 하는 대학교 탐방을 통해 진로와 관련된 다양한 학과 선택 시 기준이 되어야 할 것에 대해 알아보고 대입을 준비하는 고등학생으로서의 자세를 배움, 대학원생 선배들의 학업과 연구 활동에 대해서도 알아보고 모둠별로 연구실과 강의실을 탐방하며 학업 의지를 다짐.

2학년

찾아가는 첨단과학체험 교실에서 초고속카메라를 이용하여 물체의 운동을 눈으로 확인할 수 없는 부분까지 관찰하고, 트레거를 통해 물체의 운동 양상을 물리적으로 분석함. 전문가와 함께하는 소프트웨어 교육에 참여하여 스크래치 등 코딩 프로그램을 학습하고 자신이 관심 있는 분야에서 코딩 활용 방안을 고찰하여 보고서를 작성함.

자동차 제조회사를 찾아가 자동차의 제조 과정을 통한 과학기술의 활용 방안에 대해 학습함. 특히 자동차의 전자 제어 시스템과 관련하여 반도체 등 전자공학적 요소에 관심을 보이며 배기음, 에어백, 4D 기술 등에 대해 고찰하고 보고서를 작성함.

개방실험실 첨단기기 활용 과학체험 교실에서 3D 프린터의 이해와 활용에 관한 프로그램에 참여하여 3D 프린터의 원리를 공학적으로 탐구하며 이공계 진로를 탐색하고 융합적 사고를 함양함.

꿈과 희망을 주는 선배의 IT 특강에 참여함. 전자공학자가 되어 자신이 하고싶은 일과 이를 통해 사회에 기여하기 위해서 현재 준비해야 할 것이 무엇인지를 고찰하며 소감문을 작성함.

3학년

수학체험전에 참여하여 사이클로이드 무선 모형을 직접 만들어 보며 수학에 큰 흥미를 표현함. 수학에 관심이 없는 친구들과도 함께 와서 수학을 공부하고 체험하는 즐거움을 전하고 싶다는 마음을 담아 보고서를 작성함.

대학생과 함께하는 물리 활동을 통해 대학에서 배우는 물리실험 중 고등학생들의 교과과정에서 이해할 수 있는 다양한 물리 모형을 만들어 축제 기간에 전시하는 활동을 함.

나를 성찰하는 글쓰기를 통하여 자신의 생활과 가치관을 되돌아보고, 자신의 이야기를 멋지게 만들어나가기를 희망함.

진로활동

꿈판왕
Tip

진로활동을 전자공학에 맞추어서 풍성하게 만들어 보았습니다.

1학년 때 학생은 미래사회에 관심이 많아 4차 산업혁명과 관련된 활동을 하고 있음을 표현하였습니다.

2학년 때는 전자공학과를 준비하며 물리와 전자공학적 요소를 살려서 초고속카메라를 이용하여 물체의 움직임을 물리적으로 분석하는 활동과 자동차 제조회사에서 자동차의 전자제어시스템, 반도체에 대하여 고찰하는 모습을 만들어 보았습니다.

3학년 때는 전자공학과 수학을 연계하여 반도체에 관한 심화 연구, 물리 및 화학과 반도체에 관한 연구 준비가 되어있는 학생을 나타내고자 하였습니다. 또한, 물리에 대한 흥미를 들어내기 위해 물리 모형을 만드는 활동을 작성해보았습니다.

1학년

통합과학 : 탄소발자국을 줄이는 방법에 대하여 발표하고 평소 전등 끄기를 실천하고 있음. 에너지가 다양한 형태로 존재하고 자연이나 일상생활에서 에너지가 다른 형태로 전환되는 과정에서 탄소의 순환이 왜 중요할까? 에 대해 인포그래픽으로 준비하여 발표함. 프로젝트 학습 모둠 활동에서 '철의 녹 예방'을 연구주제로 선택하여 자율적으로 가설을 세우고, 실험 결과에 영향을 미치는 변인을 적절하게 통제하고 바꾸면서 가설을 검증하였음. 자료를 적절한 형태로 변환하고 변인 사이의 관계를 논리적으로 해석하며, 결과를 바탕으로 결론을 도출하는 능력이 뛰어남.

통합사회 : 사회 수업 중 자유주제로 발표하기 시간에 적극적인 자세로 참여함. 'E-스포츠'라는 주제로 자기 생각을 발표함. 발표 내용에 대해 다양한 각도로 자료 조사를 하며 통찰력 있는 모습을 보임. E-스포츠에서의 한국 선전을 살펴보고 긍정적인 효과를 소개함.

2학년

과목별 세부능력 특기사항

문학 : ⋯ 환경문제를 다룬 현대 시를 학습한 후 캠페인에서는 '풍요로움이 만들어 낸 쓰레기'를 주제로 삼아 자신의 진로와 관련하여 폐휴대폰의 처리 문제에 대해 자신의 의견을 개진함. 전자공학으로 오염된 환경을 전자공학을 통하여 되돌릴 방법에 대해 열띤 논의를 펼침. ⋯

독서 : 정보 활용의 독서 시간에는 '실생활 속 공학'을 주제로, 책 '공대생도 잘 모르는 재미있는 공학'을 읽고 '리버스 엔지니어링'을 다룬 백과사전, '미피의 법칙과 샐리의 법칙'을 다룬 과학 잡지와 연관 지어 발표함. 공학자가 되기 위해서는 현상에 대한 냉철한 분석력이 필요함을 강조하는 부분이 인상적임. ⋯

확률과 통계 : 학습 활동지를 통해 개념을 정리하고 다양한 문제를 잘 해결함. 순열과 조합과 관련된 문제들로 구성된 '방탈출 카페'에서 모둠원과 함께 실생활에서 접할 수 있는 재미있는 문제를 풀어보면서 모둠원들과 협동하여 고난도 문제들을 해결함. ⋯

영어Ⅱ : ⋯ 문화발표에서 '자율주행차의 교통사고는 누구 책임인가'에 대한 주제로 토론의 형식으로 발표를 하였으며, 자율주행차를 개발한 기업의 책임이라는 입장에서 자신의 의견을 논리적으로 표현하여 친구들의 큰 호응을 얻음. 또한, 센서 오작동에 의한 사고를 줄이기 위하여 자율주행 자동차에 사용되는 센서와 부품을 더 발전시키고픈 미래 전자공학자의 포부를 밝힘. 주제와 연관된 칼럼과 과학 잡지를 읽으면서 자료를 준비하였으며 PPT 제작과 대본 작성과정에서 조원들과 배려하며 협동하는 모습이 돋보임. 꾸준히 일정 분량의 영문 가사를 읽고 요약하는 습관을 지니고 있으며, 교과서 6과의 내용과 관련하여 VR(Virtual Reality)과 AR(Augmented Reality)에 관해 여러 기사를 스크랩하여 기사를 요약하고 자신의 의견을 영문으로 작성하여 제출함.

물리실험 : 초고속카메라를 이용한 중력가속도 측정 실험에서 자유 낙하한 물체와 수직 방향으로 던진 물체의 가속도가 같음을 실험을 통해 알게 되었고 수평 방향으로는 등속도 운동을 한다는 것을 사진을 통해 정확하게 증명함. 물풍선을 이용한 충격량 실험에서 힘이 작용하는 시간을 늘려주면 물체가 받는 힘의 크기가 줄어든다는 법칙을 정확하게 알게 됨. 아두이노와 피에조스피커를 이용하여 간단한 피아노를 만드는 실험을 조원들과 함께 준비하고 수업을 진행함. 그 과정에서 코딩을 힘들어하는 경우 디버깅을 도와줌. 아두이노 등을 활용한 교실 사물 인터넷 시스템 개발이라는 주제로 과제연구를 진행하면서 교실 모형을 만들고 초음파 센서, LCD 경고판을 설치하여 특정 상황에 교실에 무단 침입하는 경우 경보와 LCD에 메시지가 출력될 수 있도록 구성함. 몸, 온도, 센서를 이용하여 LCD 전구의 색이 변화되도록 세팅을 한 후 교실온도를 한눈에 볼 수 있게 하여 친구들에게 많은 호응을 얻음.

물리학Ⅰ : 반도체와 다이오드 단원 중 PNP 트렌지스터에 순방향과 역방향으로 전압을 걸어주면 이미터에서 컬렉터 쪽으로 양공들이 넘어가서 갑자기 전류가 흘러 스위치 작용과 증폭 작용을 할 수 있음을 친구들에게 자세히 설명함. 일정한 진동수 미만의 빛을 비추면 빛의 세기와 관계없이 광전자가 튀어나오지 않으며, 일정한 진동수 이상의 빛을 비추면 빛의 세기가 아무리 약해도 광전자가 즉시 튀어나오는 것을 빛의 입자성으로 설명을 자세하게 잘함. 변하는 전기장과 자기장은 서로 원인이 되고 또 결과가 되어서 주기적으로 진동하는 파동의 형태로 공간을 퍼져나가는 전자기파는 파장에 따라 분류할 수 있으며 이를 이용하여 여러 분야에서 사용되고 있음을 알게 됨.

3학년

화법과 작문 : 올바른 문법 생활 캠페인을 위해 자주 헷갈리는 어휘를 조사하여 모둠 구성원들과 주제에 맞게 분류함. 특히 물리 시간에 배우고 있는 아두이노의 형식으로 문법에 어긋난 표현들을 정리하여 친구들의 호응을 얻음. … 정보 활용 독서 시간에는 '증강현실과 가상현실'을 주제로 책 '세상을 바꿀 미래 과학 설명서'를 읽고, '가상현실, 증강현실 기술이 미래 일자리 판도를 바꾼다.' 등의 신문 기사와 연관 지어 발표를 진행함. 기술의 발전이 옛 것을 보존하는 선에서 발전했으면 좋겠다는 자신의 소견을 차분히 발표함.

영어독해와 작문 : 문화발표 활동으로 인간애와 헌신, 희생정신을 주제로 한 책과 영화를 소개하면서 인간의 선한 의지에 대해 친구들과 함께 생각해보는 시간을 가짐. 이러한 주제를 과학기술의 발전에 따른 문제점과 연관 지어 영어로 발표함. '4차 산업혁명과 직업의 변화'를 주제로 기술의 발전으로 사라질 직업과 급부상할 직업을 소개하는 글을 영문으로 작성하여 제출함. 화학과 물리에 관심이 많은 학생으로 자신의 진로와 관련된 드론, 인공지능, 우주기술 분야에 대해 자료를 조사하고 그와 관련된 직업을 자세하게 소개함. …

꿀판왕 Tip

과목별 세부능력 및 특기사항입니다. 1학년 세부능력 및 특기사항은 통합과학과 통합사회 내용으로 작성하였습니다. 1학년 때는 에너지에 관한 관심이 시작됨을 알 수 있습니다. 프로젝트 학습 활동으로 주제를 선택하여 연구해나가는 모습을 보여줍니다. 통합사회에서는 학생이 좋아하는 게임을 주제로 전자기기의 관심이 자연스럽게 이어짐을 나타내고자 하였습니다.

2학년 때는 다양한 교과에서 학생이 전자공학에 관심이 있음을 나타냅니다. 국어와 영어 교과 세부능력 특기사항 부분에서 폐휴대폰의 처리 사례, 관련 독서, 자율주행차의 시스템 오류, VR, AR 등의 분야에 학생이 관심이 있음을 표현하였습니다. 그리고 물리 관련 세부능력 및 특기사항에서 관심 있는 전자 분야를 연구하는 학생의 구체적인 모습을 담아 보았습니다.

3학년은 국어와 영어 시간에 자신의 관심 분야에 대해 친구들에게 알리는 활동을 하며 진로를 굳건히 하는 모습을 나타냅니다. 보통의 학생은 공학 계열이면 과학 수업만 중요하다고 생각합니다. 하지만 모든 교과에서 자신의 관심사를 표현할 수 있습니다. 연관되지 않다고 생각되는 다른 과목에도 성실한 학생의 모습이 보이도록 노력해야 합니다.

독서활동 상황

한번 읽고 평생 써먹는 수학상식 이야기(성경훈), 수학콘서트(박정미), 과학자는 이렇게 태어난다(진정일), 시크릿 스페이스(서울과학교사모임), 사이언스 앤 더 시티(로리 윙클리스), 다윈의 핀치(피터 그랜트, 로즈메리 그랜트), 이그노런트(스튜어트 파이어스타인), 도시는 무엇으로 사는가(유현준), 공학이란 무엇인가(성풍현 외), 전자정복(네릭 청), 과학자가 되는 길(미국 과학 한림원 외), 근대 엔지니어의 성장(이내주), 세상을 바꿀 미래과학 설명서1(안종제 외)

3 세부 능력 특기 사항

독서활동은 주로 수학과 과학 관련입니다. 이를 잘 살리기 위한 추천도서 적어놓았습니다.

1학년

순박하고 명랑한 성품을 가졌으며 타인의 말을 귀담아들을 줄 알고 자신이 발전하기 위해 어떤 노력을 해야 하는지 신중하게 생각하고 노력하는 학생임. 기본적인 학습 규칙을 잘 지키고 조별 학습이나 토의 학습에도 매우 적극적으로 참여하여 자신의 의견을 제시함. 논리적으로 사고하는 것을 좋아하여 학습에서도 문제의 답을 찾기보다는 그 원리를 파악하고 분석하는 것을 더 좋아함. 성적이 아주 우수한 편은 아니지만, 성적 향상을 위해 꾸준히 노력하는 학생으로, 휴식시간이나 점심시간에도 부족한 부분을 보충하기 위하여 문제집을 푸는 노력을 자주 보여 장기적으로 발전이 기대되는 학생임. 특히, 수학 과목에 흥미가 있어 수학 문제 풀이를 즐기며 성적도 우수함. 친구들이 학습하는 데 어려움을 겪을 때, 자발적으로 자신이 알고 있는 내용을 자세하게 설명해주는 친절한 학생임.

2학년

항상 밝고 명랑하며 소탈하고 재치 있는 농담으로 친구들로부터 호감을 얻음. 평소 수업 태도가 매우 바르고, 피곤하더라도 끈기 있게 수업에 참여하고자 하는 모습을 보여 항상 선생님들의 칭찬이 자자하며, 수업 전에 교무실에 미리 와서 선생님의 무거운 물건을 들어드려 신뢰한 몸에 받고 있음. 항상 일찍 등교하며 교실 환경을 정리하거나 모의 면접으로 인해 어질러져 있던 교실 내 책상과 의자를 다시 정리하는 것을 보아 스스로 도맡아 하는 봉사 정신이 매우 강함. 주어진 일이 있을 때 성실히 책임감 있게 임하며 자신보다는 타인을 먼저 생각하고 배려하는 마음씨가 돋보임. 언변이 수려하고 상식이 풍부하여 친구들이 모르는 것이 있을 때 적극적으로 도움을 줌. 자기 스스로에 대해서는 물론이고 현재 자신이 무엇을 해야 할지 잘 파악하고 있기에 지속적으로 자기 계발을 한다면 발전할 가능성이 매우 큼.

행동특성 및 종합의견

끝판왕
Tip

끝판왕
Tip

행동특성 및 종합의견은 담임교사의 추천서라 볼 수 있습니다. 전체 내용을 만들 때 학급 담임 선생님께서 틈틈이 학생을 관찰하고, 과장된 학생의 모습이 아닌 진솔함이 나타나도록 작성했습니다. 쉬는 시간과 점심시간에 학생이 어떤 활동을 하는지, 학교를 일찍 등교하는 모습, 교무실에서 칭찬이 자자한 학생, 실패하지만 다시 도전하는 모습 등 학생의 구체적 모습을 보여줍니다. 이런 부분은 자기소개서와 면접에 사례를 통해 표현할 수 있습니다.

② ⸺ 공학 세부능력 및 특기사항

학교 활동은 내가 스스로 만들어간다! (인용할 세부능력 및 특기사항에 O표 하세요)

나) 에너지공학과

생활기록부 영역	작성 내용
인적, 출결 상황	개근
	인적, 출결사항은 학생의 기본적인 학교생활 충실도를 보여줍니다. 미인정(무단)결석, 지각 등은 학생에 대한 부정적 이미지를 평가자에게 줄 수 있습니다. 이번에는 개근으로 만들어 보았습니다. 출결은 개근이 가장 좋습니다.
수상경력	교과우수상(과학 전반) What dream콘테스트(우수) 화학탐구토론대회(장려) 소논문발표회(장려) 진로포트폴리오대회(최우수)
	수상경력입니다. 학생의 관심사와 해왔던 노력의 결실을 확인할 수 있습니다. 2019년 기준 1학년부터는 상급학교 진학 시 1학기당 1개의 수상만 등록할 수 있습니다. 어떤 상을 자신의 수상에 표시할지 고민이 필요합니다. 학교생활기록부는 에너지공학과를 희망하는 학생의 것으로 만들어 보았습니다. 과학에 관한 탐구에 중심을 맞추어 계획하고 과학에 관하여 탐구해 갈 수 있는 수상을 중심으로 작성했습니다. 학생 스스로 고민하고 실행하여 수상했던 구체적인 모습이 중요합니다. 교내 대회에서 탐구하고 자신의 연구 성과를 발표한 대회에 숨은 에피소드를 미리미리 정리하는 것 추천합니다.
진로 희망사항	1학년 에너지공학자 2학년 에너지공학자 3학년 친환경 에너지공학자
	진로희망 사항은 2019년 기준으로 1학년부터 창의적 체험활동 진로 부분으로 넘어가고 입시에 적용되지 않습니다. 2022년 대입에는 크게 영향을 미치지 않지만 2020년과 2021년 대입에는 큰 영향을 미칩니다. 3년간 에너지공학자를 희망하는 학생으로 1학년 때부터 같은 진로희망이 있다면 학교생활에서 해당 부분에 활동이 많을 것입니다. 따라서 나머지 생활기록부 내용은 공학 계열 지원할 학생들이 어떤 활동을 하면 좋을지 생각하며 만들어 보았습니다.

꿈판왕 Tip

3
세부
능력
특기
사항

1학년

과학의 날을 맞이하여 '미래사회의 과학기술의 변화와 과학 안전'을 주제로 과학논술 쓰기 활동을 함으로써 과학적 탐구력과 사고력을 증진시킴. 더불어 과학기술의 중요성을 깨달았으며, 과학기술자들이 지녀야 할 사회 윤리적 책임감에 대하여 깊이 인식하는 계기가 됨.

학급 행사를 위해 급우들의 의견을 모아 기획하였으며, 서로 배려하고 존중하는 학급문화 형성에 기여. 멘토링의 멘토로서 일주일에 2시간씩 화학과 관련하여 멘티 친구의 학업을 돕고, 학교생활과 수업에 잘 적응할 수 있도록 배려하여 멘티의 학업 의지를 높임. 멘토링 프로그램 1박 2일 야영에 멘티와 함께 참여하여 식사 준비, 뒷정리 및 다양한 체험활동을 하며 생존과 공존능력을 키움. 특히 생활 이끔이로 자질구레한 뒷정리를 맡아서 하고, 조원들이 인솔 교사의 지시에 따라 질서 있게 행동하고, 체험활동 시 소집 및 진행 시간을 잘 지킬 수 있도록 이끌어 줌.

2학년

학급회의를 통해 한국제에서 학급별 부스에서 판매할 아이템을 구슬 아이스크림으로 제안하고 구슬 아이스크림으로 결정되어 판매 부스에서 질소 아이스크림의 안전한 보관과 아이스크림 제작에 대해 논의를 진행함. 학급 부스에서 고객과 함께 액세 질소로 아이스크림을 만드는 활동을 진행함. 또한, 수익금을 굿 네이버스를 통해 기부함.

과학·수학 교보재 만들기에 참가하여 효율적인 학습을 위해 과학 원리나 이론을 이용하여 교보재를 제작함. 화학반응과 몰 단원의 화학반응 전후의 원자의 양을 비교하는 것을 사과를 통해 비유하는 아이디어를 냄.

학교 알리미 '해리'에서 활동하며 학교의 다양한 행사에 대해 SNS로 홍보하고 신입생들의 입학 설명회에서 학교의 동아리와 각종 특색 활동에 대해 홍보하는 활동을 진행함.

3학년

'독도 제대로 알고 있는가?'에 참여하여 독도에 관한 자료를 조사하고 독도를 알리는 홍보 영상 제작을 하며 영상 편집을 담당함.

'협동, 도전' 활동에 참여하여, 주어진 시간 내에 팀원 간의 역할을 분담하여 수학과 과학의 심화 문제를 풀이하며 수학적 사고력, 논리력, 협업능력을 키움.

'환경과 이산화탄소' 강연을 통해 인간의 개발로 인해 멸종위기에 처한 생물을 인지하고, 환경을 보호하고자 하는 세계각지의 움직임을 알아봄. 친환경적인 삶을 살기 위해 일상생활에서 할 수 있는 행동 혹은 소비습관을 토의함.

교내 토론 활동 중 '스마트카의 개인정보 도난'을 주제로 토론 활동을 하고, 자신이 생각한 것 이외의 다양한 관점에서 생각해볼 기회가 되었다는 소감문을 작성함.

1학급 1캠페인 활동에서 '적정기술'에 대한 홍보를 제의하고 적정기술에 대해 학급의 친구들에게 발표하는 열의를 보임. 비록 다른 의견으로 캠페인을 진행하였지만, 캠페인 활동에서도 열의를 보이며 진행함.

창의적 체험활동 중 자율활동입니다. 1학년은 멘토링 활동을 넣었습니다. 멘토링 활동은 학생만의 학습법 소개로 자소서 1번에 작성할 수 있는 요소입니다.

2학년은 학급 부스에서 자신이 진학할 화학과 관련 활동과 화학 교보재 만들기 활동을 통하여 진로에 대한 흥미를 드러낸 모습입니다.

3학년 때는 친환경 에너지공학자와 관련하여 적정기술에 대해 활동하려는 모습과 환경과 이산화탄소와 관련된 강의를 듣고 토의를 진행하는 모습을 통해 친환경에 대한 흥미를 보여줍니다.

자율활동

봉사활동

1년 동안 일주일에 한 번씩 진행하는 하천 정화 봉사에 참여함.
1년 동안 일주일에 한 번씩 진행하는 산책로와 산 정화 봉사에 참여함.

꿀판왕
Tip

봉사활동은 하천과 산, 산책로를 정화하는 봉사활동을 꾸준히 했다고 적었습니다. 1~2학년 때 봉사하며 3학년 때, 진로인 친환경 에너지공학자에 대한 흥미를 끈 결정적 계기가 되었다고 볼 수 있습니다.
가끔 공학계열 학생들이 어떤 봉사활동이 자신을 나타내기에 좋은지 묻습니다. 답은 없습니다. 어떠한 활동이더라도 인성 부분을 나타낼 수 있습니다. 해당 기관 및 봉사 장소에 가서 활동하고 그때 학생이 진심으로 느낀 점을 자기소개서에 표현한다면 어떤 곳이든 가치 있습니다.

동아리활동

1학년

(꿈, 과학) 알약의 캡슐을 조사하고 캡슐을 제작하여 캡슐이 놓인 상황에 따른 용해도 실험을 해봄. 또한, 학생들이 자주 먹는 음료별로 해당 캡슐을 투입하여 캡슐의 용해도를 알아보는 실험을 진행함. 아스피린 합성실험과 나일론 합성실험을 통하여 간단하지만, 일상생활에 가까운 실험을 진행함. DNA 추출실험을 통해 브로콜리를 갈며 힘든 일을 떠넘기지 않고 다 함께 나눠서 진행하는 협력적인 모습을 보임. 염소기체 추출실험에서 염소기체와 불꽃이 만나면 불이 튄다는 것을 기억하고 학생들의 안전에 위험한 일을 주의하도록 조심함. 축제 때 동아리 부스에서 액체 질소를 이용해 '김이 나는 과자' 실험을 통해 액체 질소를 이용한 실험으로 큰 호응을 얻음.

(꿈, 과학) 물의 전기분해 실험을 진행하고 각 극의 전지판에 기체가 맺히고 기체를 모아 기체를 확인할 때, 창의적인 방법을 고안함. 풀러렌의 모형을 만드는 활동을 통하여 루이스 구조식에 대한 이해도를 높임. 사이다 만들기 활동을 진행하며 탄산수소나트륨과 시트르산을 섞었을 때의 화학식을 고민해보고 교사에게 질문하는 모습을 보임. 각 음료수 별 얼음이 녹는데 걸리는 시간이 다른 것인지 의문이 들어 학생들과 실험을 기획하고 교사에게 검토를 부탁하여 자발적으로 실험을 진행함. 축제 때 동아리 부스에서 마시면 목소리가 변하는 음료수라는 주제로 작성한 논설문과 이에 대한 발표를 구성하여, 한 학년의 활동을 마무리 지음.

(Eco) 환경부에서 진행하는 법령과 정책 중 환경 분야에 흥미가 많아 자신이 나중에 친환경 에너지공학자라는 직업을 가졌을 때 고려해야 할 법을 조사하고 발표함. 동아리 시간을 이용하여 교내외의 환경정화 활동을 진행하고 미세먼지와 지역의 하천 오염도와 같은 수치를 한 주에 한 번씩 측정하여 장기적으로 환경정화 활동이 하천에서는 효과를 보이는 것으로 판단하여 꾸준히 관련 활동을 진행하는 계기가 됨.

꿀판왕
Tip

동아리 활동은 학교활동에서 자신의 관심사를 가장 잘 드러낼 수 있는 부분입니다. 따라서 대학의 평가도 학생이 어떤 동아리를 했는지에 관심이 많습니다. 1, 2학년 때는 과학동아리로 화학과 생명과 관련된 실험을 중심으로 진행하며 화학과에 대한 흥미를 드러내었고, 3학년 때는 환경과 과학을 융합하여 환경정화와 동시에 환경 분석에 대한 활동으로 환경에 대한 학생의 흥미를 드러내었습니다.

1학년

자동차 제조회사를 찾아가 자동차의 제조 과정을 통한 과학기술의 활용 방안에 대해 학습함. 특히 자동차의 전자 제어 시스템과 관련하여 반도체 등 전자공학적 요소에 관심을 보이며, 흥미 있는 연료에 대하여 자동차 연료에 대해 여러 차례 질문하는 적극적인 모습을 보임.

선배들과 함께 하는 대학교 탐방을 통해 진로와 관련된 다양한 학과 선택 시 기준이 되어야할 것에 대해 알아보고 대입을 준비하는 고등학생으로서의 자세를 배움, 대학원생 선배들의 학업과 연구 활동에 대해서도 알아보고 모둠별로 연구실과 강의실을 탐방하며 학업 의지를 다짐.

자신이 희망하는 진로와 진학준비를 위하여 '한국 진로 탐색 프로그램' 학과 페스티벌에 자신의 희망학과를 미리 체험함으로써 자신의 진로와 가까워지고 싶은 마음에 참가함. 진로 설계서 발표 활동에서 탐색한 직업들과 다른 직업들의 연관성에 대해 알아보고 환경 분야에 특히 흥미를 보임.

2학년

진로활동

첨단기기 활용법을 배우는 찾아가는 교실에서 VR의 이해와 활용에 관한 프로그램에 참여하여 VR을 이론적으로 공부하고 관련 영상들을 시청하며 이공계 진로를 탐색하고 융합적 사고를 함양함.

나를 성찰하는 글쓰기를 통하여 자신의 생활과 가치관을 되돌아보고, 자신의 이야기를 멋지게 만들어나가기를 희망함.

IT 관련 기업에서 3D프린터에 대한 전문가의 강의를 듣고 3D프린터로 만든 다양한 제품을 직접 경험함. 또한, 3D프린팅 모델링을 체험하며 생활에서 필요한 화학물질을 만들 때 3D프린터를 사용하는 것을 고안해 발표하여 친구들의 박수를 받음.

꿈과 희망을 주는 선배의 IT 특강에 참여함. 친환경 에너지공학자가 되어 자신이 하고 싶어하는 일을 통해 즐겁게 사회에 기여하기 위해서 현재 준비해야 할 것이 무엇인지를 고찰하며 소감문을 작성함.

3학년

미래사회가 요구하는 인재상 교육과 미래사회 탐색을 통해 변화하는 직업의 세계를 이해하고 자료를 통해 얻은 직업 세계의 경험을 바탕으로 개인의 직업 가치관을 형성하였으며, 미래 직업인으로서 자신의 미래상을 설계함.

학교에서 개최하는 진로부스 활동에서 환경 관련 부스를 고안하고 제작하여 이산화탄소의 순환과정과 인체로의 영향, 동물에게 미치는 영향 등을 조사하여 전시물을 제작함.

대학생과 함께하는 소프트웨어 교육을 통해 컴퓨터 언어를 활용한 프로그래밍을 학습함. 파이썬의 기본 구조, 변수, 연산자 등을 공부하여 간단한 프로그램을 만들어 봄.

끝판왕 Tip

진로활동을 화학공학에 맞추어서 풍성하게 만들었습니다. 학교생활을 하면서 점점 친환경에 관심을 가지는 화학공학자의 모습을 나타내고 싶었습니다. 1학년 때 학과 관련 활동을 많이 하며 진로 탐색에 대한 적극성을 나타냈습니다. 2학년은 IT와 연관된 활동입니다. 자신의 진로와 4차 산업혁명이 직업에 어떤 영향을 미칠지 고민하는 모습을 드러내고자 했습니다. 3학년 때는 소프트웨어와 환경을 접목해 향후 학생이 관심 있어 할 분야를 나타내기 위해 세부능력 및 특기사항을 만들었습니다.

1학년

과목별 세부능력 및 특기사항

통합사회 : 조용하고 차분하면서도 수업에 적극적으로 참여하며, 자료를 조직적으로 분석하는 능력이 뛰어남. … 사회 문제접근에 있어서 건전한 비판 의식을 바탕으로 문제의 논점을 잘 이해하고, 자신의 주장에 대한 논리적 설득력이 돋보임.

통합과학 : 평소 수업시간에 선생님과 시선을 잘 마주치며 수업에 대한 집중력이 높고 과학 전반에 대한 호기심이 많아 문제를 해결하려는 의욕이 넘치며 학습 이해도뿐만 아니라 다른 상황에까지 확장하여 적용하는 능력이 우수한 학생임. … 병원체로 작용하는 박테리아와 바이러스의 면역 과정을 이해하고 백신이 사용되는 원리를 요약하여 정리하였으며, 과학적 개념을 자신의 경험과 관련지어 이해하는 능력이 뛰어남. … '나도 출제해보자' 활동에서 적중률 높은 문항을 출제하여 친구들의 학습을 도움을 줌.

2학년

물리학I : 수업시간에 배우고자 하는 열의가 느껴지는 학생이었고 수업이 끝나면 모르는 내용을 물어보고 알아가려는 태도를 지님. 물리 실험을 할 때에 타당한 가설을 설정하고 여러 변인이 있을 때 변인 통제를 적절하게 하는 능력을 보여주었으며 실험 결과를 바탕으로 결론을 내리는 능력이 뛰어남. 실험할 때 시행착오를 겪으면서 문제를 해결해 나가는 능력을 보여주었으며 적절한 변인 통제를 할 줄 알고 자료를 통한 결론 도출 능력을 갖추었음. … 상대성 이론을 통해 세상을 이해하는 시각을 넓혔으며 이를 통해 설명하는 여러 현상에 대하여 호기심을 가지고 알아보려는 모습을 보여줌. 주변 친구들에게 도움을 주는 데 주저함이 없고 자신이 아는 것을 쉽고 친절하게 알려주는 모습을 보여줌. 힘과 에너지의 이용 단원에 대한 이해도가 높았으며 특히 열역학 과정 중 내부에너지 변화와 기체가 한 일에 대한 설명을 훌륭히 해내는 학생임. 수업에 참여하기 위하여 적극적인 모습을 자주 보여주었으며 듣기만 하는 수업이 아니라 참여하는 수업이 될 수 있도록 분위기를 조성함.

화학I : '화학식량'의 주요 개념을 정리한 발표용 PPT 자료를 만들고 자신감 있게 발표하여 다른 학생들의 학습을 도움. 화학반응에서의 양적 관계를 확인하는 실험 과제를 모둠원들과 협동적으로 수행함. '원자 모형의 변천과정'의 내용을 바탕으로 과학 지식의 잠정 성에 관련된 내용을 논술함. 풀러렌 모형 만들기 활동에 참여하여 탄소 동소체의 구조에 대해 이해했으며, 꼼꼼한 모습으로 모형을 완벽하게 만듦. 케쿨레의 일화에 대한 제시문을 읽고 과학자에게 필요한 태도와 자질에 대한 자기 생각을 논술했으며, 우수한 이해력 및 논리력을 보임. 논리적 사고력이 뛰어나 '금속의 이온화 경향성'을 통해 미지 금속을 확인하는 실험에서 가설 설정부터 결론 도출까지의 탐구 과정을 진행하며 뛰어난 탐구 기능을 보임. 지속해서 노력하는 모습을 보이며, 자발적으로 공부하고자 하는 의지가 높은 학생임. 핵분열과 핵융합 반응에 흥미가 많아 관련 수업을 할 때 원자력발전의 쟁점에 대한 발표를 진행하고, 토의를 진행함.

생명 과학I : 겨울 학사 동안 생명과학부장으로 매시간 수업 분위기 조성 및 학습지 배부, 과제물 취합과 같은 원활한 수업 진행을 도움. 묵묵히 자신의 역할을 성실히 수행하고자 하는 모습이 매우 인상적임. 수업시간에 배운 지식을 빠르게 습득하고, 학습한 내용을 실생활에서 나타나는 현상들과 접목하여 이해하는 능력이 탁월함. … '신경 전달 물질의 발견'과 관련된 자료를 읽고, 개구리의 심장을 활용해 신경 전달 물질이 발견되었다는 점에 대해 깊은 감명을 받음. '약물의 영향'과 관련된 자료를 읽고, 약물 오남용의 심각성을 깨닫게 되어 처방 없이 약물을 함부로 복용해서는 안 된다는 것을 재인식하게 됨.

3학년

화학Ⅱ : 수소결합이 일어나는 조건을 외우는 공부 방식보다는 자석을 이용하여 수소결합이 일어나는 상황과 조건을 영상으로 찍어서 친구들의 이해를 도움. HOF, H2O, OF2의 결합각과 끓는점에 대하여 설명함. ··· 수업시간 중 학습 자료로 보았던 물 위를 걷는 도마뱀 영상을 보고 표면장력이 작용하는 원리를 이해함. 생명과학 시간에 학습한 삼투압에 관한 내용을 다시 접하여 이전에 학습한 내용을 점검해보고 화학에 새롭게 추가되는 개념을 수월하게 받아들이며 기체상수를 사용하는 것에 대해 생각하였고, 친구들과의 대화와 추론을 통해서 도출해냄. 염산과 암모니아수를 각각 적신 솜을 양쪽 유리관에 두어 생기는 변화를 관찰하고 그레이엄의 확산법칙을 적용해 봄. ···

생명과학Ⅱ : 매사 적극적인 학생으로 수업의 모든 활동에 최선을 다하여 임함. 이해력이 높아서 주어진 과제를 해결하는 능력이 우수함. 예습과 복습을 철저히 하며 모르는 내용은 지속적인 질문을 통해 해결하려고 노력함. 상상력이 풍부한 학생으로 자기 생각을 자유롭게 표현함. ··· 효소의 반응 속도 실험을 통해 pH가 효소에 미치는 영향을 과학적으로 설명함. 조별 역할 분담을 잘하였으며, 적극적인 태도로 자신의 소임을 다하여 원활한 실험을 진행함. 유전 암호게임에 적극적으로 참여하여 유전자 발현 과정을 이해하고 조원들과 협력하여 제시된 문제를 신속하게 해결함. ··· 인포그래픽을 통해 DNA 복제 과정을 시각적으로 명료하게 표현하고 그 과정을 구체적으로 설명함. 독서활동에서 GMO개발에 대해 찬성하는 뜻을 논리적으로 서술함.

끝판왕
Tip

과목별 세부능력 및 특기사항입니다. 1학년 세부능력 및 특기사항은 통합사회와 통합과학 중심으로 작성하였습니다. 사회과목에서 자료 분석에 대한 능력이 있으며 이슈에 대해 트여있는 시야를 가지고 있는 모습을 나타내었고, 과학 과목에서는 과학적 개념을 다른 상황과 비유할 수 있는 능력이 있음을 보여줍니다.

2학년 때는 다양한 분야에서 학습한 개념을 심화, 확장하며 학생의 학업역량을 드러내는 모습을 그렸습니다. 물리과에서 학습한 개념에 궁금증을 갖고 개념을 심화시켜 나가면서 지적호기심을 해결하는 모습을 통해 학생의 역량을 드러냈습니다. 생명과학에서는 과학부장의 역할과 실생활에 과학 지식을 연결하는 면모를 드러냈습니다.

3학년에서 생명과학 시간에 배운 내용과 화학 시간 내용을 연결하는 융합적 사고능력을 발현하는 모습을 볼 수 있습니다.

독서활동 상황

과학하는 여자들(김빛내라), 두 얼굴의 에너지, 원자력(김성호), 십대를 위한 미래과학 콘서트(정재승), 과학을 쿠키처럼(이효종), 에너지 상식사전(이찬복), 나는 농담으로 과학을 말한다(오후), 엄마가 들려주는 요리화학(권연진), 아삭아삭 요리로 배우는 화학 이야기(권연진), 화학, 알아두면 사는 데 도움이 됩니다(씨에지에양), 에너지 위기 어떻게 해결할까?(이은철), 비커 군과 유쾌한 화학 실험(우에타니 부부), 법칙, 원리, 공식을 쉽게 정리한 물리 화학 사전(와쿠이 사다미), 재밌어서 밤새읽는 화학이야기(사미키 다케오), 세상을 바꾼 화학(원정현), 역사를 바꾼 17가지 화학이야기(제이 버레슨, 페니 르 쿠터), 시끌벅적 화학원소 아파트(원소주기연구회), 화학으로 이루어진 세상(K. 메데페셀헤르만, F. 하이머 외1), 죽이는 화학(케스린 하쿠프), 공학계열 진로, 진학, 직업(정동완 외)

끝판왕
Tip

독서활동은 화학과 환경에 관련된 내용입니다. 이 부분을 잘 살리기 위해 추천도서를 적어놓았습니다.

1학년

예의 바르고 성실하여 주어진 일에 언제나 최선을 다하려 노력하는 학생으로, 수업시간에도 분위기에 흔들리는 일 없이 항상 집중력 있는 태도로 참여하여 교과 선생님들에게도 두터운 신뢰를 받고 있음. 1년 동안 학급의 칠판정리를 담당하며 매시간 깨끗하고 청결하게 칠판을 관리하여 수업이 원활하게 이루어지는 데에 크게 기여함. 학급의 서기로 활동하며 출석부 및 학급 서류를 꼼꼼히 관리하고 조・종례 내용을 매일 빠짐없이 기록하는 세밀함을 지니고 있음. 진로 및 진학에 대해 좀 더 구체적인 계획을 세워 자기 주도적으로 노력한다면 더 큰 발전이 있으리라 기대됨. 매우 분석적이고 논리적이며 객관적 비평을 잘하여 지적 호기심을 발휘할 수 있는 분야 즉 순수과학, 연구, 수학, 엔지니어링 분야나 추상적 개념을 다루는 경제, 철학, 심리학 분야의 학문에 적합할 것으로 보임.

2학년

명랑한 학생으로 생각이 깊고 삶을 대하는 태도가 진정성 있는 학생으로 자신의 진로를 쉽게 결정하지 않고 고등학교 생활하는 동안 치열하게 고민하는 모습에서 이 학생의 열정과 자신의 삶에 대한 애착을 느낄 수 있었음. 학교생활을 모범적으로 해나가고 어떤 부탁을 해도 싫은 소리 없이 자신의 임무를 수행하는 믿음직한 학생임. 겉보기에는 말수가 적어 보이나 조리 있게 자신의 주장을 펼칠 줄 알며 자신의 주관이 뚜렷함. 친구들에게 따뜻한 태도로 선의를 베풀며 교사에게 예의 있게 행동하여 항상 인기가 많음. 자신의 꿈을 찾고 이루기 위해 꾸준히 노력하며 점차 발전하는 모습을 보여 이 학생에게 많은 발전 가능성이 있다고 확신함. 자기 주도적 학습능력이 뛰어난 학생으로 학습계획을 세워 이를 실천하는 능력이 뛰어나며 쉬는 시간에도 부족한 교과를 학습하는 모습을 엿볼 수 있음. 또한, 학습에 대한 호기심이 많아 이를 해결하기 위해 끊임없이 질문하고 이를 해결하는 모습이 다른 학우들에 비해 돋보임. 과학 교과에 관심과 흥미를 느끼고 있으며 조별 수업에 조장을 맡아 조원들을 이끌어 좋은 결과물을 제출하는 모습과 수업시간 내용이 잘 이해가 되지 않는다는 친구들에게 친절하게 다시 설명하는 모습에서 배려심과 이타심, 리더십을 엿볼 수 있음. 교우관계에도 자신의 의견을 내세우기보다 타인의 의견을 먼저 들어주는 모습을 볼 수 있으며 친구들에게 일방적으로 제안을 하기보다 상대방의 의견에 귀를 기울이고 따르는 경우가 많음. 친구들과의 갈등에 있어서 감정적이기보다는 차분하게 대화로 풀어감. 무엇보다 학교규칙을 준수하여 교복을 단정하게 입고 복도에 떨어진 쓰레기를 솔선수범하여 줍는 등 학교규칙을 준수하는 모범적인 학생임.

행동특성 및 종합의견

행동특성 및 종합의견은 담임교사의 추천서입니다. 끊임없이 진로와 진학에 관해 탐구하는 모습과 학급 내에서 다양한 활동을 하는 모습을 보여주고, 자기 주도적인 학습이나 진로에 관한 끊임없는 고민을 파악하도록 구성했습니다. 끊임없이 친구들의 질문에 응답하는 모습은 자기소개서나 면접에서 구체적 사례로 다시 표현할 수 있습니다.

꿀판왕 Tip

3
세부 능력 특기 사항

3 의료·보건계열 세부능력 및 특기사항

세특 체크, 나를 체크! (인용할 세부능력 및 특기사항에 O표 하세요)

가) 치위생학과

생활기록부 영역	작성 내용
인적, 출결 상황	개근 인적, 출결사항은 기본적으로 학생의 학교생활 충실도를 보여줍니다. 미인정(무단)결석, 지각 등은 학생에게 부정적 이미지를 평가자에게 줄 수 있습니다. 질병 지각 및 질병 결석이 있다면 그 학생의 건강 상태도 가늠한 근거가 됩니다. 따라서 지각 및 결석이 없는 것이 가장 좋습니다.
수상경력	교과우수상(영어, 생명과학Ⅰ,Ⅱ) 진로포트폴리오대회 소논문발표대회(생명과학 부문) 생명과학경시대회(최우수상) 과학의날생명과학활동(우수상) 표창장(선행부문) 수상경력입니다. 학생의 관심사와 해왔던 노력의 결실을 확인할 수 있습니다. 2019년 기준 1학년부터는 상급학교 진학 시 1학기당 1개의 수상만 등록할 수 있습니다. 어떤 상을 자신의 수상에 표시할지 고민이 필요합니다. 학교생활기록부는 치위생사를 희망하는 학생의 것으로 만들었습니다. 교과우수상(영어, 생명과학Ⅰ,Ⅱ), 소논문대회, 진로포트폴리오, 생명과학경시대회, 과학의날 수상입니다. 각 수상에서의 학생의 모습, 역할 등은 자기소개서와 면접에서 활용할 수 있으니 미리미리 정리해 두세요.
진로 희망사항	1학년 치과의사 2학년 치위생사 3학년 치위생사 진로희망 사항은 2019년 기준으로 1학년부터 창의적 체험활동 진로 부분으로 넘어가고 입시에 적용되지 않습니다. 2022년 대입에는 크게 영향을 미치지 않지만 2020년과 2021년 대입에는 큰 영향을 미칩니다. 1학년 진로 희망은 치과의사였습니다. 이후 2~3학년에서 치위생사로 바뀌었습니다. 학교활동을 통해 바뀔 수도 있고, 현실적으로 의사보다는 치위생사가 가능할 것 같아 바꿀 수 있습니다. 학교생활기록부를 확인하며 학생의 스토리를 찾을 필요가 있습니다.

자율활동

1학년

심폐소생술교육을 통해 응급상황에서 생명을 지키는 방법을 습득하여 적극적으로 실천할 것을 약속하였고 장애 이해 교육을 통해 사회적 약자에 대해 배려하는 마음을 키움.

교내 합창 발표회에서 학급의 합창단원 중 알토 역할을 맡아 주 멜로디에 화음을 넣고 리듬표현을 정확하게 하며 제창과 2중창으로 노래함.

독서캠프에서 시집을 읽고 자신의 인생 도서를 찾는 계기가 되는 시간을 갖고, '1g의 용기'를 보고 자신이 판단을 내릴 때, 자신 있게 원하는 것을 선택하기 위한 동기를 찾음. 또한, 급우들과 시를 공유함으로써 유대감과 친밀감을 형성하고, 문학작품에 한 걸음 다가가는 계기가 됨.

2학년

학급의 날 행사로 학급 어울림 시간에 '너는 어떤 아이니?(특수반 친구 부모님의 이야기)'를 듣고 함께 공감하며 장애에 관한 토론을 한 후 소감문을 작성함. 다양한 삶의 간접 경험을 통해 역경 극복의 의치를 높이고, 장애에 대한 인식을 넓혀 더불어 살아가는 성숙한 민주 시민의식을 함양함.

자율활동 시간에 플래시몹 활동을 함. 조별 연습 시 개인적으로도 노력하였을 뿐만 아니라 조원들을 격려하고 협동함.

교과 UCC 제작 및 전시회에 참가하여 수업시간에 학습하는 생명과학을 뮤직비디오 형식으로 직접 UCC 영상으로 제작함. 생명과학 중 면역과 순환을 힘들어하는 급우들을 위해 '면역면역 돌아송'을 만듦. 팀원과의 갈등이 있었지만 이를 슬기롭게 해결하는 면모를 보임.

3학년

과학의 날에서 과학 만화 그리기 활동에 적극적으로 참여하여 '봄, 가을 음식아! 돌아와!'라는 제목으로 지구 온난화로 봄, 가을이 사라지는 문제점을 미래 기술로 극복한다는 줄거리가 담긴 만화를 완성하였으며, 우수작으로 선정되어 교내에 전시됨.

나라사랑교육 독도 관련 프로그램에 참여하여 독도에 관한 자료를 조사하여 독도를 알리는 홍보 엽서를 만들어 봄.

> **끝판왕 Tip**

창의적 체험활동 중 자율활동입니다. 학교활동에 착실히 참여하는 학생의 세부능력 및 특기사항으로 만들었습니다. 교내 합창대회, 플래시몹, 과학의 날 행사 등 다양한 활동에 참여하고 있음을 나타냈습니다. 또한, 보건 관련 장애 인식의 변화를 드러내게 학급의 날 행사를 만들어 보았으며, 과학 관련 교과 UCC 전시회 참가하는 학생으로 표현하였습니다.

거리극 축제 행사 운영 및 운영 보조 자원봉사 (매년 참여)
운동본부 소하천 살리기 캠페인, EM 및 흙공 하천 투하 (연 3회 이상 참여)

> **끝판왕 Tip**

봉사활동은 거리극 축제 행사 운영 및 보조하는 자원봉사로 내용을 만들고, 지역 내 소하천 살리기 운동에 참여함을 넣었습니다. 학교 안에서의 봉사뿐만 아니라 지역에 참여한 봉사활동을 넘어서 봉사에 주도적 역량을 가진 학생임을 표현하였습니다.

3
세부 능력 특기 사항

동아리활동

1학년

(RCY응급반) RCY지구 협의회 합동 선서식에 참여하여 생명과 건강을 보호하는 보건활동, 지역사회를 위한 봉사활동, 적십자정신 등을 배우고 보람되고 재미있는 다양한 프로그램을 소개받음. 교내 RCY 생명존중 및 학교폭력 예방 캠페인 활동에서 문구 제작 및 피켓 제작을 위해 노력하였으며 아침 및 점심시간에 9시간 활동을 시행해 친구들에게 생명존중의 중요성과 학교폭력의 심각성을 홍보함. 일상생활에서 발생할 수 있는 응급상황에 신속히 대처할 수 있도록 응급처치의 필요성과 심폐소생술, 안전교육 등 이론 및 실습 교육을 받음. 연탄 나눔 봉사활동에 참여하여 이웃을 생각하는 따뜻함과 나눔의 정신을 실천함. 교내 운동회에서 응급구조 요원으로 활동해 찰과상 환자 발생 시 배운 것을 따라 응급처치를 신속하게 시행함.

2학년

(RCY응급반) 응급재난 영상물을 시청하고 안전에 대한 의식을 더욱 확고히 하고 재난 대비의 중요성에 대해 생각하는 기회를 얻음. 보건 관련 직업을 알아보고 관련 학과들을 정리해보았으며 진학에 필요한 요소와 자신이 갖추어 나갈 요건들을 정리해 봄. 보건 관련 직종의 인터뷰 내용과 보건상식, 신체 기관의 기능, 새로운 의학계 소식 등의 내용을 담은 보건 신문을 만들어 보며 보건에 대한 상식과 신체 각 기관의 기능과 건강관리의 중요성에 대한 인식을 넓힐 수 있었음.

3학년

(융합토론반) 동아리 반장으로서 구성원들의 의견을 수렴하고 조정하여 주제선정 방법 및 토론 방식에 대한 구성원들의 합의를 이끌어 보다 긍정적이고 생산적인 토론 분위기를 이끄는 데 많은 도움을 주었고, 리더십을 발휘하여 모든 구성원이 토의에 참여할 수 있도록 배려하였음. 매 주제에 관한 토론에도 적극적으로 참여하여 토의를 보다 진지하게 진행에 기여. 특히, 인간복제와 관련하여 읽기 자료 등을 준비하여 생명 분야에 대한 많은 관심과 주의를 환기함.

(영어독서반 : 자율동아리) 영어 어휘 능력을 신장하고 영어 구문 이해력을 높이기 위한 다양한 영어 텍스트를 접하면서도 영어에 대한 흥미를 잃지 않기 위해 영어로 된 책을 읽는 동아리를 만들고자 노력하였고 뜻이 맞는 친구들과 바쁜 시간이지만 함께 모여 책을 읽고 이해한 내용을 나누기 위해 노력함. 영어책을 읽고 미니 북을 만들고 내용을 정리하면서 생각의 폭도 넓히는 비판적 사고력을 신장함.

끝판왕 Tip

동아리 활동은 학교활동에서 자신의 관심사를 가장 잘 드러낼 수 있는 부분입니다. 대학도 학생이 어떤 동아리를 했는지에 관심이 많습니다. 치위생사, 치과의사로의 진로를 희망하였던 학생의 보건계열에 적합할 동아리를 만들었습니다.

1, 2학년 때는 RCY응급반을 조직하여 교내의 생명존중 및 학교폭력 캠페인에 참여하였음을 나타내었습니다. 그리고 의료 관련 지식을 쌓는 활동과 봉사 정신을 드러낼 수 있는 활동들로 세부능력 및 특기사항을 적어보았습니다.

3학년 융합토론반은 학업역량을 드러낼 수도 전공적합성 및 발전가능성 등을 보여줄 수 있습니다. 또한, 자율동아리인 학습동아리 내용으로 자신의 학업역량을 드러낼 수 있는 좋은 활동으로 표현하였습니다. 학교 내의 다양한 활동이 진로와 연관되게 노력해야 합니다.

1학년

가고 싶은 대학을 조사하여 가장 표를 많이 받은 대학부터 차례로 방문함. 가고 싶은 대학에 가서 학교 홍보대사를 통하여 학교를 견학하고 학과의 건물을 보면서 진로목표를 분명히 수립하고 체계적으로 실천하기 위한 각오를 다짐.

자신이 희망하는 진로와 진학준비를 위하여 '아카데미 진학설계 프로그램'학과 페스티벌에 자신의 희망학과를 미리 체험함으로써 자신의 진로와 가까워지고 싶은 마음에 참가함. 진로 설계서 발표 활동에서 탐색한 직업들과 연관성을 비교함으로써 페스티벌을 통해 생명과학을 현재보다 더욱 열심히 공부해야겠다는 다짐을 함.

2학년

자신이 되고 싶은 직업인과의 인터뷰를 진행하고 그에 대해 발표하는 활동을 진행함. 자주 가던 치과의 치위생사분과 인터뷰를 한 영상을 보여줌. 인터뷰를 부탁드린 치위생사분이 자신의 롤모델이며 응원의 말을 해 주셔서 힘들더라도 포기하지 않도록 할 좋은 계기가 되었다고 말함.

진로 설계서 발표 활동에 자신의 진로의 방향을 알아보고 시대에 맞는 직업과 자신의 흥미 및 적성과 연관 지어 생각해보는 계기가 되기를 바라며 참가함. 다양한 검사를 통해 자신에 대해 이해한 후 활동에 참여함. 자신이 희망하는 직업과 4차 산업혁명 시대를 연결해 생각해보고, 희망 분야와 관련된 독서를 함으로써 진로의 방향을 파악해나감. 청결하고 정돈된 것을 좋아하는 것을 살려서 치위생사라는 직업을 선택하게 됨.

3학년

치위생사가 되기 위해 해야 하는 일, 수행하는 업무, 꿈을 가지게 된 계기 등을 자세히 조사하여 친구들 앞에서 발표했으며 발표하는 동안 친구들이 경청해주는 모습을 보고 대중을 마주 보고 발표하는 소중한 경험을 하게 된 것이 값졌다는 소감을 드러냄.

진로신문 만들기 활동으로 '누구 직업(보건, 의료 분야)'이라는 제목으로 보건 의료 계통의 직업인이 되기 위해 준비해야 하는 과정, 의료인이 수행하게 되는 업무 등을 자세히 조사 후 구성하였으며 모둠 내에서 치위생사에 관한 내용을 자세히 조사하여 모둠원들과 정보를 공유하였음. 또한, 한 해 동안의 진로수업을 통해 진로에 관한 많은 정보를 태블릿 피시 등을 통해 자기 주도적으로 수집할 수 있는 능력을 갖추게 되었음. 아울러 자신이 하고 싶은 직업을 뚜렷하게 알 수 있었고 이를 위해 필요한 구체적인 방법을 알 수 있었던 시간이었다고 밝혔음. 특히 다른 친구들의 발표와 의견을 경청하는 태도를 기를 수 있었던 것이 의미 있었다고 함.

진로활동

끝판왕
Tip

진로활동 전반에 치과 계열을 희망하고 구체화하는 학생의 모습을 나타냈습니다. 대학도 방문하고 진학설계 프로그램에도 참여합니다. 2, 3학년에서 구체적으로 치위생사와 만나 인터뷰하고, 하는 일을 조사, 정리하는 내용까지 넣었습니다. 자신의 진로를 찾기 위해 부단히 노력하는 모습이 잘 나타난 세부능력 및 특기사항입니다.

3 세부 능력 특기 사항

1학년

2학년

**과목별
세부능력
특기사항**

수학 : 가우스의 업적 및 등차수열과 관련한 일화, 등차수열의 합을 유도하는 과정을 신문형식으로 제작하여 급우들의 흥미를 유발함. 손재주가 좋으며, 평소 기하에 관심이 많아 수수깡과 색지를 이용하여 정다면체를 응용한 미적 구조물을 제작함.

기술·가정 : 준비물이 많은 수업을 할 때는 과목부장이 아님에도 재료를 옮기는 것을 도우러 오는 꾸준한 모습을 보임. 아두이노를 통한 다양한 기계를 만드는 것을 각 부품의 이해도, 부품들의 종합적인 작용과 최종 결과물에 대한 코딩 또한 우수한 이해력을 보이며 해결함. 아두이노뿐만 아니라 처음 만져보는 기계에도 흥미와 이해도가 높아 조작을 잘함. 아이의 모빌 만들기 활동에서 다른 친구들은 조를 만들어서 한 것에 비해 혼자서 했지만, 완성도 있는 지구계 모형 모빌을 제출함. 박음질, 마감질 등 바느질에 대한 이해도가 높고, 손재주가 좋은 모습을 보임.

생명과학I : 체세포 분열 관찰에서 현미경을 이용해 자신이 관찰한 세포 분열의 중기 단계를 자세하게 그려서 나타냄. 비만과 과도한 다이어트가 신체에 미치는 영향에 대해 조사 및 발표를 하여 균형 잡힌 삶을 위해 어떤 마음가짐과 습관을 지녀야 하는지 친구들에게 알려줌. '동물 세포와 식물 세포'를 주제로 각 세포를 구성하는 세포소기관의 종류 및 특징, 각 세포를 구성하는 세포 소기관들의 차이점을 조사하여 친구들에게 PPT를 통해 발표함. 학습 내용을 일상생활에서 나타났던 호기심을 해결하는데 이용하는 능력이 탁월함. '약물의 종류와 영향'을 주제로 약물의 종류를 조사하고, 약물이 인체에 미치는 영향에 대해 PPT를 활용하여 발표함. '혈액형 판정' 실험과정을 정확히 숙지하여 자신의 혈액형을 판정함. '미스터리 박스 게임'을 통해 오감을 활용하여 박스 안의 물체를 예상하는 모습이 돋보이며, 과학 지식 형성에 사회적 합의가 중요하게 작용한다는 것을 인식하게 됨. '플레밍의 페니실린 발견'에 관련된 자료를 읽고, 곰팡이로부터 얻은 물질이 복지 향상에 이바지했다는 점에 깊은 감명을 받음. '알레르기'에 관련된 자료를 읽고, 알레르기로 고통받는 사람들을 위해 어떤 노력을 기울여야 하는지 생각해보는 계기가 됨.

영어 I : 언어에 대한 이해력이 높아 '하늘에서 음식이 내린다면' 등 영어동화를 읽고 영어 요약문을 해석하며 자신뿐만 아니라 친구들의 해석을 도움. 본문 내용에 대한 열린 질문을 직접 만들어 친구들과 자신의 답을 비교해 봄. 동화 속에 담긴 철학적인 질문에 대해 자신의 삶과 연계하여 답을 써보고 친구들과 이야기를 나눔. 동화 주제에 관한 찬반 토론을 위해 모둠별로 주장의 근거 3가지와 예상 반박, 재반박 내용을 영어로 작문해보고 모둠간 토론을 통해 자기 생각을 정리한 에세이를 완성함. 특히 Frederic을 읽고 주인공의 예술적인 창작활동이 다른 이들의 육체적인 노동의 가치와 동등한가를 주제로 토론할 때, 예술 활동이 인간의 삶의 질에 기여하는 중요한 요소로 노동의 범주에 들어간다는 근거를 3가지 찾아 논리적으로 주장함. '10만원 현명하게 사용하기'를 주제로 자기 생각을 표현한 에세이를 교사의 피드백을 받아 꾸준히 수정하고 3단계에 거쳐 완성함. 'A Cold Hallway'라는 영어 창작시를 통해 차가운 복도와 따뜻한 교실을 대조적으로 표현하며 우정의 소중함을 글과 그림으로 표현하고 낭송하여 친구들을 감동시킴. 늘 열린 마음으로 모둠 수행과제를 신속히 완수하고 적극적으로 발표함. 영어 반장으로서 빠짐없이 교실 좌석 정리 등 원활한 영어 수업 진행을 도움.

확률과 통계 : 다양한 순열의 개념을 이해하기 위해 지속적인 질문과 연습을 하여 완전히 이해하고자 노력함. 중복조합과 관련된 다양한 문제를 이용하여 멘토에게 지속해서 질문하여 중복조합의 개념을 명확히 이해하게 됨. 확률변수와 확률분포의 개념을 바탕으로 진로확률분포함수를 만들고 관심 있는 직업인 방사선사, 회계사, 치위생사의 직업전망, 자격, 발전 가능성 및 관련 학과를 조사하여 표로 제시하고 수업시간에 배운 수학적 확률 용어를 사용하여 설명하고 친구들 앞에서 발표함. 확률분포의 개념을 정확하게 이해하고 확률질량함수를 이용한 실생활 문제를 만들어 모둠원과 함께 해결하고 이를 학급 친구들과 공유함.

생명과학 II : 수업에 항상 즐거운 마음으로 참여하는 밝은 학생임. 모든 활동에 적극적으로 임하며 생각이 틀리더라도 자신 있게 발표함. 어려운 내용이 있으면 쉽게 포기하지 않고 지속적인 연구와 질문을 통해 해결함. 조별활동에서 치위생학과와 의예학과에 진학할 친구들을 모아 구강조직을 조사하고 관련 질병을 인포그래픽으로 만들어 학급 뒷편에 게시함. 그리고 해당 내용을 발표하며 구강질병의 발병률에 관해 알리며 급우들에게 구강질병의 위험성을 알림. GMO 개발 활동을 통해 다 익어도 딱딱해지지 않는 옥수수를 개발함. 조별활동에 적극적으로 참여하여 완성도 높은 GMO를 표현하고 장단점을 잘 설명함. 독서활동에서 유전자 변형 생물 개발의 장점을 강조하여 자신의 찬성 의견을 명확하게 서술함.

일본어 I : 당일 수업에서 들은 단어는 당일 외우는 것을 기준으로 일본어를 공부하는 성실한 학생임. 한글과 비슷하지만 다른 문법체계를 가진 일본어를 잘 이해하여 친구들이 잘 틀리는 문법에도 틀리지 않는 모습을 보임.

교과학습발달사항 및 과목별 세부능력 및 특기사항입니다. 치위생사와 관련 있는 지식을 고민하니 의료, 화학, 생명, 언어, 기계 등을 생각하고 이와 연관된 세부능력 및 특기사항으로 만들었습니다.
1학년 때 세부능력 및 특기사항은 수학, 기술·가정입니다. 수학에 대한 기본적 이해가 있고 수학과 기술·가정에서 특기가 있음을 나타내 보았습니다.
2학년에는 생명과학 I, 영어 I 의 세부능력 및 특기사항을 작성하였습니다. 생명과학에서 세포 분열, 약물 종류와 영향, 플레밍의 페니실린 등 의학 관련 내용으로 세부능력 및 특기사항을 만들었고, 영어에서는 언어 이해 및 습득이 빠르다는 것을 보여줍니다.
3학년에 확률과 통계, 생명과학 II, 일본어 세부능력 및 특기사항을 넣었습니다. 수학 시간에 자신의 진로를 고민하고 조사하며 구체화하는 모습을 나타냈고, 생명과학에서 연구하는 자세 및 의학, 유전자 부분의 지속적 관심을 표현하려 했습니다. 일본어 역시 언어 습득력이 빠르다는 것을 보이려 작성하였습니다.

**독서활동
상황**

페르마가 들려주는 핵분열, 핵융합 이야기(송은영), 왓슨이 들려주는 DNA 이야기(이흥우), 멀더가 들려주는 단백질 이야기(최미나), 치위생 가이드(Jane Bonehill), 푸코와 치아(사 라 네틀턴), 내 몸속의 우주(롭 나이트 외), 별별 생물들의 희한한 사생활(권오길), 톰슨이 들려주는 줄기세포 이야기(황신영), 김제동이 만나러 갑니다(김제동), 원소가 뭐길래(장홍제), Big Questions 118 원소(잭 챌로너)

독서활동은 과학 관련 도서입니다. 과학 분야를 좋아하고, 특히 생명과학 및 화학에 관심이 많음을 알 수 있습니다. 이 부분을 잘 살리기 위한 추천도서를 넣었습니다.

3
세부
능력
특기
사항

1학년

밝고 쾌활한 성격을 바탕으로 학급 내에서도 원만한 교우관계를 형성하여 적응함. 아침 일찍 등교하는 습관을 이용해 1학기 동안 칠판과 교탁 정리를 맡아 역할을 충실히 수행하며 매일매일 학급의 학습 분위기를 정돈된 분위기로 이끌었고, 2학기에는 학교에서 제공되는 가정통신문과 안내장을 배부하고 취합하는 등 학급 운영에 있어서 그 역할을 톡톡히 수행함. 그동안 읽었던 수많은 책의 내용을 기반으로 삼아 학교 도서관에서 실시한 등장 인물에게 엽서 보내기 활동에 참여하여 책속의 인물을 대상으로 솔직한 대화를 나누고 책 내용에 관한 생각을 다양하게 전달하는 등 적극적인 모습을 보임. 학업뿐만 아니라 지역 청소년동아리 활동에도 적극적으로 참여하여 지역 거리 축제에서 행사 진행을 돕고 참여 시민들을 지원하는 활동에 참여하거나, 지역 내 청소년들을 중심으로 한 토론 활동에도 참여하여 친환경 도시 건설을 위한 노력 방안을 제시하는 등 활발히 활동함. 학업과 학교생활 모든 면에 최선을 다해 참여하고 상황에 굴하지 않고 자신이 생각한 목표를 향해 꾸준히 노력하여 목적을 달성하는 성향을 소유하고 있으며 뜻한 바를 위해 앞으로도 더욱 노력을 기울이고 자신의 상황을 발전시켜 나갈 가능성을 지님.

행동특성 및 종합의견

2학년

사교성이 좋아 다양한 친구들과 스스럼없이 어울리며 유쾌하고 활동적임. 교사를 비롯한 학교 내의 어른들과 친구들을 대함에 항상 예의를 갖추며, 올바른 언행과 학급 규칙을 준수하는 태도를 지님. 매사에 근면 성실한 태도로 학교생활에 임하여 급우들의 모범이 됨. 2학기 학급 반장으로서 자신감 있는 태도로 리더의 역할을 수행, 친구들의 두터운 신뢰를 받음. 원활한 학급 운영 및 행사 진행을 위하여 학급협의회를 통해 급우들의 의사 결정을 이끌었음. 급우간의 불화가 생겼을 때, 학급 갈등을 조정하고 해결하고자 적극적으로 노력하였으며 소외된 학생들에게 먼저 다가가는 따뜻한 성품을 지님. 꾸준히 학습플래너를 작성하여 학습에 대한 계획과 반성을 실천하며 자기 주도적 학습 태도를 갖춤. 교과 수업에 몰두하고 교사와 적극적으로 소통하여 학급의 면학 분위기에 긍정적인 역할을 함. 바른 생활부 부원으로 활동하며 건전하고 안전한 학교문화 형성에 기여.

끝판왕 Tip

행동특성 및 종합의견은 담임교사의 추천서라 할 수 있습니다. 1학년에 밝은 성격의 학생이며 칠판 교탁 정리 그리고 가정통신문 안내장을 취합하는 성실한 모습을 나타냈습니다. 또한, 지역 봉사활동을 언급하면서 학생의 봉사 정신을 드러낼 행동특성 및 종합의견으로 만들었습니다. 2학년 때는 학급 반장을 하며 친구들에게 인정받는 모습, 리더로서의 좋은 면이 두드러지게 작성하였습니다.

③ ┈┈┈ 의료·보건 세부능력 및 특기사항

합격 세특으로, 내 학생부도 합격으로! (인용할 세부능력 및 특기사항에 O표 하세요)

나) 의예과

생활기록부 영역	작성 내용
인적, 출결 상황	개근 인적, 출결사항은 기본적으로 학생의 학교생활 충실도를 보여줍니다. 미인정(무단)결석, 지각 등은 학생에게 부정적 이미지를 평가자에게 줄 수 있습니다. 질병 지각 및 질병 결석이 있다면 그 학생의 건강 상태도 가늠한 근거가 됩니다. 이번에는 개근으로 넣었습니다.
수상경력	화학UCC 대회(최우수상) 융합생명대회(공동수상 4인, 우수상) 진로포트폴리오대회(장려상) 생명신문 만들기대회(우수상) 생명탐구발표대회(최우수상) 교과우수상(전과목) 수상경력입니다. 학생의 관심사와 해왔던 노력의 결실을 확인할 수 있습니다. 2019년 기준 1학년부터는 상급학교 진학 시 1학기당 1개의 수상만 등록할 수 있습니다. 어떤 상을 자신의 수상에 표시할지 고민이 필요합니다. 학교생활기록부는 의사를 희망하는 학생의 것으로 만들어 보았습니다. 의사를 희망하는 학생의 수상경력이 엄청 많아야 할 것이라는 시각을 달리하여 만들었습니다. 교과우수상이 전 과목에 있다는 것은 학업능력에 대한 인증입니다. 과학 관련 대회 4가지와 진로와 관련된 1가지를 넣었습니다. 수상이 많으면 학생이 표현할 수 있는 건수가 많은 것뿐, 수상 개수를 평가하지 않습니다. 수상 개수에 연연하기보다, 각 수상에서 자신의 모습, 역할, 느낀 점을 미리 정리하고 자신이 어떠한 사람인지를 남에게 보여줄 내용을 찾는 것이 중요합니다.
진로 희망사항	1학년 의사 2학년 내과 전문의 3학년 내과 전문의 진로희망 사항은 2019년 기준으로 1학년부터 창의적 체험활동 진로 부분으로 넘어가고 입시에 적용되지 않습니다. 2022년 대입에는 크게 영향을 미치지 않지만 2020년과 2021년 대입에는 큰 영향을 미칩니다. 1학년 때는 의사였습니다. 이후 2, 3학년에서 내과 전문의로 구체화 되었습니다. 진로희망 사항을 적을 때는 광범위한 분야보다 구체적 직업을 선택하길 추천합니다. 1학년 때는 9급 공무원, 2학년 때는 7급 공무원 식의 단계가 아니라 1학년 때는 의사, 2학년 때는 내과 전문의 식의 구체화가 필요합니다.

(끌판왕 Tip)

3
세부
능력
특기
사항

1학년

과학의 날 행사에서 실험을 기획하고 실험 팀장으로 활동하며 실험의 내용을 정하고 준비물을 빠짐없이 준비하고 예비 실험을 통해 실험의 주의사항을 꼼꼼하게 챙기는 태도를 보임. 또한, 과일의 DNA 추출이 되는 원리를 이해하여 실험방법 및 원리를 참가자들에게 친절하게 설명하며 자신의 역할을 충실히 수행함.

흡연 예방교육과 결핵 예방 교육에 참여해 건강과 생명의 중요성에 대해 알고 질병예방을 위한 생활 수칙을 적극적으로 실생활에서 실천하며, 결핵과 흡연에 대해 알고 싶다는 생각을 하여 결핵과 흡연에 대한 영향과 사망률 등을 조사하고 관련 기사를 작성함.

교내 합창 발표회에서 학급의 합창단원 중 소프라노 역할을 맡아 높은 음정과 리듬표현을 정확하게 하며 제창과 2중창을 노래함.

성폭력 예방교육을 통해 성에 대한 바른 가치관 함양 및 정확한 지식을 습득하고 성폭력 예방에 대한 중요성을 알게 됨. 특히, 최근 사회적 이슈인 데이트 폭력과 스토킹 문제에 관한 사례를 다루어봄으로써 청소년의 성폭력 상황 발생 시 대처 방법에 대해 배움으로써 바른 가치관 함양뿐 아니라 실질적인 대처능력을 향상함. 또한, 의사로서 성범죄가 일어났을 경우의 매뉴얼이나 대처 방법에 대해 생각하고 조사해 볼 기회가 됨.

자율활동

2학년

과학의 날 행사에서 실험을 기획하고 실험 팀장으로서 '혈액을 통한 DNA 추출 및 전기영동' 실험의 내용을 결정하고, 준비물을 준비함. 예비 실험으로 활동의 주의사항과 사전에 젤을 만들어두는 사전 활동을 진행함.

생명존중 교육에 참여하여 생명존중에 관한 윤리의식을 고취시켜 생명 경시 풍조에 경각심을 가지고 생명 살림 지킴이로서 역할과 활동에 대해 배우는 기회였음. 그를 바탕으로 학급의 친구들과 생명존중 캠페인 활동을 진행함.

학급의 특색 사업인 꿈 일기 쓰기를 통해 매일매일을 의미 있게 보내기 위해 자신이 참여한 수업과 활동을 돌아보고 꿈을 위해 노력한 내용을 점검하고 부족한 부분을 반성하며 올바른 학습 태도를 기르고자 많은 노력을 함.

심폐소생술 및 응급처치 교육의 실습 활동을 통해 더욱 실감 나는 교육을 받을 수 있었으며, 응급처치의 중요성을 다시 느끼게 됨.

3학년

과학의 날 행사에서 실험을 기획하고 실험을 담당하는 팀장으로 'Nylon 6,6 합성실험'을 기획하고 자신이 진학할 의예과와는 관련되지 않지만, 화학과 관련된 학과를 진학할 교우들에게 관련 내용을 배워오는 등 열정적인 모습을 보임.

체육대회에서 피구, 계주 선수로 활약하고 방과 후에도 남아 열정적으로 노력하는 모습을 보임. 학교 교내체육대회에서 우승함.

학급협의회에서 학급의 교내 체육대회의 우승 상금을 어디에 사용할지 논의할 때 학급의 날 행사로 가기로 한 유치원의 아이들을 위한 장난감을 사자는 의견을 발의하고 학생들의 의견을 융합하여 유치원 동화책을 사주자는 결론을 냄.

학급의 날 행사로 '유치원 일일 봉사활동' 다녀옴. 교내 체육대회의 우승 상금으로 아이들을 위한 동화책을 사고 아이들과 하루 동안 놀아주면서 단합력과 뿌듯함을 느낌.

자율활동 시간에 조를 구성하여 주로 독서활동을 하면서 의학에 대해 부족한 지식을 보충하고 친구들에게 책의 내용을 알기 쉽게 설명을 잘함.

창의적 체험활동 중 자율활동입니다. 의예과 관련 창의적 체험활동을 작성해보았습니다. 과학의 날 행사에 DNA 추출실험, 전기영동, 나일론 합성실험에 노력했다는 점 그리고 흡연 예방, 성폭력 예방, 생명존중 교육, 응급처치 교육은 학교에서 하는 기초교육이 학생에게 중요하다는 점을 강조하고 싶어 넣었습니다. 그 외 체육대회에서 상금 사용으로 따뜻한 마음씨를 나타냈습니다. 꿈 일기와 독서활동을 넣어 의예과를 준비하는 학생의 학업에 대한 고민이 드러나도록 작성했습니다.

봉사활동

요양원 어르신 활동 보조 봉사활동을 2년 동안 주에 1번씩 진행함.

봉사활동은 요양원 어르신 활동 보조 봉사를 꾸준히 다녔음을 나타내었습니다. 의사를 희망하는 학생이 요양원에서 느낀 점이 많을 듯 합니다. 의예과 학생이 모두 요양원에 봉사하러 가야 하는 것은 아닙니다. 어떤 장소라도 봉사는 의미 있음을 다시 한번 강조합니다.

동아리활동

1학년

(RCY) 각종 응급처치법을 배우고 동아리원과 조를 구성하여 붕대법 실습함. 체육대회에서 조를 구성하여 체육대회에서 활동한 학생들에게 비타민을 나누어주고 다친 곳이 있으면 응급치료 세트를 가지고 다니며 작은 상처는 치료하는 활동을 함. 동아리 제에서 사람들의 키와 몸무게를 측정하고 처방전으로 BMI 지수를 처방전에 작성하고, 옆에 있는 약국 부스에서 BMI 지수에 따라 다른 맛의 비타민을 제공하는 활동을 제안하여 수용된 후 비타민의 구매처를 찾아서 교사에서 전달함.

(Dr : 자율동아리) 안락사, 배아줄기세포를 통한 치료, 낙태에 대한 지식채널e의 영상을 보고 토론을 준비하는 시간을 가지고, 안락사 합법화의 찬성, 배아줄기세포를 통한 치료는 찬성, 낙태에 대해서는 반대 측에서 토론 활동을 진행함. 배아줄기세포를 통한 치료에 대해서 배아줄기세포는 사람을 살릴 수 있는 최후의 수단으로 사용하고 그 이외의 가능성이 있다면 그 이외의 방법을 사용하고 생명을 살리기 위한 최후의 수단으로서의 가치가 있다는 소신 발언을 함.

(En&Sc : 자율동아리) 과학과 관련된 여러 주제를 가지고 영어로 토론을 진행함.

2학년

(RCY) 응급처치 중 심폐소생술에 높은 숙련도를 보임. 교내 체육대회에서 보건 요원을 하고 상처를 입은 교우들의 외상을 직접 처치해 봄. 체육대회에서의 처치에 대해 궁금한 점은 보건 교사에게 질문하는 등 의료지식을 습득하고자 하는 경향을 보임. 또한, 체육대회 이후에도 인터넷이나 일상생활에서 특정 질병을 보면 인터넷에 검색해보고 궁금한 점을 보건 교사에게 물어보는 열의를 보임. 동아리 시간에 질병 관련 전시물을 만들어 학교에 꾸준히 게시하고, 동아리 제에서 역대 전시물들을 모아서 전시하고, 교실을 반으로 나누어서 한쪽에는 병원, 약국 부스를 운영하며 병원에서 있는 증상을 얘기하면 처방전에 작성하여 약국에 들고 가서 알약 편지와 비타민을 주는 행사를 진행함.

(Dr : 자율동아리) 의료 관련 분쟁을 찾아보고 이에 대해 발표해보는 시간을 가짐. 항생물질이 일으키는 반응과 영향을 공부하고 항생제의 내성 및 감수성을 확인할 수 있는 실험을 진행함. 의료 관련 기사를 찾아와 의료 관련 이슈를 매주 소개하는 적극적인 모습을 보임. '인공지능의 의사 대체'에 대한 토의 활동에서 기술의 흐름에서 벗어나서 인공지능을 거부할 수 없으므로 우리는 인공지능의 뛰어난 부분을 수용하고, 이용할 수 있는 의사가 되는 것이 좋으며 인공지능과 같은 기술은 의사가 될 수 있는 직업의 다양성을 늘려준다는 소신 있는 발언을 함.

3
세부
능력
특기
사항

3학년

(RCY pt.3) 동아리 수업시간에 플래카드 제작 활동을 진행하고, 점심시간과 오전 등교 시간에 학교 폭력 예방 캠페인, 손 씻기 캠페인, 미세먼지 마스크사용 캠페인, 금연 캠페인, 아침 먹기 캠페인을 진행함. 아침 먹기 캠페인에서 전날에 동아리 시간에 주먹밥을 직접 만들어 나누어주는 활동을 진행함. 친구 사랑의 날에 약 봉투를 만들어 따뜻한 메시지와 함께 사과 혹은 위로를 전하는 활동을 진행함.

(Dr : 자율동아리) 국가암정보센터를 통해 암과 관련된 정보를 얻고, 각종 치료법과 임상시험을 조사하고 공부함. 또한, 학생들이 암에 대해 이해하기 쉽도록 '암? 그게 뭐예요?' 책자를 제작하여 각 학급에 1부씩 배포하여 암의 위험성과 예방 방법을 소개하고 학교에서 보건 행사를 할 때 암에 대한 인식향상 강의를 준비하고, 영상을 찍어 인터넷에 올리는 활동으로 암에 대한 이해 향상과 예방의식 상향 활동을 진행함.

동아리 활동은 학교활동에서 자신의 관심사를 가장 잘 드러낼 수 있는 부분입니다. 따라서 대학의 평가도 학생이 어떤 동아리를 했는지 관심이 많습니다. 의사를 희망하는 학생의 모습으로 의학 계열에 적합할 동아리를 만들었습니다.

1, 2학년 때는 RCY를 조직하여 응급처치법을 배우고 교내에서 예비 의료인으로 자신할 수 있는 역할을 찾아서 해내는 모습을 나타내었습니다. 3학년 때는 RCY 반에서 캠페인에 참여하였음을 나타내었습니다. 자율동아리는 꾸준히 Dr 동아리 활동을 한 것으로 넣었고, 1학년엔 윤리적 문제를 다루었으며 2학년 때는 인공지능과 관련 토론을 진행하였습니다. 이는 진로활동과도 연계됩니다. 3학년엔 정규동아리와 자율동아리에서 암에 관한 내용을 학교 친구들에게 알리는 캠페인을 지속함을 표현하였습니다.

진로활동

1학년

진로발표 활동에서 의사라는 자신의 장래희망을 소개하고, 직업을 위해 필요한 조건, 이 직업을 희망하게 된 계기, 자신의 가치관 등을 충실하게 발표하여 좋은 호응을 얻음. 특히 생애 전체 계획과 희망직업, 직업을 희망하게 된 계기와 자신의 직업 가치관을 유기적으로 잘 연결하여 발표하여 신선하다는 반응이 있었음. 친구들이 발표 속도나 내용, 정보에 대한 피드백에 겸허하게 받아들이고 다음 발표를 위해 참고하겠다는 태도를 보여 앞으로의 발전이 더욱 기대됨.

만남으로 시작하는 직업설명회를 통하여 스스로 선택한 의사의 강의를 통해 직업의 이해를 높이고 진로와 적성, 진학에 관한 정보를 습득하여 진로 계획을 세우는 활동을 함.

KCMII 대학전공선택검사를 동해 자신의 적성과 흥미에 따른 관심 대학 전공(의료계열)에 대한 정보를 얻고 대학 전공의 다양성에 대해 깨달음.

2학년

'인간 중심 해결사 되기' 강연을 듣고 평소 관심이 있던 적정기술에 대하여 한 번 더 생각해보는 기회를 가짐. 과거에는 막연히 적정기술을 발전시키고 싶다는 생각을 했던 것과 달리 의료기술과 결합하여 어떻게 적용할 수 있을지 조사하고 생각해 봄.

과학기술특성화대학 전공체험 프로그램에 참여하여 의생명공학과와 화학공학과 실험실을 견학하고, 대학생과 만남을 통해 진로 정보를 수집함.

꿈 탐색주간 관심 전공 분야인 의예과에 대한 자료를 수집하여 전공탐색보고서를 작성함.

선배와 함께하는 진로 토크콘서트에 참여하여 다양한 대학문화를 간접 체험했으며 이를 통해 진로 목표를 생각하고 학습에 몰입할 수 있는 열정과 에너지를 새롭게 지니게 되었음.

3학년

진로 및 대학 탐색하기를 통해 내과 의사가 하는 일, 관련 학과의 취업 현황에 대해 알아보고 직업 만족도와 4차 산업혁명에 따른 앞으로의 직업전망을 조사하고 어떻게 생각하는지 발표함.

직업인 초청 진로 직업 멘토 특강에 참여하여 의예과 교수의 특강을 듣고 의료인이 되기 위해 준비해야 할 마음가짐과 줄기세포 치료법의 장·단점과 실제로 일어날 수 있는 부작용에 대해 정확하게 알게 됨.

초청 진로특강 '식물호르몬과 면역체계'를 듣고 세포 내에서 일어나는 신호전달 기작에 관심을 보임.

초청 진로특강 4차 산업혁명 '인쇄와 3D Printing'을 듣고 3D Printing의 기술 동향과 강대국들의 4차 산업혁명 주도권 싸움에 대해 자세히 알게 됨.

꿈판왕
Tip

진로활동에 전반적으로 의사를 희망하는 학생의 모습을 나타냈습니다. 1학년부터 의사를 생각하며 관련 학교활동을 부지런히 찾아 이행하는 모습을 보입니다. 2학년은 학교 내 활동과 더불어 학교 밖으로 나가 직접 체험하는 활동을 구성했습니다. 3학년 때는 4차 산업혁명과 의사의 관계를 넣었습니다. 이 부분은 자기소개서 및 면접에서 평가자가 궁금해 할 사항으로 의예과 준비하는 학생은 다가올 4차 산업혁명에서 의사의 위치는 어떠할지 고민해 보고 정리하는 시간을 가졌으면 합니다.

과목별 세부능력 및 특기사항

1학년

영어 : 영어에 대한 자신감이 다소 부족하나 부족한 점을 채우기 위해 적극적으로 질문하고 수업 시간에 집중하며 성실하게 수업에 참여함. 특히 의료인으로서 윤리 및 이슈에 관한 수업 시 추가적인 자료를 스스로 찾으며 배경지식을 넓히고 배운 내용을 체계적으로 정리하는 등 꾸준히 독해력 향상을 위해 노력하는 모습을 보임. … 친구들과 함께 과학·영어 토론모임을 만든 후, 생명 관련 이슈, 윤리문제에 관한 기사를 함께 읽고 친구들과 협력하여 자료를 찾고 스크립트를 직접 써보고 피드백 받는 과정을 통해 자신감을 얻어 토론시간에도 활발히 자신의 의견을 주장하고, 발표시간을 즐기는 등 눈에 띄는 긍정적 변화가 관찰됨.

통합과학 : 기체 분자량에 따른 확산속도에 대해 과학적 근거와 예시를 들어 설명함. 획득형질이 유전되지 않는다는 사실을 입증하기 위한 실험과정을 만들어냄. 원핵생물이 진핵생물로 진화하는 과정에 대해 세포 내 공생설을 들어 설명하였음. 다양한 이론이 어떤 과학적 사고과정을 통해 발생하였는가에 대해 자기 생각을 적극적으로 표현함. 광합성과 호흡의 공통점과 차이점에 대해 학습하던 중 광합성이 산소를 생산해 내는 과정을 조사하고, 이를 발표자료로 만들어 수업 시작 전에 발표함.

2학년

화학Ⅰ : '화학식량과 몰' 단원의 주요 개념을 정리한 PPT 자료를 만들고 자신감 있게 발표하여 다른 학생들의 이해를 도움. 원자력을 예시로 들어 과학기술의 양면성을 조사하여 발표함. … '화학반응에서의 양적 관계'를 확인하는 실험 과제를 모둠원들과 협동적으로 수행함. '원자 모형의 변천 과정'의 내용을 바탕으로 과학 지식의 잠정성에 관련된 내용을 논술함. … 케쿨레의 일화에 대한 제시문을 읽고 창의력의 중요성에 대한 자기 생각을 과학자의 자질 및 태도와 관련지어 논술함. '금속의 이온화 경향성'을 통해 미지 금속을 확인하는 실험에서 모둠원과 협동적으로 과제를 해결하는 모습을 보였으며, 가설 설정부터 결론 도출까지의 탐구 과정을 진행하면서 뛰어난 논리력을 보임. 자기 주도적 학습능력이 매우 뛰어나고 항상 노력하는 모습을 보이는 학생으로, 지금까지의 모습을 유지한다면 앞으로 큰 발전이 기대되는 학생임.

3
세부
능력
특기
사항

생명과학I : 면역을 주제로 캘리그라피를 통해 다양한 색과 표현 방법을 이용하여 학습지 표지를 제작하는 과정에서 세균, 바이러스를 창의적으로 재구성하는 능력이 돋보임. 생명과학 골든벨 진행을 위해 기관계의 통합적 작용 분야에서 출제하는 것에 참여하여 진행을 도움. '플레밍의 페니실린 발견'과 관련된 자료를 읽고, 우연에 의해 발견하게 된 항생제의 중요성을 깨닫고, 이것이 인류 복지 발전에 커다란 영향을 미쳤음을 인식하게 됨. '약물의 영향'과 관련된 자료를 읽고, 약물의 종류 및 신체, 사회에 미치는 영향에 대해 인식하게 됨. … 수업 참여에 대한 열정이 있으며 백신에 대한 흥미와 호기심이 높아, '방어 작용' 단원을 학습할 때 질문을 통해 심도있게 알고자 하는 의욕을 보임. 또한, 백신과 관련된 직업에 대해 스스로 탐색하여 목표를 이루기 위해 노력함. '백신의 제조와 효과'를 주제로 백신의 제조 방법 및 효과, 생백신과 사백신의 차이점을 조사하여 PPT를 통해 발표함.

확률과 통계 : … 확률변수와 확률분포의 개념을 바탕으로 진로와 관련된 확률분포함수를 만들고 관심 있는 직업인 내과 전문의 직업전망, 자격, 발전 가능성 및 관련 학과를 조사하여 표로 제시하고 수업시간에 배운 수학적 확률 용어를 사용하여 설명하고 친구들 앞에서 발표함. …

생명과학II : … 유전자 재조합 기술에 많은 관심이 있어 관련 직업에 대해 탐색함. 평소 수업내용뿐만 아니라 생명과학의 다양한 분야에 대한 질문을 많이 함. 효소의 특징과 기능에 대해 발표하여 친구들의 이해에 큰 도움을 줌. 특히 주어진 자료에서 활성화 에너지를 정확하게 표시하여 설명함. 효소의 반응 속도 실험을 통해 pH에 따른 카탈레이스의 활성을 비교해 보고 그 결과를 체계적인 보고서로 작성함. … 그림을 위주로 제작한 PPT를 통해 에이버리 실험을 창의적으로 표현하고 실험의 원리와 과정을 구체적으로 설명함. 독서활동을 통해 유전자 변형 생물의 개발에 찬성하는 뜻을 명확히 밝히고 자기 생각을 논리적으로 서술함.

화학II : 분자의 질량이 클수록 인력이 크다고 암기하기보다는 분산력과 양성자수, 전자수, 쏠림 정도, 정전기적 인력을 직접 그림을 그려 구조화하여 분산력에 대해 이해함. 기체 분자 운동론을 공부한 후 샤를의 법칙을 단순히 부피와 온도와의 관계가 아니라, 온도가 변했을 때 단계별로 일어나는 변인을 생각해 보고 최종적으로 부피에 영향을 미치는 것을 발표함. … 반응열을 설명하는 두 가지 방법을 고민하고 ΔH는 내부의 에너지를 중심으로 표현한 것과, Q는 외부의 에너지 변화를 중심으로 표현한 것을 수업시간에 말함. 염산과 암모니아수를 각각 적신 솜을 양쪽 유리관에 두어 생기는 변화를 관찰하고 수업시간에 배운 개념을 적용해 봄. … 계의 정의를 공부한 후 지구는 어떠한 조건인지 친구들과 토론함. 혈액의 pH가 일정하게 유지되는 현상을 완충현상 및 르샤틀리에의 원리를 통해 이해하였으며 나아가 혈액 및 폐에서 H_2CO_3와 HCO_3^- 사이의 평형상수식을 헨더슨-하셀바르흐 식을 통해 pH가 유지됨을 이해하고 자신이 생명과학 시간에 배운 카탈레이스의 활성과 융합하여 인포그래픽을 제작함.

끝판왕
Tip

과목별 세부능력 및 특기사항입니다. 의예과를 지원하는 학생은 전 과목에서 우수한 성적을 받고 세부능력 및 특기사항에 자세히 적힐 것입니다. 저자는 여러 교과보다는 특정 과목에서 의사를 희망하는 학생의 모습은 이러하겠다라는 것을 전제로 작성하였습니다.
1학년 영어I 과 과학입니다. 토론모임을 만들며 의료인 윤리 및 이슈를 영어 과목에서 할 수 있음을 표현하였습니다. 과학에서 생명 파트에 관심이 있다는 것을 넣었습니다.

2학년 화학 I 에서 화학을 잘하는 학생에게 작성될 수 있는 화학 세부능력 및 특기사항을 구성하였습니다. 화학 전체 부분에서 우수함을 보여줍니다. 생명과학 I 에서는 면역, 페니실린, 약물 등으로 의약품과 관련된 내용으로 만들어 보았습니다.

3학년 확률과 통계에서는 수학 실력의 뛰어남도 좋지만, 해당 내용을 직업 관련으로 나타낼 수업에서의 표현이 가능하게 작성하였습니다. 화학 II, 생명과학 II 에서는 학생의 수업에서 해당 문제를 해결할 때 고등학생 수준 이상으로 나아가는 모습을 표현하였습니다. 의사라는 직업은 환자를 치료하기도 하지만 새로운 질병을 끊임없이 연구하는 과학자이기도 합니다. 따라서 고민하는 과학자의 모습도 보이면 좋을 듯합니다.

독서활동 상황

항암 치료란 무엇인가?(김범석), 서민 교수의 의학 세계사(서민), 미스터리 작가를 위한 법의학 Q&A(D.P.라일), 항생제 스타터(편집부), 항생제 열전(유진홍), 나는 삶을 고치는 암 의사입니다(이병욱), 유전체, 다가온 미래 의학(김경철), 하라하라의 청소년을 위한 의학 이야기(이은희), 인류를 구한 12가지 약 이야기(정승규), 암의 스위치를 꺼라(레이먼드 프렌시스), 닥터 배의 술술 보건의학통계(배정민), 환자혁명(조한경), 면역에 관하여(율라 비스), 저는, 암병동 특파원입니다(황승택), 대사치료 암을 굶겨 죽이다(나샤 윈터스,제스 히긴스 켈리), 알기쉽게 풀이한 의학용어(지제근), 인류의 전쟁이 뒤바꾼 의학 세계사(황건)

꿀판왕
Tip

독서활동상황은 의학 관련 독서입니다. 독서로 학생은 자신의 관심사를 드러내기도 합니다. 의예과를 지망하는 학생에게 추천할 만한 책을 적어 놓았습니다.

행동특성 및 종합의견

늘 예의 바르고 공손한 태도로 주변 사람을 대하고 자신보다 어려운 상황의 이웃에게 진심으로 마음 아파하는 착한 심성의 학생임. 학급 대청소 시 불평하지 않고, 즐거운 마음으로 청소를 하고자 노력하는 모습이 인상적이며, 맡은 일에 대한 책임의식이 강하여 묵묵히 자신의 일을 해냄. 학업에 대한 의지와 집중력이 강하여 주변 상황에 휩쓸리지 않고, 꿋꿋하게 자기주도학습을 실천해 나가는 모습이 모범적이며, 수업 태도가 좋으며 뛰어난 집중력으로 중요한 내용을 놓치지 않고, 메모하며 경청하고자 노력함. 자신의 진로에 대해 뚜렷한 꿈을 가지고 구체적인 목표를 세워 자기주도학습에 임하는 태도가 모범적임. 밝고, 명랑한 성격의 학생으로 자신이 하고자 하는 일에 대해 비교적 뚜렷한 생각을 갖고 있으며 적극적으로 자신의 학습 환경을 통제하고 수립한 학습계획을 지속적으로 실천하는 자세를 키우고 있어 더 큰 발전이 기대되는 학생임. 등교가 다른 학생들에 비해 늘 이른 편이고 부지런하며 학교규칙에 어긋나는 행동을 하지 않으며 특히 선생님 말씀을 귀담아듣고 어기지 않으려고 노력하는 모습이 인상적임. 일 년 동안 학급에 비치된 물품 관리, 칠판 관리 등 사소하지만 남들이 꺼리는 일을 자발적으로 하여 수업이 원활하게 이루어질 수 있게 책임감을 느끼고 맡은 일을 수행함.

성실하며 계획성 있는 생활을 하는 학생임. 스터디 플래너를 월별, 일별로 작성하여 그에 맞추어 공부하려고 노력하는 학생임. 반에서 가장 플래너를 꼼꼼하게 잘 쓰는 학생으로 꼽히기도 함. 이를 바탕으로 수학, 국어, 영어의 성적이 향상하였으며 원리적으로 접근하여 공부하는 학생임. 끈기가 있는 학생으로 만족하지 못하는 성적이 나와도 좌절하지 않고 마음을 다잡고 노력할 줄 아는 학생임. 학급 서기로서 학급회의에서 나온 내용을 정리하였으며, 이를 바탕으로 학급에 큰 도움이 됨. 과학 카페의 청소를 도맡아 하였으며 학급 대청소의 역할을 분담할 때는 교실 청소를 도와 열심히 하는 등 작은 일에도 남을 배려하는 모습을 관찰할 수 있었음. 교내 동아리 축제 준비 위원회로써 계획, 준비, 진행 등을 맡아 하였으며, 축제가 잘 끝날 수 있도록 노력함. 이를 통해 맡은 일에 최선을 다하고 구성원과 토론하여 함께 일을 진행하는 능력을 기름. 또한, 생명과학 부스를 운영하였으며 현미경을 이용한 탐구 활동을 주제로 우수하게 수행함. 중고서점에 방문해 책을 구입하여 쉬는 시간에 읽는 등 독서를 생활화하는 건전한 취미활동을 가짐. 1:1 멘토링에서 다른 학생의 화학 멘토의 역할을 우수하게 수행해 화학 등급을 2등급이나 상승시켰으며, 멘티가 아닌 다른 친구들이 질문해도 친절하게 질문에 대답해주는 모습을 자주 보임.

끝판왕
Tip

행동특성 및 종합의견은 담임교사의 추천서라 할 수 있습니다. 학생이 타인과의 공감 능력이 뛰어나며 학업에 충실한 모습이 나타나도록 구성하였습니다. 1학년에서 이타적인 모습과 책임감이 강한 학생의 태도를 보이며 흔들릴 수 있는 상황에서 학업에 증진하는 학생의 모습을 표현하였습니다. 2학년 때 학교활동에서 학생의 책임감과 자기주도학습력을 지닌 학생의 이미지를 나타내도록 만들었습니다.

④ 교육계열 세부능력 및 특기사항

세특 보고 대학 가자. (인용할 세부능력 및 특기사항에 O표 하세요)

가) 초등교육과

생활기록부 영역	작성 내용
인적, 출결 상황	개근 인적, 출결사항은 기본적으로 학생의 학교생활 충실도를 보여줍니다. 미인정(무단)결석, 지각 등은 학생에게 부정적 이미지를 평가자에게 줄 수 있습니다. 질병 지각 및 질병 결석이 있다면 그 학생의 건강 상태도 가늠할 근거가 됩니다. 이번에는 개근으로 넣었습니다
수상경력	봉사상 다독상(2회) 융합과학대회(우수상) 영어독서경시대회(장려) 홍보UCC 만들기 대회(우수) 진로포트폴리오대회(장려) 통일시화전(우수) 교내코딩대회(우수) 수상경력입니다. 학생의 관심사와 해왔던 노력의 결실을 확인할 수 있습니다. 2019년 기준 1학년부터는 상급학교 진학 시 1학기당 1개의 수상만 등록할 수 있습니다. 어떤 상을 자신의 수상에 표시할지 고민이 필요합니다. 학교생활기록부는 초등교육과를 희망하는 학생의 것으로 구성해 보았습니다. 봉사, 다독, 과학, 영어, 코딩 등 다양한 부분의 수상경력으로 만들어 보았습니다. 각 수상에서의 학생의 모습, 역할 등은 자기소개서와 면접에서 말할 수 있으니 미리 내용 정리해 두세요.
진로 희망사항	1학년 교사 2학년 초등교사 3학년 초등교사 진로희망 사항은 2019년 기준으로 1학년부터 창의적 체험활동 진로 부분으로 넘어가고 입시에 적용되지 않습니다. 2022년 대입에는 크게 영향을 미치지 않지만 2020년과 2021년 대입에는 큰 영향을 미칩니다. 1학년에는 교사를 희망한 학생으로 만들었습니다. 이후 2~3학년은 초등교사를 희망합니다. 학교에서 한 활동과 자신의 진로에 영향을 미친 일이 학교생활기록부에 있다면 스토리가 쭉 연결될 것입니다. 학생 진로에 영향을 미친 일을 찾아보는 것도 하나의 재미입니다.

3
세부
능력
특기
사항

1학년

1학년 학생회의 학습총괄부 부장으로서 다양한 학생 행사를 기획하고 급식실 질서 유지, 우산 대여, 실내화 대여 등 학생들을 위한 복지 활동을 진행하였음. 학교폭력 예방교육과 성폭력 예방 교육에 참여해 학교폭력과 성폭력에 대한 경각심을 키우고 타인에 대한 이해와 배려심 있는 행동의 중요성을 인식함. 영상을 통한 학교폭력 예방 교육을 통해서는 피해 학생들의 감정을 공유하고 학교폭력의 심각성을 마음으로 느낄 수 있는 시간이 되었음.

학생 생활지도부 부원으로서 교통안전 도우미, 아침 등교 시 인사 캠페인, 학생 생활 인권 지킴이, 점심시간 안전 지킴이, 흡연 없는 학교를 위한 캠페인 등을 진행함으로써, 안전하고 행복한 학교 만들기에 적극적으로 참여함.

심폐소생술교육을 통해 응급상황에서 생명을 지킬 방법을 습득하여 적극적으로 실천할 것을 약속하였고 장애 이해 교육을 통해 사회적 약자에 대해 배려하는 마음을 키움.

사이버범죄 예방 교육에 참여하여 다양한 사이버범죄 유형에 대해 알아보고 이를 예방하기 위해 생활 속에서 지켜야 할 예방 수칙에 대해 배워보는 시간을 가짐.

학급에서 자원자를 모아서 클럽활동 발표회에서 질서유지를 맡아 발표회 전체를 질서 있고 안전하게 진행하여 성공적인 클럽활동 발표회를 위해 기여함.

1학년 학생회 선거에 선거관리위원으로 선출되어 선거운동 준비, 선거운동 기준 설정, 선거 위반 행동 감독, 선거 개표 활동 등 공정하고 올바른 학생자치 선거를 위한 활동에 적극적으로 참여함.

자율활동

2학년

2학년 학생자치회의 학습총괄부 부장으로서 교내 다양한 행사를 기획하고 지원하는 등 다양한 활동에 적극적으로 참여함. 교내 엘리베이터의 올바른 사용을 위한 캠페인, 스포츠클럽대회 경기 운영 및 동아리 발표회 운영과 질서지도 및 행사 후 주변 환경정화 활동 등 다양한 학생자치 행사를 기획하고 참여하였으며, 친구들이 안전하고 쾌적한 하굣길을 위한 우산 대여프로그램 운영 등에 참여하여 학생 안전 및 복지를 위한 모든 활동에 능동적으로 참여함.

학생 생활지도부 부원으로 학생 아침맞이 활동에 꾸준히 참여하여 즐거운 등굣길을 만드는데 기여하였고, 점심시간 학생 안전을 위한 질서유지 캠페인 활동 등 교내 지도 활동에도 참여하여 질서 있는 학교운영이 가능하도록 이바지함.

2학기 자율활동 시간을 이용하여 준비한 '학기 말의 힘든 학교생활 즐겁게 하자'라는 주제로 한 플래시몹 활동에 참여하고 열심히 노력함. 특히 파트너별로 행진을 하는 동작에서는 코믹한 동작을 연출함으로써 관객들의 웃음과 박수를 유도하였으며 전체적인 안무 구성에서 참신한 아이디어를 제시하여 작품의 완성도를 높임.

동아리 발표회에 학생회 임원으로 참여하여 공연을 위한 무대를 준비 과정에 참여하고 동아리별 발표 및 공연이 끝난 후 행사장 내 청소 및 의자 정리를 하여 원활한 발표회 진행과 뒷정리를함. 학생자치회 선거관리 학급 도우미로서 선거기간의 부정 선거 적발 및 보고, 후보자 소견 발표 시 학급 정숙 지도, 투표자 명부 관리 및 투표용지 배부, 학급 투표소 설치, 학급투표함 관리, 학급투표함의 선거관리위원회 사무실 이관 작업 등의 업무를 수행하며 공정한 절차에 따라 학생자치회 선거가 진행되도록 역할을 함.

3학년

학생자치회 3학년 학습총괄부 부장으로서 자신이 맡은 역할을 성실하게 수행함. 학생자치회에서 주관하는 다양한 학교 행사들을 기획하고 운영하는 과정에서 학생이 중심이 되는 학교를 만드는데 크게 기여하였고 올바른 가치관을 정립하고 공동체 의식을 증진함으로써 창의적이고 민주적인 리더십을 함양하였음.

학생 생활지도부원으로서 등굣길 인사 나눔, 일과 중 흡연 및 학교폭력 없는 건강한 학교 만들기 캠페인을 통한 즐거운 학교 만들기 활동을 함. 점심시간 흡연 없는 건강한 학교 만들기 캠페인을 통해 교내 기본 생활 습관 정착 및 학교폭력 캠페인 활동에 적극적으로 참여하였음. 또한, 등교 시 교문 앞 교통안전 도우미 활동을 성실히 하였고, 학우들의 안전한 등굣길을 도와주면서 행복한 학교 만들기 활동에 기여함.

선거관리위원회 서기로서 공정한 선거가 이루어지도록 선거 운동 과정을 관리하고, 합동 소견발표회 등을 진행하였으며 투표, 개표, 선거 후 뒷정리까지 모든 과정에 적극적으로 참여하여 봉사함.

꿀판왕 Tip

창의적 체험활동 중 자율활동입니다. 해당 학생이 학생자치회 부장과 학교 생활지도부원으로 3년간 활동했음을 나타냈습니다. 학교 행사를 기획하고 실행하는 모습을 표현하였습니다. 그만큼 학교 활동에 관심이 많고 열심히 참여했음을 알 수 있습니다. 학교에서의 다양한 활동을 계기로 자신이 생각하는 교사상을 만들 수 있습니다. 세부능력 및 특기사항 뒤에 느낀 점 등은 꼭 정리해서 자기소개서와 면접에서 표현해야 합니다.

봉사활동

일주일에 세 번씩 지역아동센터에서 사무 보조와 학생 교육 2년 동안 진행함.

꿀판왕 Tip

봉사활동은 일주일에 3번씩 지역아동센터에서 2년 동안 진행한 것으로 만들었습니다. 이때 한 일은 사무 보조와 교육하는 활동입니다. 2~3학년에는 밖에서 본격적으로 봉사활동을 한 것으로 구성하였습니다. 이를 계기로 초등교사라는 진로에 확신을 가진 모습이 나타날 것입니다. 그렇다고 초등교사를 희망하면 모두 지역아동센터에 가야 하는 것은 아닙니다. 모든 봉사활동은 가치 있습니다.

동아리활동

1학년

(아고라 토론반) 찬반 토론을 위한 전래 동화(잠자는 숲속의 공주, 분홍신, 백설 공주)와 토론 핵심 주제를 직접 선정하여 모둠 내 토론과 릴레이 토론을 통해 논리적이고 자신감 있게 자신의 주장을 펼치면서도 포용적인 토론 분위기를 형성함. 세바시 강연(인문, 교육, 미래사회)을 보고 자기 진로에 대해 친구들 앞에서 강연함. 사형제도 및 법과 제도에 관한 적절하고 신뢰도가 높은 자료를 준비하여 토론에 임함. 반론과 최종 발언의 과정에서 상대 주장의 모순을 우선 지적하고 자기 주장의 타당성과 합리성을 강조함. 교내 토론 행사 개최를 위해 1, 2학년 교실 홍보와 토론 순서 및 질서 관리를 맡아 최선을 다함.

(아고라 : 자율동아리) 우리 주변의 사회문제 중 특히 빈곤 및 인권문제에 관심이 높아 관련 내용의 토론 주제를 선정하는 데 적극적으로 참여하였으며, 토론에서 동물을 대상으로 하는 실험의 부합함을 주장함. 인권신문 만들기 활동에서 방대한 자료를 조사하여 기사를 작성하고 빈곤 문제와 관련된 UCC를 제작하는 등 현재 상황의 심각성을 알리고 해결방안을 모색함.

2학년

(아고라 토론반) 토론을 통해 올바른 가치관을 형성하고 사고력을 높이고, 이를 통해 자신의 진로를 찾고자 함. 진로 관련 인생 그래프를 제작하여 봄으로써 자신의 과거를 돌아보고 미래를 예측하는 시간을 가짐. 사회이슈인 사드배치, 군 가산점 제도, 원자력발전에 대한 찬반 토론을 진행하면서 사회문제에 관심을 가지고 이에 관한 생각을 정리하고 발표함. 교육과 관련된 토론에서는 거꾸로 수업에 관한 토론을 통해 현 교육의 문제점과 새로운 학습방법이 학생들에게 주는 장점을 이야기함. 더불어 문·이과 폐지에 대한 찬반 토론을 진행함으로써 문·이과 폐지가 학생들에게 주는 장단점에 대해 발표함. 토론을 통해 자신이 찾은 진로와 관련된 대학의 면접 질문과 이슈를 중심으로 모의 면접을 진행함.

(아고라 : 자율동아리) 본인의 진로 관련 인생 그래프를 그리고 발표함으로써 자신의 삶을 돌아보고 미래에 대해 함께 생각해 봄. 무감독시험, 학생부 종합전형 폐지, 구급차 유료화, 사형제도, 정규직 전환에 관한 생각을 이야기하며 토론하는 시간을 가짐. '우리는 플라스틱 없이 살기로 했다(산드라 크라우트바슐)'라는 책을 읽고 소개함. 본인이 희망하는 '초등교육과'에 대해 알아보고 소개함.

3학년

(아고라 토론반) 우리 사회의 이슈인 쟁점들을 토의·토론하며 분석하는 활동을 통해 사회적 문제를 학생 시각에서 접근함으로써 세상을 바라보는 시야를 넓힘. 투표 참여, 동물 학대, 사형제도, 외국인 노동자 고용, 광복절의 의미, 공인의 사생활 침해, 음주운전, 누진세, 국정교과서 반대 이유, 층간소음, 유전자 재조합 기술, 도시화와 저출산 등 다양한 주제에 대해 토의, 토론함. 사전자료 조사를 담당하여 정리해 왔으며 토의 후 이를 기사로 작성하는 일을 담당함.

(테드보고영어알기 : 자율동아리) 다양한 주제의 TED 강연을 시청하고 영어 대본을 일부 암기하여 강연자의 발음, 억양, 몸짓을 모방해 발표하고 피드백을 나누며 영어의 듣기 및 말하기 공부에 힘쓰고 원어민의 영어 사용 행태를 본받고자 노력함. 영어 구문에 대한 이해와 자신감이 뛰어나고 영어의 강세를 습득하는 능력이 뛰어남.

> **끝판알 Tip**
>
> 동아리 활동은 학교에서의 관심사가 가장 잘 드러난 부분이 됩니다. 대학도 학생이 어떤 동아리를 했는지에 관심이 많습니다. 위 학생은 3년간 토론동아리에서 활동함을 알 수 있습니다. 자율동아리도 토론 관련 하나 더 가입하였으며, 3학년에는 영어 학습을 위해 [테드보고 영어알기]에 가입했습니다. 토론내용은 사회이슈 전반인 것을 알 수 있습니다. 자신의 진로가 교육이라고 반드시 교육만 할 필요는 없습니다. 다양한 사회 분야에 관심을 둔 것으로 나타났습니다.
>
> 1학년 동아리 세부능력 및 특기사항에서 교내 토론행사를 위해 활동한 학생의 모습도 볼 수 있습니다. 이는 자율활동에서 학생회 임원인 학생이 동아리활동에도 학교 행사 준비에 헌신하고 있음을 알 수 있습니다.

진로활동

1학년

직업전문가 초청 직업 경로 설명회에 참여해 고등학교 교사의 강의를 듣고 갖춰야 할 소양과 전문지식, 진학방법 및 자격증 취득방법에 대해 알게 되었으며 직업에 대한 이해도를 바탕으로 진로 계획을 세움.

1학기 진로 활동시간에 실시한 청소년 적성검사 결과 바탕으로 본인의 적성에 적합한 직업 분야(교사, 관광통역사 등)에 대하여 진로 탐색활동을 함.

비전보드를 통해 초등교사가 하는 일, 되고 싶은 이유, 직업 전망, 필요한 역량, 현재 기울이는 노력, 앞으로 해야 할 계획 등 진로와 관련하여 탐색한 내용들을 정리하여 발표함. 또한, 자신의 흥미, 적성검사 결과와 교사라는 진로와의 적합 여부를 점검하여 진학 목표 대학, 관련 학과, 입시 결과에 대한 정보를 발표함.

2학년

'내가 만드는 꿈', '가치에서 이어지는 진로선택', '혁명, 대학입시'라는 주제로 3명의 강사가 강연한 '진로진학 토크콘서트'에 참여함. 진로에 대한 고민을 갖고 다양한 정보 탐색을 위해 특강에 참석하였다는 소감문을 작성함.

진로 UCC 만들기 활동에서 교사, 상담사라는 직업을 가진 선생님들끼리 한 문제 아동에 관해 대화하는 형식으로 제작함. 선생님들이 회상하는 형식으로 UCC를 만들어 문제 아동에 대한 선생님의 유연한 대응과 상담사의 학생 행동에 대한 전문적인 조언을 얻어 학생의 문제행동을 개선하며 영상을 마무리 지음.

자신에게 영향을 미친 콘텐츠의 주제 발표에서 '암살교실'에 대해 정리하여 제시함. 암살교실에 나온 교사는 전 과목에서 학생들의 수준을 파악하고 학생마다 다른 수준의 문제를 내며, 수업시간에는 자유롭게 질문할 수 있는 환경을 만들어 줌. 학생들이 개인의 재능을 발휘할 수 있도록 공부뿐 아니라 각 예체능에 대한 환경 또한 조성할 줄 아는 모습이었고 자신이 꿈꾸는 이상적인 교사의 모습이라고 생각함. 그래서 교사 직업군 중에 온전히 한 반을 맡아서 수업할 수 있는 초등학교 교사를 희망한다고 발표함.

3학년

미래의 명함 만들기 활동에서 초등교사가 된 자신의 모습을 상상하여 명함을 만든 후, 동창회에서 친구들과 서로 명함을 교환하는 활동을 해봄.

미래의 일기 써보기 활동에서 학생들과 소통을 하면서 수업 방식을 개선하고 체육 시간에는 함께 편안한 분위기로 활동을 하고 아이들이 흔히 싫어하는 수업인 영어 시간에 아이들이 자신의 수업을 듣고 즐거워하는 모습을 상상하여 구체적으로 어떤 방식으로 수업할지에 대하여 서술함.

직업인 인터뷰 활동을 통해 자신에게 수업을 해 주셨던 초등학교 교사를 만나 구체적인 업무, 필요한 자질, 연봉, 미래의 전망에 대해 질문하고 답변 내용들을 체계적으로 정리하여 조리 있게 발표함. 또한, 인터뷰를 통해 학부모 전화의 부담감과 학생들의 수업 태도 때문에 겪는 여러 고충을 알게 되었지만, 학생들이 교사에게 고맙다고 할 때의 감동과 졸업 후 찾아오는 아이들의 모습에서 느끼는 뿌듯함 또한 알게 됨.

3
세부
능력
특기
사항

진로활동 1학년에서 교사 강의를 듣고 직업 지식을 찾아가는 모습, 적성검사와 비전 보드를 통해 교사를 준비하는 학생을 만들었습니다. 이때부터 초등교사 진로 흥미가 시작되었음을 표현하였습니다.

2학년 때는 진로 • 진학 콘서트 참여, 진로UCC제작, 주제발표 시간을 넣어 보았습니다. 특히 신경 쓴 부분이 콘텐츠 주제발표에서 암살 교실 부분입니다. 실제 '암살 교실' 만화가 있고 이 컨텐츠를 접한 후 초등교사가 적합할 수 있다는 학생의 생각을 표현하기 위해 넣었습니다.

3학년에 명함 만들기, 미래 일기 쓰기, 직업인 인터뷰를 넣었습니다. 그중 직업인 인터뷰는 자신의 꿈을 위해 실제 초등학교 선생님을 만나러 가고, 현장 초등학교 선생님의 고충을 알 수 있는 의미 있는 활동입니다.

1학년

국어 : … '문·이과통합형 교육과정을 시행해야 한다.'라는 주제로 실시한 토론에 배심원으로 참여함. 각 토론자의 주장과 근거를 잘 경청함. …

수학 : 평소 수학을 어렵게 느끼고 좋아하지 않았는데, 자신감을 가지고 꾸준히 노력한다면 문제도 풀 수 있다는 생각으로 적극적으로 수업에 참여함. 특히 모둠별로 역할을 분담하여 직접 교과서 내용을 정리하고 문제를 풀이한 후 친구들 앞에서 설명하는 지식시장 활동을 통해 용기도 생기고 발표력도 향상되었으며. 경청하고 격려해 주는 친구들에게 고마움을 느끼고 잘 설명할 수 있을 때까지 끝까지 포기하지 않는 마음가짐을 갖는 계기가 됨. …

영어 : … 존경하는 인물에 대해 발표를 할 때, 미국의 제32대 대통령 '루즈벨트'에 대해 조사하고 발표함. 소아마비에 걸려 하반신을 쓸 수 없음에도 이를 극복하고 주지사를 거쳐 미국 대통령에 선출되기까지 그의 부단한 노력과 의지에 감동하였으며 좌절에도 끝없이 노력하고 시도하는 사람에게는 불가능이란 없다는 것을 깨닫게 되었다고 이야기함.

통합사회 : … 청소년들의 정치 참여를 통해 민주주의의 발전이 가능하기에 청소년 선거권을 부여하는 것에 대해 찬성의 의견을 제시하고 산업단지의 필요성에 대해서도 토론함. …

한국사 : 극화 수업 때 모둠 친구들과 함께 조선 시대 과거시험에 대한 대본을 작성하고 연극으로 표현함. 과거급제의 어려움. 출세를 향한 인간의 욕망, 시험 운영상의 부정부패 등을 실감 나게 표현하여 학급의 친구들이 당시 상황을 추측하는 데 큰 도움을 줌. …

통합과학 : … 꾸미는 역할을 맡아 딱딱하게 느껴질 수 있는 영양소 내용을 친근하고 귀엽게 그림으로 표현함. 수업 내용을 한눈에 시각화하는 구성 능력도 뛰어남. 지난 시간에 배운 내용에 대해 매번 복습을 해오는 성실성이 돋보임.

기술·가정 : … 실습이 진행되면서 생긴 궁금한 점도 질문하고 오랜 시간 진행된 실습이 힘들 수도 있지만 웃는 얼굴로 참여하는 모습이 인상적임. …

정보 : 스크래치 프로그램을 사용해 '마법사와 악마'라는 제목의 게임을 만듦. 마법사 학생이 악마를 공격하면 위협을 느낀 악마는 번개를 피해 다니다가 결국 맞게 되고 죽는다는 게임을 설계함. 간단하고 단순한 게임이지만 여러 번의 시행착오 과정을 겪으면서 많은 생각과 궁리를 통해 문제해결 능력을 키움. …

**과목별
세부능력
특기사항**

2학년

고전 읽기: … 교과서에 수록된 '아라비안나이트(미상)'을 읽고 '문'의 상징적 의미와 주인공이 노인의 저택 문을 연 이유를 '호기심' 때문이라 답하고 궁전의 문을 연 이유는 '궁전 너머 더 훌륭한 보물이 있을 것이란 생각과 그것을 얻고자 한 욕심 때문이다.'라고 답하며 '우리는 이러한 욕심을 늘 경계해야 한다.'라고 발표한 것으로 보아 작품을 통해 자신의 관념에 영향을 주었다고 생각됨. …

문학: … 우리 선조들이 해학과 풍자를 통해 힘든 현실을 웃음으로 승화해 나가려고 했다는 점을 '흥부가(김연수 창본)'를 통해 학습, 발표하고 모둠 수업 시 자신의 생활 속에서 해학적 표현을 찾아보고 모둠별로 해학적인 표현을 만들어 그 표현법을 익혔으며 응용하여 만든 해학적인 내용을 발표하여 친구들과 선생님의 웃음을 자아냄. …

미적분: … 학생들이 이해하기 쉽게 풀어서 설명하는 능력이 탁월하여 수학 우수멘토로 선정됨. 문제 만들기 모둠 활동에서 모둠 장을 맡아 부정적분의 원리와 적분과 미분의 관계 등의 개념을 설명하고 모둠원들의 참여를 독려함. …

영어 I, II: 영어 학습에 대한 내적 동기와 자신감이 높아 발표에 열의를 보였으며 모둠학습 시 적극적으로 상호작용하고 협력을 통해 서로의 부족한 부분을 보완하며 과제를 해결함. … 소셜 네트워크 서비스 사용에 찬성 혹은 반대하는 글을 읽고 실시한 학급 토론에서 자신의 의견을 조리 있게 제시하고 상대측 의견을 논리 정연하게 반박함. … 한 달간 프로젝트를 진행하면서 모둠원과 협력하고 배려하는 태도로 책의 줄거리를 이해하고 다양한 아이디어를 제시함. 직접 발표자료를 그리고 동영상으로 제작하며 창의성을 발휘함.

생명과학 I: … ABO식 혈액형, 색맹과 같은 구체적인 예를 통해 가계도 분석을 하는 방법을 친구들에게 설명하여 이해를 도움. … 교사의 질문에 대해 생각을 자신 있게 발표하는 태도가 돋보임. … '미스터리 박스 게임'에서 오감을 이용하여 박스 안의 물체를 탐구하였으며, 이를 통해 과학 지식은 절대적이지 않으며 사회적 합의에 따라 언제든지 수정될 수 있다는 것을 이해하게 됨. …

윤리와 사상: 유토피아에 대하여 학습하고 자신이 생각하는 이상 사회에 대한 논거를 구체적이고 논리적으로 제시함. …

정치와 법: 수업에 임하는 태도가 항상 바르고 차분한 학습 태도가 돋보이는 학생으로 수업 중 집중도가 탁월함. 생활원리로서의 민주주의의 의미를 이해하는 능력이 돋보이며 참여의 중요성을 깨닫고, 민주적 정치 문화를 내면화하려는 노력이 엿보임. … 국민 참여 재판 제도가 적용된 형사재판 사례를 분석하고 자신의 의견을 양형기준에 알맞게 제시하여 피력함으로써 준법의식을 고취하는 계기를 가짐.

3학년

언어와 매체: … 단어의 의미 관계에 대한 지식을 바탕으로 동음이의어를 활용한 모둠 공익광고 만들기에서 하나의 작품을 만들기 위해 모둠 구성원의 협력과 단합, 배려와 인정하는 자세를 보여주었으며 재치 있는 문장 표현을 만들어 냄. …

확률과 통계: 순열의 개념을 학습하고 활용하기 위한 가게운영 활동에서 모둠에 남아 모둠에 찾아오는 조의 친구들에게 문제 해결에 필요한 개념과 해결 방법을 설명해 줌. …

영어독해와 작문: … 수업시간에 단계별로 리뷰를 작성하는 방법을 배운 후, 자발적으로 자신이 감명 깊게 본 영화에 대한 리뷰를 영어로 작성하여 제출함. 서론, 본론, 결론에 맞게 논리적으로 글을 작성하였으며, 영화에서 어떤 점이 좋았는지와 영화를 누구에게 추천하는지 등을 자세하게 기술함. 영화의 중요한 부분을 적절한 어휘로 잘 요약함.

3
세부
능력
특기
사항

생활과 윤리 : ⋯ 안락사 찬반 논쟁인 모둠 토론에서 발제자 역할을 맡아 자료를 분석하여 인간의 존엄성을 인정하지만, 더 많은 생명유지를 위해 장기이식이 필요하기에 안락사를 인정해야 한다는 내용을 자세하게 설명하여 모둠 입장정리에 기여. ⋯ 가족 간의 윤리문제에서 가정과 사회가 하는 교육의 역할에 관한 자료를 수집하고 모둠원과 근거 찾기 활동을 통해 가족 윤리의 회복을 위한 사회 제도적 노력 차원에서 교육의 필요성을 강조함. 응용윤리의 근거가 되는 윤리학자들의 이론 이해를 위한 모둠 활동에서 쉬운 용어와 예시로 모둠원들의 학습을 도움.

지구과학 : ⋯ 최근 발생한 중국의 인공위성 '텐궁' 추락 사건을 조사하여 우주 쓰레기가 우주 과학자뿐만 아니라 지구에 사는 생명체들에게도 악영향을 끼칠 수 있음을 밝힘. 우주 쓰레기가 회전하고 있는 이유를 물리적으로 설명하고 레이저, 우주 안개 분사기 등 우주 쓰레기 처리 방법을 설명함. ⋯

한문 : ⋯ 성어의 의미와 유래에 관심이 많아 성어 수업에 적극적으로 참여했으며, 성어의 음과 의미를 정확히 발표할 수 있음. 또한, 학습한 성어를 언어생활에 적절하게 활용할 수 있어, 짧은 글짓기 만들기 활동을 통해 재치 있고 의미 있는 문장을 만들어 냄. ⋯

끝판왕 Tip

과목별 세부능력 및 특기사항입니다. 다른 계열의 세부능력 및 특기사항과 다르게 최대한 다양한 교과에서 작성되게 하였고 선생님이 되고 싶음을 표현하였습니다. 초등교사는 전 과목을 다 가르치기 때문에 다방면의 전공지식을 가지고 있어야 합니다.

1학년 세부능력 및 특기사항으로 국어, 수학, 영어, 한국사, 통합과학, 기술 • 가정, 정보를 넣었습니다.

2학년에는 고전 읽기, 문학, 미적분, 영어, 생명과학, 윤리와 사상을 넣었습니다. 쓸 수 있는 것은 다 작성했고 과목별 세부능력 및 특기사항에 학습을 어떻게 하는지 알 수 있도록 표현하였습니다. 그리고 예비 초등교사로서 모든 과목에 열심히 임하는 모습을 보이게 하였습니다.

3학년에 언어와 매체, 확률과 통계, 영어 독해와 작문, 생활과 윤리, 지구과학Ⅰ, 한문을 작성하였습니다. 각각 세부능력 및 특기사항을 작성했지만, 중요한 것은 모든 교과에 흥미가 있고 능동적으로 참여했던 것입니다.

독서활동 상황	4차 산업혁명 교육이 희망이다(류태호), 교육과정 문해력(유영시), 아무도 의심하지 않는 일곱가지 교육 미신(대아자 크리스토둘루), 100권의 그림책(현운지,김정준), 칼 비테 교육법(칼 비테), 미래교육 미래학교(박희진,신건철 외3), 미래의 교육(김경희), 아들이 초등학교에 갑니다(이진혁), 세계의 초등학교(에스텔 비다르), 남한산초등학교이야기(김영주,박미경 외3), 초등교사를 위한 행복한 교실 만들기(추광재 외)

끝판왕 Tip

독서활동상황은 주로 교육과 관련된 내용입니다. 2015개정교육과정에서 선택교과에 교육학이 생겼습니다. 미래 교육자를 생각한다면 꼭 선택하길 바랍니다. 교육 관련 도서는 시중에 많습니다. 이 부분을 잘 살리기 위한 추천도서를 적었습니다.

1학년

**행동특성 및
종합의견**

밝고 긍정적이며 자기에게 주어진 일을 책임감 있게 처리하는 모범적인 학생임. 교육자로서의 뚜렷한 진로목표를 지니고 있으며 이를 위한 실천을 꾸준히 하고 있음. 학급 내에서 어려움을 겪는 친구들을 세심하게 배려하고 존중하는 고운 인성을 지니고 있을 뿐만 아니라 학생회의 학생 생활지도부원으로서 1년 동안 학생들의 아침맞이 활동에 참여하여 봉사활동을 펼쳤음. 바른말 쓰기 캠페인, 합창 발표회 등 학급 활동에 주도적으로 참여하여 행사가 잘 마무리될 수 있도록 최선을 다했으며, 스스로 바른 언어생활을 꾸준히 실천하여 다른 학생의 모범이 됨. 학급회의나 수업 중 모둠별 토론 등 집단 대화에서는 자신의 의견만을 고집하기보다는 다른 학생들의 의견을 경청하고 이해하려는 태도가 돋보임. 자신의 의견을 말할 때 차분하고 논리적인 태도로 임하여 다른 학생들의 귀감이 됨. 환경미화 등 학급 내에서 발생하는 문제에 대해서 창의적인 아이디어를 많이 제시하여 문제를 지혜롭게 풀어갈 수 있도록 하였음. 학업에 대한 열정과 몰입도가 매우 우수하여 전 교과의 성적이 고루 우수할 뿐만 아니라 수업 태도도 우수하여 앞으로의 발전이 더욱 기대되는 모범적인 학생임. 연말에 학교의 시설을 관리하고 청소해 주시는 분들께 감사 편지를 쓰고 매사에 감사한 마음으로 생활하는 등 다른 학생들의 귀감이 됨.

2학년

자신이 알고자 하는 것에 대해서는 몇 번이고 반복해서라도 반드시 알아내는 끈기를 가지고 있으며 인내심을 갖고 꾸준히 노력하는 성격의 학생임. 친구들과 어울릴 때는 평범한 학생의 모습과 다름이 없이 다양한 친구들과 유대관계를 형성하고 학업 면에서 도움이 필요한 친구들에게 자신이 이해한 바를 차근차근 설명해주면서 나누는 기쁨을 몸소 실천하는 모습을 보임. 지역아동센터에서 돌봄이 필요한 학생들을 대상으로 일일 교사로서 봉사를 1년간 꾸준히 할 정도로 자신이 가지고 있는 것을 나눌 줄 알며 학급에서도 1년 동안 특별구역 담당을 맡아 교무실의 환경정리와 청소 활동에 적극적으로 참여함. 다양한 방면의 책을 즐겨 읽어 많은 독서량을 자랑하며 학생회와 학생 생활지도부 활동 등에도 적극적으로 참여하여 주어진 역할에 한 가지도 소홀함이 없이 시간을 관리하여 사용하는 모습에서 자기관리 능력이 뛰어남을 느낌. 초등교사가 되기를 목표로 하여 자신이 갖추어야 할 학업과 기본 소양을 갖추기 위해 여러 방면에서 노력을 기울이고 있으며 뜻하는 바를 이루기 위해 일관된 모습으로 노력하는 모습을 통해 앞으로의 발전 가능성을 기대할 수 있음.

**끝판왕
Tip**

행동특성 및 종합의견은 담임교사의 추천서라고 할 수 있습니다. 1학년은 모범적인 학생의 모습으로 학교 활동을 정리하고, 담임이 학생을 보는 평가를 적었습니다. 따뜻한 마음씨를 가지고 있으며, 학업도 뛰어남을 칭찬했습니다. 2학년 때는 친구들과 관계가 좋으며 지역아동센터에서 했던 봉사활동 부분을 언급했습니다. 또 독서가 일시적인 것이 아니라, 꾸준히 하고 있음을 보여주고 초등교사에 적합한 소양을 가지고 있음을 언급했습니다.

**3
세부
능력
특기
사항**

④ ······ 교육계열 세부능력 및 특기사항

벤치마킹, 나를 Checking! (인용할 세부능력 및 특기사항에 O표 하세요)

나) 컴퓨터교육과

생활기록부 영역	작성 내용
인적, 출결 상황	개근 인적, 출결 사항에서 기본적인 학생의 학교생활 충실도를 볼 수 있습니다. 미인정(무단)결석, 지각은 부정적 이미지를 평가자에게 줄 수 있습니다. 질병 지각이나 질병 결석이 있다면 그 학생의 건강 상태도 가늠할 자료가 됩니다. 추천은 3년 개근입니다.
수상경력	교내 코딩대회(파이썬 부문 우수상, C언어 부문 최우수상) 발명품경진대회(장려, 우수) 나의꿈발표경진대회(최우수) 과학의날글쓰기경진대회(장려) 사랑미술제(시화 부문, 우수) 창의발명경진대회(최우수) … 수상경력에서 학생의 관심사와 노력의 결실을 확인할 수 있습니다. 2019년 기준 1학년부터 상급학교 진학 시 1학기당 1개의 수상만 등록할 수 있습니다. 어떤 상을 자신의 수상내역에 적을지 고민이 필요합니다. 학교생활기록부는 중등교육과를 희망하는 학생의 것으로 만들어 보았습니다. 코딩, 발명품, 과학의 날 글쓰기로 과학에 관심과 꿈 발표, 사랑 미술제로 인성 부분의 수상경력을 만들었습니다. 각 수상에서의 학생의 모습, 역할 등은 자기소개서와 면접에서 말할 수 있으니 미리미리 내용 정리 필요합니다.
진로 희망사항	1학년 정보통신 계열 2학년 정보통신 계열 3학년 컴퓨터 교과 교사 진로희망 사항은 2019년 기준으로 1학년부터 창의적 체험활동 진로 부분으로 넘어가고 입시에 미적용됩니다. 2022년 대입에는 크게 영향을 미치지 않을 수 있지만 2020년, 2021년 대입에는 큰 영향을 미칩니다. 1, 2학년 때는 정보 통신 관련 부분을 진로로 생각한 학생입니다. 이후 3학년 때 컴퓨터 교과 교사로 진로를 결정하였습니다. 학교에서 어떤 활동이 있었고, 학생의 진로에 영향을 미친 일이 학교생활기록부에 있다면 학생만의 스토리가 있는 학생부가 될 것입니다. 학생 진로에 영향을 미친 일을 찾아보는 것도 하나의 재미입니다.

1학년	선플 달기 활동을 통해 자신의 댓글이 다른 사람들에게 자신의 실명으로 얼굴을 보고 말할 수 있는 내용만 댓글로 달겠다고 다짐하는 계기가 되었다고 함. '멘토 멘티' 활동에서 과학과 수학의 멘토 활동을 하며 자신이 공부한 것을 남에게 나누어주는 기쁨과 멘티와 크고 작은 다툼에도 능란하게 대처하는 방법을 깨달음. 학급행사를 통해 '앱 개발과 프로그램 개발'이라는 활동을 기획하여 학급에서 동일한 계열을 희망하는 친구들과 함께 앱과 웹, 프로그램 개발을 위한 각각의 언어를 조사하고, 해당하는 프로그래밍 언어에 대해 맛보기를 하는 활동을 진행함. '교사와 함께하는 프로젝트' 활동을 통해 학생 4인과 함께 앱, 웹 프로그래밍 언어를 학습하는 프로젝트를 세워서 웹과 앱에 대해 공부하고, 자신들이 배운 내용을 일상에서 사용할 수 있는 것에 관해 탐구 및 고민해보는 시간을 가짐.
2학년	'멘토 멘티' 활동을 하며 1년간 멘티에게 물리, 수학, 화학에 대해 알려주고, 멘티의 학습습관을 1년 동안 관찰하여 이를 종합하여 어떤 공부 방식이 좋을지를 제안해 주기도 함. '교사와 함께하는 프로젝트' 활동을 통해 학교 홈페이지의 여러 오류가 나는 것을 보고 친구 4명과 정보 교사와 함께 학교 홈페이지에서 나는 오류에 대해 찾아보고 해결하는 프로젝트를 진행함. 프로젝트를 통해 홈페이지의 휴대전화 애플리케이션 개발에 대해 제안함.
3학년	학급행사에서 '프로그램 입문 돕기' 활동을 기획하여 프로그래밍에 처음 입문하는 친구들과 프로그래밍을 잘하는 친구들을 모아서 멘토 멘티로 프로그래밍 언어 중 파이썬이라는 프로그래밍 언어에 대해 연산자와 기본함수 사용에 대해 알려주고 멘티의 기량에 따라 논리연산자와 함수까지 배워보는 시간을 가짐. '교사와 함께하는 프로젝트' 활동을 통해 학생 4명과 컴퓨터 홈페이지와 동일한 기능을 하는 애플리케이션을 개발하고 학생들이 많이 사용하는 학생회, 동아리, 건의사항, Q&A 페이지를 먼저 제작함. 이 외의 다른 페이지를 개발하기에 한 학기의 시간이 부족하였지만, 토대를 마련해두고 2학기의 애플리케이션 제작 기획을 함. '멘토 멘티 활동'을 진행할 때 멘티를 요청하는 친구들이 많아, 자신의 방식으로 수업을 재구성하여 친구들에게 수업 형식의 멘토 활동을 진행하고, 추가 질문을 받아 멘티가 궁금한 점을 해소할 수 있도록 도움.

자율활동

> **꿀판왕 Tip**
>
> 창의적 체험활동 중 자율활동입니다. 가장 주목해야 할 것은 학생이 3년간 '교사와 함께하는 프로젝트' 활동입니다. 이 활동을 통해 정보통신 관련 활동은 물론, 선생님과의 접점이 추측됩니다. 2학년 때 학교 홈페이지 관리, 애플리케이션 제작 등으로 학교생활을 열심히 한 모습을 보여줍니다.

봉사활동

노인 복지관 어르신 스마트폰 교실에서 3년 동안 주 1회 봉사 활동을 진행함.

> **꿀판왕 Tip**
>
> 봉사활동은 노인 복지관 어르신 스마트폰 교실 봉사활동을 넣었습니다. 다양한 봉사활동으로 자신의 전공과 연결한 체험이 가능하도록 구상해 보았습니다. 이 글을 보는 분도 지금 인터넷에 접속해서 사회복지 전문 포털 및 1365 등을 이용해서 할 수 있는 봉사활동을 신청하길 바랍니다.

3
세부
능력
특기
사항

1학년

(발표와 강연) 매주 자유주제로 진행하는 발표에서 주로 다양한 4차 산업혁명과 프로그래밍에 관련된 기술을 주제로 삼아서 발표를 진행함. 서로의 발표와 강연에 대해 피드백을 편안하게 주고받을 수 있도록 부회장과 노력하는 모습을 보임. 자신의 분야에 대해 다양한 지식을 가졌을 뿐 아니라 자신의 취약분야에 대해 알고 이를 보완하기 위해 관련 발표와 강연을 하는 동아리원의 주제에 대해 미리 알아와서 적극적으로 듣기 위한 태도. 친구들의 발표 내용의 이해도를 점검하기 위해 발표의 중간 부분에 2번, 발표 마지막에 1번의 질문을 하는 형식을 취함. 또한, 발표 시작 전에 동아리원들에게 주제에 대해 질문하여 이해도를 파악하는 등 발표를 능수능란하게 이끌어가는 모습을 보임. 강연주제로는 자신의 삶과 가치관에 대해 살아온 해는 길지 않지만 되돌아보며 가치관을 가지게 된 계기를 파악하고, 타인이 가진 어떠한 가치관이든 깎아내리기보다는 그러한 가치관을 가지게 된 계기가 중요하다는 생각하게 되었다는 시간의 흐름에 따른 강연을 하여 박수를 받음.

2학년

(발표와 강연) 동아리 회장으로서 동아리의 연간 활동 체제를 개편하여, 발표와 강연의 공통점과 차이점에 대해 먼저 학습해 보는 시간을 가짐. 발표의 주제 계획안, 강연주제 계획안을 먼저 제출하도록 하여 한 명, 한 명의 계획안을 직접 살펴보고 부회장과 부적절한 주제를 골라내어 수성방안이나 개선을 촉구함. 또한, 자신의 발표에서는 AI에 대한 최신 기술에 대해 발표하였고, 강연에서는 1학년 때 공부를 하며 깨달은 점과 고등학교 3학년 선배들의 이야기를 듣고 동아리원들이 고등학교 3학년을 준비할 마음가짐에 대해 생각할 계기를 마련한 강연을 진행함. 또한, 최근에 흥미가 생긴 교육 분야에 대해서 화제가 되는 사건과 정책을 소개하고 자신의 견해를 말하는 모습을 보임. 추가 발표할 기회가 왔을 때는 동아리 단체 대화방에서 동아리원들이 이해하지 못한 문제나 이론에 대한 질문을 받고 이를 풀이하는 자리를 마련함. 발표 후 즉석 질문에서 자신이 준비하지 못하였음에도 차근히 대답해주거나, 즉석에서 함께 내용을 찾아봄.

3학년

(멘토이자 멘티) 각각의 교과목의 멘토를 정하여 동아리 시간에 멘토 멘티 활동을 진행함. 물리 과목의 멘토로 모바일 메신저로 동아리 활동일 오전에 미리 동아리원들에게 질문을 받아서 해당 내용을 PPT 혹은 노트에 정리한 후, 발표 때에는 동아리원들이 눈으로 볼 수 있도록 칠판에 적어가며 멘토 활동을 진행함. 특히 즉석에서 받은 다양한 질문에 당황하지 않고 응답해주고 풀이가 필요하다면 칠판에 차근차근 적어서 알려주는 모습이 인상적임. 또한, 발표할 때나 자신의 담당 과목이 아니더라도 동아리원들이 질문하면 차근히 대답해 주고, 질문한 친구가 얼마나 이해를 했는지 알기 위해 즉석에서 질문한 문제나 이론에 대해 질문 혹은 문제를 내어 동아리원이 푸는 과정을 지켜보고, 다 풀고 나서 풀이 방식에 대해 조언을 해주는 방식을 취함. 자신이 질문할 것이 있으면 해당 과목의 멘토를 찾아가서 자신이 이해한 방식을 설명하여 자신이 이해하지 못한 부분에 대한 정확한 답을 들음. 학기 말의 멘토 및 멘티 평가에서 멘토 평점 10점 만점의 9.4점을 받았고, 멘티 평점 10점을 받음.

동아리활동

끝판왕 Tip

동아리 활동은 학교활동에서 자신의 관심사를 가장 잘 드러내어 줍니다. 대학도 학생이 어떤 동아리를 했는지에 관심이 많습니다.

이전의 공학전공자에게 중요하지만 가장 약한 부분이 바로 말하기였습니다. 따라서 기본 능력이 있다는 전제 하에 소프트웨어 계열을 희망, 개발자를 꿈꾼다면 발표를 잘하기 위해 노력하는 부분도 어울릴 듯하여 넣었습니다. 이 부분이 교사라는 직업선택에 도움이 되어 발표하는 능력을 기를 좋은 기회와 연결됩니다.

간단한 개발을 한 이 학생은 우수한 결과물을 내었지만, 학교안 다른 활동에서 C언어나 파이썬(프로그래밍을 위해 배우는 기초적인 언어)은 배울 기회가 없었습니다. 따라서 학생이 분야에 기초 역량이 있는 모습을 보여줍니다.

1학년

프로그래밍에 관한 관심을 드러내며 게임 프로그램에 대한 기획안을 직접 작성하여 보고 이를 정보 교과 교사에게 보여주고 피드백을 받아 실제로 제작하는 열정적인 모습을 보임.

근처의 프로그램 개발회사에 방문하여 고등학생이 배우면 좋을 프로그래밍 언어와 프로그램 개발자가 되기 위해 어떤 능력이 필요한지에 대해 여쭈어보는 등 프로그래밍에 대해 적극적으로 공부하고자 하는 의지를 보임. 또한, 프로그래밍 언어 중 현장에서 사용되는 앱 개발을 위한 프로그래밍 언어를 알고 공부하고자 하는 의지를 보임.

학교와 가까운 곳에 있는 대학에 방문하는 시간을 가졌을 때, 학과별로 방문함. 자신이 원하는 소프트웨어학과가 없어 컴퓨터 교육학과에 합류하여 정보 교사가 되기 위하여 어떤 과목을 듣는지와 컴퓨터 교육과에서는 어떤 내용을 주로 다루는지에 대해 흥미 있게 보았다는 소감문을 남김.

2학년

프로그램 제작에 대한 열의를 보이며 주변의 친구들이 필요하다고 하는 스마트폰으로 보는 달력 프로그램을 제작한 뒤 학급의 친구들에게 무료배포하여 자신이 만든 프로그램에 대해 피드백을 받아 해당 부분을 수정하고 재배포하여 모든 친구에게 긍정적인 반응을 얻음.

자유 발표 시간에 친구에게 코딩 입문에 적합한 프로그래밍 언어를 소개해 달라는 요청을 받아서 파이선과 C언어를 소개함. 파이선에 대해서는 '우리가 사용하는 문법과 유사해서 배우기 쉬운 느낌', C언어에 대해서는 '다른 언어들의 기반이 되는 언어고 사용도 많이 하는' 언어라고 소개함.

자신의 대학진학 계획에 대해 발표하는 시간에 자신이 가고 싶은 학과에 대해 교직 이수가 가능한 컴퓨터 혹은 소프트웨어공학과에 가고 싶다는 의지를 밝힘. 그 이유를 자신이 컴퓨터 교육학과에 가기에는 컴퓨터와 소프트웨어에 대해 배우고 싶은 것이 많으며, 교사라는 직업에 흥미가 있기 때문이라고 밝힘.

3학년

수업을 들으며 프로그램 때문에 불편함을 느낀 경험을 토대로 자신이 해당 프로그램 회사에 건의하기 위하여 관련된 기기의 자료와 해당 프로그램에 대해 찾아보고 프로그램의 파일을 보며 어떤 오류가 발생한 것인지 찾아보고 메일을 작성하여 보완을 요청함.

프로그램 제작에 대해 능력이 있어 학급 친구 중 대중교통을 이용하여 학교에 다니는 친구들이 다수 있다는 것을 알고 성인 요금을 기준으로 나오는 여러 앱과 홈페이지를 보고 이를 청소년 요금으로 계산해 주는 휴대전화 애플리케이션을 만들기 위해 고민하고 직접 코딩해보는 시간을 가짐.

교육학에 대해 지식이 없는 것을 인지하고 각 교과의 교사에게 교육과 관련된 도서를 추천받아 읽는 모습을 보임. 또한, 교육학과 혹은 교육과에 진학하고자 하는 친구들에게 자신이 무엇을 준비하면 좋을지 질문함.

꿀판왕
Tip

창의적 체험활동 중 진로활동입니다. 1학년 때 소프트웨어 개발에 관심이 많은 학생으로 프로그램 기획안을 작성해보고 프로그래밍 회사도 방문 하였습니다. 이후 대학에서 학과 탐색 시간이 있는데, 여기서 컴퓨터교육과를 알게 된 스토리를 만들었습니다.

2학년 때는 학생이 프로그램 제작 부분에 뛰어난 능력이 있음을 보여주었습니다. 단순한 소프트웨어나 컴퓨터 학과가 아닌 컴퓨터교육과로 학생이 진로를 선택하는 모습을 보입니다.

3학년 역시 프로그래밍에 관심이 많음을 나타냅니다. 교육학 공부를 원하는 발전 가능성을 나타내고자 세부능력 및 특기사항을 구성하였습니다. 2015개정교육과정에서 선택교과로 개설된 교육학 과목이 있습니다. 교육 분야를 준비하는 학생이라면 자신의 적성과 맞는지 알 수 있는 시간이 될 것 같아 과목 수강 추천합니다.

3
세부
능력
특기
사항

1학년

국어 : … 발표 및 토론 수업에서 주제에 대한 정리와 발표자료 제작을 능수능란하게 하는 모습을 보임. 또한, 토론과 발표에서 필요한 자료를 정리하고 발표 기획을 맡아 발표와 토론의 흐름을 주도해 나가는 능력을 보임. …

통합과학 : 각 과학용어를 이해하는 것에 뛰어난 능력을 보이고, 순환 혹은 작용의 과정에서 어떤 순서로 일이 진행하는지에 대하여 정리하는 것에 뛰어난 능력을 보이고 이를 파악하기 위해 담당 교사를 자주 찾아옴. 과정에 대한 설명을 듣고 이를 다른 학생들에게 설명해주어 학급 전체의 과학에 대한 이해도를 향상하는 능력을 보임. … 인공지능과 관련된 지문을 읽고 머신러닝과 딥러닝에 대해 알아보고 앞으로 기계의 공부 방법을 통해 어떤 활용을 할 수 있을지 생각해보고 보고서로 작성함.

2학년

문학 : … 컴퓨터의 변천사와 관련된 지문을 먼저 읽어와서 해석하는 발표를 통해 높은 지문 이해력과 폭넓은 지식을 기반으로 자신과 다른 분야에 종사하더라도 전문지식을 쉽게 이해할 수 있도록 다양한 비유를 준비한 모습이 인상적임. …

생명과학 I : … 유전자 가위와 배아복제기술에 관심이 많아 관련 기사를 스크랩하고 카테고리를 분류해서 모아둘 홈페이지를 만들어 다른 친구들에게도 홈페이지를 공유하여 친구들의 피드백을 받아 다양한 카테고리를 추가하며 개선해 나가는 모습을 보임.

화학 I : 원자모형의 발전 과정과 발전의 계기가 된 실험을 모델링하여 영상으로 만들어 학생들의 원자모형 발전 과정에 대한 이해를 높임. …

물리 I : 일상에서 발생하는 물리 현상을 단계적으로 분석하여 이를 기반으로 물리 현상에 관해 설명하는 능력이 있음. …

과목별
세부능력 및
특기사항

3학년

윤리와 사상 : 생명, 과학, 공학, 정치, 사회, 교육 등의 다양한 주제를 가지고 토론을 하며 자신의 의견을 논리적으로 말하고, 이를 글로 정리하여 설득하는 글을 쓰는 능력을 기름. 자신의 희망 분야인 교육에 특히 열의를 보였고, 다른 분야의 글쓰기도 소홀히 하지 않는 모습을 보임. 또한, 작성한 글의 근거와 이를 뒷받침하는 여러 자료를 제시하면서도 글을 읽기 좋게 쓰는 재주가 있음. … 교육과 교사에게 필요한 윤리성에 대해 고민하고 이에 대한 글을 작성하고, 이를 요약한 내용을 발표하며 교육에 대한 흥미를 드러내는 모습을 보임.

정보 : C언어 수업을 들으며 자신이 알고 있는 내용임에도 다른 행동을 하거나 잠을 자지 않고 끝기 있게 수업을 듣고 급우들이 하는 질문을 하나하나 대답해 줌. 교사에게 직접 요청하여 자신이 아는 내용에서 직접 수업을 진행하기 위한 준비를 하고 수업을 진행하고 교사라는 직업을 가지면 학생들과 친해져서 자신이 가르칠 학생들이 편하고 친근한 마음가짐을 가지고 수업을 들을 수 있는 분위기를 만들고, 그럴 수 있는 수업 방식에 대해 고민하며 수업을 진행했다는 소감을 남김. 또한, 이후 교사의 요청으로 수업을 진행했을 때는 이전의 자신이 진행했던 수업의 개선점을 찾아 개선하고 학생들과 소통하며 수업을 진행하는 동안 잠을 자는 학생(친구)이 없도록 능수능란하게 유도하는 모습을 보임.

| 독서활동 상황 | 과목별 세부능력 및 특기사항입니다. 사범대학을 준비하는 학생의 생활기록부는 풍성하게 작성되어 있어야 하고 여러 과목의 세부능력 특기사항이 들어갈 것입니다. 사범대 역시 미래교사를 키워내는 교육기관으로 다양한 학교내 활동에 열심히 참여하는 모습이 중요합니다. |

과목별 세부능력 및 특기사항입니다. 사범대학을 준비하는 학생의 생활기록부는 풍성하게 작성되어 있어야 하고 여러 과목의 세부능력 특기사항이 들어갈 것입니다. 사범대 역시 미래교사를 키워내는 교육기관으로 다양한 학교내 활동에 열심히 참여하는 모습이 중요합니다.

1학년 세부능력 및 특기사항을 보면 발표, 토론, 설명 등 말하기에 능숙함을 알 수 있습니다. 이는 교사가 되었을 때 말하기능력이 매우 중요하여 넣었습니다. 컴퓨터에 대한 관심은 과학 교과 세부능력 및 특기사항에서 살펴볼 수 있습니다.

2학년 때는 과목별 공부 방법에 대한 부분을 만들어 넣었습니다. 단계적 분석 또는 모델링, 카테고리라는 표현을 쓰면서 분석 능력이 뛰어남을 강조해 보았습니다.

3학년 때는 교사를 준비하는 학생의 마음가짐을 윤리와 사상 과목에 표현하였습니다. 그리고 정보 시간에는 정보 수업을 진행해 본 학생의 모습을 세부능력 및 특기사항에 작성하였습니다.

독서활동 상황

프로그래밍 언어도감(마스이 토시카츠), 앱 인벤터로 나만의 앱 만들기(해람북스 기획팀), 앱 인벤터2(David Wolber, Hal Abelson, Ellen Spertus, Liz Looney), C언어 코딩 도장(남재윤), 파이썬을 이용한 머신러닝, 내 생애 첫 번째 코딩 앱인벤터(이창현), fuse X를 활용한 모바일 앱 개발(박민규, 윤여훈), 빠른 모바일 앱 개발을 위한 React Native(바니 아이젠먼), 알기쉬운 자료구조 - C언어(박우창), 윤성우의 열혈 자료구조(윤성우), 안드로이드 앱 개발(김상범), 윤성우의 열혈 C 프로그래밍(윤성우), 잘 팔리는 아이폰 앱 개발(데이브 울드릿지,마이클 슈나이더), 교육? 호기심!(한승진), 최고의 교육(로베르타 골린코프,캐시 허시-파섹), 인공지능시대 최고의 교육은 독서다(조미상), 미래교육 인사이트(윤성혜,장지은 외2), 교육연극, 프로젝트 수업을 만나다(권경희,노미향), 교육전문직의 모든 것(교육정책디자인연구소), 엔트리로 시작하는 로봇 활용 SW교육(김황, 한승륜 외), 디지털 노마드 세대를 위한 미래교육 미래학교(박희진 외)

독서활동은 교육 및 컴퓨터 관련입니다. 이 부분을 살리기 위해 추천도서를 넣었습니다.

3
세부
능력
특기
사항

행동특성 및 종합의견

1학년

자신과 흥미가 비슷한 친구들과도 친하고 전혀 다른 분야에 흥미가 있는 친구들과도 원활한 대인관계를 유지하며, 친구들의 이야기에 대해 잘 경청한다는 주위의 평가를 받음. 또한, 학기 초에 서로 친하지 않을 때, 분위기를 화목하게 이끌어 나가고 말이 많지 않은 친구에게 먼저 말을 걸어 아이스 브레이킹을 하며 다양한 성격의 친구들과 잘 친해지는 모습을 보임. 반장을 맡아서 활동하지는 않았지만, 반장과 부반장이 없을 때 급우들을 잘 통솔함. 대다수의 조별 활동에서 조장을 맡아서 조원의 역할 분배와 의견수렴, 조원의 의견을 듣고 정리해주는 능력이 뛰어남. 평소에도 프로그래밍에 관심이 많아서 앱과 웹에 관련된 프로그래밍 언어에 대한 전반적인 지식을 쌓고 해당 지식과 관련된 자신의 지식을 다른 사람들과 나눌 방안에 대해 고민하는 모습을 보임.

2학년

평상시에도 다양한 분야에서 많은 아이디어를 가진 학생으로 자신이 관심 있는 컴퓨터, 프로그램, 앱에 관련된 분야뿐 아니라, 학급 회의와 토론 활동에도 적극적으로 참여함. 아이디어를 내는 것 자체를 즐기며, 아이디어에 따라서 프로그램 혹은 앱을 만들어 학습 환경을 윤택하게 만듦. 또한, 자신의 아이디어가 수용되지 않는다고 해도 다수의 의견에 대해 반대를 하지 않고 따라가는 민주시민적인 자질을 가짐. 자신의 능력에 자만하지 않고 부족한 부분을 찾아서 공부하며, 급우들이 도움을 요청하는 것을 쉽게 거절하지 못하는 성향이 있음. 자신의 기량을 홀로 가지고 있지 않고 적극적으로 남을 돕기 위해 사용하는 봉사 활동과 동아리 활동 등으로 자신에게 부족한 면모를 보충하기 위해 노력하는 모습을 보임. 교육에 대해 흥미를 보이며 교사가 되고 싶다는 꿈을 학기 말에 이야기하며, 자신이 계속해오던 멘토 멘티 활동을 확장할 방법에 대해 담임교사와 상의함.

끝판왕 Tip

행동특성 및 종합의견은 담임교사의 추천서라고 할 수 있습니다.
1학년 때는 조장을 하면서 리더십을 강조합니다. 각 반의 반장과 부반장은 1명씩입니다. 많은 학생이 반장 또는 부반장, 학생회 임원을 할 수 없습니다. 따라서 교과 및 동아리 활동에서 리더십을 표현할 수 있습니다. 1학년부터 꾸준히 컴퓨터에 관한 관심을 드러내며, 자신이 가지고 있는 지식을 다른 사람과 나누고 공유하려는 학생의 모습을 나타내었습니다.
끝에 교사가 되고 싶은 학생의 기록을 남겨두어 2학년 말부터 교사로의 꿈을 가졌다는 것을 증빙합니다.

⑤ 경상계열 세부능력 및 특기사항

나를 경영하는 학교 생활! (인용할 세부능력 및 특기사항에 O표 하세요)

가) 경영학과

생활기록부 영역	작성 내용
인적, 출결 상황	질병 지각 2회, 질병 조퇴 3회
	끌판왕 Tip 인적, 출결 사항에서 기본적인 학생의 학교생활 충실도를 볼 수 있습니다. 미인정(무단)결석, 지각은 부정적 이미지를 평가자에게 줄 수 있습니다. 질병 지각이나 질병 결석이 있다면 그 학생의 건강 상태도 가늠할 자료가 됩니다. 이번에 질병 지각 2회와 질병 조퇴 3회를 만들어 넣었습니다. 면접 문항으로 나올 수 있으니 답변 준비가 필요합니다.
수상경력	시사토론대회(공동수상 3인, 최우수 3회) 소논문발표회(우수 2회, 장려 1회) 공익광고포스터대회(영어부문, 우수) 커리어맵만들기대회(최우수)
	끌판왕 Tip 수상경력에서 학생의 관심사와 노력의 결실을 확인할 수 있습니다. 2019년 기준 1학년부터 상급학교 진학 시 1학기당 1개의 수상만 등록할 수 있습니다. 어떤 상을 자신의 수상내역에 적을지 고민이 필요합니다. 학교생활기록부는 경영학과를 희망하는 학생의 것으로 만들어 보았습니다. 시사토론 최우수상, 소논문 발표대회 수상 3회, 공익광고 포스터 우수상, 커리어맵 만들기 최우수입니다. 각 수상에서 학생의 모습, 역할은 자기소개서와 면접에서 말할 수 있으니 미리미리 내용 정리해 두세요.
진로 희망사항	1학년 경영컨설턴트 2학년 경영컨설턴트 3학년 경영컨설턴트
	끌판왕 Tip 진로희망 사항은 2019년 기준으로 1학년부터 창의적 체험활동 진로 부분으로 넘어가고 입시에 미적용됩니다. 2022년 대입에는 크게 영향을 미치지 않을 수 있지만 2020년, 2021년 대입에는 큰 영향을 미칩니다. 3년 내내 경영컨설턴트로 진로희망을 작성해 보았습니다. 예비 경영인을 위한 학교활동으로 학교생활기록부를 만듭니다. 학생부 내용을 보면서 어떤 활동이 필요할지 고민하면 좋겠습니다.

3
세부
능력
특기
사항

1학년

학급 반장으로서 학급 구성원들이 모두 참여하는 학급 회의를 진행하여 학급의 중요한 일을 결정하고, 그 과정에서 친구들의 의견을 경청하는 자세를 보임. 담임 교사와 학급 친구들 사이의 다리 역할을 하며 상호 존중하는 학급 문화를 형성하였으며, 민주적 의사 공동체로서의 학급을 만드는 데 공헌함. 과학의 날 행사로 '도미노로 만드는 세상' 활동에서 제작 계획을 구상하고 총괄하는 역할을 수행함. 이 활동에서 친구들이 실수해도 특유의 긍정적인 마인드를 활용해 다독였으며 쓰러뜨린 도미노를 다시 쌓을 때도 화합하는 모습을 보여주는 등 학급의 리더로서 친구들이 하나로 뭉칠 수 있도록 노력함. 도미노가 모두 완성되었을 때 친구들에게 칭찬의 말을 아끼지 않는 등 반장으로 해야 할 역할을 다함. 우리 지역 바로 알기 테마형 팀별 프로젝트에 참여하여, 5명이 팀원을 이루어 '최저 임금 인상 적용에 따른 고용 증진 및 삶의 질 개선 여부 확인'이라는 주제로 탐구 활동을 전개한 후 보고서를 작성하였음.

2학년

학급 반장으로서 교사와 학생들 사이의 소통을 돕고, 학급 및 학교 행사에 적극적으로 참여하여 타의 모범이 되었으며 민주적인 리더십을 발휘하여 공정한 학급문화를 형성하고 학급회의를 운영함. 경기도 학생교육원에서 실시한 학생역량함양과정캠프에 참가하여 체험중심의 리더십 함양교육을 통해 올바른 가치관을 정립하고, 공동체 의식을 함양함으로써 세계 인류에 공헌할 수 있는 창의적이고 민주적인 리더의 자질을 배우며 자신의 꿈에 대한 구체적인 계획을 세움. 특히, 셋째 날에 강화도 일대의 문화유산과 전적지, 평화전망대 등의 견학을 통해 과거와 현재, 미래에 대한 확고한 역사의식을 갖는 계기가 됨. '4차 산업혁명의 발달은 인간의 존엄성을 실현할 수 있다'라는 논제로 진행된 교내 토론 활동에서 학생 심사위원으로서 책임과 역할을 충실히 함. 자신의 책임과 역할을 위하여 찬성과 반대 측의 입론을 작성해보고 각각의 주장에 대한 객관적이고도 다양한 근거들을 직접 찾아보는 등 행사 진행을 위해 끊임없이 탐구하고 준비하는 모습을 보임. 타고난 논리력과 공정심으로 토론자들의 입론과 주장, 그리고 근거들을 객관적이고 실현 가능성의 관점에서 분석하고 평가함. 더불어 토론 활동의 준비 과정에 자발적 참여의식을 발휘하여 토론 활동이 교육활동으로서 가치가 높아질 수 있도록 참신한 아이디어를 제공하고 자신의 역량을 정성껏 발휘함.

자율활동

3학년

1학기 학급 반장으로서 교과 교사와 학급교사와 학생들 사이에서 의사소통을 돕고 면학 분위기 조성에 이바지하였으며, 학급 및 학교 행사에 적극적으로 참여하여 타의 모범이 되고 민주적인 리더십을 발휘하여 공정하고 소통하는 학급문화를 형성하였고, 그 성과로 민주적인 학급회의를 하였음.
진급 후 첫 한 달을 정리하고 다가오는 4, 5월의 학습 의욕을 고취하는 과정으로 '6월 수능모의평가를 치른 나에게 보내는 편지'를 작성하고, 지난 시간의 나태함에 대한 반성의 시간을 가져 봄으로써, 자신을 채찍질하여 명실상부한 고3 대입 수험생으로서의 참모습을 지니도록 다짐함.
학급의 날 행사를 통해 학업중단 학생 예방 활동인 학급 어울림 활동에 참여하여 소외된 학생을 보듬어 주고 학급이 단합할 수 있는 시간을 가짐. 급우들이 안전하게 교외 활동 장소로 이동할 수 있도록 인솔하고 활동이 마무리될 때까지 질서 유지에 최선을 다함.

끝판왕 Tip

창의적 체험활동 중 자율활동입니다. 3년간 반장을 했던 학생으로 만들었습니다. 이 학생을 보고 '경영학과를 지원하는 학생은 꼭 3년간 반장이 되어야 한다.'라고 생각하면 안 됩니다. 리더십을 다양한 방법으로 드러낼 수 있습니다. 1학년 때의 과학의 날 행사 모습은 반장이 아닌 일반 학생도 충분히 작성할 수 있습니다. 테마형 팀별 프로젝트와 학생역량함양과정캠프, 교내 토론대회 등 경영학도가 학교생활에서 하면 좋을 듯한 부분이라 세부능력 및 특기사항으로 구성해 보았습니다.

봉사활동

정기적으로 농업협동조합 주말 공부방을 방문하여, 초등학생을 대상으로 학습지도 활동을 하면서, 누군가를 가르치는 동안 학습의 대상이 성장하거나 변화하는 모습을 발견하는 것이 얼마나 기쁜 일인가에 대해 느꼈음.

봉사활동은 농업협동조합 주말 공부방에 방문하여 초등학생을 대상으로 학습 지도한 것으로 작성해보았습니다. 봉사활동은 봉사활동 1365 인터넷 사이트를 찾아가며 있을 법한 내용으로 만들었습니다. 모든 봉사활동은 소중하고 값집니다.

동아리활동

1학년

(경제 조사와 토론) 경제 분야에 대한 심도 있는 탐구를 하고자 동아리에 가입함. 최저임금 문제에 관한 토론 활동을 진행함. 토론 전 최저임금에 대한 사람들의 인식을 알아보고자 설문 조사를 함. 설문 조사 결과를 활용해 최저임금 인상 찬성 측을 택해 토론에 임함. 특히, 최저임금 인상이 근로자의 경제 소득 증가에 영향을 미치고, 이것이 소비 촉진을 일으켜 경제 시장이 활성화될 것이라고 주장함. 사전 자료 조사를 활용하여 토론을 진행함으로써 주제에 대해 심도 있게 파악하는 계기가 됨. 반대 측의 입장을 경청하고, 그 근거를 정리함으로써 최저임금 인상이 가져올 부정적인 측면 역시 인식하게 됨. 제도의 장단점을 파악하고, 제도가 시장에 미칠 영향을 분석함으로써 경제 분야에 대해 깊이 있게 파악하게 되는 계기가 됨. 이처럼 설문 조사 후 토의를 하는 방식으로 '일본의 경제 보복과 불매운동', '미국의 중국 경제 침략', '대북제재' 등을 주제로 활동함.

(문학 돋보기 : 자율동아리) 2학년이 되어 배울 여러 문학 중 중요하지만, 학교에서 채택한 교과서에 실리지 않은 여러 작품을 읽어봄. 문학 작품을 읽은 뒤에 직접 분석하고 친구들과 의견을 나누면서 작품 이해에 노력함.

2학년

(경마반) 동아리 반장으로서 아이들이 자율적으로 조를 짜서 조별로 특색 있는 주제를 맡아 활동을 진행할 수 있도록 도움. 매주 동아리 활동 전에 해당 조가 준비를 잘 해 왔는지 확인하고 뛰어난 점을 칭찬해 주고 보완할 점을 알려줌으로써 리더십을 보여줌. 학생의 조 활동에서 노트북과 전자펜을 결합한 상품의 광고를 통해 전자제품의 홍보 방식에 흥미가 생겨 현 광고 방식들을 분석함. 특히 기능 면을 강조한 광고의 우세함을 알아냄. 전자제품 중에서 기능 면을 강조하지 않은 광고는 유명인의 이미지를 이용한 방식, 디자인의 세련됨을 강조한 방식 등이 있음을 정리하여 발표함. 국내뿐만 아니라 외국에서 이용한 마케팅을 조사하여 단순히 기능을 강조할 뿐 아니라 대중에게 깊은 인상을 심는 것이 중요함을 깨닫게 됨. '우리 동네에서 장사가 잘되는 가게'에 대해 자유토론을 진행하였고 상권의 입지조건, 개성 있는 아이디어 등의 공통적인 결론을 도출함. 이러한 활동의 결과로 '건물 외부에 설치하여 빨래를 집안에 널었다가 원거리 조작으로 집밖에 널 수 있는 제품'을 결합한 제품을 만드는 가상기업을 만들어 상권의 입지조건, 마케팅 방식 등을 숙고하여 사업계획서를 작성함. 4차 산업혁명에 대해 조원들과 공부를 하고 우리나라 경제에 미치게 될 영향에 대해 브레인스토밍하는 시간을 가짐.

3학년

(경영? 어렵지 않아요~) 동아리 반장이며 동아리의 구성부터 참여하여 활동 계획을 세움. 조를 4조로 나눠서 돌아가며 경제 신문 생글생글을 읽고 그에 대해 발표함. 방학 혹은 휴일로 인해 동아리가 한 주 쉰다고 해도 조원들과 함께 발표를 준비하는 성의를 보임. 조를 구성할 때 멘토와 멘티 인원을 맞추어 구성하여 경제 및 경영과 관련된 지식을 나눌 수 있도록 구성하고, 조별로 스터디 활동을 진행함.

멘토로서 조원들이 이해하기 힘들어하는 기사와 용어를 해설해 주거나 기사에 관련된 추가적인 지식을 나누어줌. 협업 마케팅에 대하여 조사를 하고 그 예시를 보고 협업 마케팅을 공부함. 또한, 여러 제품 중에 한 제품을 무작위로 맡아 자신의 제품과 협업할 제품을 선정하고 그에 대한 마케팅 전략을 세워 발표하고 날카로운 질문에 적절한 대답을 한 모습이 인상적임. 뉴실버세대와 실버세대를 대상으로 각각에 대한 사업 아이템을 구상해 보고 어르신들의 마음을 사로잡을 수 있는 마케팅 방법에 대해 토의해보는 시간을 가짐. 언론사인 JTBC, 연합뉴스TV에 견학을 하여서 우리가 보는 뉴스가 만들어지는 부조정실, 뉴스 스튜디오, 방송국의 갤러리를 관람하고 현장에서 일하시는 작가, 아나운서와 마케팅, 시청 시간별 연령대, 광고 등에 관련된 질의응답 시간을 가짐.

동아리 활동은 학교 내 활동 중에서 자신의 관심사를 가장 잘 드러낼 부분입니다. 대학도 학생이 어떤 동아리를 했는지에 관심이 많습니다. 경영에 관심 있는 학생의 동아리 활동이 본문처럼 진행되면 좋을 듯하여 구성하였습니다.

1학년 때는 경제 조사, 토론동아리와 문학 돋보기 자율동아리를 만들어 보았습니다. 특히 최저임금에 관한 토론에 적극적인 모습을 보이고, 최저임금 인상에 대해 설문조사와 찬성과 반대에 대해 자세히 알아보며 최저임금에 대한 깊이 있는 탐구가 돋보이도록 작성하였습니다.

2학년 때 경마반은 1학년 때 동아리의 연장선으로 경영, 마케팅 반입니다. 다양한 상품들에 대해 알아보고 자신의 아이디어로 새로운 제품을 가상으로 제작하여 마케팅을 해 보고 실제 장사가 잘되는 지역의 가게에 대해 분석을 하는 활동을 통해서 실제로 경영컨설턴트가 되었을 때 실무를 직접 체험해 보면서 전공 적합성을 확인할 수 있는 동아리 활동으로 넣어 보았습니다.

3학년 '경영?어렵지 않아요' 반에서 2학년 때 공부하였던 경영과 마케팅과 관련된 협업 마케팅이나 실버세대와 뉴실버세대와 같은 심화 지식을 습득하고 그 지식을 활용하여 여러 활동을 하는 모습입니다. 실제 마케팅을 하는 방송국에 방문하여 현장에서 일하는 분에게 마케팅과 관련된 질문을 하는 경우도 있습니다. 3년 동안 점점 심화 되는 지식의 흐름을 볼 수 있는 학생부입니다.

 1학년

심리검사를 통한 진로탐색활동(커리어넷 흥미. 적성검사, 홀랜드 심리 유형검사, 다중지능 검사)을 통해 수리·논리, 신체 능력, 창의에 높은 적성을 보이고, 적성·흥미에서 서비스 분야, 언론직, 경영 분야에 대해서 높은 흥미를 보인다는 것을 알게 됨. 최종 검사결과에서 경제 관련 분야에 흥미와 능력이 있다고 나옴. 이로 인해 경제 분야로 진로를 선택하는 계기가 됨.

경영학과 화상 멘토링에 참여하여 경상계열 대학생에게 경상 학과에 대한 관련 정보를 알고 공부해야 하는 것을 배우면서 경상계열인 진로를 이루기 위해 본인 스스로 관련 서적을 읽거나 공부를 하는 계기가 됨.

진로활동

봉사에 관심이 많아 사회복지사 직업체험을 하면서 나누는 것에 뿌듯함과 성취감을 느끼고 주변에 장애인 등 몸이 불편한 사람들을 다시 한번 돌아보는 계기로 삼음.

논문읽기활동에서 외국어와 경제에 대한 논문 3편을 찾아 읽고, 자신이 희망하는 직업에 관한 내용을 심층적으로 탐구함.

2학년

우리 지역의 경제 특성을 알아보고자 찾아가는 진로 체험활동에서 '지역의 로컬푸드와 시장'을 주제로 탐구함. 로컬푸드가 지니는 장점을 파악하고자 상점에 방문해 일반 쌈 채소, 양파, 감자의 가격과 로컬푸드의 가격을 비교해 봄. 로컬푸드가 가격 면에서 우위가 있다는 점을 파악한 뒤, 로컬푸드의 공급체계를 조사하고 가격뿐만 아니라 채소의 신선도도 경쟁력이 있다는 점을 알아냄. 지역의 로컬푸드 소비량 등을 담아 보고서를 작성함. 이 활동을 통해 겨울철 로컬푸드의 공급이 어렵다는 단점이 있지만 짧은 운송시간과 직거래, 신선한 식재료, 지역 경제 활성화와 같은 장점이 있기에 로컬푸드 산업이 앞으로 더 성장할 것이라는 결과를 도출하고 지역의 로컬푸드를 발전시킬 수 있는 방향에 대해 고민함. 꿈 탐색주간에 나의 꿈 찾기(경영)에서 본인이 희망하는 진로를 조사하고 직접 작사하여 급우들 앞에서 노래함. 이로 인해 본인의 진로에 관해 더 알고 이해하는 계기가 됨. 청소년 감정검사 활동을 통해 경쟁, 미래 지향성, 대인관계에 강점이 있다는 것을 알게 됨. 이를 통해 진로를 구체화함.

직업인의 성공 비법에서 자신의 관심 분야인 글로벌 마케팅과 경영 분야에서 성공하기 위해서는 관련 분야에 대한 전문적인 지식뿐만 아니라 타인을 배려하고 원만한 대인관계를 유지할 수 있는 능력을 갖추어야 함을 깨달음.

남다른 외국어 실력과 자기 주도적으로 일을 계획하고 직접 발로 뛰는 일을 좋아하는 성향에 맞춰 쇼핑몰 경영인이 되고자 희망하게 되었으며 교내에서 진행된 직업인과 만남을 통한 직업 경로 설명회에서도 현직에 있는 경영컨설턴트를 만나 많은 조언과 직업에 대한 정보를 얻음.

3학년

'세바시'에서 경제와 관련된 영상을 찾아 시청하고 우리나라 대기업 제품이 타사 제품과 비교하여 어떤 장단점이 있는지 조사함.

진로진학설명회에 참여하여 다양한 대입 전형방법에 대해 이해하고 특히, 수시 학생부 교과 전형, 학생부종합전형, 정시에 대해 구체적으로 이해하고 자신의 진로에 맞는 학과탐색을 하여 이를 바탕으로 스스로 진로 • 진학계획을 세움.

학교 독서토론 강좌에 참여함. 독서토론 수업에 성실히 참여하였으며 「로봇시대, 인간의 일(구본권)」을 읽고 '4차 산업혁명 시대에 인간의 가치는 무엇인가'를 영상으로 시청하고 자유롭게 토의하고, 4차 산업혁명 시대의 나의 가치와 자신의 직업의 방향성을 찾음.

누구나 학교에서 '청소년 정책. 어떻게 정하는 건가요?'라는 제목으로 강의를 계획하여 진행함. 청소년 정책 기본계획을 바탕으로 청소년의 권리증진, 복지, 지원 인프라, 교육 등 분야별로 청소년 스스로 미래를 구축해 나갈 수 있도록 지원하는 청소년 정책을 소개하고, 아울러 청소년 정책을 수립하고 추진하는 데 있어서 청소년들이 직접 참여할 수 있는 기회를 넓힐 필요가 있다고 생각함. 나아가서 학교 교육과 청소년 정책의 연계 협력에 관한 연구의 필요성을 느끼고 포스터를 만들어 급식실 벽에 게시함.

꿈판왕
Tip

3
세부
능력
특기
사항

일반적인 학교활동에서 경영학과 지원자라면 나타낼 수 있는 세부능력 및 특기사항으로 진로활동을 만들어 보았습니다. 기본적인 직업검사는 아마 경영학과 관련하여 나왔을 것입니다. 특히 이 학생은 화상 멘토링을 통해 자신이 경영학에 관심 있음을 주도적으로 나타냈습니다.

1학년 세부능력 및 특기사항에서 사회복지사 직업체험을 넣었습니다. 의아해하는 분이 있을 수 있습니다. 학교에서 이루어지는 교육활동은 가끔 하고 싶은 것을 못할 수 있습니다. 인원 제한이 일반적인 사례입니다. 이와 관련 면접 문제가 나올 수 있을 것 같아 적었습니다. 이후 2~3학년에는 경영학과 학생에게 쓰면 좋을 듯한 세부능력 및 특기사항을 작성하였습니다.

1학년

통합사회 : 평소 사회 현상에 관한 관심이 지대하며 특히 경제 관련 수업시간에 적극적으로 참여함. 특히 국제 경제와 관련된 시뮬레이션 활동에서 선진국과 후진국 간의 비교우위 재화의 특성을 이해하고, 자원의 편재성과 같은 경제 관련 개념을 습득하는 것에 있어 뛰어난 모습을 보임. 추후 개별학습을 통하여, 주식과 채권 등 경제 관련 개념을 학습하는 열의를 보임. 현대 사회에서의 일의 의미를 이해하고 창업과 기업가 정신의 중요성을 사례를 통해 파악하며, 창업 활동에 필요한 일련의 절차와 입지 선정에 관심이 높음.

2학년

문학 : 시집 만들기 활동에서 '담쟁이(도종환)'를 통해 위기에 대처하는 자세를 찾아내고 자신과 비교해보면서 감상함. 특히 반장으로서 담쟁이처럼 함께 소통하면서 위기를 극복하는 학급이 되자는 내용을 발표 내용으로 선택하여 친구들의 공감을 이끌어냄. 자연체험 활동에서 꽃 잔디를 보면서 작지만 소중하고 중요하게 생각하자는 내용을 직유법, 은유법, 의인법을 활용하여 시로 표현함. 지식 채널 영상을 통한 생각 키움 활동에서 경제 분야에 관심이 드러난 소감문을 작성하였으며 영상을 시청한 후 궁금한 점을 스스로 조사해 보는 활동을 진행함.

확률과 통계 : 자신이 어려움을 느끼는 부분을 보충하고자 수학 오답 노트를 꾸준히 작성하여 문제해결력을 높이고, 수학 개념을 정리하고 관련 문제를 직접 만들어 풀어보는 활동을 통해 수학 문제해결 능력과 자신감을 높이고, 교과학습에 노력하는 모습을 보임. 수업의 일환으로 실시한 '나만의 확률통계 만들기' 활동으로 자신의 희망 진로와 수학의 상관관계에 관한 글을 작성함. 자신의 희망 진로인 쇼핑몰 경영자에게 요구되는 수학적 요소들을 파악함으로써 자신의 진로에 대해 확고히 하고 교과학습에 대한 의지를 높임. 로또 확률에 관한 신문 기사를 스크랩하고 기사에 대한 자신의 생각을 글로 작성함. 이를 통해 확률과 통계가 우리의 실생활에 가깝게 사용된다는 것을 느끼고 교과에 대하여 더욱 관심과 흥미를 가짐. 체육대회 기간에 비가 와서 곤란했을 때 일기 예보를 주의 깊게 보면서 일기 예보에 쓰이는 확률에 대해 생각해 보게 되었고, 이 경험을 바탕으로 강수확률에 관해 탐구하여 발표함. 강수 예보에 대한 여러 가지 종류와 성질에 관해 설명해주어 학급 친구들이 일상에 쓰이는 확률에 대해 알게 하는 기회가 됨. 강수확률의 의미에 관해 설명하면서 강수 확률의 개념에 대해 오류를 가지고 있는 경우가 많다는 것을 알려주고 사람들이 쉽게 오해하고 있는 오류에 대해 정확한 개념을 비교하여 알려줌. 강수확률 예보와 경제적 관점을 관련지어 설명하며 강수 예보를 따라 피해 예방조치를 했을 때 드는 비용과 예방조치를 하지 않고 비가 와서 입은 손실 비용을 확률을 적용하여 계산하여 설명함으로써, 확률과 통계 개념의 유용성을 일깨워주고 수학학습에 대해 동기부여를 함. 발표할 때 목소리가 크고 명확하게 설명하여 전달이 잘 되어 학급 친구들이 발표하는 내용을 잘 이해하도록 함. 수학적 직관력과 수학적 사고력이 뛰어난 학생으로 학업 내용에 대한 이해가 빠르고 응용력이 뛰어나 어려운 문제도 잘 해결하는 문제해결력을 보임.

경제 : 경제 대통령 후보 연설문을 작성하는 활동에서 청년 실업문제를 해결하기 위한 여러 정책을 제안함. 다양한 취업 프로그램 개설, 청년실업자를 일정비율 이상으로 채용하는 정책, 현대의 부당한 근로관계를 해결하고 창의적인 업무 수행을 위한 팀별 업무 수행 등 구체적인 방안을 제시함. 창업계획서를 작성하는 활동에서 방음 마스크를 창업아이템으로 선정하고 창업아이템의 차별화 된 경영전략을 설득력 있게 잘 계획함.

과목별 세부능력 특기사항

3학년

화법과 작문 : 다양한 주제로 말하기에서 버블경제의 개념을 예를 들어가며 설명함. 말하기 수행평가를 준비하면서 버블경제 문제를 집중적으로 탐구해 보고, 버블경제 문제가 국내뿐만 아니라 국가 간에도 심각한 문제를 발생시킬 수 있다는 사실을 깨닫게 되면서 세계 부동산 경제에 흥미를 가짐. 이후 경제 관련 뉴스를 자주 접하며 국내 경제 상황분 아니라 세계 경제의 흐름을 이해하고자 노력하는 모습을 보이는 등 경제 분야에 왕성한 호기심이 있음.

한국지리 : 탐구 과제에서 '지역의 특산물과 가격 판매량'을 주제로 탐구함. 지역의 특산물의 판매량을 그림의 크기로 나타내고, 가격을 색으로 나타내는 인포그래픽 형식으로 결과를 제출함. 일상 속 지리적 요소 분석 활동에서 '지역 내 전통시장과 대형마트 상권분석 및 전통시장 쇠퇴 문제의 해결방안'을 탐구함. 직접 지역 내 전통시장과 대형마트를 방문하여 이용 고객 특성, 주된 판매 상품, 하루 매출액을 비교함. 또한, 대형마트와 전통시장이 가진 상대적인 문제점을 조사. 조사 결과 대형마트는 공격적인 마케팅 전략으로 인해 충동구매를 유발할 수 있으며 전통시장은 카드 사용 제약, 주차 및 휴식 공간 부족으로 쇠퇴하고 있다는 결론을 냄. 해결방안으로 '대형마트와 전통시장의 공생'을 제시함. 대형마트 내부에 전통시장 코너를 만들어 전통시장과 대형마트의 상생 방안을 제시함.

정보 : HTML 언어를 배운 후 따로 자습을 통하여 인터넷 쇼핑몰을 열어서 가상의 화폐를 반 친구들에게 분배하고 필기구를 파는 등 실제로 운영함. 자신이 운영하는 사이트에 대한 불편한 점을 받아서 해당 부분을 개선할 방법을 혼자 고민해본 후, 해결이 되지 않는 부분은 교사에게 가져오는 모습을 보임.

> **끝판왕 Tip**

과목별 세부능력 및 특기사항입니다. 사회와 국어, 수학, 정보 내용으로 세부능력 및 특기사항을 만들었습니다.
1학년 세부능력 및 특기사항은 통합사회입니다. 통합사회 부분 중 경제 관련 부분이 뛰어나 보이도록 작성하였습니다.
2학년 때는 문학과 확률과 통계, 경제의 세부능력 및 특기사항을 작성하였습니다. 문학 세부능력 및 특기사항에서 반장이 수업에서 보일 수 있는 모습과 경제를 언급할 방법을 고민해 만들어 보았습니다. 경영학과를 지원하는 학생이라면 수학관련 내용이 있으면 좋습니다. 여기서는 확률과 통계 과목을 지정, 세부능력 및 특기사항을 만들어 보았습니다. 경제는 경영학과 지원생이 선택하여 공부하면 좋은 과목으로 여기서도 경제 세부능력 및 특기사항을 작성하였습니다.
3학년 때는 화법과 작문, 한국지리, 정보입니다. 국어수업에서 경제에 관심이 있다는 것을 보여줍니다. 한국지리에서는 학생의 탐구능력을 나타내기 위해서 만들었고 정보 세부능력 및 특기사항은 쇼핑몰 경영인으로서의 접근이 있으면 좋을 듯하여 만들었습니다.

| **독서활동 상황** | 저는 주식투자가 처음인데요(강병욱), 니가 수학을 못하는 진짜 이유(임익), 수학으로 힐링하기(이수영), 수학콘서트(박경미), 청소년들이 궁금해하는 경제 상식(류대현), 주식투자 무작정 따라하기(윤재수), 인간의 얼굴을 한 시장경제, 공정무역(마일즈리트 비노프 외 1명), 손바닥 경제(김상조), 청소년 경제수첩(크리스티아네 오퍼만), 설민석의 조선왕조실록(설민석), 어스시의 마법사(어슐러 르 권), 말의 품격(이기주), 리더십, 불변의 법칙(이동연), 시민의 교양(채사장), 언어의 온도(이기주), 무례한 사람에게 웃으며 대처하는 법(정문정), 경제기사 이보다 쉬울 수 없다(박유연), 일단 오늘은 나한테 잘 합시다(도대체), 비울수록 사람을 더 채우는 말그릇(김윤나), 군주론(니콜로 마키아벨리), 스마트 경영(송재용), 넘버원보다 온리원이 돼라(방승양), 마케팅 불변의 법칙(알 리스), 날 꼬셔봐. 사소하지만 치명적인 설득의 기술(리오넬 벨랑제), 스타벅스 100호점의 숨겨진 비밀(맹명관), 코카콜라는 어떻게 산타에게 빨간 옷을 입혔는가(김병도) |

독서상황은 수학과 경영, 경제, 사회 관련된 독서입니다. 이 부분을 살리기 위한 추천도서를 넣었습니다.

1학년

행동특성 및 종합의견

항상 미소를 잃지 않고 매사 긍정적이며 책임감이 강함. 급우들 사이에 갈등이 생기면 유려한 대처능력을 보이며 감정에 치우치지 않고 이성적이고 공정하게 판단하여 친구들에게 신뢰를 받는 학생임. 이를 토대로 학급 특색활동에서 진로설계와 동아리 수기 발표에서 심사위원으로 추대되어 활동함. 학급회의 시간에 좋은 아이디어를 많이 내고 문제가 생겼을 때는 창의적인 해결방안을 내놓는 등 학급활동에 적극적으로 참여하는 모습을 보임. 급우들과의 진솔한 대화를 통해 공동체적인 생활에서 본인의 잘못된 점을 빠르게 인정하고 그것을 고치려고 노력하는 모습을 보임. 급우들에게 알려주고 나누는 것에 적극적이라 학급에서 주도하는 학습도우미에서 수학을 도맡아 수학 문제를 어려워하는 급우들에게 수학 개념들을 알기 쉽게 알려줌. 급우들의 수학 실력 향상에 도움을 주며 뿌듯함과 보람을 느끼게 됨. 경제 관련 꿈을 이루려는 의지가 강해 항상 경제에 관심을 가지고 자율학습시간에 경제 관련 서적을 읽거나 경제 신문을 읽고 모의 주식을 함. 또한, 본인이 진로 관련 공부를 꾸준히 하고 진로 선생님에게 진로에 관해 상담을 받는 등의 노력을 하는 것으로 보아 진로에 큰 발전 가능성과 잠재력을 보임. 헌혈 활동과 한 학급 한 생명 살리기 운동에 지속적으로 참여하여 생명의 소중함을 알고 나눔의 봉사를 실천하여 주변에 어려운 사람들을 다시 한번 돌아보는 계기가 됨. 축제 연습 때 친구들과 같이 단합하여 춤을 연습하고 춤을 어려워하는 급우가 있으면 알려주는 과정을 통해 협동심을 기르고 급우들과 더 깊은 유대감을 형성함. 교내 스포츠 행사에 참여하여 축구, 피구를 참여해 어려웠던 팀 상황을 극복하는 모습을 보여 위기의 순간에 팀이 역전하는데 기여함. 이를 통해 급우들과의 협동심과 리더십을 기르는 계기가 됨.

2학년

학급 반장으로서 1년 동안 학급의 궂은일을 도맡아 하였고, 어떤 어려운 상황에서도 절대 웃음을 잃지 않는 등 훌륭한 성품을 지님. 앞에서 친구들을 이끌면서도, 뒤에서는 친구들에게 늘 따뜻한 말로 격려하는 등 진정한 리더십이 무엇인가를 몸소 보여주는 학생임. 모범적인 태도를 친구들에게도 인정받아 학급 칭찬 릴레이 활동 결과 '이해심과 참을성이 많은 본받을만한 친구이자 최고의 반장'이라는 평가를 들음. 주기적으로 지역 공부방에 방문하여 교육 봉사활동에 임하였고, 학급 연탄 봉사 및 나눔 클래스를 통한 기부 활동을 주도하는 등 나눔과 배려를 실천하는 학생임. 또한, 학급 반장으로서 학급 활동 진행 시 사전회의를 주도하여 학급 친구들의 다양한 의견을 반영하고자 함. 또한, 특색활동 진행 시 소외되는 친구가 없도록 챙기는 역할을 함. 학급 친구들 간 사소한 갈등이 있을 때 그 갈등을 조율하는 역할을 담당한 결과 1년 동안 큰 다툼 없는 모범적인 학급을 만드는 데 공헌함. 수학교과 오답노트 쓰기, 꾸준한 운동을 위한 체력 향상 등 부족한 부분을 보완하기 위한 계획을 수립하였고, 1년 동안 해당 분야에서의 발전을 이뤄냄. 특히 교내 스포츠 리그에서 학급 축구 대표로 참여하여 운동신경을 뽐냈고, 포지션에 맞는 역할을 성실히 수행하여 학급의 리그 우승을 이끎. 또한, 확률과 통계 교과목에 대한 열정이 풍부하여 야간 자기 주도적 학습시간을 이용해 교과 개념을 명확히 이해하고자 노력하였으며 친구들에게 해당 교과목의 내용을 알려줄 때도 개념을 쉽게 적용할 수 있도록 도움. 또한, 학급 특색활동인 '명예교사제', '나도 선생님' 등의 활동에 늘 적극적으로 참여하여 자신의 학습 노하우를 공유하는 모습이 관찰됨. 평소 경제 분야에 관한 관심을 가지고 '펀드매니저'라는 진로를 설정하였으며 진로와 관련된 다양한 교내 활동에 참여함.

행동특성 및 종합의견은 담임교사의 추천서라 할 수 있습니다.

1학년은 학생들에게 인정받는 친구임을 나타냅니다. 수학에 강점이 있음을 보이기 위해 멘토-멘티활동을 넣었습니다. 그리고 경제에도 관심이 있는 모습과 헌혈 등 학교활동을 좀 더 자세히 나타내어 학급 친구들과 소통하는 학생의 모습을 나타내는 세부능력 및 특기사항으로 만들었습니다.

2학년 역시 봉사활동과 리더십을 나타낼 수 있는 세부능력 및 특기사항을 구성하고 학업역량과 연관되는 학급 특색활동을 만들어 표현하였습니다.

⑤ ········ 경상계열 세부능력 및 특기사항

학교에서의 활동과 협상하라! (인용할 세부능력 및 특기사항에 O표 하세요)

나) 무역학과

생활기록부 영역	작성 내용
인적, 출결 상황	개근
	인적, 출결 사항에서 기본적인 학생의 학교생활 충실도를 볼 수 있습니다. 미인정(무단)결석, 지각은 부정적 이미지를 평가자에게 줄 수 있습니다. 질병 지각이나 질병 결석이 있다면 그 학생의 건강 상태도 가늠할 자료가 됩니다. 이번에는 개근으로 넣었습니다.
수상경력	교과우수상(사회탐구 과목 다수, 3학년 1학기 영어 교과우수상) 독서토론대회(최우수, 우수) 세계문화교육탐구발표대회(공동 수상 3인, 장려) 다문화독서토론및독서캠프(소감문쓰기부문) 미래명함만들기대회(장려)
	수상경력에서 학생의 관심사와 노력의 결실을 확인할 수 있습니다. 2019년 기준 1학년부터 상급학교 진학 시 1학기당 1개의 수상만 등록할 수 있습니다. 어떤 상을 자신의 수상내역에 적을지 고민이 필요합니다. 학교생활기록부는 무역학과에 지원하고자 하는 학생을 기준으로 만들었습니다. 교과우수상, 독서토론, 탐구발표입니다. 구체적 에피소드는 자기소개서와 면접에서 나타낼 수 있으니 수상에 관련된 내용을 정리하길 바랍니다.
진로 희망사항	1학년 무역회사 직원 2학년 포워더 3학년 포워더
	진로희망 사항은 2019년 기준으로 1학년부터 창의적 체험활동 진로 부분으로 넘어가고 입시에 미적용됩니다. 2022년 대입에는 크게 영향을 미치지 않을 수 있지만 2020년, 2021년 대입에는 큰 영향을 미칩니다. 1학년 때는 무역회사 직원에서 2~3학년으로 포워더로 만들었습니다. 포워더란 다수의 화물주에게 모은 화물을 정리한 후, 화물주를 대신하여 발송인이 되어 운수회사와 운송계약을 체결하여 전반적인 운송책임을 맡는 직업을 말합니다. 구체적이고 전문적 용어를 사용해보았습니다.

자율활동

1학년

우리 지역 바로 알기 테마형 팀별 프로젝트(진로 직업 관련 주제 탐구)에 참여하여, 7명이 팀원을 이루어 '지역별 외국인의 수에 따른 고용, 소비의 형태'라는 주제로 탐구 활동을 전개한 후 보고서를 작성하였음. '정책과 학교'에서 19대 대통령 선거에서 당선된 대통령의 공약을 분석하여 현재 진행한 정책과 진행도에 대해 발표함. 시각자료를 활용한 발표자료와 명쾌한 분석으로 대선에 무관심했던 학생들도 관심을 가지고 경청할 수 있도록 만든 모습이 돋보임.

학생회 리더십 캠프를 통해 리더십 활동에서의 중요한 의사 전달과 의사 결정, 화자와 청자의 역할, 역지사지의 정신, 회의 진행방법 등을 배우게 되었고, 실제로 학급 회의나 학급 행사에 잘 적용하여 반장으로서 역할을 잘 수행하겠다는 의지를 다짐.

동아리 리더 캠프를 통해 다른 동아리의 활동과 비전, 목표를 들으며 동아리 리더로서 자극과 동기를 얻게 됨. 또한, 동아리 부장으로서 동아리의 주요활동과 방향성, 동아리가 진로와 진학에 미치는 영향에 대해 진지하게 고민하는 시간을 갖게 되었고, 활발한 동아리 활동을 위해 부원들을 적극적으로 이끌고 독려해야겠다고 다짐함.

2학년

과학의 날에 실시한 도미노 행사에 참여하여 반 친구들과 단합심, 연합심을 기르며 다양한 창의적 사고와 상상력 및 과학에 대한 호기심을 기름. '우리 학교의 1학년'이라는 주제로 스틱밤 도미노 설계(제작, 발표)팀의 일원으로 스틱밤 도미노의 구성, 효율적인 배치, 만드는 방법 연구 등에 힘쓰며 성공적인 스틱밤 도미노를 만들며 학교를 사랑하는 마음을 기름. 팀을 나누고 역할을 분배해 각자 맡은 역할을 충실히 하여 하나의 결실을 이루어 내는 경험을 통해 친구들과 더욱 친밀한 시간을 가지게 되었고, 학급 전체의 협동심이 얼마나 중요한지를 알게 됨.

영어 UCC 만들기 활동에서 대본을 맡아 영어로 대사를 구성해 생활 속에서 사용하는 문장, 숙어 등을 연습해 영상물을 제작함. 이를 통해 맡은 역할을 책임감 있게 해내는 것의 중요성을 배우고 조별 활동을 통해 배려와 단합의 필요성을 느낌.

3학년

반장·부반장 선거에 참여해 '소통하는 반 만들기'와 '학업 성적 향상을 목표로 하는 특색 활동실시'라는 공약을 제시함. 후보자 질의응답 시간에서 '나만을 위하는 분위기보다 정말 힘들 때도 함께 힘을 내고 모두와 함께 갈 수 있는 분위기를 만들고 싶습니다.'라는 답변을 하여 반장이 되면 지향하는 반의 모습을 드러냄. 투표 결과 반장에 당선된 후 학급 규칙 제정에서 첫 회의임에도 불구하고 매끄럽게 회의를 진행함. 지각비를 결정하는 과정에서 금액의 액수 문제로 의견이 쉽게 조정되지 않았으나 친구들의 의견을 수렴해 각자의 용돈을 고려한 금액을 제시하는 등 '함께하는 반 만들기'라는 자신의 공약을 행동으로 실천함.

다문화 이해 교육을 통해 다른 나라의 문화를 이해하고 문화의 다양성을 존중하기 위해 각자가 노력해야 한다고 느낌. 처음에는 낯설고 꺼렸지만, 문화 차이를 긍정적으로 바라보게 되면서 다양한 문화를 더 알고 체험하고 싶다는 생각을 함.

꿀판왕 Tip

창의적 체험활동 중 자율활동입니다. 1학년에 팀별 프로젝트, 선거, 리더십 캠프, 동아리 리더 캠프를 넣어 보았습니다. 학생의 리더 역량을 채워나가는 시간으로 1학년을 지냈음을 알리고 싶었습니다.

2학년 때는 과학의 날 행사를 넣었습니다. 무역학과 희망과 과학의 날 행사가 안 어울릴 수 있지만, 학과에 상관없이 학교생활을 충실히 하는 학생으로 학급 전체가 참여하는 대회를 소재로 학생의 모습을 보일 수 있을 것 같았습니다. 포워더란 직업이 외국어 능력도 필요하므로 영어 UCC제작을 넣었습니다.

3학년은 반장의 모습 그려주고 다문화 이해 교육을 넣었습니다.

3
세부
능력
특기
사항

봉사활동	글로벌 지식소통을 위한 다국어 지식나눔 봉사활동 1년간 활동 다국어 다문화 민간외교 소식나눔단 봉사활동 2년간 활동 다국어 지식 나눔 봉사활동과 다문화 민간외교 소식 나눔 봉사활동을 넣었습니다. 이 부분은 학생의 학업역량과 인성을 같이 드러낼 수 있을 것 같았습니다. 모든 봉사활동은 의미가 있습니다. 무역학과기 때문에 다국어, 다문화 봉사를 꼭 해야 하는 것은 아닙니다. 봉사활동을 하며 개인의 의미를 찾고 봉사의 참뜻을 느낀다면 그것이 가장 좋은 봉사활동입니다.

끝판왕
Tip

동아리활동	 1학년	**(국제교류 IE 1학년)** 국제교류에 높은 관심을 보이며 동아리 1학년 부장으로 모든 동아리 활동을 주도적으로 기획하고 동아리 활동이 원활하게 이뤄지는 데 크게 기여함. 대북제재에 관련된 동영상을 촬영하여 북한에 관한 관심을 학생들에게 촉구함. 모의 유엔 활동에서는 사드 배치에 대하여 한국을 대표하여 입장을 발표함. 장래 무역회사 직원을 꿈꾸는 학생으로 국제 사회 문제에 관심이 많고 다문화 가정과 이주 노동자 문제에 대하여 깊이 공감함. 외교부의 홈페이지를 통하여 우리나라가 조약을 맺는 과정을 조사하여 인포그래픽으로 만들고 포스트잇으로 관련 국내법 조항과 국제법 조항을 색으로 구분하여 정리함. 또한, 조항의 유형과 명칭을 조사하여 알기 쉽게 예시와 사진 자료를 첨부하여 발표함. 자신이 가장 흥미가 있는 경제 협력협정과 봉사단 파견협정을 조사하여 조약의 내용과 관련 활동 내용에 대해 발표함. **(E&D : 자율동아리)** '경제기사 이보다 쉬울 수 없다(박유연)'를 읽고 주제별로 자료를 찾아 적극적으로 토론에 임함. 토론 과정에서 다양한 경제 이슈와 경제 용어를 알게 되었으며, 이를 바탕으로 경제 현상을 이해하는 계기를 마련함.
	 2학년	**(국제교류 IE 2학년)** 동아리 IE 차장으로서 첫 시간에 'Who am I' 활동, 마니또, 멘토멘티 연결 등 부원 간의 소속감 형성을 위해 노력함. 외교부에서 발표하는 국제 경제 동향에서 캐나다를 맡아 1년 동안 경제 동향에 대해 발표함. 특히, 2021년부터 일회용 플라스틱 사용 금지 추진에 대해 일회용 플라스틱의 심각성에 대해 자세히 발표하며, 국내의 일회용 플라스틱 컵 사용 규제에 대해 강력한 규제와 처벌이 필요하다고 생각한다고 언급함. 또한, 옥수수로 만든 플라스틱과 생분해 가능한 비닐 등의 사용을 일상화하는 것을 제안함. 우리나라의 경제협정 체결 현황 중 한일어업협정, 한중어업협정, 한일 원자력협정 등 한·중·일의 협정과 관계에 대해 관심이 많아 관련 기사를 많이 스크랩하여 게시하는 등의 활동을 함. **(PAP : 자율동아리)** 법과 정치 시간에 배운 공공부조의 개념을 심층적으로 탐구하기 위해 '고령화 복지정책'이라는 연구 합동을 수행함. 각국의 복지정책을 조사하고, 고령화 사회의 복지정책의 방향과 재정 건전성을 확보할 방안에 관한 보고서를 작성함.
	 3학년	**(국제교류 IE 3학년)** 국제교류 동아리 부장으로서 활동을 기획하고 이행하는 능력이 뛰어남. 국제기사스크랩 시간에 한 인터넷 사이트가 3200억을 들여 언론사를 지원할 계획이라는 기사를 읽고, 현재 광고 시장을 독점하는 사이트가 유료 구독자들을 쉽게 유치하게 되면 언론 시장도 장악해 언론사들을 망하게 할 우려가 있음을 주장하며 기업의 윤리성에 대해 생각해 봄. 대학생봉사단에 참가하고자 하는 의지를 보이고 영어를 더욱 열심히 공부하는 모습을 보임, '달라서 아름답다. 달라야 건강하다.'라는 구호를 만들어 교내에 게시하며 다문화 이해하기 캠페인에 적극적으로 참여함.

(PEL : 자율동아리) 정치, 경제, 법에 대한 주제로 토론하는 동아리 부장으로서 구성원들과 함께 기존 교과목에서 배운 내용을 심화하여 탐구하고자 노력함. '국제적 원조는 의무인가, 자선인가?', '미중 무역 전쟁의 승자는 누구일까?', '소년법 폐지는 공정한가?'에 관해 토론하고 특히 '자율주행 자동차 사고는 제조사와 소유자 중 누구의 잘못인가?' 토론에서 윤리시간에 배운 '트롤리 딜레마' 사례를 제시한 것이 인상적임.

꿀판왕
Tip

동아리 활동은 학교활동에서 학생의 관심사를 가장 잘 드러낼 수 있습니다. 대학도 학생이 어떤 동아리 활동을 했는지에 관심이 많습니다.

3년간 같은 동아리를 해온 것으로 만들었습니다. 동아리명은 International Exchange의 앞글자를 땄습니다. 3년간 국제이슈에 대한 학생 관심과 활동을 보여주려 세부능력 및 특기사항을 만들어 보았습니다. 그리고 각 학년에 자율동아리를 1개씩 더 넣었습니다. 여기서 학생의 학업역량과 전공적합성을 잘 표현하도록 작성하였습니다. 수업 관련 토론 활동 및 연구 활동을 중점적으로 작성했습니다. 또한, 동아리명을 신경 써서 만들었습니다. E&D : economy & discussion/경제와 토론, PAP : public assistance, politics/공공부조, 정책, PEL : politics, economy, law/정치, 경제, 법입니다.

1학년

심리검사 및 분석 활동에서 자신의 진로인 무역회사 직원이 되는 데 필요한 요소에는 추리력, 수리력, 집중능력, 언어능력이 있음을 파악함. 검사결과 4개의 분야가 모두 평균보다 높게 나와 자신의 진로에 대해 확신하게 됨. 반면 다소 부족한 언어능력을 보완하고자 꾸준한 독서의 필요성이라는 해결방안을 제시하였고, 이를 계기로 '한 달 3권의 책 읽기 프로젝트'라는 목표를 세워봄.

평소 본인의 진로와 진학에 고민이 많아서 진로 진학 상담 교사와 면담을 하면서 다시 한번 본인의 진로에 대해 깊이 생각하고 구체화하는 계기가 됨.

창의 인성 체험의 날마다 기초 경제 지식을 쌓기 위해 피치마켓, 낙수효과. 가격 탄력성. BRICS, 윔블던 효과 등 기초 경제. 경영용어를 정리하여 그 개념을 이해함.

교내 자율주제 탐구 활동에 참여하여 '표절 방지와 적절한 인용 방법', '학술 논문 검색 방법', '글쓰기의 기초'의 강좌를 통해 학술적인 글쓰기 이론을 습득한 후 평소 관심 있던 '국제거래'와 관련하여 '공정무역에 대한 학생들의 관심도(제품구매 욕구와 관련하여)'라는 주제를 정하고 관련 논문과 다양한 신문칼럼을 읽어 탐구하고, 최종 보고서를 제출함.

다큐멘터리를 통해 접한 마키아벨리의 '군주론'에 흥미를 느끼고 이와 관련된 도서를 탐구함. 그 시대를 이해하고자 윤리교사와 의논하는 열정이 돋보임. 비슷한 관심을 가진 학우들을 모아 교사에게 도움을 요청하여 '군주론'과 관련된 토론회를 개최함. 토론회에서 '군주론의 해석과 현재의 군주'라는 제목으로 군주론에 대한 다양한 해석, 근래의 이상적인 군주의 모습에 대하여 발표하며 이를 바탕으로 자신이 생각하는 이상적인 군주상과 리더의 자질에 대하여 학우들과 의견을 나눔으로써 '4차 산업혁명 시대의 세계적인 경영을 이끄는 리더'에 대한 심도 있는 고민을 함.

진로활동

2학년

홀랜드(HOLLAND) 심리 검사결과, '좋아한다' 부문과 '잘한다' 부문 모두에서 E유형(진취형)으로 분류되어, 조직적인 목표나 경제적인 이득을 얻고, 다른 사람을 이끌거나 설득하는 지도자의 역할에 관심이 많다고 분석되었음.

대학 참관 체험 활동에 참여하며, 세 군데의 대학을 돌아보고 다양한 학과의 선배들과 만나는 과정에서 자신이 좋아하는 무역 외에 경영 분야에도 흥미를 갖게 되어 경영에 대해서도 심도 있는 생각을 하게 되었다고 함. 영어의 중요성을 다시 한번 느끼고 영어의 구체적인 공부 계획을 다시 짬.

3학년

경영의 기본이 리더십과 소통이라는 학과 선배들의 조언을 새겨듣고 학급경영에서의 본인의 역할에 대해 다시 생각하게 되었다고 소감문을 씀.

진로 및 대학 탐색하기를 통해 경영학도가 하는 일, 관련 학과의 취업 현황에 대해 알아보고 직업 만족도와 사회 변화에 따른 앞으로의 직업 전망을 조사하고 발표함.

진로비전 발표회에 참여하여 자신의 진로에 대한 비전을 전교생 앞에서 발표함. 구체적으로 개인별 진학전략을 수립하고 자신의 진로에 대하여 다시 한번 깊이 고민해보는 기회를 가짐.

전기요금누진세를 통해 우리 주변에서 일어나는 문제들에 더욱 관심을 갖게 되었으며, 누진세 찬성 측 입장으로 참여하여 통계청의 주거용 건물 에너지 사용량 통계와 누진세의 변화를 들면서 누진세와 상관없이 연간 전기 사용량이 점점 증가한다는 것을 조사하여 그래프로 직접 만들어 발표함. 평소 개인적으로 신문을 보면서 시사에 관한 기사를 읽고 스크랩하며 세상을 보는 눈을 기르려고 노력하였으며, 이를 통해 조건 없는 수용에 대한 경계와 비판적인 시각으로 올바르게 사회를 바라볼 줄 아는 능력을 향상함.

끝판왕 Tip

진로활동에서 학교에서 하는 실시한 검사결과와 본인이 주도적으로 활동한 내용으로 세부능력 및 특기사항을 만들어 보았습니다. 경영용어 정리와 교내 자율주제 탐구활동, 토론대회 등 무역학과를 준비하는 학생이 학교활동을 어떤 것을 할 수 있을지 고민해서 넣었습니다.

과목별 세부능력 및 특기사항

1학년

통합사회 : 사회에 관심과 흥미가 많고 사회 수업시간에 좋은 집중력을 보임. 특히 경제 분야에 관심이 많아서 모의 기업을 만드는 활동에서 전무이사를 맡아 회사를 총괄하고 각 부서에 돈을 배분하는 역할을 잘 수행해 냄. 모의 주식을 하는 활동에서 우리나라 금융 시장의 흐름을 읽어보고 분석하여 선택한 주식의 주가가 오르는 결과를 보임. 기업가정신을 가질 방법을 생각해보는 활동에서 기업가정신에 대해 다시 공부해보고 더 깊이 생각해 볼 수 있는 계기가 됨. 세계분쟁지역에 대해 배우는 과정에서 분쟁지역의 위치를 세계 지도를 읽어보면서 정확히 파악하려고 노력함.

기술·가정 : '배려와 나눔의 식생활 문화'와 '오늘날 식생활 문화의 문제점' 모둠 발표 활동에서 차분하고 적극적인 자세로 설득력 있고 재미있게 잘 발표함. 각 나라의 가정생활문화, 소비문화, 주거문화 등을 나라별로 나누어 파악할 수 있고 그 차이점이 무엇인지 알 수 있음. 탄소성적 표시제도, 푸드마일리지, 푸드뱅크 등 우리 실생활에 적용되는 여러 가지 제도나 활동 등에 대하여 잘 알고 있음. 올바른 의식주 문화를 생활에 적용해보고 환경을 생각하는 소비 생활, 의식주 생활을 실천함으로써 인간과 자연이 함께 어울려 사는 삶의 중요성을 깨달음. 차분하고 침착하게 적극적으로 수업에 임함.

2학년

미적분 : 미적분에 대해 큰 관심을 보이는 학생으로, 문제를 해결하는 과정에서 자신의 부족한 부분을 보완하기 위해 체계적으로 수학 오답노트를 작성하는 모습을 보이며 이러한 과정을 통하여 문제해결력을 높이고자 노력함. 수업 중 문제 풀이에 어려움을 겪는 친구들이 있으면 앞장서서 도와주는 모습이 관찰됨. 그래프 해석에 많은 관심을 보이며 도함수를 통해 그래프 해석을 연습하고, 경제수업에서 익힌 경제 그래프를 이용하여 쉽게 이해할 수 있도록 활용하는 모습이 관찰됨. 나도 평론가 활동으로 '미적분으로 바라본 하루(오스카 E 페르난데스)'를 읽고 책 속의 내용에 관한 생각을 글로 작성함.

영어Ⅰ,Ⅱ : 부족한 영어 실력을 보완하기 위해 자신이 평소 좋아하는 팝송을 외우면서 노래에 나오는 단어를 외우고 문법을 확인하는 등의 활동을 하면서 자신만의 방법으로 부족한 영어 실력을 향상하기 위해 노력하는 모습을 보임. 수업시간에 발표할 때 실수를 해도 자신감을 잃지 않고 끝까지 해내는 모습을 보여줌. 말하기 활동 'Favorite Food'을 할 때 여수의 맛집을 주제로 선정해 발표함. 발표를 준비하면서 문장을 작성하는 데 필요한 단어를 외우고 문법을 찾아 보여 스스로 영작하려는 노력을 기함. 영어에 대한 자신감이 향상됐으며 모둠 활동을 통해 공동체 의식이 향상됨. 영어 시간에 지문을 읽고 이해를 돕고자 지문을 구조화하는 활동을 함. 지문 구조화 과정에서 지문을 꼼꼼히 읽고 중심 내용을 파악해 보면서 부족했던 지문 해석 능력과 이해력을 향상하기 위해 노력하는 모습을 보임.

정치와 법 : 수업시간에 항상 적극적으로 자신의 의견을 발표하고 활기찬 법과 정치 수업시간을 조성하는 것에 이바지함. 특히 교사의 설명을 놓치지 않고 들으려는 집중력이 매우 대단함. 생활원리로서의 민주주의의 의미를 이해하는 능력이 돋보이며 참여의 중요성을 깨닫고, 민주적 정치 문화를 내면화하려는 노력이 엿보임. 수업 태도가 바르고 학습지 정리를 꼼꼼하게 잘하는 학생으로 우리나라에서 실시하고 있는 선거구제와 대표자 결정 방식에 대해 장·단점을 사례에 알맞게 논리적으로 발표함. 법과 정치 과목에 학습 의욕이 높은 학생으로 원활한 수업 분위기 조성을 위해 학급 학생들을 독려하는 모습이 돋보임. 활동수업 시 형사 절차를 인포그래픽으로 잘 정리하여 표현하고 외교관의 역할과 판사의 판단 유형에 따른 용어들을 잘 제시하고 설명을 잘함. 또한, 소년법 적용에 대한 형사 재판 절차와 형사 피의자 및 피해자의 권리 보호를 위한 제도를 논리적으로 잘 정리하여 발표함. 국민 참여 재판 제도가 적용된 형사 재판 사례를 조사하고 분석하여 자신의 의견을 양형기준에 알맞게 잘 발표함. '흉악범의 신상공개는 정당한가?'에 대한 토론 학습 시 찬성 측에서 학생들에게 이해하기 쉽도록 설명을 잘 함.

3학년

영어독해와 작문 : 지문을 선정하여 학습한 후 학급원들에게 전달하는 '동료 교수' 활동에서 자기 정당화의 부정적 효과를 설명한 지문을 골라 수업함. 읽기 전 활동으로 단어들의 뜻을 설명한 후 조합하여 글 전체의 주제를 추론하는 문해력을 보여줌. 화제와 관련된 본인의 사례를 설명함으로써 몰입을 유도하고 이해를 돕는 전략을 활용함. 영어를 읽는 발음이 훌륭하고, 발표 태도 및 목소리가 자연스러움. 학생의 스토리텔링 능력이 잘 드러나는 수업을 진행함.

사회·문화 : 대선 공약으로 이슈화된 최저임금 인상 문제에 관해 관심을 가지고 주제탐구보고서를 작성하여 제출함. 자료 조사를 위해 최저임금 인상에 대한 뉴스를 찾아 장단점을 파악해 보며 최저임금 인상의 취지에는 동의하나 보완해야 할 점이 많다는 생각을 논리적으로 서술함. 사회 현상을 총체적으로 바라보고 자료를 토대로 자신의 의견을 뒷받침하는 과정에서 비판적 사고력이 함양됨.

세계지리 : '융합 지리 스피치'에서 '세계 각국의 최저임금'을 주제로 발표함. 자신이 하는 아르바이트 비용을 최저임금을 받아 나라별 최저임금에 흥미가 생겨 세계 각국의 최저임금제도는 어떻게 운영될지 알아보고자 해당 주제를 선정함. 세계 각국의 최저임금을 비교할 때 그래프를 사용하였고, 나라의 물가를 반영하지 않고 그를 보완하기 위해 빅맥지수를 활용해 물가수준을 고려하여 국가별 수준을 비교함. 또한, 국가별 물가수준을 고려한 최저임금 설정이 필요하다고 언급함. 발표의 전개나 발표 내용에 대한 이해도, 관심 분야에 대한 지식의 깊이가 성장한 모습이 엿보였으며 매끄러운 발표와 주의를 끄는 적절한 자료 활용을 통해 친구들로부터 좋은 발표였다는 평가를 받음. 국가별 박람회를 기획해보는 활동에서 '사회적 경제 박람회'를 방문했던 경험을 살려 부스별로 각 국가의 기업에서 방문하는 국제적인 페스티벌을 기획함.

봉사활동	과목별 세부능력 및 특기사항입니다. 포워더를 준비하는 학생에게 필요한 과목이 무엇일지 고민해서 만들어 보았습니다. 경영, 경제를 기반으로 하고 외국어를 추가했습니다. 1학년 세부능력 및 특기사항은 사회와 기술·가정입니다. 사회 시간에 중 특히 경제에 관심이 많음을 표현하였고, 다양한 국가에 관심이 있음을 나타내기 위해 기술·가정 세부능력 및 특기사항을 만들어 넣었습니다. 2학년 때는 미적분, 영어, 정치와 법에서 세부능력 및 특기사항을 적어보았습니다. 경상계열을 준비하는 학생에게 수학은 매우 중요한 과목입니다. 수학을 공부하는 학생의 모습을 나타내었고, 영어 세부능력 및 특기사항으로 외국어를 잘하기 위해 노력하는 학생의 활동을 넣었습니다. 법과 정치에는 해당 과목을 두루 잘하는 모습을 표현하였습니다. 3학년에 영어, 사회·문화, 세계지리 세부능력 및 특기사항을 만들었습니다. 외국어에 강점이 있음을 보여주었고, 사회·문화에서 사회 현상에 관심이 있음을 드러내고, 세계지리에서는 구체적으로 국가별 활동을 통해 미래 포워드로서의 관심을 확실히 나타내 주었습니다.
독서활동 상황	단숨에 이해하는 군수론(김경준), 노량진 군주론(홍세훈), 마키아벨리 군주론 (손영운), 나는 영어로 외교한다(정영은), 외교의 시대(윤영관), 정종욱 외교 비록(정종욱), 중국 외교 읽기(케리 브라운), 손에 잡히는 수출입업문(이창식), 포워딩 실무(정연봉), 무역&오퍼상 무작정따라하기(홍채화), 무역지식, 이보다 쉬울 수 없다(김용수), 물류 관리 테크닉 96(아오키 쇼이치), 당신도 무역을 할 수 있다(이기찬), 사(思)고치면 영어가 된다(안혜숙 외) 독서활동은 주로 외교와 관련된 내용입니다. 이 부분을 살리기 위한 추천도서를 적었습니다.
행동특성 및 종합의견	활발하고 유쾌한 성격으로 학급 친구들의 생일을 챙겨주고 학급에 도움이 되는 일은 마다하지 않고 묵묵히 수행함. 학급 게시물 관리를 담당하여 일정변경, 학교행사 등 공지사항을 정리하였고 각종 유인물을 모으고 정리하여 제출하는 일을 맡음. 학급문집 제작 시 편집팀으로 지원하여 문집의 기본 틀을 만들고 급우들의 글과 그림, 사진 등 원고를 모으고 정리하여 자신만의 아이디어로 재미있게 편집함. 교사와 친구들의 조언에 귀 기울이는 장점이 있어 여러 차례 상담에 성실히 응하고 자신의 미래를 위해 끊임없이 고민함. 이러한 과정을 통해 자신이 공부하는 이유나 목표를 세워 잘할 수 있다는 기대감, 인내심, 집중력뿐만 아니라 공부하는데 필요한 다양한 학습 기술과 같은 복잡한 요소들이 점차 발달함. 학습플래너를 작성하기 시작하면서 학습 태도가 더 좋아졌고, 2학기에 실시한 멘토링을 통해 부족한 부분을 멘토에게 배움으로 학습 결과가 향상되었으며 또한 배움의 과정을 즐기면서 자립심, 협동심이 더욱 높아짐. 이에 학업 자신감과 자존감이 높아져 2학기에는 학급 부반장 역할까지 잘 소화하였으며, 학급 행사를 주도적으로 이끌고 학교의 다양한 행사 및 활동에 적극적으로 참여하며 정서적으로 성숙해짐. 자신에게 주어진 역할을 깔끔하게 처리하는 책임감 있는 모습뿐 아니라 매우 유머러스한 성격을 소유하고 있으며 학급 단위 활동에서도 코믹한 컨셉을 사용하여 앞장서서 분위기를 살리고 스포츠 활동에 참여하여 팀을 응원하는 등 화기애애한 학급 분위기를 이끌어 모두가 하나로 단합할 수 있도록 최선을 다해 노력함. 학급 구성원 모두에게 깊은 관심을 두고 살피면서 폭넓게 교류하는 등 원만한 관계를 형성하여 모두가 어울리기 좋아하는 편임. 학급의 안내장 관리 역할을 맡아 학교에서 배부되는 가정통신문을 꼼꼼히 전달하고 2학기에는 다양한 교내 행사에서 앞장서 참여함으로써 학급이 하나로 단합하여 좋은 결과를 얻도록 최선을 다했으며 담임교사를 도와 정돈된 학급 분위기를 형성하는데 크게 기여.

학업성취에 대한 의욕이 강해 꾸준한 노력을 기울였으며 자신의 한계에 도전하는 마음으로 꾸준히 노력하여 학업성취 면에서도 영어 과목이 크게 향상되는 모습을 보이므로 이러한 자세로 꾸준히 노력한다면 앞으로도 많은 성장과 긍정적인 태도를 기대해 볼 수 있는 학생임.

꿀판왕
Tip

1학년에서 1인 1역할을 충실히 이행하는 학생의 모습을 나타내었습니다. 바로 학급 활동에서 학생의 학교생활 충실도를 보여줍니다. 학업역량을 보여주기 위해 학습플래너와 멘토- 멘티 활동을 넣었습니다.
2학년 때는 인성 부분을 강조했습니다. 학급 분위기를 잘 조성하며, 친구와의 관계가 원만함을 나타내었습니다. 또 학업성취 욕구가 높아 대학에 가도 열심히 공부할 수 있는 학생임을 행동특성 및 종합의견에 작성하였습니다.

3
세부
능력
특기
사항

IV

자연, 공학, 의료 · 보건, 교육, 경상 계열 교과선택

자연, 공학, 의료·보건, 교육, 경상 계열 교과선택

가. 선택과목이 온다.

① 대학입시와 선택과목

2018~2019년을 휩쓸었던 드라마 『스카이캐슬』은 대한민국의 입시와 사교육에 대해 화두를 던지며 대중의 관심을 끌었습니다. 특히 입시컨설턴트 '스앵님'의 존재는 충격적이었고, 한 방송사는 실제로 '스앵님'이 존재하는지 찾는 다큐멘터리 프로그램을 기획하여 방송(SBS스페셜 541회/입시코디 김주영을 찾아서)되기도 했습니다.

학생부의 구성은 〈교과〉와 〈비교과〉로 나누어집니다. 〈교과〉는 흔히 말하는 '내신'입니다. '내신등급'이 정량적인 지표라면 '세부능력 및 특기사항'은 정성적인 지표입니다. 여기에 동아리, 봉사, 독서활동 등의 〈비교과〉가 더해지는데, 비교과는 교과와 동떨어진 것이 아니라 교과에서 숫자로 나타나는 내신등급 이외의 다른 학업역량을 드러냅니다. '스앵님'은 주로 비교과 활동을 컨설팅해주고, 내신등급을 관리해주는 존재였습니다.

최근 대학입시에서 교과 영역에 '선택과목'이 등장했습니다. 새삼스러운 일은 아닙니다. 학생부에서 동아리가 중요했던 이유는 학생마다 다른 활동으로 개별화되기 때문입니다. 선택과목은 학생마다 다른 교과목의 조합을 보여줄 것입니다. 만약, 전체 12과목 중 3과목만 선택한다면 최대 220가지 조합이 나옵니다. 220명이 모두 다른 학생부를 가진다는 의미입니다. 학생이 직접 과목을 선택할 수 있다면, 이것은 동아리 활동과 달리 직접적인 학업역량을 드러낼 기회입니다. 선택과목이 학교현장에 정착되면, 이는 학업역량과 전공적합성을 효과적으로 드러낼 지표가 됩니다. 학생들은 〈비교과〉뿐만 아니라 〈교과〉 영역에서 모두 다른 학생부를 가지게 되는 것입니다. 이렇게 되면 대학입시에서 선택과목은 『스카이캐슬』에서 주인공들이 그렇게 가지고 싶은 '영재'의 동아리와 봉사활동보다 더 중요하게 작용할지 모릅니다.

선택과목은 이미 대학입시에 영향을 주고 있으며, 교육부와 대학은 이를 점점 더 확대하는 방향으로 움직이고 있습니다. 특히 학생부종합전형 확대와 맞물려 학생들이 이수하는 과목은 대학입시에서 더욱 중요해집니다.

드라마 『스카이 캐슬』은 학생부종합전형을 금수저 전형으로 인식시키는데 지대한 공헌을 했습니다. 하지만 실제로 학생부종합전형이 확대되면서 일반고 학생들이 선호도가 높은 대학에 합격하는 비율이 점차 늘어나며, 대학은 학생들이 공교육 안에서 어떻게 생활하고 있는지에 더 주목합니다. 즉 일반고 학생들에게 더 많은 기회를 주는 것은 정시전형이 아닌 학생부종합전형입니다. 공정성과 신뢰도 문제가 있긴 하지만 대학은 서울대학교의 아로리 웹진 등 다양한 관련 자료를 공개하여 제도의 부족함을 메워나가고 있습니다.

······· **2015개정교육과정과 선택과목**

과목을 선택할 권한은 언제부터 학생에게 주어졌을까요? 우리 교육에 선택과목 개념이 최초로 등장한 것은 6차 교육과정이 고등학교에 적용된 1997년입니다. 이후 7차 교육과정에서 학생들이 자신의 과목을 선택한다는 규정이 다시 정비되었습니다. 하지만 7차 교육과정은 1985년생이 고등학교에 입학할 당시의 교육과정이고, 지금 고등학교 1학년은 2003년생인 것을 감안하면(2019년 현재) 무려 20년 동안 학교현장은 학생들에게 제한적인 선택만 제시했고, 대학 또한 학생이 무엇을 배웠느냐보다 내신등급에 관심이 높았던 것은 사실입니다.

2015개정교육과정은 2012년에 논의되기 시작하여 2015년에 고시된 교육과정입니다. 2015개정교육과정의 중요한 특징은 학교에서 지정하는 문·이과의 경계를 없애고 학생의 과목 선택권을 확대한 것인데, 고교학점제의 시행과 맞물려 안정화를 위해 박차를 가하는 중입니다.

2015개정교육과정은 고등학교 1학년에 공통과목을, 2~3학년에서 선택과목을 이수하도록 합니다. 과목선택에 대한 고민은 교원수급, 시간표 작성 등 학교현장을 고려했을 때 1학년 1학기에 마무리되는 경우가 생각보다 많습니다. 그런데 고등학교에 입학한 후, 한 학기 만에 진로선택을 하라니, 너무 가혹하지 않은가요? 놀랍게도 2015개정교육과정은 고등학교 1학년 학생이 중학교 1학년 자유학년제를 지내면서 진로탐색이 이미 끝났다는 것을 전제합니다. 중학교에서 진로 탐색을 마무리하고 고등학교에서는 진로와 관련한 기초를 다지기 위해 가장 적합한 과목을 선택하는 것이 2015개정교육과정입니다.

고등학생의 과목 선택권이 확대된 미국은 학부모들이 고등학교를 선택할 때 고려하는 첫 번째 조건이 희망 학교의 아카데믹 프로그램입니다. 자녀의 진로에 적합한 교육과정이 편성된 학교가 있다면 거주지 이전을 불사하기도 한답니다. 미국판 맹모삼천지교지요. 우리나라도 곧 이렇게 될까요? 아직도 일부 학교에서 임의로 문·이과를 구분하거나, 물리학Ⅰ과 사회·문화를 동시에 선택하는 것을 제한합니다. 우리는 언제쯤 학교만의 특색 있는 아카데믹 프로그램이 만들어지고, 학부모와 학생은 학교의 교육과정을 보고 진학을 결정하게 될 날이 올지 모르겠습니다.

이전 교육과정이 학교가 정해놓은 계열(문·이과 혹은 인문사회·자연과학·공학 등)에 따라 수강 과목이 결정되었다면, 2015개정교육과정은 학생들이 자신의 계열에 따른 과목을 선택합니다. 과목 결정권의 주체가 바뀌는 것입니다. 교사가 협의회를 통해 결정하던 선택과목을 학생이 직접 선택하는 것입니다. 누가 선택하든 결국 학과나 계열에 필요한 과목은 정해져 있는 것이 아니냐 반문할 수 있습니다. 결론부터 이야기하면, 아닙니다. 왜냐하면, 대학의 학과는 다양하고, 학교에서 계열을 제시할 때 그만큼의 다양성을 확보할 수 없기 때문입니다. 또, 개개인에게 필요한 과목이 동일한 학과라도 달라질 수 있습니다.

SBS스페셜에서 방영된 '운인가 능력인가 공정성 전쟁' 편에서는 운칠기삼[運七技三]을 과학적으로 증명하는 이탈리아 연구진이 나옵니다. 연구진은 물리학자와 경제학자 팀으로 구성되어 있습니다. 이와 유사한 형태의 관심사가 있는 학생이 있다고 가정해보겠습니다. 학교에서 계열을 편성했다면, 경제학과를 진학할 학생은 사회과학계 열로 편성된 교과목을 듣게 됩니다. 대부분 학교에서 사회과학계열 교육과정을 편성한다면 『정치와 법』, 『경제』 등 사회 관련 교과와 『확률과 통계』 등의 수학 관련 교과를 편성할 것입니다. 『물리학Ⅰ』 과목을 수강할 기회는 전혀 없습니다. 학교가 정한 틀에 학생들을 가두면, 이탈리아 연구진과 같은 조합을 가진 개인을 길러내는 것은 불가능합니다. 학생 개인이 과목을 선택한다면, 『경제』와 『물리학Ⅰ』을 동시에 수강하여 자신의 진로나 흥미에 실제적 도움이 될 수 있습니다. 또한, 대학은 학생부를 통해 확인한 교과 선택의 조합이 의아해서 그 학생의 실제 이야기가 궁금해질 것입니다.

앞으로의 교육과정은 동일 능력을 지닌 동일 집단을 길러내는 것이 아닙니다. 핀란드에 이민 간 한국인 엄마가 담임교사와 상담을 했다고 합니다. "집에서 아이에게 영어라도 좀 가르칠까요?" 담임의 대답은 이렇답니다. "아니, 왜요? ○○이는 한국어를 하잖아요? 한국어를 할 수 있는 것이 그 아이의 능력이랍니다." 그렇게 각자의 언어를 쓰는 아이들이 모여 놀면 6학년 즈음에는 5개 국어를 한다고 합니다. 중국어를 쓰는 친구, 한국어를 쓰는 친구, 스페인어를 쓰는 친구, 영어를 쓰는 친구를 모두 하나의 틀에만 넣어 가두려고 시도하지 않은 결과입니다.

한국은 지금 저출산 시대입니다. 인구는 감소하고, 대량생산과 대량소비의 시대는 저물었습니다. 대량생산이 끝났다는 것은 표준화된 인적자원의 필요성이 없어진다는 의미입니다. 사회는 이제 똑같은 능력을 가진 사람을 원하지 않습니다. 개인이 가진 다양한 능력이 국가경쟁력이 될 것입니다. 학생마다 다른 과목을 선택하고 배우는 것이 그 출발점입니다.

③ 고교학점제와 선택과목

고교학점제는 '진로와 적성에 따라 다양한 과목을 선택 이수하여, 누적 학점이 기준에 도달하면 졸업을 인정받는 교육과정 이수제도'로 정의됩니다. 대학에 가서 처음으로 학점제를 만났던 기성세대는 무언가 대단한 변화가 일어난 것 같지만, 사실 '학점'이라는 단어에 집중하면 큰 변화는 없습니다. 현재 우리나라 고등학교 교육과정은 '단위제'입니다. 단위란, 1주일을 기준으로 수업하는 시간의 양을 의미하고, 5단위라면 1주일에 5시간 수업을 한다는 의미입니다. 이것이 학점으로 바뀌면, 5학점은 1주일에 5시간 수업을 의미하는 것입니다. 명칭의 변화뿐이라니, 시시하지 않은가요?

고교학점제는 19대 대통령 선거에서 모든 후보가 공략으로 내걸었던 정책입니다. 단어의 변화뿐만 아니라 변화되는 점은 분명히 있습니다. 첫째, 과목에 대한 학생들의 성취수준으로 학점을 부여합니다. 대학에서 F학점을 받으면 학점 인정이 되지 않는 것과 같습니다. 현재까지 우리나라는 출결일수만 일정 기준 일에 도달하면, 즉 학교만 열심히 다니면 학업성취에 상관없이 졸업 가능합니다. 그러나 고교학점제는 고등학교를 졸업할 수 있는 최소한의 학력 수준을 평가하고자 합니다. 고등학교를 졸업했다면, 최소한 이 정도 능력이 된다는 것을 나타내고자 하는 것입니다. 이 부분에 대해서는 우리나라 사람들의 정서상 초기 교육부에서 논의되는 점과 다르게 한국형 고교학점제라는 다른 방향으로 진행될 확률이 높습니다. 둘째, 학생들이 직접 수강신청을 한다는 것이다. 고교학점제는 '학점'이 아닌 '선택권 확대'에 방점이 찍힙니다. 고교학점제가 시행되면 "학급별 시간표"는 사라지고 학생의 "개인시간표"가 만들어집니다. 학급의 학생이 모두 같은 과목을 듣지 않습니다. 학생의 개인시간표는 학생부의 개별화를 가져올 것입니다. '넌 이 과목에서 뭘 배웠니?' '왜 이 과목을 수강했니?' '이 과목 성적은 왜 나쁘니?'라고 면접에서 교과 관련 질문이 많아질 것입니다.

왜 선거에서 대통령 후보들 모두 고교학점제를 공략으로 내걸었을까요? 교육정책은 두부를 자르듯 갑자기 변화하지 않습니다. 그라데이션처럼 점진적으로 변화합니다. 고교학점제로 가는 길목에 2015개정교육과정이 존재하고, 그 이전은 문·이과의 경계가 사라진 7차 교육과정이 있습니다. 교육과정은 그라데이션처럼 변해왔지만, 학교, 학생, 교사, 학부모에게 이 변화가 두부 자르듯 갑자기 변한 것으로 보일 수 있습니다. 변화를 받아들여야 하는데 학교현장은 갑자기 학생의 모든 선택을 반영하기 힘듭니다. 우선, 교실이 부족합니다. 적은 수의 학생이 선택하는 과목까지 보장하기 위해서 확대학급이 필요합니다. 또 교사 수급이 자유롭지 않습니다. 어떤 해는 국어선생님이 넘치고, 어떤 해엔 수학선생님이 부족해질 수 있습니다. 가장 큰 문제는 학생이 필요로 하는 모든 과목을 학교 내에서 교사가 모두 가르치기 힘듭니다.

예를 들어, 교육과정에 있는 과목인 『연극』, 『심리학』, 『철학』을 가르칠 교사가 얼마나 될까요? 자신의 전공교과 이외의 과목인 『진로』나 『논술』조차 가르치기 힘든 현재의 학교에서 교육부가 개설한 많은 과목은 사실 당장은 무용지물입니다. 이러한 문제점을 해결하기 위해 교육부는 10년을 두어 안정적인 제도 안착을 위해 노력하고 있습니다. 학교의 물리적 환경 개선을 위해 '공간 재구조화 사업'에 많은 예산을 투자하고, 학급당 인원수를 줄이고, 교사들의 교양과목 교육을 위해 연수를 제공합니다. 스펙트럼처럼 점진적 확대 과정에서 발생하는 문제들을 해결하고 한 걸음, 그리고 문제를 해결하고 또 한 걸음. 고교학점제는 그렇게 시행될 것입니다.

항간에서 고교학점제는 정권이 바뀌면 없어질 정책이라고 하지만, 그건 그렇게 말하는 사람들의 기대일 뿐입니다. 과목 선택권 확대는 7차 교육과정부터 준비되었으며 4차 산업혁명이라는 사회의 변화와 맞물려 나아갈 수밖에 없습니다. 교육부 관계자 또한 이렇게 말합니다. "고교학점제, 흔들림 없이 추진하겠습니다." 과목선택은 거스를 수 없는 흐름이 되고 있습니다.

① 과목의 구조와 종류

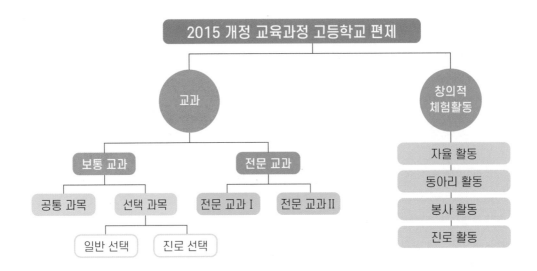

2015개정 교육과정 고등학교 편제

교과는 보통교과와 전문교과로 나눕니다. 일반적으로 보통교과는 일반고, 전문교과Ⅰ은 특목고, 전문교과Ⅱ는 특성화고등학교에서 이수합니다. 일반고에서도 전문교과Ⅰ을 편성할 수 있고, 특목고에서 보통교과를 편성할 수도 있습니다.

보통교과는 공통과목과 선택과목으로 나눕니다. 공통과목은 각 교과의 기초적 소양을 함양하기 위해 선택과목을 이수하기 전 선행하는 과목이며, 국어·영어·수학·통합사회·통합과학·과학탐구실험·한국사 7과목으로 구성됩니다. 한국사를 제외하고 공통과목은 대학수학능력시험 과목에 포함되지 않지만, 고등학교 유형과 관계없이 모든 고등학생이 이수해야 할 필수과정입니다. 선택과목은 공통과목을 이수하고 수강하는 것이 원칙이므로, 공통과목은 대부분 고등학교 1학년에 편제되어 있습니다.

선택과목은 일반선택과 진로선택으로 나누어집니다. 일반과목과 진로과목은 성격상으로 분류되는 것일 뿐, 공통과목과 선택과목처럼 위계가 있는 구분이 아닙니다. 하지만 일반적으로 일반선택과목 이수 후 진로선택과목을 이수하는 것을 기본으로 합니다.

일반선택 과목은 고등학교 수준에서 교과별로 알아야 할 기본적인 내용으로 구성되어 있습니다. 일반선택과목이 모든 학생을 대상으로 폭넓게 선택할 수 있는 과목이라면 진로선택과목은 학생이 자신의 진로와 적성에 따라 선택합니다. 교과융합학습, 교과별 심화학습, 실생활 체험학습 등이 가능하도록 구성되어 있습니다. 학생들의 내신 등급과 관계없이 진로와 적성에 따른 과목선택을 장려하기 위해 2019학년도 고등학교 1학년부터 진로선택과목은 절대평가인 3단계 성취로 평가됩니다.

전문교과Ⅰ은 보통교과가 심화된 형태로 특수목적고등학교에서 편성·운영되는 과목입니다. 일반고에서 전문교과Ⅰ과목을 편성하는 경우, 보통교과의 진로선택과목으로 분류, 운영됩니다. 즉, 특목고에서 전문교과Ⅰ이 편성된 경우 9등급제가 적용되는 상대평가이나 일반고에서 전문교과Ⅰ은 절대평가가 적용됩니다. 전문교과Ⅱ는 특성화고등학교에서 편성·운영되는 교과로 전문 공통과목, 기초과목, 실무과목으로 구성되어 있습니다.

보통 교과

교과(군)		공통 과목	일반 선택	진로 선택	
기초	국어	국어	화법과 작문, 독서, 언어와 매체, 문학	실용 국어, 심화 국어, 고전 읽기	
	수학	수학	수학Ⅰ, 수학Ⅱ, 미적분, 확률과 통계	실용 수학, 기하, 경제 수학, 수학과제 탐구	
	영어	영어	영어 회화, 영어Ⅰ, 영어 독해와 작문, 영어Ⅱ	실용 영어, 영어권 문화, 진로 영어, 영미 문학 읽기	
	한국사	한국사			
탐구	사회(역사/도덕포함)	통합사회	한국지리, 세계지리, 세계사, 동아시아사, 경제, 정치와 법, 사회·문화, 생활과 윤리, 윤리와 사상	여행지리, 사회문제 탐구, 고전과 윤리	
	과학	통합과학 과학탐구실험	물리학Ⅰ, 화학Ⅰ, 생명과학Ⅰ, 지구과학Ⅰ	물리학Ⅱ, 화학Ⅱ, 생명과학Ⅱ, 지구과학Ⅱ, 과학사, 생활과 과학, 융합과학	
체육 예술	체육		체육, 운동과 건강	스포츠 생활, 체육 탐구	
	예술		음악, 미술, 연극	음악 연주, 음악 감상과 비평 미술 창작, 미술 감상과 비평	
기초	기술·가정		기술·가정, 정보	농업 생명 과학, 공학 일반, 창의 경영, 해양 문화와 기술, 가정과학, 지식 재산 일반	
	제2외국어		독일어Ⅰ 프랑스어Ⅰ 스페인어Ⅰ 중국어Ⅰ	일본어Ⅰ 러시아어Ⅰ 아랍어Ⅰ 베트남어Ⅰ	독일어Ⅱ 프랑스어Ⅱ 스페인어Ⅱ 중국어Ⅱ	일본어Ⅱ 러시아어Ⅱ 아랍어Ⅱ 베트남어Ⅱ
	한문		한문Ⅰ	한문Ⅱ	
	교양		철학, 논리학, 심리학, 교육학, 종교학, 진로와 직업, 보건, 환경, 실용 경제, 논술		

음영 처리된 과목 : 수능 필수과목
밑줄 그어진 과목 : 수능 선택과목

전문 교과 **전문 교과 l**

교과(군)	과목			
과학 계열	심화 수학 l 고급 물리학 물리학 실험 정보과학	심화 수학 ll 고급 화학 화학 실험 융합과학 탐구	고급 수학 l 고급 생명과학 생명과학 실험 과학과제 연구	고급 수학 ll 고급 지구과학 지구과학 실험 생태와 환경
체육 계열	스포츠 개론 체조 운동 체육 전공 실기 기초 스포츠 경기 체력	체육과 진로 탐구 수상 운동 체육 전공 실기 심화 스포츠 경기 실습	체육 지도법 개인·대인 운동 체육 전공 실기 응용 스포츠 경기 분석	육상 운동 단체 운동
예술 계열	음악 이론 합창 미술 이론 입체 조형 무용의 이해 무용 음악 실습 문예 창작 입문 고전문학 감상 극 창작 연극의 이해 연극 감상과 비평 영화 제작 실습 사진의 이해 사진 표현 기법	음악사 합주 미술사 매체 미술 무용과 몸 안무 문학 개론 현대문학 감상 연기 영화의 이해 영화 감상과 비평 기초 촬영 영상 제작의 이해	시창·청음 공연 실습 드로잉 미술 전공 실기 무용 기초 실기 무용과 매체 문장론 시 창작 무대기술 영화기술 암실 실기 사진 영상 편집	음악 전공 실기 평면 조형 무용 전공 실기 무용 감상과 비평 문학과 매체 소설 창작 연극 제작 실습 시나리오 중급 촬영 사진 감상과 비평
외국어 계열	심화 영어 회화 l 심화 영어 독해 l 전공 기초 독일어 독일어 독해와 작문 ll 전공 기초 프랑스어 프랑스어 독해와 작문 ll 전공 기초 스페인어 스페인어 독해와 작문 ll 전공 기초 중국어 중국어 독해와 작문 ll 전공 기초 일본어 일본어 독해와 작문 ll 전공 기초 러시아어 러시아어 독해와 작문 ll 전공 기초 아랍어 아랍어 독해와 작문 ll 전공 기초 베트남어 베트남어 독해와 작문 ll	심화 영어 회화 ll 심화 영어 독해 ll 독일어 회화 l 독일어권 문화 프랑스어 회화 l 프랑스어권 문화 스페인어 회화 l 스페인어권 문화 중국어 회화 l 중국 문화 일본어 회화 l 일본 문화 러시아어 회화 l 러시아 문화 아랍어 회화 l 아랍 문화 베트남어 회화 l 베트남 문화	심화 영어 l 심화 영어 작문 l 독일어 회화 ll 프랑스어 회화 ll 스페인어 회화 ll 중국어 회화 ll 일본어 회화 ll 러시아어 회화 ll 아랍어 회화 ll 베트남어 회화 ll	심화 영어 ll 심화 영어 작문 ll 독일어 독해와 작문 l 프랑스어 독해와 작문 l 스페인어 독해와 작문 l 중국어 독해와 작문 l 일본어 독해와 작문 l 러시아어 독해와 작문 l 아랍어 독해와 작문 l 베트남어 독해와 작문 l
국제 계열	국제 정치 한국 사회의 이해 현대 세계의 변화	국제 경제 비교 문화 사회 탐구 방법	국제법 세계 문제와 미래 사회 사회과제 연구	지역 이해 국제 관계와 국제기구

전문 교과 **전문 교과 II**

교과(군)	전문 공통 과목	기초 과목	실무 과목		기준 학과
경영·금융	성공적인 직업생활	상업 경제 기업과 경영 사무 관리 회계 원리 회계 정보 처리 시스템 기업 자원 통합 관리 세무 일반 유통 일반 국제 상무 비즈니스 영어 금융 일반 보험 일반 마케팅과 광고 창업 일반 커뮤니케이션 전자 상거래 일반	총무 비서 사무 행정 회계 실무 구매 조달 공정 관리 공급망 관리 수출입 관리 유통 관리 카드 영업 무역 금융 업무 손해 사정 전자 상거래 실무 방문 판매	노무 관리 인사 예산·자금 세무 실무 자재 관리 품질 관리 물류 관리 원산지 관리 창구 사무 증권 거래 업무 보험 모집 고객 관리 매장 판매	경영·사무과 재무·회계과 유통과 금융과 판매과
보건·복지		인간 발달 보육 원리와 보육 교사 보육 과정 아동 생활 지도 아동 복지 보육 실습 생활 서비스 산업의 이해 복지 서비스의 기초 사회 복지 시설의 이해 공중 보건 인체 구조와 기능 간호의 기초 기초 간호 임상 실무 보건 간호	영·유아 놀이 지도 영·유아 건강·안전·영양 지도 사회 복지 시설 실무	영·유아 교수 방법 대인 복지 서비스	보육과 사회복지과 보건간호과
디자인 ·문화 콘텐츠		디자인 제도 디자인 일반 조형 색채 관리 컴퓨터 그래픽 미디어 콘텐츠 일반 문화 콘텐츠 산업 일반 영상 제작 기초	시각 디자인 실내 디자인 디지털 디자인 영화 콘텐츠 제작 광고 콘텐츠 제작 게임 디자인 애니메이션 콘텐츠 제작 캐릭터 제작	제품 디자인 색채 디자인 방송 콘텐츠 제작 음악 콘텐츠 제작 게임 기획 게임 프로그래밍 만화 콘텐츠 제작 스마트 문화 콘텐츠 제작	디자인과 문화콘텐츠과

교과(군)	전문 공통 과목	기초 과목	실무 과목		기준 학과
미용·관광·레저		미용의 기초 미용 안전·보건 관광 일반 관광 사업 관광 서비스 관광 영어 관광 일본어 관광 중국어	헤어 미용 메이크업 여행 서비스 실무 호텔 식음료 서비스 실무 유원 시설 서비스 실무	피부 미용 네일 미용 호텔 객실 서비스 실무 카지노 서비스 실무	미용과 관광·레저과
음식 조리		식품과 영양 급식 관리	한국 조리 중식 조리 소믈리에 바텐더	서양 조리 일식 조리 바리스타	조리·식음료과
건설		공업 일반 기초 제도 토목 일반 토목 도면 해석과 제도 토목 기초 실습 건축 일반 건축 도면 해석과 제도 건축 기초 실습 조경	토공·포장 시공 지적 공간 정보 융합 서비스 건축 도장 시공 단열·수장 시공 건축 마감 시공 조경 시공 조경 설계	측량 공간 정보 구축 건축 목공 시공 창호 시공 철근 콘크리트 시공 경량 철골 시공 조경 관리	토목과 건축시공과 조경과
기계		기계 제도 기계 기초 공작 전자 기계 이론 기계 일반 자동차 일반 냉동 공조 일반 유체 기계 자동차 기관 자동차 섀시 자동차 전기·전자 제어 선체 도면 독도와 제도 선박 이론 선박 구조 선박 건조 항공기 일반 항공기 실무 기초	기계요소 설계 선반 가공 연삭 가공 측정 방전 가공 워터제트 가공 사출 금형 설계 사출 금형 품질 관리 프레스 금형 설계 프레스 금형 품질 관리 기계 수동 조립 운반하역 기계 설치·정비 섬유 기계 설치·정비 고무플라스틱기계설치·정비 승강기 설치·정비 자전거 정비 냉동 공조 장치 설치 냉동 공조 유지·보수 관리 자동차전기·전자장치정비	기계 제어 설계 밀링 가공 컴퓨터 활용 생산 성형 가공 레이저 가공 플라스마 가공 사출 금형 제작 사출 금형 조립 프레스 금형 제작 프레스 금형 조립 기계 소프트웨어 개발 건설 광산 기계 설치·정비 공작 기계 설치·정비 농업용 기계 설치·정비 오토바이 정비 냉동 공조 설계 보일러 장치 설치 보일러 설치·정비 자동차 엔진 정비	기계과 냉동공조과 자동차과 조선과 항공과

교과(군)	전문 공통 과목	기초 과목	실무 과목		기준 학과
			자동차 섀시 정비	자동차 차체 정비	미용과
			자동차 도장	자동차 정비 검사	관광·레저과
			자동차 영업	자동차 튜닝	
			선체 가공	선체 조립	
			선박 도장	선체 품질 관리	
			기장 생산	전장 생산	
			선장 생산	선실 의장 생산	
			선체 생산 설계	항공기 기체 제작	
			항공기 엔진·프로펠러 제작	항공기 전기·전자 장비 제작	
			항공기 기체 정비	항공기 가스 터빈 엔진 정비	
			항공기 왕복 엔진 정비	항공기 프로펠러 정비	
			항공기 계통 정비	항공기 전기·전자 장비 정비	
			헬리콥터 정비	항공기 정비 관리	
			소형 무인기 정비		
재료		재료 시험 세라믹 재료 세라믹 원리·공정 재료 일반 산업 설비	주조 제강 금속 재료 가공 압연 도금 광학 재료 생체 세라믹 재료 내화물 도자기 탄소 제품 배관 시공 가스 텅스텐 아크 용접 서브머지드 아크 용접	제선 금속 열처리 금속 재료 신뢰성 시험 비철 금속 제련 전기·전자 재료 내열 구조 재료 유리·법랑 연삭재 시멘트 판금 제관 피복 아크 용접 이산화탄소·가스 메탈 아크 용접 로봇 용접	금속재료과 세라믹과 산업설비과
화학 공업		공업 화학 제조 화학 단위 조작	화학 분석 화학 공정 유지 운영 고분자 제품 제조 기능성 정밀 화학 제품 제조 플라스틱 제품 제조	화학 물질 관리 석유 화학 제품 무기 공업 화학 바이오 화학 제품 제조	화학공업과
섬유·의류		섬유 재료 섬유 공정 염색·가공 기초 의류 재료 관리 패션 디자인의 기초 의복 구성의 기초 패션 마케팅	방적 제포 텍스타일 디자인 생산 현장 관리 패턴 메이킹 서양 의복 구성과 생산 가죽·모피 디자인과 생산 한국 의복 구성과 생산	방사·사가공 염색·가공 구매 생산 관리 패션 디자인의 실제 비주얼 머천다이징 니트 의류 생산 패션 소품 디자인과 생산 패션 상품 유통 관리	섬유과 의류과

교과(군)	전문 공통 과목	기초 과목	실무 과목		기준 학과
전기·전자		전기 회로 전기 기기 전기 설비 자동화 설비 전기·전자 기초 전자 회로 전기·전자 측정 디지털 논리 회로	수력 발전 설비 운영 원자력 발전 설비 운영 송·변전 배전 설비 운영 직류송배전 제어·보호 시스템 설비 제작 전기 기기 제작 전기 설비 운영 외선 공사 자동 제어 기기 제작 자동 제어 시스템 운영 전기 철도 시설물 유지 보수 철도신호 제어 시설물 유지보수 전자 제품 생산 전자 부품 생산 전자 부품 소프트웨어 개발 전자 제품 영업 가전기기 응용 소프트웨어 개발 전자응용 기기 소프트웨어 개발 가전 기기 기구 개발 산업용 전자 기기 기구 개발 전자 응용 기기 기구 개발 정보 통신 기기 기구 개발 반도체 개발 반도체 장비 디스플레이 개발 디스플레이 장비 부품 개발 로봇 기구 개발 로봇 지능 개발 의료 기기 인허가 의료 기기 연구·개발 레이저 개발 3D 프린터 개발 가상 훈련 시스템 설계·검증	화력 발전 설비 운영 원자력 발전 전기 설비 정비 직류송배전 전력 변환 설비 제작 전기 기기 설계 전기 기기 유지 보수 내선 공사 변전 설비 공사 자동 제어 시스템 유지 정비 전기 철도 시공 철도 신호 제어 시공 전자 제품 기획 전자 부품 기획 전자 부품 기구 개발 전자 제품 설치·정비 가전 기기 시스템 소프트웨어 개발 산업용 전자 기기 소프트웨어 개발 가전 기기 하드웨어 개발 산업용 전자 기기 하드웨어 개발 전자 응용 기기 하드웨어 개발 정보 통신 기기 하드웨어 개발 정보 통신 기기 소프트웨어 개발 반도체 제조 반도체 재료 디스플레이 생산 로봇 하드웨어 설계 로봇 소프트웨어 개발 로봇 유지 보수 의료 기기 생산 광부품 개발 LED 기술 개발 3D 프린터용 제품 제작 가상 훈련 구동 엔지니어링	전기과 전자과
정보·통신		통신 일반 통신 시스템 정보 통신 방송 일반 정보 처리와 관리 컴퓨터 구조 프로그래밍 자료 구조 컴퓨터 시스템 일반 컴퓨터 네트워크	네트워크 구축 무선 통신 구축 방송 제작 시스템 운용 시스템 관리 및 지원 시스템 프로그래밍 응용 프로그래밍 화면 구현 빅데이터 분석 정보 보호 관리	유선 통신 구축 초고속망 서비스 관리 운용 네트워크 프로그래밍 컴퓨터 보안 응용 프로그래밍 개발 데이터베이스 프로그래밍 사물 인터넷 서비스 기획	방송·통신과 정보컴퓨터과

4
교과선택

교과(군)	전문 공통 과목	기초 과목	실무 과목	기준 학과
식품 가공		식품 과학 식품 위생 식품 가공 기술 식품 분석	곡물 가공 식품 품질 관리 면류 식품 가공 축산 식품 가공 유제품 가공 음료·주류 가공 농산 식품 유통 제빵	떡 제조 수산 식품 가공 두류 식품 가공 건강 기능 식품 가공 김치·반찬 가공 농산 식품 저장 제과	식품가공과
인쇄·출판 ·공예		인쇄 일반 디지털 이미지 재현 출판 일반 공예 일반 공예 재료와 도구	프리프레스 특수 인쇄 출판 편집 도자기 공예 석공예 보석 감정	평판 인쇄 후가공 금속 공예 목공예 섬유 공예 귀금속·보석 디자인	인쇄·출판과 공예과
환경·안전		환경 화학 기초 인간과 환경 산업 안전 보건 기초	수질 관리 폐기물 관리 산업 환경 보건 기계 안전 관리 건설 안전 관리 가스 안전 관리	대기 관리 소음 진동 측정 환경 생태 관리 전기 안전 관리 화공 안전 관리	환경보건과 산업안전과
농림·수산 해양		농업 이해 농업 기초 기술 농업 경영 재배 농촌과 농지 개발 농산물 유통 농산물 유통 관리 농산물 거래 관광 농업 환경 보전 친환경 농업 생명 공학 기술 농업 정보 관리 농산 식품 가공 원예 생산 자재 조경 식물 관리 화훼 장식 기초 산림 휴양 산림 자원 임산 가공 동물 자원 반려동물 관리 실험 동물과 기타 가축	수도작 재배 육종 종자 유통 보급 농촌 체험 상품 개발 농산물 품질 관리 과수 재배 화훼 장식 산림 조성 임산물 생산 펄프·종이 제조 가금 사육 한우 사육 말 사육 사료 생산 애완동물 미용 바이오 의약품 제조 연안 어업 원양 어업 염 생산 어업 환경 개선 내수면 양식 수산 생물 질병 관리 어촌 체험 상품 개발 일반 잠수	전특작 재배 종자 생산 농업 생산 관리 농촌 체험 시설 운영 채소 재배 화훼 재배 임업 종묘 산림 보호 버섯 재배 목재 가공 젖소 사육 돼지 사육 종축 동물 약품 제조 수의 보조 농업 생산 환경 조성 근해 어업 내수면 어업 어업 자원 관리 해면 양식 수산 종묘 생산 어촌 체험 시설 운영 수상 레저 기구 조정 산업 잠수	농업과 원예과 산림자원과 동물자원과 농업기계과 농업토목과 해양생산과 수산양식과 해양레저과

교과(군)	전문 공통 과목	기초 과목	실무 과목		기준 학과
		농업 기계			
		농업 기계 공작			
		농업 기계 운전·작업			
		농업과 물			
		농업 토목 제도·설계			
		농업 토목 시공·측량			
		해양의 이해			
		수산·해운 산업 기초			
		해양 생산 일반			
		해양 정보 관리			
		해양 오염·방제			
		전자 통신 기초			
		전자 통신 운용			
		수산 일반			
		수산 생물			
		수산 양식 일반			
		수산 경영			
		수산물 유통			
		양식 생물 질병			
		해양 환경과 자원			
		해양 레저 관광			
		요트 조종			
		잠수 기술			
선박 운항		항해 기초	선박 운항 관리	선박 안전 관리	항해과
		해사 일반	선박 통신	선박 갑판 관리	기관과
		해사 법규	선박 기기 운용	기관사 직무	
		선박 운용	선박 기관 정비	선박 보조기계 정비	
		선화 운송			
		항만 물류 일반			
		해사 영어			
		항해사 직무			
		해운 일반			
		열기관			
		선박 보조 기계			
		선박 전기·전자			
		기관 실무 기초			
		기관 직무 일반			

〈2015개정교육과정 총론 참고〉

4
교과선택

②――― **과목 선택시 지켜야 할 사항**

교육과정은 국가에서 공통으로 제시하는 수준이 있는 영역이므로 편성·운영에 따른 제한이 존재합니다. 대학생들도 전공필수, 전공선택, 교양으로 나누어진 과목을 어떻게 나누어 수강해야 하는지 규칙이 존재하는 것처럼 학생선택교육과정에도 지켜야 할 규칙이 있습니다.

(1) 3년간 교과 총 이수단위가 졸업이수 기준에 충족하는가?

3년간 학생이 이수해야 할 교과 총 이수 단위는 180단위입니다. 1학기 30단위씩 6학기에 해당하는 단위 수입니다. 현재까지 1학기에 30단위 이상을 듣더라도 조기졸업은 어렵습니다. 1학기를 조기졸업하기 위해서는 180단위를 5학기에 이수해야 하는데, 1학기당 36단위의 교과단위를 이수해야 합니다. 이는 현실적으로 불가능합니다. 소인수 심화 선택과목, 공동교육과정, 온라인 공동교육과정(이를 총칭하여 앞으로 플러스 교육과정으로 함)으로 이수한 경우, 단위 수를 인정받습니다. 하지만 1학기에 2단위 이상 이수하는 것은 운영시간, 학습량 등 문제로 현실적으로 불가능합니다. 플러스 교육 과정으로 1학기에 2~3과목 이상 이수해야 정규 교육과정의 1과목을 선택하지 않을 수 있으므로 플러스 교육과정으로 조기졸업은 거의 불가능합니다.

(2) 교과 영역별 또는 교과별 필수이수단위를 충족하는가?

교과별 필수 이수단위와 공통과목의 단위는 다음과 같습니다.

	국어	수학	영어	사회	과학	예술	체육	생활·교양
필수 이수 단위	10	10	10	10	10	10	10	16
공통과목	6~8	6~8	6~8	6~8	8~10	0	0	0

공통과목은 최소 이수단위가 6단위이므로 필수 이수단위를 충족하기 위해서는 공통과목으로 이수한 후에 각 영역에서 최소 1과목 이상 선택하여야 합니다. 공통과목 수강 이후 특정한 과목을 소외시키는 교육과정이 구성되지 않도록 한 조치입니다.

(3) 기초 교과 영역 총 이수 단위 총합이 교과 총 이수단위를 50%를 초과하지 않았는가?

기초영역은 국어, 영어, 수학 그리고 한국사입니다. 기초영역은 학문의 기초가 되는 과목이며, 한국사는 2015개정교육과정부터 기초영역으로 편성되었습니다. 탐구영역의『사회』에 편성되어 있던 한국사가 기초영역으로 편성된 것은 한국사의 중요성을 강조하기 위함입니다.

학문의 '기초'가 되는 과목에 우리나라 교육은 비정상적으로 집중되어 있습니다. 때문에 국가에서 기초영역의 단위 수를 전체 교과 단위 수의 50% 이내로 제한하고 있습니다. 3년간 이수하는 단위 수가 180이므로, 기초영역의 단위 수는 90을 넘을 수 없습니다. 일반적으로 국어, 영어, 수학은 학교 교육과정으로 정해진 경우가 많으나, 완전 개방형 교육과정으로 과목선택의 범위가 넓은 학교는 반드시 이 조건을 고려하여 자신의 선택과목을 편성해야 합니다. 이 규정은 또한, 공동교육과정이나 소인수 과목, 온라인 공동교육과정 등 플러스 교육과정 수강신청에도 적용되므로 각별한 주의가 필요합니다.

플러스 교육과정의 기초영역 단위수

✈6학기 180단위 + 2단위(공동) = 182단위 중 50%

　→ 91단위를 초과 이수할 수 없음.

✈6학기 180단위 + 2단위(공동1)+2단위(공동2) = 184단위 중 50 %

　→ 92단위를 초과 이수할 수 없음.

---

(4) 진로선택과목을 3개 이상 선택하여 이수하여야 한다.

(5) 위계가 뚜렷한 과목은 위계를 지켜 이수하여야 한다.

학기당 이수 과목 수를 8개 이내로 선택해야 합니다. 단, 예술, 체육 영역의 모든 교과, 생활교양 영역의 교양교과(논술, 논리학 등), 실험·실습 위주의 교과(과학탐구실험), 진로선택과목은 과목 수에서 제외됩니다.은 또한, 공동교육과정이나 소인수 과목, 온라인 공동교육과정 등 플러스 교육과정 수강신청에도 적용되므로 각별한 주의가 필요합니다.

① 국어

명확한 위계가 설정되어 있지 않지만, 〈심화국어〉는 수준 높은 국어 능력을 통해 학문 활동을 하는데 필요한 전문성과 문제해결능력 함양에 적합한 과목으로 3학년 과정에서 이수할 것 권장합니다. 또 〈고전읽기〉는 허생전 등의 고전문학이 아닌 인문학, 자연과학의 고전을 읽는 과목입니다. 높은 수준의 읽기 능력이 필요한 과목으로 〈독서〉 수강 이후 이수할 것을 권장합니다.

② 수학

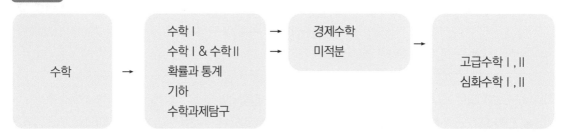

| 수학 | → | 수학Ⅰ
수학Ⅰ & 수학Ⅱ
확률과 통계
기하
수학과제탐구 | → | 경제수학
미적분 | → | 고급수학Ⅰ, Ⅱ
심화수학Ⅰ, Ⅱ |

수학은 가장 위계가 엄격한 교과입니다. 대부분 과목이 공통과목의 '수학'만 이수하면 들을 수 있지만 경제수학은 수학Ⅰ, 미적분은 수학Ⅰ, Ⅱ를 이수해야 수강할 수 있습니다. 고급수학Ⅰ, Ⅱ는 대학 수학 이전 단계의 수준으로 과학고등학교나 영재학교에서 이수하는 과목이지만, 심화수학Ⅰ, Ⅱ는 앞선 수학 과목을 총정리하며 심화하는 과목으로 성격이 다릅니다. 유의하여 수강신청을 하도록 합니다.

③ 영어

	보통교과	전문교과
4기능 고른 발달	영어 → 영어Ⅰ → 영어Ⅱ 실용영어, 영어권 문화, 진로영어	심화영어Ⅰ → 심화영어Ⅱ
듣기 및 말하기 기능 위주	영어회화	심화영어회화Ⅰ → 심화영어회화Ⅱ
읽기 및 쓰기 기능 위주	영어독해와 작문, 영미문학읽기	심화영어독해Ⅰ → 심화영어독해Ⅱ 심화영어작문Ⅰ → 심화영어작문Ⅱ

영어는 듣기, 말하기, 읽기, 쓰기로 이루어져 있습니다. 영어교과는 위계가 엄격하지 않지만 전문교과Ⅰ을 이수하기 위해서는 보통교과를 이수해야 합니다. 본인에게 필요한 영역에 맞추어 과목선택에 유의하기를 권합니다.

④ 과학

과학Ⅰ과 과학Ⅱ를 모두 편성하여 동시수강은 가능하나, 과학Ⅱ를 이수한 후 과학Ⅰ을 이수하는 것은 불가합니다. 과학Ⅰ을 이수하지 않고 과학Ⅱ를 이수하는 것은 바람직하지는 않으나, 규정에 어긋나지는 않습니다. 진로변경 시 참고하여 선택하도록 합니다.

〈융합 과학〉은 과학Ⅰ과 과학Ⅱ를 학습한 후 융합적 사고 함양을 위해 이수하는 것이 바람직합니다. 난이도가 높아 가볍게 선택해서는 안 되는 과목입니다.

전문교과Ⅰ은 보통교과를 이수한 후 더욱 심화된 내용을 학습하는 과목으로 구성되며 〈고급과학〉, 〈과학 실험〉 등의 과목은 계열적으로 연계하여 이수합니다.

① ──── 1단계 : 진로 탐색 및 선택

과목 선택시 가장 중요한 것은 본인의 진로입니다. 진로 탐색이 끝난 학생들의 경우 고등학교 생활 방향이 정해져 그 일부분인 과목선택은 수월하게 할 수 있습니다. 특히 진로와 본인이 흥미를 느끼는 과목이 일치하는 것이 가장 바람직한 상태입니다. 과목선택 전 본인의 진로를 정하는 것이 좋습니다.

가) 여러 가지 생각을 통해 자신이 좋아하는 것 알아차리기

좋아하는 과목	
잘하고 싶은 것	예시] 여행가서 유창하게 영어하기
부러운 직업의 요소	예시] 수입, 안정성, 명예...등
지겨워도 버틸 수 있는 것	예시] 수학문제 풀기
위 내용을 종합하여 좋아하는 것 추리기	
내가 잘 하는 것	
잘하는 과목	
위 내용을 종합하여 잘 하는 것 추리기	
해보고 싶은 것	예시] 생각만 하면 움직이는 로봇 만들기
수업시간에 드는 딴생각	예시] 국어수업 중 과장법을 배우고, 그것이 진짜 과장인지 실제로 증명해보고 싶어짐
종합	

나) 진로검사를 통한 알아차리기

고등학교에서 1.2학년을 대상으로 연 1회 이상 의무적으로 진로 심리검사를 시행하도록 합니다. 학교에서 진행하는 진로검사 외 추가 검사를 하고 싶다면, 다양한 진로적성검사를 받아보는 것도 추천합니다. 인터넷 검색창을 통하면 유료 검사는 수없이 많고, 무료검사지도 있습니다. 아래에 제시된 무료 검사를 참고하도록 합니다.

검사도구 제공 및 실시기관	검사 특성 및 내용
워크넷	● 고용노동부 산하 한국고용정보원에서 운영하는 워크넷 사이트의 청소년 및 성인용 심리검사 23종 무료 ● '워크넷 고등학생용 적성검사'는 고등학생의 직업 및 학업 분야의 적성 능력을 측정하여 적합한 직업 및 학업분야를 추천해줌으로써 진로 방향 설정에 도움 제공 ● '워크넷 대학전공(학과)흥미검사'는 대학에 진학하고자 하는 고등학교 학생 및 이와 동등한 자격 보유 자들에게 자신의 흥미에 기초하여 전공을 선택하고 결정하는데 도움 제공 ● 검사 전 회원 가입 및 로그인이 필수적으로 요구되며 검사 종료 후 바로 결과 확인 가능
커리어넷	● 교육부가 지원하는 한국직업능력개발원 국가진로교육센터에서 운영하는 커리어넷 사이트의 중·고등학생, 대학생 및 일반용 심리검사 9종 무료 ● '고등학생용 커리어넷 적성검사'는 현재 자신이 어떤 영역에 뛰어난 능력을 가지고 있는지 뿐만 아니라 적성검사 실시 결과 점수가 낮게 나온 영역에 대한 사후 보완방법에 대해서도 정보를 제시하여 학생의 성장과 변화를 촉진 ● 검사 전 회원 가입 및 로그인이 필수적으로 요구되며 검사 종료 후 바로 결과 확인 가능

Q. 진로검사 결과와 저의 희망진로가 다르게 나왔어요. 진로를 바꾸어야 하나요?

A1. 아닙니다. 진로 검사지는 적성을 찾기 위한 불완전한 검사도구입니다. 대부분의 사람들은 타고난 적성이 크게 다르지 않습니다. 진로와 적성이란 살아가는 환경과 과정에서 흥미를 가지게 된 것들이죠. 같은 법조인이지만, 판사, 검사, 변호사에게 요구되는 능력은 모두 다르죠. 하지만 진로 검사지는 모두 법조인으로 판단한답니다. 검사지는 보조도구로 활용하고, 자신을 믿으세요.

A2. 학생들은 아직 정확하게 해당 직업이 무엇을 하는지 잘 모르는 경우가 있습니다. 본인의 검사결과로 나온 직업을 충분히 탐색하는 시간을 가져보세요. 그 후에도 그 직업에 대해 부정적이라면, 자신을 믿으세요.

→ 본인이 어디에 해당하는지 신중히 생각하여 진로 검사지를 해석하도록 합니다.

다) 나에게 매력적인 학과 골라보기

진로 적성검사를 통해 나의 적성을 파악했다면, 관련 학과를 알아보아야 합니다. 이미 고려하고 있는 학과가 있더라도 비슷한 계열의 학과를 알아두는 것이 좋습니다. 수시전형의 경우 6개의 원서를 쓸 수 있는데 특정 대학 및 학과만을 고려했을 경우, 선택의 범위가 좁아질 수 있습니다.

서울대학교 학과 기준	
㉠	간호학과, 경영학과, 국어국문학과, 국사학과, 고고미술사학과, 경제학부, 건설환경공학부, 기계항공공학부(기계공학전공), 기계항공공학부(우주항공공학전공), 건축학과 , 교육학과, 국어교육과, 기악과(피아노전공, 현악전공, 관악전공), 국악과
㉡	노어노문학과, 농경제사회학부
㉢	독어독문학과, 동양사학과, 동양화과, 디자인학부(공예), 디자인학부(디자인), 독어교육과
㉣	미학과, 물리천문학부(물리학전공), 물리천문학부(천문학전공), 물리교육과, 물리치료과
㉤	불어불문학과, 바이오시스템·소재학부, 불어교육과, 방사선과
㉥	서어서문학과, 서양사학과, 사회학과, 심리학과, 사회복지학과, 수리과학부, 생명과학부, 산업공학과, 식물생산과학부, 산림과학부, 식품·동물생명공학부, 서양화과, 사회교육과, 수학교육과, 생물교육과, 소비자아동학부(소비자학전공), 소비자아동학부(아동가족학전공), 식품영양학과, 수의예과, 성악과
㉦	영어영문학과, 아시아언어문명학부, 언어학과, 인류학과, 언론정보학과, 에너지자원공학과, 원자핵공학과, 응용생물화학부, 영어교육과, 역사교육과, 윤리교육과, 의류학과, 약학과, 의학과, 임상병리학과, 의료공학과, 의료장비과, 응급구조학과, 의무행정과
㉧	중어중문학과, 종교학과, 정치외교학부(정치학전공), 정치외교학부(외교학전공), 지리학과, 지구환경과학부, 재료공학부, 전기·정보공학부, 조선해양공학과, 조경·지역시스템공학부, 조소과, 지리교육과, 지구과학교육과, 제약학과, 작곡과(작곡전공, 이론전공), 재활의학과, 작업치료학과
㉨	철학과, 체육교육과, 치의학과, 치위생과, 치기공과
㉩	컴퓨터공학부
㉪	통계학과
㉫	화학부, 화학생물공학부, 화학교육과, 한의예과

My Pick

> 마음에 드는 학과를 "있는 대로" 골라 쓰는 게 관건!

② .... 2단계 : 계열과 선택과목

내가 선택한 학과가 어떤 계열에 주로 분포하는지 알아보면 본인이 어떤 계열에 흥미가 높은지 알 수 있습니다. 계열로 묶인 이유는 비슷한 역량이 필요하기 때문입니다. 고등학교 교육과정에서 세부학과에 일치하는 과목이 필요한 경우는 많지 않습니다. 경제학과의 경제, 공대의 물리와 기하, 의·생명 계열의 생명과학과 화학 등을 제외하고는 완벽하게 과목과 전공이 일치하는 경우는 많지 않습니다. 그러나 그 계열에 필요한 학문적 역량은 분명히 존재합니다.

대부분 사람의 적성은 크게 차이가 나지 않습니다. 대부분 직업은 적성이 아니라 적응이 중요한 요소입니다. 하지만 완전히 다른 성향의 경우, 적응이 힘들 수 있습니다. 구체적인 학과를 정하지 못했다면 최소한 계열만이라도 결정해야 합니다. 자신의 성향에 맞는 계열을 찾는 것만으로도 고민의 범위를 좁힐 수 있습니다. 「한국대학교육협의회」의 전공 표준 분류체계를 기준으로 일부 수정하여 계열별 학과를 제시합니다. 계열별 특징을 함께 제공하니, 자신이 어떤 계열에 적합한지 생각해봅니다. 이수하면 도움이 될 수 있는 선택과목을 제시합니다. 학과 공부에 필요한 과목은 음영처리가 되어있고, 이외의 과목은 추천과목이므로 자유롭게 선택하도록 합니다.

가) 자연과학계열

학과 분류(자연과학계열)

자연과학계열은 기초학문을 연구합니다. 순수학문을 연구하므로 학습 분량이 많고 깊이가 있습니다. 인문계열이 문과의 기초학문이라면, 자연과학계열은 이과의 기초학문입니다. 대학의 본래 목적인 진리탐구와 가장 관련이 깊은 계열이며, '과학자' 하면 떠오르는 이미지가 바로 자연과학계열입니다. 이 계열은 논리력과 수리능력이 중요하고 수를 얼마나 잘 다루느냐가 관건입니다. 학문의 깊이가 깊고 폭이 넓어서, 진로선택 시 대학원 진학까지 고려하는 게 좋겠습니다. 수많은 실험과 실패, 그리고 고민 속에서 유레카를 외치는 기쁨을 안다면, 여러분은 자연과학계열에 적합한 적성을 가지고 있는 것입니다.

자연과학계열은 과학과 수학이 중요합니다. 〈과학Ⅰ〉 4과목을 가능하면 모두 수강하는 것이 좋습니다. 과학Ⅰ의 모든 과목은 내용이 유기적으로 서로 연결되기 때문에 하나의 과목이 다른 과목의 이해에 도움을 줍니다. 3학년에서 과학Ⅱ 과목은 본인의 전공과 관련이 깊은 것으로 수강합니다.

예를 들어, 환경학과라면 화학Ⅱ, 생명과학Ⅱ를 수강하고, 물리학Ⅱ, 융합과학, 생활과 과학 중 흥미에 따라 선택합니다. 융합과학은 보통교과의 과학 과목에서 난이도가 높습니다. 따라서 위계를 지켜 이수하도록 합니다.

〈수학〉 교과는 가능한 모든 과목을 수강할 것을 권합니다. 자연과학은 전공 분야 특성에 따라 다소 차이는 나겠지만 자연적인 현상을 수학적으로 규명하는 것이 기본적이고 핵심적인 목표이기 때문에 고교 교육과정에서 배우는 과목별로 수학을 깊이 있게 공부해야 합니다. 전공하고자 하는 자연과학 분야에 해당하는 교과와 더불어 수학을 깊이 있게 공부하는 것은 매우 중요합니다. 제시된 개념들을 보충 설명해주기 위해 제시된 수많은 그래프들이 무엇을 의미하는지 직관적으로 파악해낼 수 있어야만 새롭게 접하는 복잡하고 다양한 지식들을 정리하고 응용하는 것이 가능합니다.

〈사회〉 과목에서 한 과목을 수강한다면, 사회문제의 과학적 접근을 위해 사회문제탐구 과목 수강을 추천합니다. 하지만 무엇보다 중요한 것은 본인의 흥미이며, 전공 적합성이 드러나는 과목을 제외하고 남은 선택권은 본인의 흥미에 따라 사용하는 것이 가장 바람직합니다.

① 자연과학계열-수학·물리·천문·지구

자연 과학 계열	기초			탐구		생활·교양	예체능
	국어	수학	영어	사회	과학		
수학·물리·천문·지구	독서	수학 I	영어 I		물리학 I	논리학	
	문학	수학 II	영어 II		생명과학 I		
	화법과 작문	확률과 통계			화학 I		
		미적분			지구과학 I		
		기하			물리학 II		
		경제수학			화학 II		
					지구과학 II		
					융합과학		
					정보과학		

② 자연과학계열-농림·수산

자연 과학 계열	기초			탐구		생활·교양	예체능
	국어	수학	영어	사회	과학		
농림·수산	독서	수학 I	영어 I		물리학 I	농업생명과학	
	문학	수학 II	영어 II		생명과학 I	환경	
	화법과 작문	확률과 통계			화학 I		
		미적분			지구과학 I		
		기하			생명과학 II		
		수학과제 탐구			지구과학 II		
					융합과학		

(3) 자연과학계열–화학·생명과학·환경

자연 과학 계열	기초			탐구		생활·교양	예체능
	국어	수학	영어	사회	과학		
화학·생명 과학·환경	독서	수학 I	영어 I	생활과 윤리	물리학 I	공학일반	
	문학	수학 II	영어 II		생명과학 I	환경	
		확률과 통계			화학 I		
		미적분			지구과학 I		
		기하			물리학 II		
		수학 과제 탐구			화학 II		
		경제수학			생명과학 II		
					지구과학 II		
					융합과학		
					정보과학		

(4) 자연과학계열–생활과학

자연 과학 계열	기초			탐구		생활·교양	예체능
	국어	수학	영어	사회	과학		
생활 과학	독서	수학 I	영어 I	세계사	생명과학 I	가정과학	미술창작
	문학	수학 II	영어 II	경제	화학 I	창의경영	
	화법과 작문	확률과 통계	영어독해와 작문		생명과학 II		
		미적분	영어회화		화학 II		
		기하					

나) 공학계열

학과 분류(공학계열)

자연과학계열을 에디슨, 아인슈타인이라 한다면, 공학계열은 스티브 잡스입니다. 진리탐구보다 이미 정립된 이론을 바탕으로 실생활에 적용되는 기술을 개발하는 엔지니어를 양성하는 계열입니다. 엔지니어는 설계도면 위에 자신의 상상력을 발휘하는 작가이지만, 순수한 문학 창작가처럼 자유롭지는 못합니다. 수많은 논리체계와 법칙을 따라야 하고 안전성과 실용성도 고려해야 하기 때문입니다. 스마트폰을 한 번쯤 분해해본 사람이라면 공학계열 적성에 맞을 것 같습니다.

대부분 고등학교에서 영역 내 개방형 교육과정인 경우가 많습니다. 탐구영역 안에서, 혹은 기 영역 안에서 과목을 선택하는 것입니다. 이 경우, 과목을 선택하는 데에 있어 자연과학계열과 공학계열에 큰 차이가 없습니다.

이 계열은 〈수학〉과 〈과학〉이 중요합니다. 공학계열은 벡터를 사용하는 경우가 많으므로 〈기하〉는 반드시 이수하는 것이 좋습니다. 다만, 공학계열은 자연과학계열과 비교하여 학문의 탐구보다 현실적 제품개발과 관련이 깊어 〈사회〉 교과에서 다양한 상식을 얻을 수 있는 교과를 수강하는 것이 좋습니다. 교육과정 상 선택이 가능하다면 경제나 정치와 법을 수강하는 것도 추천합니다. 제품을 개발하고 출시하는데 필요한 영역이기 때문입니다.

공학계열은 『생활·교양』 영역의 교과도 중요합니다. '기술·가정, 정보, 공학일반, 창의경영' 등의 과목이 그것입니다. 실제 컴퓨터와 도구를 다루는 교과이므로 학업에 소홀하지 않도록 합니다.

① 공학계열-건설

공학 계열	기초			탐구		생활·교양	예체능
	국어	수학	영어	사회	과학		
건설	독서	수학 I	영어 I		물리학 I	공학일반	미술창작
		수학 II	영어 II		지구과학 I	심리학	미술 감상과 비평
		확률과 통계	영어독해와 작문		화학 I	철학	
		미적분			물리학 II		
		기하			화학 II		
		수학과제 탐구			지구과학 II		
					융합과학		

② 공학계열-기계

공학 계열	기초			탐구		생활·교양	예체능
	국어	수학	영어	사회	과학		
기계	독서	수학 I	영어 I		물리학 I	공학일반	
		수학 II	영어 II		생명과학 I		
		확률과 통계			화학 I		
		미적분			물리학 II		
		기하			화학 II		
					융합과학		

③ 공학계열-화공·고분자·에너지

공학 계열	기초			탐구		생활·교양	예체능
	국어	수학	영어	사회	과학		
화공·고분 자·에너지	독서	수학 I	영어 I		물리학 I	공학일반	
		수학 II	영어독해와 작문		화학 I		
		확률과 통계			물리학 II		
		미적분			화학 II		
		기하			융합과학		

(4) 공학계열–전기·전자·컴퓨터

공학 계열	기초			탐구		생활·교양	예체능
	국어	수학	영어	사회	과학		
전기·전자· 컴퓨터	독서	수학 I	영어 I	생활과윤리	물리학 I	공학일반	
	문학	수학 II	영어 II		생명과학 I	지식재산 일반	
	화법과 작문	확률과 통계	영어독해와 작문		화학 I	논리학	
		미적분			지구과학 I		
		기하			물리학 II		
					화학 II		
					생명과학 II		
					융합과학		

(5) 공학계열–재료

공학 계열	기초			탐구		생활·교양	예체능
	국어	수학	영어	사회	과학		
재료	독서	수학 I	영어 I		물리학 I	공학일반	
	화법과 작문	수학 II	영어 II		화학 I		
		확률과 통계	영어독해와 작문		물리학 II		
		미적분			화학 II		
		기하			융합과학		

(6) 공학계열–산업안전

공학 계열	기초			탐구		생활·교양	예체능
	국어	수학	영어	사회	과학		
산업 안전	독서	수학 I		경제	물리학 I	공학일반	
		수학 II			화학 I		
		확률과 통계			물리학 II		
		미적분			화학 II		
		기하			융합과학		
		경제수학					

다) 의료·보건 계열

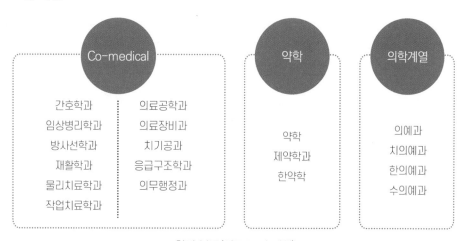

학과 분류(의료·보건 계열)

의료·보건계열은 흔히 이과로 분류되지만, 사람을 대상으로 하는 학문입니다. 이과이면서 법의학, 법학(의료법), 병원행정, 생명윤리, 정신심리 등 문과와 관련된 영역이 많습니다. 의료·보건계열은 생명을 다루는 영역이므로 실수가 용납되지 않습니다. 반복과 숙달이 가장 중요한 미덕입니다. 창의력을 발휘하는 것이 이 직종에 위험한 경우가 많으며 교과서적인 학문체계를 그대로 따르는 것이 중요합니다. 의료·보건계열의 경우 대학 진학과 동시에 직업이 결정됩니다. 잘못된 진로선택인 경우, 다시 돌아가기 힘듭니다. 신중히 고려하고 선택해야 합니다.

의료·보건계열은 〈화학〉과 〈생명과학〉을 반드시 이수해야 합니다. 약학과 의학계열은 〈물리학〉을 이수하는 것이 더욱 좋습니다. 여기에 인간의 생명을 다루는 학문으로 〈사회〉 과목을 수강하는 것도 추천합니다.(이 말의 의미는 수능을 사회로 보라는 것이 아닙니다. 수능은 반드시 과학 2과목을 선택하여야 합니다. 의·생명 계열의 교양 수준으로 사회가 필요하다는 의미입니다.) 사회과목 중 생명윤리를 위한 '윤리와 사상', 의료법·의료행정 등을 위한 '정치와 법' 등의 수강도 추천합니다. 수능선택과목은 반드시 해당 계열에서 필수로 요구하는 과목을 선택하는 것이 좋습니다. 과목을 선택할 때 반드시 필요한 과목과 수강하면 도움이 될 수 있는 과목의 우선순위를 분명히 해야 합니다.

의료·보건계열 중 간호학과의 경우 수학의 중요성이 크지 않습니다. 그러나 의학계열과 약학계열은 〈수학〉의 대부분 과목을 이수해야 합니다. 또한, 진학 이후 읽어야 할 수많은 원서와 의료용어 암기를 위해 〈영어〉에도 힘을 써야 합니다. 스트레스가 많은 직업이라서 심미적 감성역량 강화와 강한 체력을 위한 예체능 교과까지 어떤 교과도 소홀할 수 없는 것이 의료·보건 계열입니다.

① 의료·보건계열

Co-medical	기초			탐구		생활·교양	예체능
	국어	수학	영어	사회	과학		
의료·보건계열	독서	수학 I	영어 I	윤리와 사상	물리학 I	보건	음악 감상과 비평
	화법과 작문	수학 II	영어 II	생활과윤리	화학 I	심리학	미술 감상과 비평
	문학	확률과 통계	영어독해와 작문	정치와 법	화학 II	논리학	
		미적분			생명과학 I		
		기하			생명과학 II		
		수학과제 탐구					

② 약학과/ 의학계열

약학/의학	기초			탐구		생활·교양	예체능
	국어	수학	영어	사회	과학		
의료·보건계열	독서	수학 I	영어 I	윤리와 사상	물리학 I	보건	음악 감상과 비평
	화법과 작문	수학 II	영어 II	생활과 윤리	화학 I	심리학	미술 감상과 비평
	문학	확률과 통계	영어독해와 작문	정치와 법	화학 II		
		미적분			생명과학 I		
		기하			생명과학 II		
		수학과제 탐구					

라) 교육계열

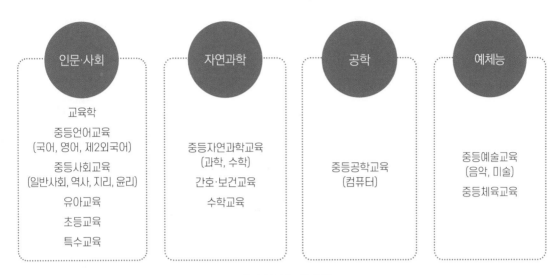

학과 분류(교육계열)

교육은 지식과 문화를 전달하는 학문입니다. 많이 아는 것보다 얼마나 잘 전달하느냐가 중요한 계열입니다. 미성년자를 대상으로 진행되는 서비스이므로 잘 들어주고 이해하는 능력이 중요합니다.

구체적인 과목은 본인의 해당학과 관련 계열의 과목을 참고하면 됩니다. 여기에 공통으로 〈생활·교양〉 영역 교육학 수강을 추천합니다.

마) 경상계열

학과분류(경상계열)

경상계열은 사회과학과와 같이 경제적 요인으로 세상에 질서를 부여하는 학문입니다. 문과로 분류되는 어떤 학과보다 수학적 능력을 요구하는 경우가 많습니다. 경제학과는 이과 과목으로 생각되는 '미적분'을 수강하는 것이 좋습니다. 2015개정교육과정의〈수학Ⅱ〉과목에 간단한 미적분이 제시되고, 그것만으로 충분하다고 판단하는 대학이 있을 수 있습니다. 본인이 수학에 흥미가 있고 경제학에 대한 이해를 넓히고 싶다면 '미적분'까지 확장하여 수강하는 것을 권장합니다.

경상계열은〈수학〉과목 '확률과 통계, 미적분, 경제수학' 등의 과목을 모두 이수하는 것이 졸업 후 학문 연구에 도움이 됩니다. 이유는 다음과 같습니다. 첫째, 숫자로 사회 현상을 해석하는 학문이기 때문에 숫자 또는 수식을 잘 다루는 것이 필요합니다. 더욱이 연산을 넘어 그 숫자가 무엇을 의미하는지 파악하는 능력이 중요합니다. 한 예로, 실업률을 주어진 수식에 알맞게 계산해내고 도출된 숫자의 의미를 파악하여 분석하는 것이 바로 앞에서 얘기한 수학적 감각입니다. 단순히 숫자만 도출하는 것이 아니라 그 숫자의 사회적·경제적 의미를 분석해낼 수 있는 능력이 필요합니다. 둘째, 그래프를 많이 사용합니다. 경제 과목은 대부분 X축과 Y축을 기본으로 놓고 그래프를 그립니다. 이때 그래프의 기울기, 넓이 등을 계산해내거나 의미를 파악해야 하는데 이때 미적분이 매우 중요합니다.

탐구영역에서 경제 과목을 반드시 수강하고, 경제학의 배경과 폭넓은 이해를 위해 세계지리, 세계사, 정치와 법 등의 과목을 수강하는 것을 추천합니다.

상경 계열	기초			탐구		생활·교양	예체능
	국어	수학	영어	사회	과학		
경제·경영	독서	수학Ⅰ	영어Ⅰ	세계지리		제2외국어 Ⅰ·Ⅱ	
	화법과 작문	수학Ⅱ	영어Ⅱ	세계사		한문Ⅰ·Ⅱ	
	문학	확률과 통계	영어회화	경제		실용경제	
	언어와 매체	미적분	영어권문화	정치와 법		심리학	
		기하	진로영어	사회·문화		논술	
		경제수학		사회문제 탐구		창의경영	
		수학과제 탐구				지식재산 일반	

학교마다 교육과정이 다릅니다. 학생 선택권의 범위도 다릅니다. 내가 다니는 학교에 선택권이 적다는 걱정은 하지 않아도 됩니다. 학교 사정에 맞추어 내가 할 수 있는 최선의 선택을 하면 됩니다. 대학은 고등학교를 평가하는 것이 아닌 학생을 평가합니다. 제한된 환경 안에서 학생이 어떤 선택을 했는지, 진학하는 학과에 필요한 과목이 학교에 개설되어 있는데 본인이 선택했는지 등을 고려합니다. 학과에 필요하다고 판단되는 교과를 듣지 않은 이유가 학교의 교육과정 때문이라면, 그 학생은 뽑습니다. 그러나 선택의 기회가 있었으나 학생이 피해간 경우라면 뽑지 않습니다. 우리 학교 교육과정에 개설된 과목 중 학과와 관련된 과목을 선택하는 것은 기본입니다.

개방형 교육과정은 학교마다 다양한 형태로 나타납니다. 아직도 문과와 이과를 학교가 나누는 등 선택이 매우 제한적인 경우도 있고, 선택이 매우 광범위하기도 합니다. 서울의 H고등학교의 교육과정은 4단위 7과목, 2단위 1과목만 제시됩니다. 거기에 교과목 일람표가 덧붙여지는 완전한 개방형입니다. 아직 대부분의 일반고에서 한 학기에 3~5과목 정도의 선택이 이루어지고 있습니다. 선택의 범위가 넓을수록 좋을 것 같지만, 반드시 그런 것은 아닙니다. 옷장에 옷이 많을수록 입고 나갈 옷은 없는 것과 같은 원리입니다. 진짜로 입고 나갈 옷이 없는 것이 아니라 선택을 하지 못하는 것입니다. 결정 장애 앞에서 우리의 방어기제는 '입을 옷이 없어'로 나타날 뿐입니다. 제한된 교육과정의 경우, 듣고 싶지 않은 과목도 학교 필수과정으로 수강해야 하기도 합니다. 이 시간이 의미 없고 낭비하는 것 같지만 고등학교의 모든 과목은 대학의 학문과 연결되지 않는 것이 없습니다. 실제로, 대학의 입장에서는 모든 과목을 수강한 학생을 바라지 않을까요?

교육과정이 전면 개방이라 하더라도, 대학수학능력시험이 존재하는 한 학생들의 선택은 수능과목 위주로 제한될 수밖에 없습니다. 이것을 대입의 이원화라고 합니다. 수능으로부터 자유로운 과목선택을 위해서는 대학입시가 변해야 합니다. 고교학점제를 비롯한 선택과목과 관련된 모든 정책은 학생부 종합전형의 확대와 함께 나아가지 않는다면 학생들에게 과목 선택권을 주는 일은 교사, 학부모, 학생을 모두 혼란스럽게 하는 정책이 될 뿐입니다.

4 ········ 4단계 : 대학별 교과 이수 기준 파악하기

선택과목이 대입에 등장하면서 학교는 매우 혼란스러워졌습니다. 이에 대학에서는 구체적인 과목을 지정하여 제시하지 않지만, 2022학년도 대학입시 선택과목 가이드라인을 제시하였습니다. 아직까지 대학은 반드시 고등학교에서 이수해야 할 과목을 제시할 예정은 없다고 합니다. 대학이 줄 수 있는 최대한의 가이드라인은 현재 교과이수 기준과 수능과목 지정 정도입니다. 수능이 필요한 전형(정시, 학생부, 교과 등)으로 진학을 고려하고 있다면 이를 참고하여 과목을 수강하도록 합니다.

교과이수기준

2022학년도 서울대학교 교과이수기준

3과목 중 2개 충족	가산점 1점(유형Ⅰ)	가산점2점(유형Ⅱ)	예시	
경제·경영	일반 4 또는 일반3 + 진로1	일반 4 또는 일반3 + 진로1	수학Ⅰ, 수학Ⅱ, 확률과 통계(일반) 미적분(진로)	
과학	일반2+진로2	일반3+진로2 (또는) 일반2+진로3	생명과학Ⅰ, 화학Ⅰ 생명과학Ⅱ, 화학Ⅱ	+ 지구과학Ⅰ 혹은 융합과학
			1점	2점
사회	일반/진로 3	일반3+진로1 일반2+진로2	사회문화, 생활과 윤리, 한국지리	+ 사회문제탐구
			1점	2점

수능 지정 과목

2022학년도 수능 응시 영역 기준 (서울대학교)

모집단위	2022학년도 수능 응시 영역 기준	
인문대학 사회과학대학 간호대학(일부) 경영대학 농업생명과학대학 농경제사회학부 사범대학(교육학과, 국어교육과, 영어교육과, 독어교육과, 불어교육과, 사회교육과, 역사교 육과, 지리교육과, 윤리교육과) 생활과학대학 소비자아동학부 의류학과(일부)	국어, 수학, 영어, 한국사, 탐구, 제2외국어/한문	[수학] 확률과 통계, 미적분, 기하 중 택1
		[탐구] 사회/과학 구분 없이 택2
자연과학대학 간호학과(일부) 공과대학 농업생명과학대학(농경제사회학부 제외) 사범대학(수학교육과, 물리교육과, 화학교육 과, 생물교육과, 지구과학교육과) 생활과학대학 식품영양학과, 의류학과(일부) 수의과대학 의과대학 치의학대학원 치의학과	국어, 수학, 영어, 한국사, 탐구 ※ 과학과목응시기준 : 서로 다른 분야의 Ⅰ+Ⅱ 및 Ⅱ+Ⅱ 두 조 합 중 선택	[수학] 미적분, 기하 중 택1
		[탐구] 과학8과목 중 택2
미술대학 사범대학 체육교육과 음악대학 자유전공학부	국어, 수학, 영어, 한국사, 탐구	[수학] 확률과 통계, 미적분, 기하 중 택1
		[탐구] 사회/과학 구분 없이 택2

4
교과선택

2022학년도 수능과목 지정현황(20개교)

영역		과목지정여부	
수학	인문계열	지정 없음	19개교
		확률과 통계	1개교 (서울과기대)
	자연계열	지정 없음	12개교 (경남대, 극동대, 꽃동네대, 루터대, 배재대, 성결대, 수원가톨릭대, 인천대, 청운대, 청주교대, 한국외대, 한양대(에리카))
		기하 또는 미적분	8개교 (경희대, 고려대, 서강대, 서울과학기술대, 성균관대, 연세대, 이화여대, 중앙대)
탐구	인문계열	지정 없음	전체
	자연계열	지정 없음	11개교 (경남대, 극동대, 꽃동네대, 루터대, 배재대, 성결대, 수원가톨릭대, 청운대, 청주교대, 한국외대, 서울과학기술대)
		과탐2과목	9개교 (경희대, 고려대, 서강대, 성균관대, 연세대, 이화여대, 중앙대, 인천대, 한양대(에리카))

1 ····· 과목선택의 방법1 : 진로가 정해진 경우

해당 학과에서 요구하는 역량에 따른 과목을 학교 실정에 맞추어 선택하면 됩니다. 대부분의 대학 입학처 홈페이지에는 입학전형을 공개하고, 입학전형에는 학과별 요구하는 인재상이 제시됩니다. 그것을 자세히 읽어보면 어떤 역량을 필요한지, 그 역량을 기르기 위해 어떤 과목을 수강해야 할지 예상할 수 있습니다.

제시된 역량이 요구하는 과목의 사례는 아래와 같습니다.

인문계열		사회과학계열		공학계열	
철학과		사회과학계열		산업공학과	
독해 능력	국어 영어	수치분석	미적분, 확률과 통계 경제수학	프로그래밍 능력	정보
논리적 분석	수학	독해능력	국어. 영어		수학
기본개념	윤리와 사상	기본개념	경제	경제와 경영에 대한 이해	경제
동양철학	한문		사회문화		

우리는 과목을 선택할 때 '기본개념' 역량에만 집중합니다. 하지만 학과의 학문을 배우기 위한 배경지식, 그리고 다른 능력들 또한 중요하게 다룰 것을 추천합니다. 학과의 역량은 대학별 입학 전형자료를 통해 파악할 수 있습니다.

아래 내용은 서강대학교 2020 입학전형 책자의 컴퓨터공학전공 부분을 발췌한 것입니다. 컴퓨터공학은 수학과 컴퓨터 과학을 융합하는 학문입니다. 다른 역량보다 학문을 따라갈 수 있는 기초개념 능력을 요구하고 있음을 확인할 수 있습니다.

4차 산업혁명의 가장 핵심이 되는 전공
컴퓨터공학전공

컴퓨터 공학은 하드웨어와 소프트웨어를 개발하는데 필요한 <u>수학, 통계학</u>, 전기공학 및 컴퓨터 과학을 융합하는 학문입니다.

......

컴퓨터를 처음 접하는 학생들도 무리 없이 따라올 수 있도록 기초적인 지식과 실습을 병행하여... <u>모든 학문의 기본이라고 할 수 있는 수학과 논리적 소양이</u>....

출처 : 서강대학교 입학처 홈페이지

입학전형을 읽어도 무슨 말인지 모른다면 스스로 자료를 찾아보거나 부모님과 상의해도 좋습니다. 담임 선생님이나 관련 교과 선생님께 도움 요청하는 것을 추천합니다.

학과에서 요구하는 역량과 과목에 대해 알았다면, 이와 관련된 과목을 선택하면 됩니다. 학교에 개설된 과목이 전공과 관련 있다면, 반드시 수강해야 합니다. 본인의 학교 교육과정에 개설되어 있던(수강할 수 있었던) 경제를 듣지 않고 경제학과를 지원하면 속된 말로 서류 '광탈'입니다. 선택과목에서 대학이 중요하게 보는 것은 모든 과목을 어떻게 편성하여 수강하였나보다, 반드시 이수해야 하는 과목을 이수했는가에 집중할 것입니다. 해당 학과에서 요구하는 과목이 경제학과 경제 과목처럼 일차원적으로 드러나는 경우는 적습니다. 드러나지 않는 경우, 해당 학과에서 요구하는 역량을 바탕으로 과목을 선택해야 합니다.

전공 관련성이 일치하는(혹은 높은) 과목을 선택하고 난 뒤에 추가로 선택해야 할 과목이 남는 경우가 있습니다. 예를 들어 나에게 주어진 선택권은 3과목인데, 그중 이번 학기에 전공 관련성이 높은 과목은 2과목인 경우, 남은 1과목은 어떻게 할 것인가? 어떤 과목을 수강해도 상관없습니다. 그 과목에서는 기본개념이 아닌 다른 역량과 다른 의미를 찾아야 합니다. 선택과목은 학과와 관련성이 있는 과목을 반드시 수강하는 것이 원칙입니다. 이외의 과목에서는 어떤 유의미한 활동을 하고, 무엇을 배웠으며, 그 과목을 대하는 자세를 평가할 것입니다.

진로가 정해졌다면 입학전형 분석 등을 통해 본인에게 필요한 과목을 스스로 찾아 자신의 학업역량과 전공적합성을 나타내는 과목을 선택합니다. 전공과 일치성을 보이는 과목 외에 남은 과목은 흥미에 따라 선택합니다. 억지로 듣는 과목은 분명 힘든 시간을 남깁니다. 억지로 들은 과목이 운 좋게 학생부에 아름답게 기록될지라도, 아름다움은 거기까지입니다. 그 과목에서 유의미하게 스스로 남긴 것이 없다면, 면접이라는 관문에서 쓴잔을 마시며 면접장을 나오게 될 것입니다.

② ········ 과목선택의 방법2 : 진로가 정해지지 않은 경우

과목선택이 이리저리 왔다 갔다 한다는 것은 아직 진로가 결정되지 않았다는 것입니다. 선택과목이 아닌 진로부터 생각해야 합니다. 내가 어떤 사람인지 아는 것. 그것이 과목선택의 시작입니다.

진로가 정해지지 않았다면 과목 수강 자체를 진로 탐색 과정으로 생각하면 됩니다. 이때 과목선택 방법은 간단합니다. 첫째, 덜 괴로운 과목을 선택합니다. 재미있는 과목을 들으라고 조언하고 싶지만, 학생들에게 모든 과목이 괴롭다는 것을 잘 알고 있습니다. 싫지만, 그래도 그중 할 만한 과목을 선택하면 됩니다.

다른 방법으로, EBSi에 들어가서 해당 과목 인터넷 강의를 들어보는 것을 추천합니다. 실제 수업을 들어보는 방법인데, 개인적인 경험에서 하는 조언입니다. 본인이 대학 진학을 고민하던 당시, 광고홍보학과에 진학하고 싶었으나 부모님은 반대했습니다. 너무나 반대가 심해 도서관에 가서 광고홍보 관련 전공 서적을 다 빌려놓고 일주일 동안 읽었습니다. 읽고 나니 '아, 이 길은 내 길이 아니구나.'라는 생각이 들어 과감하게 포기했습니다. 실제로 해보아야 압니다. 이것저것 고민하지 말고, 실제 과목 수업을 들어보세요. 무료 온라인 강의는 많습니다.

진로가 결정되지 않았다면 모든 영역의 과목을 골고루 들어놓으라는 조언을 합니다. 나중에 어떻게 될지 모르기 때문입니다. 대개 듣고 싶은 과목, 덜 괴로운 과목을 선택하다 보면 내가 좋아하는 것이 무엇인지 드러납니다. 진로를 결정하고 과목을 선택하는 것과 방향이 바뀌었을 뿐입니다. 어쩌면, 이 방향이 오히려 옳은 방향일지도 모릅니다.

내가 좋아하는 과목을 고르다 보면 본인도 모르는 사이 진로가 선명해질 것입니다. 과목을 지금 결정하지 못했다고, 낙담하지 마십시오. 대한민국 대부분의 고등학생이 구체적인 꿈을 갖지 못하고 있는 것이 현실입니다.

——— 전공학과와 과목의 일치성은 기본이다. 거기에 더한다면,

학과와 본인의 선택과목이 전공 관련성이 있어야 한다는 것은 기본 중의 기본입니다. 공대를 희망하는 학생이 물리학Ⅰ, 기하 등의 수학 과목을 수강하지 않았다면 좋은 결과를 기대하기 힘듭니다. 자, 이제부터 공대를 희망하는 전국의 모든 고등학생이 '물리학'과 '기하'를 수강할 것입니다. 이 과목을 듣지 않았으면 분명 불이익을 받을 것입니다. 그런데 응시자들이 모두 똑같은 과목을 듣고 온다면 어떨까요? 마이너스는 없지만, 플러스도 없습니다. 여기에 자신만의 스토리 있는 과목이 필요합니다. 예를 들어 공대를 진학하는데 '물리'+'기하'+'미술창작'을 들은 학생이 있다고 합시다. 그 학생은 자신이 어떤 제품을 개발하는데 심미안적 관점이 필요해서 들었다는 설명을 덧붙이고, 미술 교과에서 공과대학과 어떤 접점을 찾았는지 설명할 수 있다면, 학업역량과 전공적합성 분야에서 높은 평가를 받을 것입니다.

선택과목에서 이루어질 수 있는 차별화 전략은 다음 2가지로 정리될 수 있습니다.

> 1. 여러 분야의 과목을 선택하여 전공과 관련한 '융합적' 지식을 습득할 것인가?
> 2. 한 분야의 과목을 깊이 있게 선택하여 전공과 관련한 '전문적' 지식을 습득할 것인가?

1을 선택한 경우라면, 전공과 과목의 일치성이 단순하게 드러나지 않을 것입니다. 해당 과목과 자신의 진로의 접점을 찾아 활동해야 합니다. 고등학교 교육과정에 있는 모든 교과는 대학의 과목과 연결되지 않는 것이 없습니다. 직접적인 연결은 보이지 않아도 다양한 교과 활동을 통해 자신의 진로와 연결고리를 찾고 자신만의 이야기를 만들어야 합니다.

1의 사례에서 학생은 본인만의 스토리를 만들어야 합니다. 어떤 학생은 사회적 현상을 물리적 법칙에 따라 식을 세우고 숫자로 표현하는데 흥미가 있다면 물리를 선택하고, 사회적 현상을 과학적으로 증명해내고 싶다면, 사회, 문화를 선택합니다. 전혀 관계없는 과목의 조합에 스토리가 필요합니다.

2를 선택했다면, 학교에 개설된 과목 중 최대한 라인(연결고리)을 만들어야 합니다. 예를 들어 물리학Ⅰ → 물리학Ⅱ → 고급물리의 단계로 이수하는 것입니다. 학교에서는 일정 인원수 이상의 학생들이 선택하는 과목만 개설 가능하므로, 심화 과목은 수강하기 쉽지 않습니다. 개설되지 않은 심화과목이 필요하다면, 공동교육과정이나 소인수 과목 등 플러스 교육과정의 형태로 이수하는 것을 추천합니다. 대학에서는 제한된 환경을 어떻게 극복해 나가느냐 또한 평가 기준으로 제시하므로 학교에 개설되지 않은 과목을 찾아 듣는 것도 좋은 방법입니다.

······ 내신 때문에 많은 학생이 선택하는 과목을 선택한다고?

과목선택에 앞서 학교에서 2~3차례 수요조사를 받습니다. 이 과정에서 수강인원이 적은 과목은 결국 폐강이 되는 상황에 이릅니다. 선택과목도 중요하지만, 내신을 잘 받아야 대학을 갈 수 있다는 것은 맞는 말입니다. 머리가 있어야 꽃도 꽂고 모자도 씁니다. 그러나 반은 맞고 반은 틀립니다.

내신등급이 단순하게 숫자로 환산되는 전형도 있습니다. 학생부 '교과' 전형. 단순 숫자로 평균을 내고, 줄을 세운 후 수능 최저등급을 요구하거나, 면접을 통해 학생을 평가합니다. 주로 국립대에서 입학생을 선발하는 방식입니다. 본인이 고3이 되어 반드시 학생부교과전형만 응시하겠다고 다짐한 경우, 내신등급을 위해 과목을 선택해도 됩니다. 그러나 서울 주요 15개 대학은 학생부'교과'전형의 비중을 줄이고 학생부'종합'전형의 비중을 늘리고 있습니다. 특히, 서울대학교의 경우 '교과'전형으로 선발하는 인원이 전혀 없습니다. 앞으로 대학은 학생부'종합'전형의 확대로 나아갈 것입니다. 이 흐름은 미래사회가 요구하는 인재상과 부합해 축소되기 어려울 것으로 보입니다.

학생부'종합'전형에서 내신 1등급은 같은 1등급이 아닙니다.

학년	학기	과목	이수 단위	등급	인원	원점수	평균	표준 편차
1	1	A	3	1	400	98	71.2	15.4
2	2	B	2	3	14	94	89.2	4.6

이 학생은 1학년 공통과목에서 1등급을 받았습니다. 그러나 2학년에서 14명이 선택한 과목을 94점으로 3등급을 받았습니다. 예를 들어 B과목이 물리학II 와 같은 학생들이 어려워 선택을 꺼려 우수한 학생들이 선택하는 과목이라면? 그럼에도 불구하고 이 과목을 선택한 도전적인 의지를 높게 평가받을 것입니다. 단순하게 내신등급만으로 평가되지 않는다는 것을 알아야 합니다.

대학에서 학생을 평가할 때 교과 등급에 따른 학업 우수성뿐만 아니라 그 '질적' 수준이 어떠한지에 대해 학생부의 다른 영역(수상경력, 세부능력 및 특기사항 등)과 면접을 통해 복잡한 과정을 거쳐 검증합니다. 학업에 어려움이 있을 것을 알고 있음에도 '불구하고' 그 과목을 선택한 것, 대학에서는 전공에 대한 열의로 판단하지 않을까요? 선택하는 학생 수가 적어 내신 받기 힘들 거란 생각에 필요한 과목을 포기하면 대학도 압니다. 이 학생은 어려운 상황은 포기하는구나 하고 말입니다. 편한 길만 찾아가는 것이 학생부에 드러나지 않으리라는 믿음은 부질없습니다.

4
교
과
선
택

5 ┄┄┄ 마지막 조언, 선택과목 이외의 과목에 대처하는 자세

나의 전공과 관련 없지만 『학교 필수과정』이라서 선택과 관계없이 들어야 하는 과목이 있습니다. 대학에 가서도 전공필수라는 과목이 있습니다. 100% 완전 선택은 어디에도 없습니다. 그런데 '나에게 필요 없는 과목은 대충하고 버리자'라는 생각을 한다면? 대학이 그 학생을 선택할 이유는 많이 줄어들 것입니다.

전공과 관련 없는 과목들은 '성실성' 항목으로 평가됩니다. 근시안적으로 나의 희망학과와 어떤 과목이 상관없어 보일 수 있습니다. 크게 보면 고등학교 교육에서 대학 전공과 연결되지 않는 것은 없습니다. 선택과목 이외의 과목에서, 혹은 본인의 진로와 직접적인 관련이 없는 과목에서 의미를 찾아내야 합니다. 그것이 진로와 관련된 의미이든, 교과목 자체의 학문적 특성이든 수강한 모든 과목에서 자신만의 깨달음이 있어야 합니다.

① 관련 분야 독서

학교에 개설되지 않은 과목을 공부하는 가장 쉬운 방법은 '독서'입니다. 그 분야에 관련된 대중 서적이나 개론서 모두 좋습니다. 현실적으로는 학교에 개설된 과목을 열심히 하고, 대학에서 배울 내용의 배경지식을 쌓는 것이 좋습니다. 학과와 관련된 전문서적을 읽는 것도 좋지만, 배움이 짧아 내용을 잘못 이해할 수 있으므로 가능하면 독서를 통해 다양한 배경지식을 쌓기에 초점을 두는 것이 좋습니다.

책을 읽을 때 반드시 기록해야 합니다. 여러 권의 책을 읽고 그냥 넘기는 것보다 한 권의 책을 꼼꼼하게 읽고 기록하는 것이 기억에 오래 남고 많이 배울 수 있습니다. 책을 읽기만 하면 저자의 생각을 받아들이는 것에 그치지만 이를 바탕으로 글을 쓰면 본인의 생각을 정리하여 비판적인 독서가 가능합니다. 기록은 '내가 어떤 책을 읽었어요.'의 증명이 아닙니다. 책을 읽은 뒤 내 생각을 확인하는 것입니다.

② 필요한 과목 찾아 독학하기

해당 과목 교과서를 찾아 스스로 공부를 하는 방법도 있습니다. 보통교과의 선택과목은 대부분 학교에서 개설됩니다. 하지만 심화 교과의 경우 수업이 개설되지 않은 경우가 많습니다. 관련 과목의 교과서를 구매하여 틈틈이 공부하는 방법입니다.

독학할 경우 스스로 정한 교재와 책 속에 담긴 개념을 이해하고 적용하는 연습의 과정에서 성취감을 가질 수 있습니다. 하지만 내용을 이해하고 적용하는 과정에서 처음 보는 개념이 많아 시간이 오래 걸립니다. 시간의 여유가 많으면 상관없지만, 내신과 수능 공부를 함께하는 고등학생에게 부담스러운 방법입니다. 또, 중요한 부분과 그렇지 않은 부분을 판단하는 것도 어려워 비효율적인 방법이 될 수 있습니다.

4
교과선택

인터넷 영상 활용하기

진로 관련 인터넷 영상을 활용하는 방법이 있습니다. 유튜브나 TED는 이미 유명한 학습 도구입니다. TED는 영어를 통한 강연이 주를 이루므로 전공 공부와 동시에 영어공부를 할 수도 있습니다. 관심 있는 강연을 찾아 반복해서 듣다 보면 영어 사용 능력뿐만 아니라 관심 분야에 대한 배경지식을 쌓을 수 있습니다. 공부를 책으로만 하던 시대는 지나갔습니다. 동영상이 제공하는 시청각 효과는 학습자에게 더욱 생생한 지식 쌓기에 도움을 줍니다.

미국 대학 강의를 일반인들에게 서비스하는 MOOC와 같은 K-MOOC의 도움을 받을 수도 있습니다. 해당 사이트에 들어가면 다양한 대학교 강의를 들어볼 수 있고, 본인의 진로와 관련된 강의를 직접 들으며 학습할 수 있습니다. 서울대학교에서도 'SNUON'를 통해 강의를 공개하고 있습니다.

미디어를 통해 학습할 때는 배운 내용을 기록하고, 정리하는 과정이 필요합니다. 자율동아리와 같은 형태로 관심사가 비슷한 친구들이 모여 학습 결과 및 발표 내용을 기록한다면 더욱 효과적입니다.

이수할 수 있는 과목 활용하기

고등학교 교육과정에 대학 수업과 전혀 관련 없는 교과는 없습니다. 개설된 과목 중에서 본인의 진로와 관련이 깊은 단원을 깊이 있게 공부하면 대학 공부에 도움이 됩니다. 이수중인 교과목을 바탕으로 기초지식을 쌓고 이를 통해 자신의 관심사로 확장해 나가면 됩니다. 인터넷 자료 및 논문 검색, 독서 등을 통해 본인의 호기심을 스스로 해결해 나가는 과정이 중요합니다.

독자적으로 분리된 학문은 거의 없습니다. 다른 학문의 원리와 배경지식이 적용되는 경우도 많습니다. 물리학을 수강하고 싶으나 여건이 안 된다면 수학을 열심히 해서 기본기를 다지는 것이 물리학으로 접근을 쉽게 만들어 줄 수 있습니다. 유전자를 주제로 탐구할 경우 사회에서 GMO작물에 대한 찬반 토론이 가능하고, 국어 비문학에서 유전자 관련 학습뿐만 아니라, 유전자 재조합 기술의 문제점을 다룬 영어 지문 활용 등 생명과학에 한정된 학습이 아니라 다양한 과목과 분야에서 접근이 가능합니다.

⑤ ⸺ 동아리나 멘토링을 통해 친구와 함께하기

교육과정에 편성되지 않았거나, 수강인원이 적어 개설되지 않는 과목의 경우 혼자서 공부하는 것은 매우 힘듭니다. 교과서, 독서와 동영상을 활용하여 탄탄하고 꾸준하게 학습해나가는 방법은 '함께'하는 것입니다.

비슷한 관심사를 가진 친구와 함께 필요한 과목을 선정해 스터디를 하거나, 동아리를 구성하여 공부하는 방법을 권장합니다. 혼자서 공부하는 것보다 친구들과 함께 묻고 답하며 쌓아가는 과정에서 지식이 확장되어 감을 느낄 수 있을 것입니다.

⑥ ⸺ 플러스 교육과정 이수하기

학교 간 공동교육과정, 온라인 공동교육과정 등을 통해 개설되지 않은 과목을 이수할 기회를 제공하고 있습니다. 제시된 교육과정을 모두 이수한 후 추가로 수강하는 플러스 교육과정의 형태로 운영되고 있으며, 주로 전문교과 I, II 에 해당하는 심화 과목을 편성, 운영하고 있습니다. 학교교육과정을 모두 이수한 후에 진행되므로 주로 야간이나 주말을 활용하여 수업이 진행됩니다.

학교 간 공동교육과정은 주변 여러 학교가 클러스터를 맺고 각 학교의 학생들이 거점학교에 모여 수업을 듣는 방식입니다. 예를 들면 인근에 위치하는 가, 나, 다, 라 고등학교가 클러스터를 맺고, 수요가 적으나 학생에게 필요한 과목을 개설합니다. 과목을 개설하는 학교가 거점학교가 됩니다. 가고등학교가 심리학을 개설하고, 나, 다, 라 고등학교에서 가 고등학교로 학생들이 심리학을 수강하기 위해 모입니다. 이때 가 고등학교가 심리학 과목 거점학교가 됩니다.

소인수 수업은 해당 과목에 대한 수요가 적은 것은 동일하나 강사 수급, 수강인원 등이 학교에서 단독으로 개설 가능할 경우 진행됩니다. 학교 간 공동교육과정과 차이점은 우리 학교 학생들만 듣는다는 점, 그리고 학교 간 공동교육과정이 절대평가인 것에 반해 학교교육과정 과목과 성적처리가 같은 방식이라는 점입니다.

온라인 공동교육과정은 쌍방향으로 진행되는 화상 수업입니다. 일반적인 온라인 수업은 강사가 동영상 강의를 하고 학생들은 이를 수용하는 역할이라면 온라인 공동교육과정은 온라인에서 실제로 진행되는 수업입니다. 온라인 공동교육과정은 주변에 클러스터를 맺을 학교가 없는 농어촌 지역에 우선권을 주고 있습니다.

플러스 교육과정은 학교에서 수요조사를 통해 과목에 대한 수요를 파악하고, 강사 수급 등의 절차를 협의한 후 학교운영위원회의 결정을 통해 개설과목을 결정합니다. 개설과목이 결정되면 일반적으로 가정통신문으로 안내가 되어 학생들의 선택을 받습니다.

플러스 교육과정은 진로와 관련된 심화 과목을 수강하므로 대학입시와 관련하여 매우 매력적으로 보입니다. 실제로 학교에서 1학년들의 신청이 가장 많은 것을 보면 이에 대한 기대감이 있음을 알 수 있습니다. 하지만 무턱대고 신청해서는 안 됩니다. 플러스 교육과정을 신청하기 전에 반드시 고려할 사항은 다음과 같습니다.

첫째, 과목의 위계를 고려하여야 합니다. 위계 없이 들은 심화 과목은 힘들게 이수했으나 의미가 없습니다. 1+1을 모르는 학생이 함수를 배워왔다고 잘했다고 칭찬할 수 없는 일입니다. 그래서 주로 고등학교 1학년이 듣고자 희망하지만 들을 수 있는 과목은 거의 없습니다. 수학Ⅰ도 수강하지 않은 학생이 고급수학Ⅰ이라니. 이치에 맞지 않을 뿐더러 대학은 이 내용을 유의미하게 평가하지 않으니 괜한 고생만 하게 되는 결과가 됩니다.

둘째, 본인의 학교교육과정 내 선택과목과 유의미한 관계성이 있어야 합니다. 학교교육과정 안에서 기계공학과 관련된 과목을 선택하여 이수하였다면, 플러스 교육과정도 이와 관련된 고급수학, 고급물리학이나 물리실험과 같은 과목을 이수하는 것이 좋습니다. 학교 교육과정의 선택과목은 내신등급을 위해 수강자가 많은 과목을 골라 듣고, 플러스 교육과정만 본인의 진로와 관련된 과목을 들었다면 학교교육과정과의 연계성이 부족하여 의미가 상당히 줄어듭니다. 올바른 길로 가야만 의미를 더욱 찾을 수 있습니다.

셋째, 끝까지 해낼 수 있어야 합니다. 플러스 교육과정은 모든 과정이 일반 수업처럼 진행됩니다. 시험도 치르고 성적도 학생부에 기재됩니다. 학교 교육과정을 따라가면서 말 그대로 플러스로 운영되는 과목이므로 적지 않은 부담입니다. 심화 과목을 이수하고자 하는 학생들 대부분 관련 과목에서 학업능력이 뛰어난 학생들이 많아 진도가 빠릅니다. 이 모든 것을 감당하고 본인에게 실질적으로 도움이 된다고 생각할 때 수강하는 것이 좋습니다. 어설프게 시도했다가 힘만 빼고 도움이 되지 않는 경우가 발생할 수 있습니다. 중간에 포기한다면 아니함만 못한 시도가 됩니다. 플러스 교육과정은 자신의 역량을 충분히 고려한 후 선택하도록 합니다. 과유불급이라는 사자성어는 괜히 만들어진 것이 아닙니다.

V

자연, 공학, 의료·보건, 교육, 경상계열 나만의 로드맵 만들기

나만의 로드맵 만들기

앞서 합격 데이터, 세부능력 및 특기사항, 교과 선택을 보았습니다. 다양한 데이터를 보고 그냥 책을 덮었다면 제일 중요한 부분을 놓칠 뻔 했습니다. 합격 데이터와 세부능력 및 특기사항을 본인의 것으로 만드는 작업이 핵심입니다. 위 내용과 비슷한 본인 학교의 동아리, 대회 수상, 진로활동, 봉사활동 그리고 교과 내용을 찾는 과정이 필요합니다. 이 과정이 이루어지려면 학교 알리미 사이트에 접속해 소속 학교 분석이 시작되어야 합니다.

학교 알리미는 각 학교의 현황, 교원현황, 교육활동, 교육여건, 학업성취도 등 그 학교의 모든 정보를 담고 있습니다. 당해 연도 최신 내용은 5월경 업데이트됩니다. 그 내용을 보고 내가 학교에서 해야 할 활동 등을 계획할 수 있습니다. 학교에서는 학생들에게 3월에 부분적으로 전달하고 있습니다. 올해 대회 수상, 동아리 등 학교 학생들은 자연스럽게 알 수 있습니다. 하지만 학교 밖의 부모님은 자세한 내용을 알 수 없으니 관심 있는 부모님께서는 꼭 찾아보면 좋습니다.

학교 알리미 예시로 세 학교의 내용을 계열별로 정리해보겠습니다. 학교에서 이루어지는 대회 수상, 자율활동, 진로활동, 동아리, 봉사활동, 교과 선택입니다. 학교활동에서 학생이 선택할 수 있는 것들만 뽑았습니다. 2015개정 교육과정이 들어오면서 학생은 교과를 자유롭게 선택할 수 있습니다. 따라서 학생의 교과 선택 또한 학생을 드러낼 수 있는 좋은 소재가 되고 있습니다.

세 학교와 비교하며 여러분이 소속된 학교는 어떤지 확인하길 바랍니다.

① 자연계열

수상	독서토론대회, 교육대토론대회, 논술경시대회, 독서골든벨, 교내 경시대회

자율	손잡고 같이 가는 아름다운 선후배: 멘토링 결연, 도움 주고 도움받는 선배초청 명품 강연, 네 바다를 향하는 리더십 함양(미국, 러시아, 중국, 일본 자매학교 교류), 솔선수범하는 너와 나, 훌륭한 국가 지도자: 리더십 마일리지, 영어로! 세계로!(영자신문 발간, 영어경시대회, 영어듣기, 영어 관련 동아리 활동 등), 우수과학 인재 양성의 요람, 과학중심 과정(주제 중심의 소그룹 탐구), 창의·체험 중심 교육과정 운영을 통한 과학교육 내실화(실험실습, 대학교의 실험실 탐방, 천문 캠프, 자연탐사), 수학·과학 탐구영재반 운영, STEAM(융합인재) 교육과정 운영의 내실화(통합과학, 과학탐구실험), 리더십 함양 수련회
진로	자신감과 비전을 심어주는 진로 진학 비전 캠프(적성 탐색, 학과에 대한 설명, 입시전형, 진학지도 등), 학교 단위 상담활동을 통한 자기 주도적 진로 개척 능력 향상, 학생부 종합전형 대비 지도 및 진학상담실 운영, 정규교과 속에 융합된 진로교육, 자기정체성을 찾아주는 '나의 브랜드 파일 만들기'
동아리	APCIS(물리), BSP(통계), CERAS(화학), FRACTAL(수학), HUM&ET(천문), IT과학부, 수학관련전공탐색반, 수학문화체험반, 수학탐구반, R.E.S.C(융합과학), 과학시사반, 과학잡지부, 항공우주부(SAS), 지구환경부(ESC)
봉사	다양할수록 좋다. 개인봉사가 중요하다. 이웃돕기활동(친구 돕기 활동-학습이 느린 친구 돕기, 장애친구 돕기, 지역사회활동-불우이웃 돕기, 난민구호활동, 복지시설방문, 재능기부 등) 환경보호활동(환경정화활동-깨끗한 환경 만들기, 공공 시설물 보호, 문화재 보호, 지역사회 가꾸기, 자연보호활동-식목활동, 자원 재활용, 저탄소 생활 습관화 등) 캠페인활동(공공질서, 환경 보전, 헌혈, 각종 편견 극복 캠페인 활동, 학교폭력 예방, 안전사고 예방, 성폭력 예방 캠페인 활동 등)
교과선택	국어: [1학년] 국어/ [2학년] 문학/ [3학년]화법과 작문, 독서와문법 수학: [1학년] 수학/ [2학년] 미적분Ⅰ, 미적분Ⅱ, /[3학년] 확률과 통계, 기하와 벡터, 고급수학 영어: [1학년] 영어/ [2학년] 영어Ⅱ, 영어독해와 작문/ [3학년] 심화영어, 심화영어독해Ⅱ 한국사: [1학년], [3학년] 사회: [1학년] 통합사회/ [2학년] X / [3학년] 사회문화, 생활과 윤리 中 택1 과학: [1학년] 통합과학, 과학탐구실험/ [2학년] 물리Ⅰ, 화학Ⅰ, 생명과학Ⅰ, 지구과학Ⅰ/ [3학년] 화학Ⅱ, 생명과학Ⅱ/ 물리Ⅱ, 지구과학Ⅱ 中 택1 생활·교양: [1학년] 정보/ 기술·가정, 한문 中 택1/ [2학년] 독일어, 일본어, 중국어 中 택1, 논술

② ⋯⋯⋯ 공학계열

○ 수상   ○ 독서토론대회, 교육대토론대회, 논술경시대회, 독서골든벨, 교내 경시대회

자율	손잡고 같이 가는 아름다운 선후배: 멘토링 결연, 도움 주고 도움받는 선배초청 명품 강연, 네 바다를 향하는 리더십 함양(미국, 러시아, 중국, 일본 자매학교 교류), 솔선수범하는 너와 나, 훌륭한 국가 지도자: 리더십 마일리지, 영어로! 세계로!(영자신문 발간, 영어경시대회, 영어듣기, 영어 관련 동아리 활동 등), 우수과학 인재 양성의 요람, 과학중심 과정(주제 중심의 소그룹 탐구), 창의·체험 중심 교육과정 운영을 통한 과학교육 내실화(실험실습, 대학교의 실험실 탐방, 천문 캠프, 자연탐사), 수학·과학 탐구영재반 운영, STEAM(융합인재) 교육과정 운영의 내실화(통합과학, 과학탐구실험), 리더십 함양 수련회
진로	자신감과 비전을 심어주는 진로 진학 비전 캠프(적성 탐색, 학과에 대한 설명, 입시전형, 진학지도 등), 학교 단위 상담활동을 통한 자기 주도적 진로 개척 능력 향상, 학생부 종합전형 대비 지도 및 진학상담실 운영, 정규교과 속에 융합된 진로교육, 자기정체성을 찾아주는 '나의 브랜드 파일 만들기'
동아리	GDR(게임제작), IT과학부, WAPLE(에너지공학), 로봇틱스(로봇공학), 자동차공학부(AUTOCLASS), 인피니트(발명영재)
봉사	다양할수록 좋다. 개인봉사가 중요하다. 이웃돕기활동(친구 돕기 활동-학습이 느린 친구 돕기, 장애친구돕기, 지역사회활동-불우이웃 돕기, 난민구호활동, 복지시설방문, 재능기부 등) 환경보호활동(환경정화활동-깨끗한 환경 만들기, 공공 시설물 보호, 문화재 보호, 지역사회 가꾸기, 자연보호활동-식목활동, 자원 재활용, 저탄소 생활 습관화 등) 캠페인활동(공공질서, 환경 보전, 헌혈, 각종 편견 극복 캠페인 활동, 학교폭력 예방, 안전사고 예방, 성폭력 예방 캠페인 활동 등)
교과선택	국어: [1학년] 국어/ [2학년] 문학/ [3학년]화법과 작문, 독서와문법 수학: [1학년] 수학/ [2학년] 미적분 I, 미적분 II,/ [3학년] 확률과통계, 기하와벡터 영어: [1학년] 영어/ [2학년] 영어 II, 영어독해와작문/ [3학년] 심화영어, 심화영어독해 II 한국사: [1학년], [3학년] 사회: [1학년]통합사회/ [2학년] X/ [3학년] 사회문화, 생활과 윤리 中 택1 과학: [1학년] 통합과학, 과학탐구실험/ [2학년] 물리 I, 화학 I, 생명과학 I, 지구과학 I / [3학년] 화학 II, 생명과학 II/ 물리 II, 지구과학 II 中 택1 생활·교양: [1학년] 정보/ 기술·가정, 한문 中 택1/ [2학년] 독일어, 일본어, 중국어 中 택1, 논술

○ 수상 ○ 독서토론대회, 교육대토론대회, 논술경시대회, 독서골든벨, 교내 경시대회

자율	손잡고 같이 가는 아름다운 선후배: 멘토링 결연, 도움 주고 도움받는 선배초청 명품 강연, 네 바다를 향하는 리더십 함양(미국, 러시아, 중국, 일본 자매학교 교류), 솔선수범하는 너와나, 훌륭한 국가 지도자: 리더십 마일리지, 영어로! 세계로!(영자신문 발간, 영어경시대회, 영어듣기, 영어 관련 동아리 활동 등), 우수과학 인재 양성의 요람, 과학중심 과정(주제 중심의 소그룹 탐구), 창의·체험 중심 교육과정 운영을 통한 과학교육 내실화(실험실습, 대학교의 실험실 탐방, 천문 캠프, 자연탐사), 수학·과학 탐구영재반 운영, STEAM(융합인재) 교육과정 운영의 내실화(통합과학, 과학탐구실험), 리더십 함양 수련회
진로	자신감과 비전을 심어주는 진로 진학 비전 캠프(적성 탐색, 학과에 대한 설명, 입시전형, 진학지도 등), 학교 단위 상담활동을 통한 자기 주도적 진로 개척 능력 향상, 학생부 종합전형 대비 지도 및 진학상담실 운영, 정규교과 속에 융합된 진로교육, 자기정체성을 찾아주는 '나의 브랜드 파일 만들기'
동아리	MEDIC(의학), ODIS(의약품)
봉사	다양할수록 좋다. 개인봉사가 중요하다. 이웃돕기활동(친구 돕기 활동-학습이 느린 친구 돕기, 장애친구돕기, 지역사회활동-불우이웃 돕기, 난민구호활동, 복지시설방문, 재능기부 등) 환경보호활동(환경정화활동-깨끗한 환경 만들기, 공공 시설물 보호, 문화재 보호, 지역사회 가꾸기, 자연보호활동-식목활동, 자원 재활용, 저탄소 생활 습관화 등) 캠페인활동(공공질서, 환경 보전, 헌혈, 각종 편견 극복 캠페인 활동, 학교폭력 예방, 안전사고 예방, 성폭력 예방 캠페인 활동 등)
교과선택	국어: [1학년] 국어/ [2학년] 문학/ [3학년]화법과 작문, 독서와문법 수학: [1학년] 수학/ [2학년] 미적분Ⅰ, 미적분Ⅱ, / [3학년] 확률과통계, 기하와벡터 영어: [1학년] 영어/ [2학년] 영어Ⅱ, 영어독해와작문/ [3학년] 심화영어, 심화영어독해Ⅱ 한국사: [1학년] 사회: [1학년]통합사회/ [2학년] X/ [3학년] 생활과 윤리 과학: [1학년] 통합과학, 과학탐구실험/ [2학년] 물리Ⅰ, 화학Ⅰ, 생명과학Ⅰ, 지구과학Ⅰ/ [3학년] 화학Ⅱ, 생명과학Ⅱ/ 물리Ⅱ, 지구과학Ⅱ 中 택1 생활·교양: [1학년] 정보/ 기술·가정, 한문 中 택1/ [2학년] 독일어, 일본어, 중국어 中 택1, 논술

④ 교육 · 사범계열

〈p.s : 교육·사범계열은 계열 속 많은 다양한 학과들이 있습니다. 자신이 희망하는 교과의 심화 과목을 꼭 넣길 바랍니다.〉

○ 수상 ○ 독서토론대회, 교육대토론대회, 논술경시대회, 독서골든벨, 교내 경시대회

자율	손잡고 같이 가는 아름다운 선후배: 멘토링 결연, 도움 주고 도움받는 선배초청 명품 강연, 네 바다를 향하는 리더십 함양(미국, 러시아, 중국, 일본 자매학교 교류), 솔선수범하는 너와 나, 훌륭한 국가 지도자: 리더십 마일리지, 영어로! 세계로!(영자신문 발간, 영어경시대회, 영어듣기, 영어 관련 동아리 활동 등), 우수과학 인재 양성의 요람, 과학중심 과정(주제 중심의 소그룹 탐구), 창의·체험 중심 교육과정 운영을 통한 과학교육 내실화(실험실습, 대학교의 실험실 탐방, 천문 캠프, 자연탐사), 수학·과학 탐구영재반 운영, STEAM(융합인재) 교육과정 운영의 내실화(통합과학, 과학탐구실험), 리더십 함양 수련회
진로	자신감과 비전을 심어주는 진로 진학 비전 캠프(적성 탐색, 학과에 대한 설명, 입시전형, 진학지도 등), 학교 단위 상담활동을 통한 자기 주도적 진로 개척 능력 향상, 학생부 종합전형 대비 지도 및 진학상담실 운영, 정규교과 속에 융합된 진로교육, 자기정체성을 찾아주는 '나의 브랜드 파일 만들기'
동아리	거의 모든 동아리 다 도움이 됨.
봉사	다양할 수 록 좋다. 개인봉사가 중요하다. 이웃돕기활동(친구 돕기 활동-학습이 느린 친구 돕기, 장애친구돕기, 지역사회활동-불우이웃 돕기, 난민구호활동, 복지시설방문, 재능기부 등) 환경보호활동(환경정화활동-깨끗한 환경 만들기, 공공 시설물 보호, 문화재 보호, 지역사회 가꾸기, 자연보호활동-식목활동, 자원 재활용, 저탄소 생활 습관화 등) 캠페인활동(공공질서, 환경 보전, 헌혈, 각종 편견 극복 캠페인 활동, 학교폭력 예방, 안전사고 예방, 성폭력 예방 캠페인 활동 등)
교과선택	국어: [1학년] 국어/ [2학년] 문학/ [3학년]화법과 작문, 독서와문법 수학: [1학년] 수학/ [2학년] 미적분Ⅰ, 미적분Ⅱ/ [3학년] 확률과통계, 기하와벡터 영어: [1학년] 영어/ [2학년] 영어Ⅱ, 영어독해와작문/ [3학년] 심화영어, 심화영어독해Ⅱ 한국사: [1학년], [3학년] 사회: [1학년]통합사회/ [2학년] X/ [3학년] 사회문화, 생활과 윤리 中 택1 과학: [1학년] 통합과학, 과학탐구실험/ [2학년] 물리Ⅰ, 화학Ⅰ, 생명과학Ⅰ, 지구과학Ⅰ/ [3학년] 화학Ⅱ, 생명과학Ⅱ 물리Ⅱ, 지구과학Ⅱ 中 택2 (자신이 정말로 하고 싶은 것들 위주로 선택) 생활·교양: [1학년] 정보/ 기술·가정, 한문 中 택1/ [2학년] 독일어, 일본어, 중국어 中 택1, 논술/ [3학년] 교육학

⑤ ····· 경상계열

수상	독서토론대회, 교육대토론대회, 논술경시대회, 독서골든벨, 교내 경시대회

자율	손잡고 같이 가는 아름다운 선후배: 멘토링 결연, 도움 주고 도움받는 선배초청 명품 강연, 네 바다를 향하는 리더십 함양(미국, 러시아, 중국, 일본 자매학교 교류), 솔선수범하는 너와 나, 훌륭한 국가 지도자: 리더십 마일리지, 영어로! 세계로!(영자신문 발간, 영어경시대회, 영어듣기, 영어 관련 동아리 활동 등), 창의적 인재 육성의 산실, 인문사회영재학급(방과후학교, 독서, 토론, 글쓰기, 발표활동), 리더십 함양 수련회, 끼와 재능을 펼치는 예술제
진로	자신감과 비전을 심어주는 진로 진학 비전 캠프(적성 탐색, 학과에 대한 설명, 입시전형, 진학지도 등), 학교 단위 상담활동을 통한 자기 주도적 진로 개척 능력 향상, 학생부 종합전형 대비 지도 및 진학상담실 운영, 정규교과 속에 융합된 진로교육, 자기정체성을 찾아주는 '나의 브랜드 파일 만들기'
동아리	SPTC(발표토론), 방송부, 신문부, 교지편집부, 해토머리(영상제작)
봉사	다양할수록 좋다. 개인봉사가 중요하다. 이웃돕기활동(친구 돕기 활동-학습이 느린 친구 돕기, 장애친구돕기, 지역사회활동-불우이웃 돕기, 난민구호활동, 복지시설방문, 재능기부 등) 환경보호활동(환경정화활동-깨끗한 환경 만들기, 공공 시설물 보호, 문화재 보호, 지역사회 가꾸기, 자연보호활동-식목활동, 자원 재활용, 저탄소 생활 습관화 등) 캠페인활동(공공질서, 환경 보전, 헌혈, 각종 편견 극복 캠페인 활동, 학교폭력 예방, 안전사고 예방, 성폭력 예방 캠페인 활동 등)
교과선택	국어: [1학년] 국어/ [2학년] 문학, 독서와 문법/ [3학년]화법과 작문, 고전 수학: [1학년] 수학/ [2학년] 수학 I, II / [3학년] 경제수학, 미적분, 확률과 통계 영어: [1학년] 영어/ [2학년] 영어II, 영어독해와 작문 / [3학년] 심화영어, 심화영어독해II 한국사: [1학년], [3학년] 사회: [1학년] 통합사회/ [2학년] 경제, 세계사 中 택1, 윤리와 사상 [3학년] 동아시아사, 한국지리 中 택1, 사회문화, 생활과 윤리 과학: [1학년] 통합과학, 과학탐구실험/ [2학년] 생명과학 I, 지구과학 I / [3학년] X 생활·교양: [1학년] 정보/ 기술·가정, 한문 中 택1/ [2학년] 독일어, 일본어, 중국어 中 택1, 논술

나. B학교 계열별 추천 활동

1 ⋯⋯ 자연계열

수상	수학실력한마당, 창의수학경진대회, 논술한마당, 과학창의탐구마당, 과제탐구대회, 독서경시대회, 과학경시대회, 글짓기대회, 수학경시대회, 영어교과서어휘경시대회, 영어글쓰기경시대회
자율	자기생활평가, 독서토론, 학교폭력예방교육, 생명존중교육, 성폭력예방교육
진로	심성계발, 정체성탐구, 진로검사, 진로정보탐색, 진로계획활동, 진로체험활동
동아리	수수(秀數), 생활수학반, 생수맛!(생활수학맛보기), 수친소(수학자 연구), 수학산책, 매쓰포럼 (Math Forum)(수학논술 적응), 유레카(자연계 토론), 물리학 인물탐구, 신의 주사위(영화속 과학적 개념 이해), 고러케(Koreans Love Chemistry)(화학 탐구), Science News(과학정 정보 공유), Marcher vers la Science(과학토론), 에코환경21(생명존중), 수학은 아름다워, 수학교과서 연구반, 수학공식 증명단, 화.사.모 (화학을 사랑하는 모임), FELIZ BIO(생명과학 토론), 쁜쁜(Fun Fun)한 지구과학
봉사	다양할수록 좋다. 개인봉사를 많이 해야 한다. 멘토링, 도서부, 학생회, 헌혈, 합창부, 이웃돕기활동, 캠페인활동 등
교과선택	2학년: 국어- 독서, 문학, 실용 국어, 심화 국어 / 수학- 수학Ⅰ, 수학Ⅱ, 기하 / 영어- 영어Ⅰ, 영어Ⅱ / 과학- 화학Ⅰ, 물리학Ⅰ, 생명과학Ⅰ, 지구과학Ⅰ, 생활과 과학 / 생활·교양- 정보, 논술 3학년: 국어- 언어와 매체, 화법과 작문 / 수학- 미적분, 확률과 통계, 수학과제탐구 / 영어- 영어 독해와 작문, 영어 회화 / 과학- 물리학Ⅱ, 화학Ⅱ, 생명과학Ⅱ, 지구과학Ⅱ 中 2개, 융합과학 / 사회- 세계사 / 생활·교양- 철학

② ········ 공학계열

수상	수학실력한마당, 창의수학경진대회, 논술한마당, 과학창의탐구마당, 과제탐구대회, 독서경시대회, 과학경시대회, 글짓기대회, 수학경시대회, 영어교과서어휘경시대회, 영어글쓰기경시대회
자율	자기생활평가, 독서토론, 학교폭력예방교육, 생명존중교육, 성폭력예방교육
진로	심성계발, 정체성탐구, 진로검사, 진로정보탐색, 진로계획활동, 진로체험활동
동아리	물리학 인물탐구, 신의 주사위(영화속 과학적 개념 이해), 고러케 (Koreans Love Chemistry)(화학 탐구), Science News(과학정 정보 공유), 화.사.모 (화학을 사랑하는 모임), FELIZ BIO(생명과학 토론), 뻔뻔(Fun Fun)한 지구과학
봉사	다양할수록 좋다. 개인봉사를 많이 해야 한다. 멘토링, 도서부, 학생회, 헌혈, 합창부, 이웃돕기활동, 캠페인활동 등
교과선택	2학년: 국어- 독서, 문학, 실용 국어, 심화 국어 / 수학- 수학Ⅰ, 수학Ⅱ, 기하 / 영어- 영어Ⅰ, 영어Ⅱ / 과학- 화학Ⅰ, 물리학Ⅰ, 생명과학1, 과학사, 생활과 과학 / 생활·교양- 정보, 논술 3학년: 국어- 언어와 매체, 화법과 작문 / 수학- 미적분, 수학과제탐구 / 영어- 영어 독해와 작문, 영어 회화 / 과학- 화학Ⅱ, 물리학Ⅱ, 융합과학 / 사회- 세계사 / 생활·교양- 철학, 공학 일반

③ ········ 의료 · 보건계열

수상	수학실력한마당, 창의수학경진대회, 논술한마당, 과학창의탐구마당, 과제탐구대회, 독서경시대회, 과학경시대회, 글짓기대회, 수학경시대회, 영어교과서어휘경시대회, 영어글쓰기경시대회
자율	자기생활평가, 독서토론, 학교폭력예방교육, 생명존중교육, 성폭력예방교육
진로	심성계발, 정체성탐구, 진로검사, 진로정보탐색, 진로계획활동, 진로체험활동
동아리	시밀레(또래상담 및 응급처치법 익히기), RCY(봉사동아리)
봉사	다양할수록 좋다. 개인봉사를 많이 해야 한다. 멘토링, 도서부, 학생회, 헌혈, 합창부, 이웃돕기활동, 캠페인활동 등
교과선택	2학년: 국어- 독서, 문학, 실용 국어, 심화 국어 / 수학- 수학Ⅰ, 수학Ⅱ, 기하 / 영어- 영어Ⅰ, 영어Ⅱ / 과학- 화학Ⅰ, 물리학1, 생명과학Ⅰ, 과학사, 생활과 과학 / 생활·교양- 정보, 논술 3학년: 국어- 언어와 매체, 화법과 작문 / 수학- 미적분, 확률과 통계, 수학과제탐구 / 영어- 영어 독해와 작문, 영어 회화 / 과학- 화학Ⅱ, 생명과학Ⅱ, 융합과학 / 사회- 생활과 윤리 / 생활·교양- 철학

5
나만의로드맵

교육 · 사범계열

〈p.s : 교육·사범계열은 계열 속 많은 다양한 학과들이 있습니다. 자신이 희망하는 교과의 심화 과목을 꼭 넣길 바랍니다.〉

수상	수학실력 한마당, 창의수학경진대회, 논술한마당, 과학창의탐구마당, 과제탐구대회, 독서경시대회, 과학경시대회, 글짓기대회, 수학경시대회, 영어교과서어휘경시대회, 영어글쓰기경시대회
자율	자기생활평가, 독서토론, 학교폭력예방교육, 생명존중교육, 성폭력예방교육
진로	심성계발, 정체성탐구, 진로검사, 진로정보탐색, 진로계획활동, 진로체험활동
동아리	R C Y(봉사동아리)
봉사	다양할수록 좋다. 개인봉사를 많이 해야 한다. 멘토링, 도서부, 학생회, 헌혈, 합창부, 이웃돕기활동, 캠페인활동 등
교과선택	2학년: 국어- 독서, 문학, 실용 국어, 심화 국어 / 수학- 수학 I , 수학 II , 기하 / 영어- 영어 I , 영어 II / 과학- 화학 I , 물리학 I , 생명과학 I , 지구과학 I , 과학사, 생활과 과학 / 생활·교양- 정보, 논술 3학년: 국어- 언어와 매체, 화법과 작문 / 수학- 미적분, 확률과 통계, 수학과제탐구 / 영어- 영어 독해와 작문, 영어 회화 / 과학- 화학 II , 물리학 II ,생명과학 II , 지구과학 II , 융합과학 / 사회- 생활과 윤리 / 생활·교양- 철학, 교육학

 경상계열

수상	수학실력한마당, 창의수학경진대회, 논술한마당, 과학창의탐구마당, 과제탐구대회, 독서경시대회, 과학경시대회, 글짓기대회, 수학경시대회, 영어교과서어휘경시대회, 영어글쓰기경시대회
자율	자기생활평가, 독서토론, 학교폭력예방교육, 생명존중교육, 성폭력예방교육
진로	심성계발, 정체성탐구, 진로검사, 진로정보탐색, 진로계획활동, 진로체험활동
동아리	UN이랑 친해지기(국제문제 토론)
봉사	다양할수록 좋다. 개인봉사를 많이 해야 한다. 멘토링, 도서부, 학생회, 헌혈, 합창부, 이웃돕기활동, 캠페인활동 등
교과선택	2학년: 국어- 독서, 문학, 실용 국어, 심화 국어 / 수학- 수학 I , 수학 II / 영어- 영어 I , 영어 II , 심화 영어 독해 I / 과학- 생활과 과학, 과학사 / 사회- 생활과 윤리, 사회·문화 / 생화·교양- 정보, 논술 3학년: 국어- 언어와 매체, 화법과 작문 / 수학- 미적분, 확률과 통계, 실용 수학 / 영어- 영어 독해와 작문, 영어 회화 / 사회- 세계사, 정치와 법, 사회문제 탐구 / 생활·교양- 철학, 실용 경제 / 제2외국어- 중국어 II , 일본어 II

① 자연계열

수상	과학논술대회, 정보경시대회, 과학경시대회, 뇌과학 경시대회, 통합과학논술대회, 인문논술대회, OO문학상, OO토론대회, 창의독서발표대회, 독도경시대회, 수학경시대회, 수리논술경시대회, 영어의날, 영어창작의날
자율	인성교육, 감성교육, 독서 활동, 화재예방 교육, 학교폭력예방교육, 생명존중교육, 인권교육, 흡연 및 성폭력 예방 교육, 가정폭력 예방교육, 안전교육
진로	진로교육, 진로탐색프로그램
동아리	BrainKey(뇌과학), HADIT(과학기술탐구),LIM(수학동아리), MO(수학경시), SCIPERY(과학실험), SEN-V(물화생융합), SEROC 생물, SEROC 화학, 융(융합 과학), 인연(인체생명과학연구), 화생방(과학탐구토론), 풍선(과학실험)
봉사	다양할수록 좋다. 개인봉사를 많이 해야 한다. 멘토링, 도서부, 학생회, 헌혈, 합창부, 이웃돕기활동, 캠페인활동 등
교과선택	2학년: 국어, 문학, 독서, 실용국어, 고전읽기 / 수학- 수학Ⅰ, 수학Ⅱ, 심화수학Ⅰ, 심화수학Ⅱ, 고급수학Ⅰ, 고급수학Ⅱ / 영어- 영어Ⅰ, 영어Ⅱ, 심화영어독해Ⅰ, 심화영어독해Ⅱ, 영미문학, 심화영어회화Ⅰ, 심화영어회화Ⅱ / 사회- 경제 세계사, 정치와 법, 생활과 윤리 /과학- 물리학Ⅰ, 물리학Ⅱ, 화학Ⅰ, 화학Ⅱ, 생명과학Ⅰ, 생명과학Ⅱ, 지구과학Ⅰ, 지구과학Ⅱ, AP 물리학, 심화화학, 심화생물, 정보과학 / 제2외국어- 일본어 문법Ⅰ, 중국어 문법Ⅰ, 일번어 회화Ⅰ, 일본어 독해와 작문Ⅰ, 중국어 독해와 작문Ⅰ, 중국어 회화1, 일본 언어와 문화, 중국 언어와 문화 3학년: 국어- 화법과 작문, 독서, 언어와 매체, 심화 국어 / 수학- 확률과 통계, 심화 미적분, 기하, 수학과제탐구 / 영어- 진로 영어, 시사영어, 영어 비평적 읽기와 쓰기 / 사회- 사회문화, 동아시아사/ 과학- 물리학 실험, 화학 실험, 생명과학 실험, 지구과학 실험, 고급 물리학, 고급 화학, 고급 생명과학, 고급 지구과학 / 제2외국어- 일본 언어와 문화, 중국 언어와 문화, 일본어 독해와 작문Ⅱ, 중국 회화Ⅱ, 일본어 회화Ⅱ, 중국어 독해와 작문Ⅱ

② ⸺ 공학계열

수상	과학논술대회, 정보경시대회, 과학경시대회, 뇌과학 경시대회, 통합과학논술대회, 인문논술대회, OO문학상, OO토론대회, 창의독서발표대회, 독도경시대회, 수학경시대회, 수리논술경시대회, 영어의날, 영어창작의날
자율	인성교육, 감성교육, 독서활동, 화재예방 교육, 학교폭력예방교육, 생명존중교육, 인권교육, 흡연 및 성폭력 예방 교육, 가정폭력 예방교육, 안전교육
진로	진로교육, 진로탐색프로그램
동아리	BrainKey(뇌과학), HADIT(과학기술탐구), SCIPERY(과학실험), SEN-V(물화생 융합), Serendipity(공학), 융(융합과학), 인연(인체생명과학연구), 화생방(과학탐구 토론), 풍선(과학실험)
봉사	다양할수록 좋다. 개인봉사를 많이 해야 한다. 멘토링, 도서부, 학생회, 헌혈, 합창부, 이웃돕기활동, 캠페인활동 등
교과선택	2학년: 국어, 문학, 독서, 실용국어, 고전읽기 / 수학- 수학Ⅰ, 수학Ⅱ, 심화수학Ⅰ, 심화수학Ⅱ, 고급수학Ⅰ, 고급수학Ⅱ / 영어- 영어Ⅰ, 영어Ⅱ, 심화영어독해Ⅰ, 심화영어독해Ⅱ, 영미문학, 심화영어회화Ⅰ, 심화영어회화Ⅱ / 사회- 경제, 세계사, 정치와 법, 생활과 윤리/과학- 물리학Ⅰ, 물리학Ⅱ, 화학Ⅰ, 화학Ⅱ, 생명과학Ⅰ, 생명과학Ⅱ, AP 물리학, 심화화학, 심화생물, 정보과학 / 제2외국어- 일본어 문법Ⅰ, 중국어 문법Ⅰ, 일번어 회화Ⅰ, 일본어 독해와 작문Ⅰ, 중국어 독해와 작문Ⅰ, 중국어 회화1, 일본 언어와 문화, 중국 언어와 문화 3학년: 국어- 화법과 작문, 독서, 언어와 매체, 심화 국어 / 수학- 확률과 통계, 심화 미적분, 기하, 수학과제 탐구 / 영어- 진로 영어, 시사영어, 영어 비평적 읽기와 쓰기 / 사회- 사회문화, 동아시아사 / 과학- 물리학 실험, 화학 실험, 생명과학 실험, 지구과학 실험, 고급 물리학, 고급 화학, 고급 생명과학 / 제2외국어- 일본 언어와 문화, 중국 언어와 문화, 일본어 독해와 작문Ⅱ, 중국 회화Ⅱ, 일본어 회화Ⅱ, 중국어 독해와 작문Ⅱ

③ 의료 · 보건계열

수상	과학논술대회, 정보경시대회, 과학경시대회, 뇌과학 경시대회, 통합과학논술대회, 인문논술대회, ○○문학상, ○○토론대회, 창의독서발표대회, 독도경시대회, 수학경시대회, 수리논술경시대회, 영어의날, 영어창작의날
자율	인성교육, 감성교육, 독서활동, 화재예방 교육, 학교폭력예방교육, 생명존중교육, 인권교육, 흡연 및 성폭력 예방 교육, 가정폭력 예방교육, 안전교육
진로	진로교육, 진로탐색프로그램
동아리	BrainKey(뇌과학), HADIT(과학기술탐구), 융(융합과학), 화생방(과학탐구토론), 풍선(과학실험)
봉사	다양할수록 좋다. 개인봉사를 많이 해야 한다. 멘토링, 도서부, 학생회, 헌혈, 합창부, 이웃돕기활동, 캠페인활동 등
교과선택	2학년: 국어, 문학, 독서, 실용국어, 고전읽기 / 수학- 수학Ⅰ, 수학Ⅱ, 심화수학Ⅰ, 심화수학Ⅱ, 고급수학Ⅰ, 고급수학Ⅱ / 영어- 영어Ⅰ, 영어Ⅱ, 심화영어독해Ⅰ, 심화영어독해Ⅱ, 영미문학, 심화영어회화Ⅰ, 심화영어회화Ⅱ / 사회- 경제, 세계사, 정치와 법, 생활과 윤리/과학- 물리학Ⅰ, 물리학Ⅱ, 화학Ⅰ, 화학Ⅱ, 생명과학Ⅰ, 생명과학Ⅱ, 심화화학, 심화생물, 정보과학 / 제2외국어- 일본어 문법Ⅰ, 중국어 문법Ⅰ, 일번어 회화Ⅰ, 일본어 독해와 작문Ⅰ, 중국어 독해와 작문Ⅰ, 중국어 회화Ⅰ, 일본 언어와 문화, 중국 언어와 문화 3학년: 국어- 화법과 작문, 독서, 언어와 매체, 심화 국어 / 수학- 확률과 통계, 심화 미적분, 기하, 수학과제탐구 / 영어- 진로 영어, 시사영어, 영어 비평적 읽기와 쓰기 / 사회- 사회문화, 동아시아사 / 과학- 화학 실험, 생명과학 실험, 고급 화학, 고급 생명과학 / 제2외국어- 일본 언어와 문화, 중국 언어와 문화, 일본어 독해와 작문Ⅱ, 중국 회화Ⅱ, 일본어 회화Ⅱ, 중국어 독해와 작문Ⅱ

교육 · 사범계열

〈p.s : 교육·사범계열은 계열 속 많은 다양한 학과들이 있습니다. 자신이 희망하는 교과의 심화 과목을 꼭 넣길 바랍니다.〉

수상	과학논술대회, 정보경시대회, 과학경시대회, 뇌과학 경시대회, 통합과학논술대회, 인문논술대회, OO문학상, OO토론대회, 창의독서발표대회, 독도경시대회, 헌법경시대회, 수학경시대회, 수리논술경시대회, 영어의날, 영어창작의날
자율	인성교육, 감성교육, 독서활동, 화재예방 교육, 학교폭력예방교육, 생명존중교육, 인권교육, 흡연 및 성폭력 예방 교육, 가정폭력 예방교육, 안전교육
진로	진로교육, 진로탐색프로그램
동아리	SED LEX(법학연구), Lawfirm(법연구분석)
봉사	다양할수록 좋다. 개인봉사를 많이 해야 한다. 멘토링, 도서부, 학생회, 헌혈, 합창부, 이웃돕기활동, 캠페인활동 등
교과선택	2학년: 국어, 문학, 독서, 실용국어, 고전읽기 / 수학- 수학Ⅰ, 수학Ⅱ, 심화수학Ⅰ, 심화수학Ⅱ, 고급수학Ⅰ, 고급수학Ⅱ / 영어- 영어Ⅰ, 영어Ⅱ, 심화영어독해Ⅰ, 심화영어독해Ⅱ, 영미문학, 심화영어회화Ⅰ, 심화영어회화Ⅱ / 사회- 경제, 세계사, 정치와 법, 생활과 윤리 /과학- 물리학Ⅰ, 물리학Ⅱ, 화학Ⅰ, 화학Ⅱ, 생명과학Ⅰ, 생명과학Ⅱ, 지구과학Ⅰ, 지구과학Ⅱ, AP 물리학, 심화화학, 심화생물, 심화지구과학 정보과학 / 제2외국어- 일본어 문법Ⅰ, 중국어 문법Ⅰ, 일번어 회화Ⅰ, 일본어 독해와 작문Ⅰ, 중국어 독해와 작문Ⅰ, 중국어 회화1, 일본 언어와 문화, 중국 언어와 문화 3학년: 국어- 화법과 작문, 독서, 언어와 매체, 심화 국어 / 수학- 확률과 통계, 심화 미적분, 기하, 수학과제탐구 / 영어- 진로 영어, 시사영어, 영어 비평적 읽기와 쓰기 / 사회- 사회문화, 동아시아사 /과학- 물리학 실험, 화학 실험, 생명과학 실험, 지구과학 실험, 고급 물리학, 고급 화학, 고급 생명과학, 고급 지구과학 / 제2외국어- 일본 언어와 문화, 중국 언어와 문화, 일본어 독해와 작문Ⅱ, 중국 회화2, 일본어 회화Ⅱ, 중국어 독해와 작문Ⅱ

⑤ ⸱⸱⸱⸱⸱⸱⸱⸱ 경상계열

수상	인문논술대회, OO문학상, OO토론대회, 창의독서발표대회, 지리경시대회, 독도경시대회, 헌법경시대회, 역사 경시대회, 경제 경시대회, 수학경시대회, 영어의날, 일본어의날, 중국어의날, 영어창작의날
자율	인성교육, 감성교육, 독서활동, 화재예방 교육, 학교폭력예방교육, 생명존중교육, 인권교육, 흡연 및 성폭력 예방 교육, 가정폭력 예방교육, 안전교육
진로	진로교육, 진로탐색프로그램
동아리	FINEA(경제연구), Social Value in Has(사회적 경제 탐구)
봉사	다양할수록 좋다. 개인봉사를 많이 해야 한다. 멘토링, 도서부, 학생회, 헌혈, 합창부, 이웃돕기활동, 캠페인활동 등
교과선택	2학년: 국어, 문학, 독서, 실용국어, 고전읽기 / 수학- 수학Ⅰ, 수학Ⅱ, 심화수학Ⅰ, 심화수학Ⅱ / 영어- 영어 Ⅰ, 영어Ⅱ, 심화영어독해Ⅰ, 심화영어독해Ⅱ, 영미문학, 심화영어회화Ⅰ, 심화영어회화Ⅱ / 사회- 경제, AP 미시경제, 세계사, 정치와 법, 생활과 윤리, 국제정치, AP세계사 /과학- 물리학Ⅰ, 화학Ⅰ, 생명과학Ⅰ, 지구 과학Ⅰ, 정보과학 / 제2외국어- 일본어 문법Ⅰ, 중국어 문법Ⅰ, 일번어 회화Ⅰ, 일본어 독해와 작문Ⅰ, 중국 어 독해와 작문Ⅰ, 중국어 회화1, 일본 언어와 문화, 중국 언어와 문화 3학년: 국어- 화법과 작문, 독서, 언어와 매체, 심화 국어 / 수학- 확률과 통계, 미적분, 경제 수학, 수학과제 탐구 / 영어- 진로 영어, 시사영어, 영어 비평적 읽기와 쓰기 / 사회- 사회문화, 동아시아사, AP세계사, 비교 문화, 국제 경제 / 제2외국어- 일본 언어와 문화, 중국 언어와 문화, 일본어 독해와 작문Ⅱ, 중국 회화2, 일본 어 회화Ⅱ, 중국어 독해와 작문Ⅱ

위와 같이 표로 정리하면 학생이 학교에서 어떤 활동을 진행할지를 알 수 있을 것입니다. 위 내용에서 세부능력 및 특기사항은 없습니다. 여기에 세부능력 및 특기사항까지 넣으면 유일한 나만의 학교생활기록부가 만들어집니다. 이 책의 부록에 있는 '나만의 학교생활기록부 만들기'를 채워 넣으시면 됩니다.

이제 우리는 지금의 학교 알리미와 앞서 제시하였던 합격 데이터, 세부능력 및 특기사항, 교과 선택에서 나만의 학교생활기록부가 어떤 것인지 알아보았습니다. 이는 고등학생은 물론 예비 고등학생인 중학생이 각 고등학교를 분석하여 입학 지원 전략을 짜는 상황에 매우 도움이 될 것입니다.

학생의 모든 활동은 학교생활기록부에 기록됩니다. 대입이라는5 목표 달성에 중요한 부분이 될 수 있겠지만, 학생 개인에게 평생 남을 자료이기도 합니다. 학생이 자신의 진로를 찾아가는 학교활동에서의 노력이 학교생활기록부에 잘 기록되도록 열심히 학교생활에 임하길 바랍니다. 모든 학생에게 미래를 찾는 로드맵 발견의 기쁨이 돌아갔으면 좋겠습니다. 감사합니다.

부록

나만의
합격 로드맵

✓ 2024 변화하는 학생부 기록 `120% 활용 비법! 3탄`

생활기록부 구분	2022, 2023 대입	2024 대입 이후
1. 교과활동	·과목당 500자 ·방과후 (수강) 내용 미기재	·과목당 500자 ·방과후 (수강) 내용 미기재 ·영재, 발명교육 실적 대입 미반영
2. 종합의견	연간 500자	연간 500자
3. 자율활동	연간 500자	연간 500자
4. 동아리 활동	연간 500자 ·자율동아리(30자) 기재 ·청소년단체활동 단체명만 기재 ·소논문 기재 금지	연간500자 ·자율동아리 대입 미반영 ·청소년단체활동 미기재 ·소논문 기재 금지
5. 봉사활동	·특기사항 미기재 ·교내외 봉사활동 실적 기재	·특기사항 미기재 ·개인봉사활동 실적 대입 미반영(단, 학교교육계획에 　따라 교사가 지도한 실적은 대입 반영)
6. 진로활동	연간 700자 ·진로희망분야 대입 미반영	연간700자 ·진로희망분야 대입 미반영
7. 수상경력	·교내수상 학기당 1건만(3년간 6건) 대입 반영	·대입 미반영
8. 독서활동	·도서명과 저자 기재	·대입 미반영

교과활동

※ **2022~23학년 대입** : 방과후 활동 내용 미기재 | **2024학년도 대입** : 영재, 발명교육실적 대입 미반영

분석과 제안   현재 추세는 비교과로 포함되는 세부능력 및 특기사항 글자 수가 줄어들고 있습니다. 방과 후 활동 미기재, 2024년 대입시 학생부에 영재·발명교육 실적은 반영되지 않습니다. 결론은 기존보다 글자 수가 줄어들었습니다. 유일하게 교과별 세부능력 및 특기사항은 글자 수가 늘었습니다. 고등학교의 과목별 세부능력 특기사항은 모든 교과(군)에 모든 학생을 대상으로 입력하게 되었습니다. 교양 및 예체능 교과군 등에도 모든 학생의 세부능력 특기사항 작성이 적용됩니다. 즉, 수업 시간의 특기사항 작성 범위가 확대되어 수업이 가장 중요하다고 생각됩니다. 창의적 체험활동과 독서 활동, 수상에서 줄어든 부분과 미기재 항목을 수업 활동에서 적극 드러내어 그 활동이 기재되는 게 좋습니다.

행동특성 및 종합의견

※ **2022~2024학년 대입** : 연간 500자

분석과 제안   종합의견은 1000자에서 500자로 줄었습니다. 글자 수가 줄면서 중요도가 줄었다고 생각할 수 있습니다. 이제는 교사 추천서도 폐지되었기에, 이 500자가 학생 개인의 추천서로 간주할 수 있습니다. 대학에서도 종합의견에서 미사어구 대신 객관적인 사례 중심으로 학생의 역량이 기재된 것을 신뢰할 만한 학생 추천서로 판단하고 있습니다. 멘토링이나 모둠 활동 평가를 통해 학생의 리더십이나 공부 방법이 작성 가능합니다. 배려와 나눔의 태도와 학교 공동체 안에서 드러나는 학생 개인의 인성 역량도 기술되어야 합니다. 행동특성 및 종합의견은 담임선생님이 학생을 객관적으로 관찰한 내용을 바탕으로 작성됩니다.

자율활동

※ **2022~2024학년 대입** : 연간 500자

분석과 제안   학교 주도의 활동에 대해 작성되는 부분이 자율활동입니다. 학생은 학교 행사에 적극 참여하고 그 때마다 배우고 느낀 점을 적고 이를 포트폴리오로 만들어 보관해야 합니다. 요즘 학교마다 권장하는 활동 중 자율탐구가 있습니다. 자율탐구활동은 학생이 스스로 주제 선정과 보고서 작성까지 전 과정을 수행하는 활동입니다. 해당 주제를 자신의 진로를 찾는 데 활용할 수 있고, 평소 학생이 궁금한 내용을 조사하여 이를 정리하는 것도 가능합니다.

학생부에 단발성 행사보다 지속적으로 활동하는 행사가 기술되면 좋습니다. 학생은 더 많은 행사 참여를 통해서 본인의 역량을 길러 이를 잘 드러내야 할 것입니다. 또 진로에 맞춘 자율 교육과정과 학교 및 학급 특색활동을 활용하는 방법도 있습니다. 학교에는 최대한 개인화 할 수 있는 여건이 조성되어야 합니다.

동아리활동

※ **2022~23학년 대입** : 자율동아리 연간 1개 기재(30자만 기재), 청소년 단체명만 기재, 소논문 기재금지

2024학년도 대입 : 청소년 단체활동 미기재, 소논문 기재금지

분석과 제안　학교내 창의적체험활동 동아리 외에 학생의 자발적인 활동으로 만들었던 자율동아리가 2024학년 대입부터는 큰 의미가 없어집니다. 대안으로 우수하다고 평가받은 자율동아리를 창의적체험활동 동아리 부서로 전환하는 방법도 있습니다. 이때 학생은 학교에 지도 교사 신청과 동아리 개설을 요청해야 합니다. 학교에서도 유명무실한 동아리를 폐지하거나 통폐합시키는 노력이 필요합니다. 교과연계 탐구 스터디를 구성해서 교과와 학업 부분, 진로연계 탐구 스터디와 그 과정 속에 배려, 나눔, 역경 극복의 리더십까지 보여줄 수 있는 기회를 만들어 활용하면 됩니다.

봉사활동

※ **2022~23학년 대입** : 특기사항 미기재, 교내외 활동 실적기재

2024학년도 대입 : 특기사항 미기재, 개인봉사활동 실적 대입 미반영. 단, 학교봉사 실적은 반영

분석과 제안　개인 봉사활동의 미반영은 봉사활동이 의미가 없어진 것으로 해석하면 안됩니다. 개인 봉사활동의 미반영은 개인의 여건에 따른 불평등의 여지를 없애고, 학교 봉사활동을 장려하는 것이 목적입니다. 이제껏 선배들이 했었던 우수한 봉사활동을 학교 계획으로 가져와서 관심 있는 학생 모두가 참여하게 만들어 주어야 합니다.

학교 교육계획에 따라 실시한 봉사활동의 경우 교사가 직접 관찰하고 평가한 학생의 특기사항은 필요시 '행동특성 및 종합의견'란에 입력이 가능합니다. 이를 활용해서 봉사활동의 특기사항을 볼 수 있으니 많이 활용할 수 있습니다.

진로활동

※ **2022~2024학년 대입** : 연간 700자, 진로희망분야 대입 미반영

분석과 제안　진로 희망 분야는 20022학년 대입부터 상급학교에 제공하지 않습니다. 진로 희망 분야는 학생이 희망하는 학과 및 계열에 지원동기라 할 수 있습니다. 그러나 이제 제공하지 않으므로 진로활동이나 다른 영역의 세부능력 및 특기사항에 작성되게 해야 합니다.

대신에 진로활동 특기사항 참고자료를 담임 상담이나 교과교사 혹은 진로상담 교사의 상담 및 관찰·평가 내용으로 구체화시켜 놓았습니다. 따라서 학교는 학생이 진로를 찾는 활동을 다양하게 준비해고 이를 진로 수업에 적용해야 합니다. 학생은 진로 찾기 행사와 진로성숙도를 높이는 활동에 적극 참여하면서 자신의 진로 분야에 대한 정보를 착실히 모아, 포트폴리오를 쌓는 것이 중요합니다.

⬤ 수상경력 ⬤

※ **2022~23학년 대입** : 내역기재, 교내수상 학기당 1건만, 3년간 6건 대입반영

2024학년도 대입 : 내역기재, 대입 미반영

분석과 제안 학교에서 진행하는 모든 활동은 학생의 성장을 기대하며 진행합니다. 따라서 학생은 자신의 발전을 점검하거나 역량 강화를 위해서 대회 참여를 추천합니다. 수상 대회에서 많이 하는 보고서 쓰기, 실험 및 토론 대회를 수업 활동과 연계할 수도 있습니다. 학생은 수업과 학교 활동에 적극적으로 참여하고, 교과 선택에 다양한 활동을 하는 교과를 수강하는 방법도 좋습니다.

학교생활기록부 작성으로 보면 2022, 2023학년도 대입을 준비하는 학생은 학교에서 진행되는 연간 대회 및 행사 내용을 파악하고 자신이 드러낼 수 있는 대회를 학기당 1개 이상을 선택적으로 집중하는 것을 추천합니다. 이를 통해 학생의 피로도를 줄일 수 있습니다.

2024학년 대입부터 수상내역을 상급학교에 제공하지 않습니다. 따라서 대학에 제공한다는 의미로 대회 참여보다는 대회 대신 활동으로 전환해 활동 참여를 통해 길러진 역량을 교과별 세부능력 및 특기사항과 창의적 체험활동 등에 연계되어 학교생활을 진행해야 합니다.

⬤ 독서활동 ⬤

※ **2022~23학년 대입** : 도서명과 저자 | **2024학년도 대입** : 도서명과 저자 기재, 대입 미반영

분석과 제안 학교에서 진행하는 모든 활동은 학생의 성장을 기대하며 진행합니다. 따라서 학생은 자신의 발전을 점검하거나 역량 강화를 위해서 대회 참여를 추천합니다. 수상 대회에서 많이 하는 보고서 쓰기, 실험 및 토론 대회를 수업 활동과 연계할 수도 있습니다. 학생은 수업과 학교 활동에 적극적으로 참여하고, 교과 선택에 다양한 활동을 하는 교과를 수강하는 방법도 좋습니다.

학교생활기록부 작성으로 보면 2022, 2023학년도 대입을 준비하는 학생은 학교에서 진행되는 연간 대회 및 행사 내용을 파악하고 자신이 드러낼 수 있는 대회를 학기당 1개 이상을 선택적으로 집중하는 것을 추천합니다. 이를 통해 학생의 피로도를 줄일 수 있습니다.

2024학년 대입부터 수상내역을 상급학교에 제공하지 않습니다. 따라서 대학에 제공한다는 의미로 대회 참여보다는 대회 대신 활동으로 전환해 활동 참여를 통해 길러진 역량을 교과별 세부능력 및 특기사항과 창의적 체험활동 등에 연계되어 학교생활을 진행해야 합니다.

나만의 합격 로드맵

학교생활기록부는 우리에게 학생부 또는 생기부로 익숙한 이름입니다. 기본적으로 학생이 학교에서 참여하는 활동의 결과를 모아둔 서류라고 할 수 있습니다. 이를 통해서 학생이 어떤 분야에 관심이 있는지 또는 해당 분야에 특출한 부분이 있는지를 확인할 수 있습니다. 즉, 여러분의 고등학교 모든 생활의 보고서인 셈입니다. 좋은 활동을 하더라도 보고서에 기록되지 않으면 다른 사람은 알 도리가 없습니다.

학교생활기록부는 학적 및 출결 사항, 수상, 자격증 및 인증 취득사항, 진로희망사항(2019년 1학년부터는 진로활동과 함께 작성), 창의적체험활동, 교과학습발달상황 및 과목별 세부능력 특기사항, 독서활동, 행동특성 및 종합의견으로 구성되어 있습니다.

이 책은 자신의 학교생활기록부에 작성될 부분을 스스로 고민한 후, 학교생활을 계획해보고 작성된 부분을 자신만의 색깔에 맞게 정리하는 데 목적이 있습니다. 학생부를 기록하는 것은 교사의 몫이지만, 학생부는 여러분의 모습에 근거하여 작성됩니다. 합격생의 학생부를 살펴보고 분석하는 것은 여러분이 더욱 체계적인 학교생활을 할 수 있도록 도와줄 것입니다.

'다음' 표는 학생부 끝판왕을 읽어가면서 빈칸을 채우면 됩니다. 따라서 책을 다 읽었을 때, 나만의 학교생활기록부 형태가 잡혀 있을 것입니다. Chapter 1~5 내용이 존재합니다. 자신의 레시피에 따라 작성해 보길 추천합니다.

학적사항

학적 변동 상황	학적 변동 이유
1	1
2	2

"학적사항은 기본적인 것으로 학생의 학교에서 행정적 상황이 기록되는 곳입니다. 자율형 사립고 또는 특수목적고에서 일반고로 전학을 갔을 경우, 평가자는 다양한 해석(왜 전학을 갔을까? 등)을 할 수 있을 것입니다. 출결사항 중 미인정(무단) 결석, 미인정(무단) 지각 등은 인성평가 영역에서 좋지 않은 평가를 받을 수 있습니다. 그리고 학적 및 출결사항에는 학교폭력 조치사항도 작성이 됩니다. 이러한 내용을 통해 정량화하여 평가하기 힘든 인성 부분도 확인할 수 있습니다. 해당 내용의 구체적 예시들은 Chapter 3에서 확인할 수 있습니다."

출결사항

출결 특이사항	발생 이유
1	1
2	2
3	3

수상 경력

"학교생활에서 학업역량, 전공적합성, 인성 및 발전 가능성 등의 모든 영역에 평가요소를 반영하고 있는 항목입니다. 수상경력이 많을수록 좋다기보다는, 자신에게 의미 있는 수상인지가 중요합니다."

대회 공모전 내용	참가일자	수상 현황
1	1	1
2	2	2
3	3	3
4	4	4
5	5	5

"어떠한 대회에 나가야 할지 모르겠다면 Chapter 1, 2, 3을 이용하여 학교에서 개최되는 대회를 알아 보고, 어떤 수상이 좋은 평가를 받았는지 확인해 보는 것을 추천합니다."

학생명		활동일시	
대회명		수상 결과	

참여 계기 및 준비 과정	
배우고 느낀 점	
추후 심화 활동	

"수상경력은 단순히 수상에서의 결과만 보여줍니다. 그리고 학교생활기록부 작성 지침에 따라 수상에 관련된 내용은 수상경력에만 들어갈 수 있으며 다른 영역에 중복되어 입력할 수 없습니다. 이는 결과만 기록이 되는 것입니다. 학생이 노력한 과정 및 자세한 내용은 자기소개서와 면접에서 전달할 수 있습니다. 따라서 아래 표를 이용해 수상하기까지 과정을 정리하길 추천합니다."

5

나만의 로드맵

대회명/ 활동기간		수상 결과
참여 계기 및 준비 과정		
배우고 느낀 점		
추후 심화 활동		

"진로 희망사항은 학생이 어떤 사람이 되고 싶은지, 그리고 그 사유가 무엇인지를 작성하는 것입니다. 중·고등학교 시절의 학생에게 진로가 구체적으로 있다는 것은 기적에 가깝습니다. 매일 바뀌고 시간마다 바뀔 수 있는 것이 진로 희망입니다. 학교생활을 하면서 진로가 바뀌었다면 그 이유가 무엇인지 스스로 정리해보시길 추천합니다. 이를 돕고자 Chapter 1, 2, 3에는 다양한 사례의 진로 희망이 제시되어 있습니다. 참고하시길 바랍니다."

 진로 희망사항

진로희망	희망사유
1	1
2	2
3	3

창의적 체험활동① : 자율, 동아리, 봉사, 진로 활동

"아래 표는 창의적 체험활동을 하면서 자신이 신경 쓰고 노력한 부분을 정리하는 활동지입니다. 창의적 체험활동은 4가지 영역으로 나누어집니다. 다양한 사례를 Chapter 1, 2, 3에서 확인하실 수 있습니다. 사례 중 세부능력 및 특기사항에 적혀있는 내용으로 아래 표를 작성해 본다면 학교 및 학급, 동아리, 봉사 등 스스로 준비하고 해야 할 일을 구체화할 수 있습니다."

이름		기간	
활동명 & 장소		활동영역	자율/동아리/봉사/진로
주제			
핵심 역량	학업역량/전공적합성/인성/발전가능성	세부 역량	
활동 계기 및 준비 과정			
활동 내용			
느낀 점			
추후 심화 활동			

✏️ 창의적 체험활동② : 자율, 동아리, 봉사, 진로 활동

이름 활동명 & 장소		기간 활동영역	자율/동아리/봉사/진로
주제			
핵심 역량	학업역량/전공적합성/인성/발전가능성	세부 역량	

활동 계기 및 준비 과정	
활동 내용	
느낀 점	
추후 심화 활동	

창의적 체험활동③ : 자율, 동아리, 봉사, 진로 활동

이름		기간	
활동명 & 장소		활동영역	자율/동아리/봉사/진로
주제			
핵심 역량	학업역량/전공적합성/인성/발전가능성	세부 역량	

활동 계기 및 준비 과정	
활동 내용	
느낀 점	
추후 심화 활동	

이름		기간	
활동명 & 장소		활동영역	자율/동아리/봉사/진로
주제			
핵심 역량	학업역량/전공적합성/인성/발전가능성	세부 역량	
활동 계기 및 준비 과정			
활동 내용			
느낀 점			
추후 심화 활동			

교과학습발달사항 및 과목별 세부능력 특기사항

"교과학습발달사항 중 세부능력 및 특기사항은 학생의 역량을 정량적인 평가와 함께 정성적인 평가를 할 수 있는 영역입니다. 학생이 학교에서 가장 많이 보내는 시간 역시 수업시간입니다. 이 수업시간을 통해 학생은 자신의 장점을 찾을 수도 있고, 가지고 있는 역량을 증가시킬 수도 있습니다. 따라서 해왔던 수업 또는 앞으로 하게 될 수업을 정리하면서 자신의 스토리를 만들어 보기 바랍니다. 이를 돕기 위해 Chapter 1, 2의 내용이 큰 도움이 될 것입니다. 또한 수업을 선택하는 것도 중요합니다. 고교학점제가 구체화되는 시점에 학생이 선택하는 과목 자체도 중요한 시점입니다. 이를 위해서 Chapter 4을 읽어보길 추천합니다."

수업 활동지①

과목명		활동 방식	
주제		진로 희망	

활동 계기 및 준비 과정	
활동 내용	
느낀 점	
추후 심화 활동	

수업 활동지②

과목명		활동 방식	
주제		진로 희망	

활동 계기 및 준비 과정	
활동 내용	
느낀 점	
추후 심화 활동	

✏️ 교과 학습 주제 탐구 활동지①

"강의식으로 진행되는 수업과는 달리 일정 기간 진행되는 수행평가 및 프로젝트 수업 방식이 있습니다. 위 방식은 하나의 문제 상황에 대해 깊게 탐구하고 정리하여 발표하는 특징이 주로 나타납니다. 이를 통해 학업역량, 전공적합성, 인성 및 발전 가능성 등의 역량을 모두 표현할 수 있습니다. 자신의 수업을 표에 통해 정리해보면 어떤 내용을 자기소개서에 작성하고, 면접에서 말할 것인지 알 수 있습니다. 이 부분 역시 Chapter 1, 2, 3을 참고하여 작성하시길 바랍니다."

교과		대단원		소단원	
날짜		수업방식		탐구방식	

주제	
탐구명단	
탐구협의	
탐구계획	
탐구일정	
활동기간	
탐구결과	
느낀 점	

교과 학습 주제 탐구 활동지②

교과		대단원		소단원	
날짜		수업방식		탐구방식	

주제	
탐구명단	
탐구협의	
탐구계획	
탐구일정	
활동기간	
탐구결과	
느낀 점	

독서활동상황

"독서활동상황은 책 제목과 저자명만 기록할 수 있습니다. 따라서 몇 권의 책을 읽었는지 집착을 하는 사람들도 있지만 그보다는 독서 경향과 목적이 더 중요합니다. 여기서 추천하고자하는 부분은 다양한 분야의 독서를 한 후, 자신의 관심 분야와 관련된 독서활동을 통해 호기심을 구체화하는 것입니다. 독서 부분은 면접에서 질문으로 활용될 수 있기 때문에 자신이 읽은 책에 대한 정리가 필요합니다. 독서에 도움을 제공할 수 있는 도서 목록은 Chapter 1, 2, 3에 소개해두었습니다. 소개한 책을 읽어보시고 표에 정리하시길 추천합니다."

독서활동 정리①

도서명 (저자)		관련 영역	
활동 계기 및 준비 과정			
독서 내용			
느낀 점			
추후 심화 활동			

과목		도서명 (저자)		독서날짜	

읽게 된 계기	
내용 (줄거리)	
배우고 느낀 점	

개별독서기록지②

과목		도서명 (저자)		독서날짜	

읽게 된 계기	
내용 (줄거리)	
배우고 느낀 점	

행동특성 및 종합의견

"담임선생님께서 학생을 수시로 관찰한 후, 행동특성을 찾아서 기록하는 부분입니다. 이 부분은 담임선생님의 종합적 판단요소를 지니고 있습니다. 그리고 대입전형 간소화로 교사 추천서를 받지 않는 것이 최근 추세이므로 행동특성 및 종합의견이 교사 추천서의 역할을 대신할 것입니다. 이 부분을 위해서는 평소 담임선생님과 많은 대화를 하는 것이 중요하며 자신의 생각과 노력 과정 및 결과 등을 말씀드리고 조언을 얻는 것도 좋은 방법입니다. 이 항목은 학교생활기록부의 전체 요약이 아니라 최종적으로 평가하는 항목입니다. 따라서 담임선생님의 평가 권한이 가장 높게 발휘되는 항목입니다. 행동특성 및 종합의견의 사례는 Chapter 3에서 작성해 보았습니다. 이 사례가 어디에서 나왔을지 고민하면서 아래 표를 작성한다면 학생 스스로 학급에서의 활동, 수업시간, 동아리 시간 등 학교에서 할 일을 구체화할 수 있습니다."

구분	활동내용
나눔과 배려	
소통 능력	
협업 능력	
도덕성	
성실성	

MEMO

MEMO

면접 끝판왕

<면접 끝판왕>이 답인 이유

✔ 1. 현직에 있는 진학 전문 교사들의 생생한 경험을 담았습니다.

✔ 2. 학생부종합전형&교과전형의 중요한 핵심 키워드로 '면접'을 뚫는 해법을 담았습니다.

✔ 3. 다양한 유형의 질문을 활용해 스스로 면접을 준비하는 방법을 터득할 수 있습니다.

✔ 4. 학생부를 면접으로 연결하는 전략으로 나만의 면접을 완성할 수 있습니다.

✔ 5. 면접을 위해 학교 활동을 어떻게 하면 좋은지 방향을 제시해 줄 수 있는 책입니다.

✔ 6. 기출면접문항에 추천답변을 제시해 학생들이 답변을 만들 때 길잡이가 될 수 있는 책입니다.

✔ 7. 다양한 분야의 시사이슈를 수록해 심층 면접도 대비할 수 있는 책입니다. 시사이슈에 대한 대비는 지적인 소양의 향상은 물론, 토론 역량도 길러주는 일석이조의 효과가 있습니다.

✔ 8. 방대한 양의 자료를 활용해 계열별, 학과별로 면접 문항과 추천 답변을 참고할 수 있게 세분화 했습니다.

✔ 9. 면접 문항에 담긴 키워드를 학생부와 자기소개서에서 추출할 수 있도록 실질적인 사례를 제시 하고 있습니다.

✔10. 기존의 면접 책들이 '면접 기출문항', '면접 소개'에 주력한 것과 달리 독자들이 책을 읽으면 면접장에서 자신감을 가질 수 있도록 구체적인 방법을 제시했습니다. 단계별로 면접 방법을 제시해 독자들이 읽기만 해도 실제 면접에 참여하는 효과를 거둘 수 있도록 차별화했습니다.

공부 끝판왕

<공부 끝판왕>이 답인 이유

✔ 1. 내가 공부가 안 된 이유, 콕콕!

✔ 2. 학년별 오르는 공부 끝판 전략, 콕콕!

✔ 3. 성적대별로 선택하고 집중할 과목, 콕콕!

✔ 4. 고1, 2, 3 학년별, 점수별 인강 추천, 콕콕!

✔ 5. 고1, 2 3 학년별, 점수대별 문제집 추천, 콕콕!

✔ 6. 국어, 수학, 영어, 사회, 과학 끝판 공부법, 콕콕!

✔ 7. EBSi, M스터디, E투스의 활용 극대화 분석, 콕콕!

✔ 8. 진학기반의 상, 중, 하위권별 공부 개인 코칭, 콕콕!

✔ 9. 선배들의 뼈있는 공부를 위한 조언과 경험 나눔, 콕콕!

✔10. 3월, 6월, 9월, 11월(수능)까지 시기별 대비 특강, 콕콕!

학생부 끝판왕 1권

<학생부 끝판왕>이 답인 이유

✓ 1. 합격한 학생부를 분석하여 내 것으로 할 수 있다.

✓ 2. 단순한 지침이 아닌, 실제 활동과 전략이다.

✓ 3. 나의 학생부와 비교하면서, 부족한 학교생활의 방향을 잡을 수 있다.

✓ 4. 학교활동 중 나에게 딱 맞는 의미 있는 활동이 무엇인지 알 수 있다.

✓ 5. 대학에서 요구하는 활동이 구체적으로 실현되는 부분을 알 수 있다.

✓ 6. 학과별(계열별) 합격생의 학생부를 분석하여 학생 개인별 맞춤형이 가능하다.

✓ 7. 구체적으로 소개된 내용을 활용하여 수업이나 동아리 계획을 구상할 수 있다.

✓ 8. 진로에 맞춘 수업 선택을 고민하고, 전략적으로 택할 기회를 제공한다.

✓ 9. 합격공통요소가 정리되어 진학하고자 하는 계열의 합격 방향을 생각해볼 수 있다.

✓ 10. 다양한 활동에서 새로운 접점을 찾아낼 수 있다.
    (여러 활동을 통해 내게 필요한 새로운 활동을 개발할 수 있다)

학생부 끝판왕 2권

<학생부 끝판왕>이 답인 이유

✓ 1. 합격한 학생부를 분석하여 내 것으로 할 수 있다.

✓ 2. 단순한 지침이 아닌, 실제 활동과 전략이다.

✓ 3. 나의 학생부와 비교하면서, 부족한 학교생활의 방향을 잡을 수 있다.

✓ 4. 학교활동 중 나에게 딱 맞는 의미 있는 활동이 무엇인지 알 수 있다.

✓ 5. 대학에서 요구하는 활동이 구체적으로 실현되는 부분을 알 수 있다.

✓ 6. 학과별(계열별) 합격생의 학생부를 분석하여 학생 개인별 맞춤형이 가능하다.

✓ 7. 구체적으로 소개된 내용을 활용하여 수업이나 동아리 계획을 구상할 수 있다.

✓ 8. 진로에 맞춘 수업 선택을 고민하고, 전략적으로 택할 기회를 제공한다.

✓ 9. 합격공통요소가 정리되어 진학하고자 하는 계열의 합격 방향을 생각해볼 수 있다.

✓ 10. 다양한 활동에서 새로운 접점을 찾아낼 수 있다.
    (여러 활동을 통해 내게 필요한 새로운 활동을 개발할 수 있다)

과제탐구 끝판왕

<과제탐구 끝판왕>이 답인 이유

✓ 1. 과제탐구 활동을 하고 싶은 학생에게 로드맵 제공

✓ 2. 과제탐구 수업을 하고 싶은데 부담만 있는 선생님께 손쉬운 전략 제공

✓ 3. 학생의 성장을 위한 활동으로 다양한 학교프로그램을 진행할 아이디어와 노하우 제공

✓ 4. 주제별 탐구보고서를 통해 동아리활동이나 교내대회 준비와 연동되는 가이드 라인 제공

✓ 5. 학생마다 각자의 브랜드로 특화된 학교생활기록부의 기재항목별 영역이 유기적으로 연결

✓ 6. 학생의 관심 분야과 도전할만한 학문적 범위를 좁히고, 탐구활동을 통한 연구에의 몰입경험

✓ 7. 탐구 활동을 통해 배경지식을 쌓는 과성 훈련과 [독서활동상황]에 기록될 심화 독서는 덤

✓ 8. 학생이 희망하는 진로 분야의 경험을 통해 자기주도적 문제해결능력을 기르고, 이를 [과세특]에 드러낼 전공적합성

✓ 9. 학생부의 비교과 활동의 핵심 근거가 되어줄 과제탐구 활동은 [행동특성 및 종합의견]에 리더십과 탐구심을 드러낼심 핵근거

✓ 10. 발명 및 창업 캠프, 디자인 활동, 4차 산업혁명 캠프 등과 연계한 탐구 활동 학교프로그램 구성하여 별[개 세인특]에 기록

자소서 끝판왕

<자소서 끝판왕>이 답인 이유

✓ 1. 학생별 개별화 진로지도 전략 수록

✓ 2. 고등학교 생활 전반의 진로요소 추출

✓ 3. 진로에 맞춘 진학 설계의 다양한 Tip 제공

✓ 4. 진로지도를 하고 싶은 교사에게 로드맵 제공

✓ 5. 진로에 기반한 진로진학 상담의 노하우 제공

✓ 6. 진로수업이나 진로지도에 필요한 활동지 제공

✓ 7. 고등학교 창의적 체험활동을 진로로 묶어내는 방법 수록

✓ 8. 면접부터 멘탈관리까지 진로진학 지도의 실질적인 부분 기록

✓ 9. 학생 자신도 모르는 부족한 부분을 제대로 집어낼 방법 소개

✓ 10. 공부스타일 진단과 플래너 사용 등 실제적인 진로코칭 방법 수록

진로 끝판왕 1권

<진로 끝판왕>이 답인 이유

- ✓ 1. 학생별 개별화 진로지도 전략 수록
- ✓ 2. 고등학교 생활 전반의 진로요소 추출
- ✓ 3. 진로에 맞춘 진학 설계의 다양한 Tip 제공
- ✓ 4. 진로지도를 하고 싶은 교사에게 로드맵 제공
- ✓ 5. 진로에 기반한 진로진학 상담의 노하우 제공
- ✓ 6. 진로수업이나 진로지도에 필요한 활동지 제공
- ✓ 7. 고등학교 창의적 체험활동을 진로로 묶어내는 방법 수록
- ✓ 8. 면접부터 멘탈관리까지 진로진학 지도의 실질적인 부분 기록
- ✓ 9. 학생 자신도 모르는 부족한 부분을 제대로 집어낼 방법 소개
- ✓10. 공부스타일 진단과 플래너 사용 등 실제적인 진로코칭 방법 수록

진로 끝판왕 2권

<진로 끝판왕>이 답인 이유

- ✓ 1. 너무나 다른 학생별, 상황별 진로 진학 상담 노하우를 제공해요
- ✓ 2. 진로를 잘 모르셔도, 진로에 기반한 성장 설계 방법을 제공해요
- ✓ 3. 고등학교 담임교사의 수고를 덜어줄 시기별 맞춤 워크북을 제공해요
- ✓ 4. 막막한 창체 진로수업이나 진로지도에 쓰기 딱인 활동지를 제공해요
- ✓ 5. 매번 바뀌는 진학지도가 부담되는 선생님에게 쉬운 로드맵을 제공해요
- ✓ 6. 고등학교 생활 전반의 진로요소를 추출하여 진학으로 연결할 비법을 제공해요
- ✓ 7. 자소서부터 면접, 멘탈관리 지도까지 진로진학 지도의 실질적인 기술을 제공해요
- ✓ 8. 손 떨리는 고3 지도를 위한 학생별, 시기별 맞춤형 진로진학 지도전략을 제공해요
- ✓ 9. 기반을 잘 쌓아야 하는 고1, 2를 위한 시기별, 상황별 상담지도방법과 활동지를 제공해요

합격 빅데이터 기반 E-Book
NEW My Best 가이드 소개

실력 My Best : 고등학생 실력향상 프로젝트

고등 My Best 1. **계열성향검사**
고등 My Best 2. **학생부 로드맵**
고등 My Best 3. **합격 공부**

고등 My Best 4. **3색줄 독서 솔루션**
고등 My Best 5. **합격 과제탐구**

입시 My Best : 고등학생 대입합격 프로젝트

고등 My Best 6. **합격 대학&전형**
고등 My Best 7. **합격 교과선택**
고등 My Best 8. **합격 학생부**

고등 My Best 9. **합격 자소서**
고등 My Best 10. **합격 면접**

이 세상에 유일한 당신만을 위한 가이드
NEW My Best 가이드 소개

중학 My Best : 중학생 꿈, 진로, 진학 준비 프로젝트

중학 My Best 11. **중학계열성향검사**
중학 My Best 12. **공부끝판왕**
중학 My Best 13. **고입&대입가이드**

역량 My Best : 학생 미래역량 성장 프로젝트

역량 My Best 14. **미래역량 리더십 솔루션**
역량 My Best 15. **미래역량 창의성 솔루션**
역량 My Best 16. **미래역량 문제해결 솔루션**
역량 My Best 17. **미래역량 소통 솔루션**
역량 My Best 18. **미래역량 프로젝트 솔루션**
역량 My Best 19. **미래역량 전략적사고 솔루션**

My Best 학년별 연간 프로그램

1학년은 진로!
기간별 학생 성장 프로그램

프로그램   **고1 진로다**
참여대상   고등학교 1학년
참여비용   검사비용X학생수, 강사비 별도(요청시)
세부내용   특강형 ☑, 캠프 활동형 ☑, 컨설팅형 ☑

3, 4월 나를 알다

◆ 내게, 친구가, 부모에게 묻자. 나의 흥미와 적성은?
◆ 검사지로 성향 검사하자
◆ 미션 설정 하자

가이드7. My Best
계열 성향 검사

5, 6월 성적을 알다

◆ 내신 성적의 의미
◆ 모의고사 성적의 의미
◆ 교우 관계의 의미

가이드1. My Best
대학과 전형 가이드

7, 8월 공부를 알다

◆ 1학기 돌아보기
◆ 자기주도계획 수립과 실행
◆ 성장 경험 공부

가이드5. My Best
공부 가이드

9, 10월 나를 파다

◆ 자기주도학습 잇기
◆ 교과선택 계열 적합성
◆ 학과를 탐하라

가이드6. My Best
교과선택 가이드

11, 12월 성적올리다

◆ 시험기간 전략 시간관리
◆ 피드백 즉 오답지
◆ 성적 올리는 공부성향법

가이드2. My Best
학생부 가이드
가이드6. My Best
합격 학생부 포트폴리오

1, 2월 2학년이다

◆ 1학년 돌아보기 PMI
◆ 방학자기주도 학습과 경험
◆ 2학년 미리 겪어보기

가이드3. My Best
자소서 가이드

www.only-edu.net   PROGRAM2

2학년은 진로&진학!
기간별 학생
성장 프로그램

프로그램　　**고2 진진이다**
참여대상　　고등학교 2학년
참여비용　　검사비용X학생수, 강사비 별도(요청시)
세부내용　　특강형 ✓ , 캠프 활동형 ✓ , 컨설팅형 ✓

3, 4월 다시 나를 알다

◆ 진로 좁히기 방법

◆ 1학년의 나를 분석하라

◆ 2학년 진로 공부 진학을 설계

**가이드1. My Best
대학과 전형 가이드**

5, 6월 다시 성적을 알다

◆ 공부성향 분석

◆ 자기주도 맞춤형 공부법, 인강, 학원

◆ 대학과 학과에 필요한 공부 잡기

**가이드5. My Best
공부 가이드**

7, 8월 다시 공부를 알다

◆ 1학기 돌아보기

◆ 혼자 공부, 함께 공부

◆ 대학 생활과 취업 간접 공부

**가이드6. My Best
교과선택 가이드**

9,10월 다시 나를 파다

◆ 나를 객관화 하라, 위치

◆ 무엇에 집중할 것인가

◆ 부모님과 교사, 외부자원을
　통해 지원받기

**가이드2. My Best
학생부 가이드
가이드6. My Best
합격 학생부 포트폴리오**

11,12월 교과선택과 진학

◆ 나에게 필요한 교과선택

◆ 대학과 전형 좁히기

◆ 학생부, 자소서, 면접 시도

**가이드3. My Best
자소서 가이드
가이드 4. My Best
면접 가이드**

1,2월 3학년이다

◆ 2학년 돌아보기 PMI

◆ 방학기간 진학,진로 공부

◆ 3학년 미리 겪어보기

**가이드1. My Best
대학과 전형 가이드
가이드3. My Best
자소서 가이드**

My Best 학년별 연간 프로그램

3학년은 진학!
기간별 학생 성장 프로그램

프로그램	**고3 진학이다**
참여대상	고등학교 3학년
참여비용	검사비용X학생수, 강사비 별도(요청시)
세부내용	특강형 ✓, 캠프 활동형 ✓, 컨설팅형 ✓

3, 4월 대학과 전형

- 성적별 대학, 전형 파악
- 대학 조건 파기
- 나의 스펙 분석

가이드2. My Best
학생부 가이드
가이드6. My Best
합격 학생부 포트폴리오

5, 6월 내신 끝장

- 선택과 집중 내신
- 수능과 연결이다
- 학생부와 연결이다

가이드1. My Best
대학과 전형 가이드

7, 8월 원서 끝장

- 성적대별 대학과 학과 좁히기
- 나의 장점 분석, 최선 뽑기
- 자소서와 지원 & 수능 최저

가이드3. My Best
자소서 가이드

9,10월 수능, 대학별 전형

- 수능이다, 최저다
- 면접과 대학별 고사
- 멘탈 관리

가이드4. My Best
면접 가이드

11, 12월 수능과 정시

- 수능점수의 의미
- 정시를 탐하라
- 버려진 시간 줍기

가이드4. My Best
면접 가이드
가이드 1. My Best
대학과 전형 가이드

1, 2월 대학생이다

- 고등학생은 잊어라
- 알바와 체험
- 독서와 진짜공부

끝판왕 추천후기

하*숙님

👍 독자후기

지난 주 신청한 자소서 끝판왕 책이 도착하여 꼼꼼히 읽어보고 부족하지만 후기 올려봅니다.
자소서의 각 문항의 작성 팁을 통해 먼저 전체 틀을 잡고 각 항목별로 평가요소에 맞춰 학생이 한 활동을 끼워 넣을 수 있는 장치가 되어있고계열별 학과별 사례까지 예시되어 있어 막막함에서 헤매다가 불빛을찾은 거 같아 자소서 작성에 자신감을 갖게 되었습니다 저자 선생님들께 감사드립니다.

양*동선생님

👍 전문가 후기

이책은 다년간 학생들의 자기소개서 작성을 지도하는 과정에서 이끌어낸 자기소개서 각 항목별 작성 비법을 한 곳에 모아둔 비법서임 이 틀림없다. 수시 모집의 당락을 좌우하는 학교생활기록부 자기소개서 면접의 연계를 가져다 줄 학생부종합전형 비법서가 바로 당신의 눈앞에 있다 힘든 길을 택하면 미래가 편해진다라는 신념으로 학생부종합전형에서 당신의 길을 찾고자 한다면 이 책은 무한한 길잡이가 될 것이다

두*맘님

👍 독자후기

현직선생님들의 감수를 하고 현직선생님들이 저자들이서서 공교육 안에서 할 수 있는 면접 준비를 면접끝판왕을 통해서 할 수 있을 것 같습니다. 계열별로 나누어져 있고 자소서와 학생부를 활용해 면접 문제를 추출할 수 있는 방법도 함께 실려 있어 유용하게 쓸 수 있을 것 같습니다.
저희 아이의 경우 교육 계열이라 교육 계열 부분만 살짝 맛보기 하였 는데~~ 각 교육청에서 제공하는 자료를 바탕으로 사례를 들고 있어 더욱 신뢰할 수 있었습니다.

에듀동아

🎙 출간기자

면접 문항에 담긴 키워드를 학생부와 자기소개서에서 추출 할 수 있도록 실질적인 사례를 제시하고 있어 향후 대입 면접을 위해 학교 활동을 어떻게 하면 좋을지 그 방향을 제시해 주고 있는 책이다.
출판사 측은 "기존의 면접 대비서가 면접 기출문항이나 면접 소개에 주력한 것과 달리 이 책은 독자들이 면접장에서 자신감을 가질 수 있도록 구체적인 면접 대비 방법을 단계별로 제시하고 있다"면서 "이 책을 읽기만 해도 실제 면접에 참여하는 효과를 거둘 수 있을 것"이라고 밝혔다.

mama313님

👍 독자후기

이런 분들에게 꼭!!!! 필요한 책입니다.
공부하는 방법을 제대로 알고 싶은 학생 또는 방법을 알아서 자녀들에게 알려주고 싶은 부모님!! 께 강추!!! 저도 초등교사로 공부는 이렇게 하는 거야라고 말해주기는 하지만 좀 더 구체적인 방법에는 설명이 늘 부족함을 느껴왔었는데 이 책을 읽고 속이 시~원해지는 느낌을 받았다고 할까요? 공부하는 방법에 대해 구체적으로 사례를 들어가며 총체적으로 설명해주어서 넘넘 도움이 되었어요. 저희 아이들에게 적용중이며 큰 딸아이는 직접 읽어보더니 도움이 된다고 합니다. 중고등 학생과 학부모님들은 꼬~옥 읽어보시길 추천합니다~

isom85님

👍 독자후기

고등 딸을 둔 엄마이자 아이들의 나침반이 되어야 할 나에게 공부면역력을 키워주게 도와줄 보물 같은 책입니다. 지인들에게 선물하고, 고등 딸에게 읽히고, 저 역시 옆에 끼고 보고 있어요. 정말정말 강추합니다.

My Best 추천 후기

👍 **독자후기**

정보가 부족한 학부모에게 유용한 자료로 도움이 됩니다 학생들도 자신의
진로방향에 길라잡이 역할을 할 수 있을 것 같습니다. 학교선생님보다
더 자세한 상담자료로 가치가 크다고 생각됩니다.

1. 정시전형의 경우 지원가능 대학의 리스트가 많은데 수시전형의 경우는
전반적으로 지원가능대학의 리스트가 적어요.
2. 학생부 교과전형 지원가능대학 리스트에 평균 등급이 표기되면 좋을
듯 합니다.
3. 성적에 맞게 원하는 지역 계열로 추천해주시어 한번에 비교가 가능하
여 좋았습니다.
4. 처음 과목별 내신등급 입력시 단위 수가 다른 과목들의 경우 등급계산
이 애매했어요 등급 기재에 대한 안내가 살짝 되었으면 했습니다.
5. 사용후기의 수능전형의 선지답안이 논술답안 그대로 엮었어요 내년에
첫아이가 고 3 이 되니 입시에 대해선 잘 모릅니다 나름 공부를 하면서
다양한 전형들 속에서 아이에 유리한 전형을 생각해보는데 그걸 확인
하는 기회가 되어 좋았습니다.

수시전형의 추천대학이 더 추가 된다면 완벽할 듯 합니다. 감사합니다.

👍 **체험후기**

저는 큰애가 고 3 입니다 교과와 학종 투 트랙 으로 지원했어요.
그래서 정시나 논술에 대한 평을 어찌할지 몰라 보통으로 했습니다. 교과
와 학종도 설문 조사할 때부터 지망순서대로 선 택 하는 항목에 따라 가
능 대학을 추천해 주셨으면 하는 아쉬움이 남습니다 또한 현재 모의나 내
신상태에서 어느 선까지 도달했을 경우 어느 선의 어느 대학까지는 원서
지원이 가능할 수도 있다. 뭐 이런 커리가 나오면 학부모나 아이 입장에
서 목표도 생기고 동기부여가 될 수 있을 것 같습니다.
가령 저희는 화생공 약대 순으로 고려 중이거든요 그럼 현재 가능 대학은
이선이고 좀 더 끌어 올리면 이 대학선까지는 원서 제출을 할 수 있을 것
같다 요렇게요. 문자로 하려니 전달이 제대로 되었을지 모르겠네요. 앞으
로도 꾸준히 받아 볼 수 있다면 받아 보면서 코멘트를 더 해 드리고 싶네
요. 좋은 일들을 하셔서요.

👍 **체험후기**

전체적으로 유용합니다. 감으로만 예상했던 리스트가 작성되니 내년에
도 꼭 활용하고 싶네요.
다만, 학종 부분과 논술은 모고 성적 대비 너무 낮게 작성되지 않았는지
요. 전사고라 내신이 낮지만 모고 성적이 기준이 되어 주는게 아닌지 의
문이 있어요. 실제 원서 쓸 때도 모고가 기준이 되어 학종과 논술 섞어 수
시 6 장을 쓰지 않을까 싶은데요.

👍 **체험후기**

전체적으로 프로그램 아이디어가 너무 좋아요.
어디를 갈지 진학에 대해 막막했던 학생 입장에서는 큰 희망이 될 것 같
아요. 부족한 점이나 보완할 점들을 알려주니 어떻게 해야 할지 방향 설
정도 되구요. 내신성적 모의고사 성적 분석의 총평은 매우 좋습니다. 지원
할 수 있는 대학의 가능성을 세밀하게 말해주고 있어요.
지원가능 대학의 학과를 전 모집단위보다 좀 더 자세히 나타내줬으면 좋
겠습니다 학생이 원하는 학과를 선택할 수 있도록 해서 전국의 대학 중
에서 본인이 원하는 학과 위주로 지원 가능 대학을 알려주시면 좋겠습니
다 내신 성적을 입력할 때 각 학년별로 과목별 등급을 입력하여 뚜렷한
성적 입력이 가능하면 좋겠습니다 수시로 지원하는 친구들에게
정시 모집단위도 알려줘서 수능에 미리 대비하고 준비하는 기회가 될 수
도 있을 것 같아 좋습니다.

👍 **독자후기**

이렇게 세세히 각 전형마다 설명이 있을 줄 몰랐습니다.
그냥 간단한 내용으로 전달해 주실 줄 알았는데 각 전형마다 어찌해야
하는지 자세한 설명에 감탄했습니다. 진짜 최곱니다.

My Best 추천 후기

👍 체험후기

〈대학과 전형 에 이어 학생부 분석 자료 잘 받았습니다. 대학과 전형은 실제 대학 지원에 있어 현재 내신과 모의 성적을 바탕으로 지원이 유리한 전형들에 대한 안내 및 해당 대학 및 학과들을 콕 집어 추천해주시어 좋았습니다. 거기에 반해 학생부 분석의 경우는 학생부 자체를 분석하다보니 같은 학생부라도 답하는 사람에 따라 다른 답들을 선택할 소지가 있고 또 학생부 자체를 점수로 메기는 부분에 있어 어려움이 컸으리라 봅니다. 또한 보내주신 자료 중 제 아이에 대한 분석 자료는 전체 자료 중 얼마 되지 않았고 그보단 학생부 전형을 위한 전반적으로 챙겨져야 할 부분들이 안내가 들어 있었습니다. 이 자료는 고 2 보단 고 1 이 미리알고 챙겨지면 더 좋겠단 생각입니다. 학생부 영역별 평가표를 보니 아이에게 부족한 영역이 한눈에 보여 수시전형의 학종을 생각하는 아이들에게는 많은 도움이 될 듯 합니다. 그리고 학생부 기록에 있어 학생이나 부모님이 아셔야 할 안내가 잘 되어있네요 끝 부분에 아이가 진학하길 원하는 계열 관련 동아리 및 봉사활동 안내가 구체적으로 잘 되어 있고 원하는 계열에 대한 다양한 직업명이 소개되어 있습니다. 그리고 진학을 원하는 학과 관련 고교 선택과목 소개 및 진학을 원하는 학과에 관련된 추천도서도 잘 되어있습니다. 정시 쪽으로 기운 큰 아이에겐 그닥 도움이 되진 않지만 곧 고등학생이 될 둘째는 이 자료를 참고로 잘 챙겨 봐야겠어요 감사합니다.

👍 체험후기

학종을 준비하는 고 12 학생과 학부모에 매우 적절하다고 생각합니다. 개인별 특성에 대한 의견은 좀 부족하지만 기입한 자료가 적으니 당연하다고 생각합니다 대신 공통 내용은 학종을 잘 모르는 학생과 학부모도 알 수 있도록 구체적으로 길안내를 해 주는 지침서 및 체크리스트로 매우 유용합니다.

👍 체험후기

'현재 나의 학생부를 알자 에서 학생부를 다 드린 것이 아니라서 세부적인 내용 설명을 듣지 못하는 아쉬움은 있습니다. 그래프에서 한눈에 영역 중 무슨 영역이 높고 낮은지를 판단할 수 있는 것은 좋습니다. 낮은 영역에 대한 추가 설명이 좀더 구체적으로 있었으면 합니다.

👍 체험후기

'나만의 명품 만들기 에서는 다른 학생부 가이드 북보다 좀더 자세히 설명되어 있는 부분이 많아 좋습니다. 학교 생활에서만 알 수 있을 만한 내용이 첨부되어 있어 좀더 공들여 읽어야겠다는 생각을 했습니다.

👍 체험후기

저는 학원 설명회 대학교 입시설명회를 통해 얻은 지식들과 대학 입사관 11 상담 학생부 읽기를 위한 강의 수강 경험을 통해 저희 아이의 학생부를 조금이나마 객관적으로 볼 수 있는 상황이었습니다. 1 학년 기준 학생부를 개인적으로 읽었을 때 중간 중상 정도라고 판단했는데 막상 컨설턴트 상담을 통해 진단해 보니 중하 수준이었습니다. 그래서 좀더 엄격하게 학생부를 다시 한번 진단하고 문맥상에서 공통적인 ctrl V 내용이 아닌 우리아이의 특성을 나타내는 개인화된 서술을 중심으로 살펴보게 되었고 항목간의 유기성을 가지는 내용 연계되어 발전가능성을 보여주는 맥락에 대해 고민하게 되었습니다.

👍 체험후기

학생부 평가에서 가장 중요한 영역들을 알게 되었고 영역들 준비에 도움이 되었습니다. 독서기록하는 방법 전공별 도움되는 봉사활동 동아리활동 체험활동 보고서 선생님과 소통의 중요성 등 세부적인 부분까지 자세히 설명되어 있어서 좋았습니다.

초 판 1쇄 발행 2019년 12월 10일
초 판 2쇄 발행 2020년 1월 10일
초 판 3쇄 발행 2020년 6월 20일
개정판 4쇄 발행 2020년 12월 20일
개정판 5쇄 발행 2021년 5월 20일
개정판 6쇄 발행 2022년 3월 1일

지은이 정동완 박상철 백광일 강우혁 최경희
감 수 안혜숙
펴낸이 꿈구두
펴낸곳 꿈구두
디자인 안혜숙 맨디디자인

출판등록 2019년 5월 16일, 제 2019-000010호
블로그 https://blog.naver.com/edu-atoz
이메일 edu-atoz@naver.com
ISBN 979-11-971095-3-9